全国商业职业教育教学指导委员会推荐教材

工业和信息化高职高专"十二五"规划教材

高等职业教育财经类**名师精品**规划教材

Electronic Commerce Foundation

电子商务基础

范生万 张琳琳 刘放 主编

秦绪杰 陈孟建 副主编 支芬和 主审

人民邮电出版社

北京

图书在版编目（CIP）数据

电子商务基础 / 范生万，张琳琳，刘放主编. -- 北京 : 人民邮电出版社，2013.9（2019.8 重印）
高等职业教育财经类名师精品规划教材
ISBN 978-7-115-32215-9

Ⅰ. ①电… Ⅱ. ①范… ②张… ③刘… Ⅲ. ①电子商务－高等职业教育－教材 Ⅳ. ①F713.36

中国版本图书馆CIP数据核字(2013)第191808号

内容提要

本书是省级精品共享课程建设成果之一，全书分为九个项目，共二十个任务。项目一为电子商务认知与体验，包括任务一认识电子商务和任务二体验互联网；项目二为电子商务安全应用与法律法规，包括任务三个人电子商务安全与防范、任务四企业电子商务安全与防范和任务五电子商务与法律案例分析；项目三为电子支付，包括任务六支付工具的使用和任务七网上银行的业务与应用；项目四为个人电子商务实践，包括任务八 C2C 业务模式实践和任务九 B2C 业务模式实践；项目五为企业电子商务实践，包括任务十 B2B 商务实践和任务十一 EDI 商务实践；项目六为网络营销实务，包括任务十二网络营销与传统营销的比较分析、任务十三网络信息的收集与发布和任务十四电子商务网站的推广；项目七为电子商务物流，包括任务十五认识物流与电子商务和任务十六物联网技术在电子商务中的应用；项目八为移动商务，包括任务十七移动商务实践；项目九为网上创业实践，包括任务十八上网行为分析、任务十九电子商务赢利模式分析和任务二十网上开店。

本书既可作为高等职业院校电子商务专业、工商管理专业、市场营销专业、国际经济与贸易专业、信息管理专业及其相关专业的教学用书，也可作为相关专业人员自学的参考用书。

◆ 主　　编　范生万　张琳琳　刘　放
副 主 编　秦绪杰　陈孟建
主　　审　支芬和
责任编辑　刘　琦
责任印制　沈　蓉　杨林杰

◆ 人民邮电出版社出版发行　　北京市丰台区成寿寺路 11 号
邮编　100164　　电子邮件　315@ptpress.com.cn
网址　http://www.ptpress.com.cn
大厂聚鑫印刷有限责任公司印刷

◆ 开本：787×1092　1/16
印张：17.25　　2013 年 9 月第 1 版
字数：414 千字　　2019 年 8 月河北第 7 次印刷

定价：36.00 元

读者服务热线：(010)81055256　印装质量热线：(010)81055316
反盗版热线：(010)81055315

编委会

序

一个国家经济社会的发展，主要是靠自然资源、物质资源和人力资源，但是我们不能仅依靠对自然资源破坏性的开发和对物质资源的大量消耗、浪费来发展社会经济。由于我国自然资源比较贫乏，物质资源也相对有限，所以我们要实现经济社会的持续发展就要建设人力资源强国。当前，我国处于从一个人力资源大国向人力资源强国转变关键时期，要实现这样的转变就必须大力发展教育。人力资源理论指出教育对于经济的增长有重要作用，以 1926 年 – 1957 年的美国为例，其经济增长中有近三分之一是来自人力资源增长的贡献。所以一个国家经济社会要发展，首先就要发展教育，特别是发展职业教育，因为职业教育是为一线生产、服务、管理等部门培养高素质的劳动者和技术技能型应用人才的，这些人才的素质高低直接关系到一个国家经济社会的发展的规模、速度和效益。因此可以说，国家之间的实力竞争，归根结底是人才的竞争，是一线劳动者和技术技能人才综合素质的竞争，所以抓职业教育发展就是抓经济社会发展。

为了更好地促进职业教育商业类专业的发展，教育部和商务部牵头成立了全国商业职业教育教学指导委员会，其主要职能之一就是“研究商业职业教育的人才培养目标，教学基本要求和人才培养质量的评价方法，对专业设置，教学计划制定，课程开发，教材建设提出建议”，推进职业教育课程衔接体系建设，全面推进现代职业教育体系的建设，推动职业教育商业类人才的培养。

进入 21 世纪以来，随着中国经济实力的飞速提升，中国商业获得了巨大的发展，发生了深刻的变化。与商业相关的多个行业领域也重获新生且飞速发展，不仅各行业内部的繁荣程度得到不断提升，行业对外开放程度，行业的法制建设、人才建设等各方面都取得了显著成就，上升到了新的水平。我国商业及相关经济行业的飞速发展，既为商科职业教育的发展带来了勃勃生机，也同时带来了新的挑战。以往商科高等职业教育更多借鉴原专科教学经验，教学内容和教学形式多为原专科教学的“翻版”，尤其是教材，很多经典教材都由从事本专科教学的教师编写。实践证明，这些教材越来越难以满足高等职业教育应用性强及以就业为导向的教学需要。正是基于这样的考虑，2012 年初，人民邮电出版社发起了“职业教育财经类名师精品教材建设项目”，这个“聚名师、建精品、促教学”的有益之举甫一出台就得到全国多家知名高职院校的支持和响应。同年仲夏，该项目在北京召开了项目启动仪式及专家委员会组建大会，之后历时一年，该项目的成果终能付梓，也就是现在呈现给各位读者的“高等职业教育财经类名师精品规划教材”。

作为“职业教育财经类名师精品教材建设项目”专家委员会的主任委员，我参与了这套教材的筹备、审稿等多个关键环节，认为这套教材与以往高职高专财经类教材相比，在三个方面做的比较好。首先，编者名师汇集，内容紧扣教改。这套教材的编写者、审阅者都是国内商科类院校的知名专家、教授，他们将自己多年教学实践所得，按照职业教育最新的“五个深度对接”的教学改革要求撰写成册，实现了课程教材内容与职业标准对接，充分体现了“做中学，做中教”、“理论实践一体化”的要求，科学地将专业知识和专业技能的培养结合起来，教材内容在确保学生达到职业资格要求的同时，还能促进学生综合职业素养的发展。其次，体例论证严密，呈现形式有创新性。组建了专门的专家委员会对教材的体例、内容进行审定。其中主任委员负责教材宏观方向和思路的把握；副主任委员负责具体教材规划的制定，包括课程规划、写作思路、教材体例、整体进度规划等，通过多级专家审定和多次会议讨论、商定，最终选择符合课程特色和教学改革新要求的教材编写体例和内容呈现形式。第三，资源丰富实用，打造立体平台。为了寓教于学，充分调动学生学习的积极性和主动性，出版社聘请专人运用最先进的教学资源建设理念和手段，为每本教材配套建设了丰富的多媒体教学资源，这些教学资源都经过精心的教学设计，能够与教材内容紧密结合，有效地促进学与教，从而为教师课堂教学注入新的活力。

相信这套教材被广大职业院校使用之后，可以有效地实现对学生学习能力、职业能力和社会能力的培养，促进学生综合素质的发展和提高。

这套教材从专家团队组建、教材编写定位、教材结构设计、教材大纲审定到教材编写、审校全过程都倾注了高职商科教学一线众多教育专家和教学工作者的心血，在这里我真诚地对参加编审的教授、专家表示衷心的感谢。

全国商业职业教育教学指导委员会副主任委员 王晋卿

2013年6月26日

前言

Preface

本书是省级精品共享课程的配套教材，是省级精品共享课程建设成果之一。本书以校企合作编写为方法，以培养一线技术技能型人才为目标，以适应工学结合的人才培养模式及“教、学、做”一体化的教学要求。同时，对接全国助理电子商务师职业资格标准，按照项目导向、案例引导、任务驱动的方式系统地阐述了人们在从事电子商务活动中涉及的基础知识，并以此为起点，以职业教育创新、创业实践为导向，引入了大学生网上创业的相关知识，从而达到在培养学生专业知识的同时进一步培养学生的创新、创业能力的目标。

本书中的每个项目均由项目介绍、学习目标、引导案例、学习任务、学习指南、任务实施、素质拓展、项目小结、职业能力训练和学习任务考核等组成，这种编写体例优化了教材类型结构，引入了电子商务的新知识、新方法，使教材职业化、情景化、形象化，突出了重点，强化了衔接，体现了标准，创新了形式。全书的编写既体现了电子商务发展的最新动态，又符合最新的职业教育理念。

本书由安徽工商职业学院范生万副教授、合肥羚羊商贸有限责任公司（2012年全球十大网商）总经理张琳琳女士和安徽审计职业学院高级经济师刘放副教授担任主编，负责全书的框架设计，拟定编写大纲，并总纂定稿；由安徽工商职业学院秦绪杰、浙江经贸职业技术学院陈孟建教授担任副主编。全书的编写工作由一线老师和企业专家能手合作完成，具体分工如下：项目一由范生万、秦绪杰共同完成，项目二由江苏淮安职业技术学院夏志坤、刘放共同完成，项目三、项目四、项目五由安徽城市管理职业学院陈芳、范生万共同完成，项目六、项目七由陈孟建、刘放共同完成，项目八、项目九由范生万、安徽工商职业学院郭晓晨和安徽工商职业学院刘亚男共同完成。

本书在编写过程中参阅了国内外大量的文献资料及网络信息，并由安徽城市管理职业学院孙祥、安徽审计职业学院孙华搜集整理，同时还借鉴和吸收了众多学者的研究成果，参考文献中未能一一列出，我们在此对原作者一并表示最真挚的谢意！

由于编者水平有限，书中难免有错漏之处，敬请广大读者批评指正，以便我们及时改进。读者对本书的其他意见或建议，亦请反馈给编者（邮箱：fansvv@126.com）。

编 者
2013年5月

目 录

Preface

项目一 电子商务认知与体验

项目介绍

比尔·盖茨说："21 世纪要么电子商务，要么无商可务。"

今天，随着互联网的迅猛发展，电子商务这个词已经深入到人们的生产和生活中。电子商务正推动着经济全球化、贸易自由化和信息现代化的发展步伐。电子商务正迅速地改变着人们的工作方式、消费方式和生活习惯，改变着企业的经营方式，影响着整个社会经济的变革。

本项目主要以"认识电子商务"和"体验互联网"为切入点，介绍了电子商务和互联网的基本知识和概念，学生可通过具体的学习任务在理论与实际为一体的教学环境中开展研究性学习和交流讨论学习，从而认识电子商务，体验互联网商务的强大功能和势不可挡的发展趋势。

学习目标

知识目标

1. **掌握电子商务的基本概念；**
2. **理解电子商务的概念模型与基本组成要素；**
3. **了解电子商务的不同分类方法；**
4. **理解电子商务和计算机网络的关系；**
5. **理解域名及其商业价值；**
6. **了解电子商务的岗位划分及其岗位职责。**

技能目标

1. **能够使用搜索引擎查找所需内容；**
2. **会收发电子邮件；**
3. **会使用即时聊天工具进行商务交流；**
4. **能够借助互联网工具比较分析不同的电子商务网站。**

引导案例——2004—2012 年网商发展研究报告概览

——案例来源：节选自阿里研究中心

自 2004 年“网商”概念首次出现以来，伴随互联网与传统经济的深度融合，网商群体也得到了飞速的发展。几年来，网商群体历经了“浮现（2004）”、“生存与立足（2005—2006）”、“步入崛起（2007）”、“走向生态化（2008）”、“走向社会化（2009）”、“个性化裂变（2010）”、“跨越临界点（2011）”和“小即是美（2012）”几大发展阶段。

这一发展历程在以下几份报告中得到了较为完整的记录。

1.《2004 网商冲击波——中国网商研究报告》：首次全面剖析了网商世界

该报告认为，从网民、网友到网商，是一个需求驱动的演变过程，预言了网商群体将得到迅猛发展。该报告对网商世界进行了剖析，从网商世界的五大要素（交易主体、交易品、交易结构、交易规则和交易媒介）与核心（交易与整合）入手展开分析。该报告关注到了网商生态、网商间的竞争与合作关系、网商信用等重要主题，认为随着网商世界的兼并与聚合，网商规模将日益增大，越来越多的网商将超越传统企业，网商商业生态系统成为商业经济生活中最重要的生态系统之一。

2.《网商赢天下——中国网商生存发展报告（2005—2006）》：网商实现立足和生存

该报告揭示了网商实现生存与立足的现实，包括：网商专业化（业余化、兼职化的电子商务操作、管理走向了专业化、专职化的电子商务应用，一些企业拥有了专职的电子商务人员，个人网商从兼职网商向全职网商转变）；网商集群化（区域集群、商圈集群和上下游利益趋势明显）；网商社会开始萌芽（网商开始在互联网上娱乐和生活）；网商规模化（网商群体不断壮大）。

3.《网商崛起——2007 年中国网商发展报告》：网商发展步入崛起阶段

该报告认为，网商发展步入崛起阶段，主流化态势日益显著。网商崛起突出表现为四个方面：数量和交易量等迅速扩大、主流化态势显著、多元化格局显现、社会经济影响力日益显著。包括“有效解决交易成本、满足了消费者个性化趋势”等在内的十大动因推动网商不断进化、升级。该报告指出，网商崛起有助于国家竞争力提升。网商发展模式有望成为具有全球号召力的商业发展模式，成为中国对世界商业制度和商业文明的一大贡献。

4.《抱团行天下——2008 年网商发展研究报告》：网商发展进入深度生态化阶段

2008 年，网商群体获得了长足发展：从规模化走向普及化，从潮流化走向主流化，从同质化走向异质化，深入、广泛的全球化，日益突显的“生态化”。此报告特别认为，2008 年的网商群体正在步入“生态化发展”的新阶段。此报告认为，作为中国经济发展和信息化过程中出现的一种独特创新，网商模式有望为全球市场经济及信息化与工业化的融合贡献出一种全新发展模式。

5.《新商业文明浮现——2009 年度网商发展研究报告》：网商发展展现社会化特征，网商十年发展推进了新商业文明的浮现

该报告是在网商十年和网商过冬的背景下，就 2009 年度网商发展及其影响做出的记录与分析。报告认为，2009 年，网商发展呈现出了社会化的显著趋势，这意味着经过十年的艰难发展，网商已经逐步实现了与主流社会经济系统的融合；2009 年，网货世界开始来临，网货崛起成为 2009

年度的重要事件；此外，网规也开始了凸显的过程。网商、网货、网规共同构成了一个生机勃勃的商业新世界，而从长时段的历史眼光来看，2009 年，一个新的商业文明也开始浮现："诚信、透明化、责任、全球化"是它的前提，"网商、网货、网规"是它的支柱，"信息时代的商业文明"则是它必然的演进方向。

6.《个性化裂变——2010 年度网商发展研究报告》：个性化消费的浪潮在 2010 年大潮涌动，推动着电子商务第二个十年的发展

随着消费结构的持续升级，随着互联网对消费模式的重塑，随着 80 后、90 后新人类日渐成为消费主力，个性化消费的浪潮在 2010 年大潮涌动！从服装到家具，从玩具到钻石，从保健套餐到旅行方案……可量身定制的商品和服务越来越多。面对海量个性化的消费需求，网商中敏锐的先行者积极探索，初步摸索出了行之有效的策略：以多样的标准化商品满足个性化需求，标准化商品与个性化服务相结合，商品模块化与顾客自助服务相结合，根据个性化需求量身定制等。

7.《跨越临界点——2011 年度网商发展研究报告》：新商业社会浮现

该报告指出，网商发展正在跨越临界点。在快速深入渗透到传统行业的各个领域后，整个电子商务发展正进入沸腾时刻，同时网商群体规模进一步壮大，截至 2011 年上半年，中国网商数量已经扩大至 8300 万。报告认为，网商发展的过去十年，是网商诞生、发展、壮大、主流化的十年；网商发展新的十年，将是网商改变社会、新商业社会逐步成长的十年。

8.《小即是美——2012 年度网商发展研究报告》："小而美"指引网商未来之路

该报告认为，"小而美"正在成为互联网的未来特征，是电子商务平台和生态发展的方向，"小而美的沃土在形成，今天与未来的商业社会经济正在发生着深刻而根本性的变化。小是小前端，美是幸福感和消费者参与共创的至爽的产品服务体验。"在互联网的环境下，"小而美"有了新的内涵。报告指出，能够感知客户个性化需求的小企业或擅于将自己变小的企业反而有优势，以平台化的方式来支撑这样的小的前端，同时这个平台上还聚集大量的服务商，形成一个富生态的环境来支撑网商，这是现在正在发生的事情。

在新的十年，网商将迎来亿万消费者个性需求的极大释放，将迎来互联网对工作和生活的全面重塑，还将迎来"技术改变商业、商业改变社会"的宏大转变。在新的十年，网商将在新的商业世界中，建设"开放、透明、分享、责任"的新商业文明。

思考与讨论：请讨论分析"开放、透明、分享、责任"的新商业文明的特性与本质。

任务一 认识电子商务

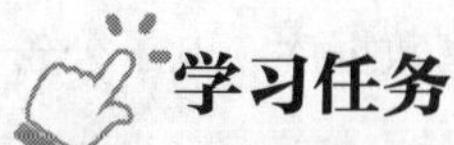

学习情境

在上高中的时候小淘就听说了电子商务，今天他如愿以偿，考入了电子商务专业，可是电子商务到底是什么还不是很清楚。只知道电子商务是个新兴的热门专业，可以在网上赚钱、做生意。现在小淘急于想知道的就是：电子商务到底是什么？现在的发展情况如何？电子商务到底是怎么赚钱的？他学了电子商务到底可以做什么？这些都是小淘现在很迷糊

的东西，求知的欲望激起了小淘对电子商务的渴望

任务描述

1. 利用搜索引擎（百度等）搜索电子商务的基本含义和发展历史、现状及发展趋势，在学习小组中互相讨论交流

2. 通过搜索引擎和邮件订阅电子商务人才需求状况，持续跟踪了解不同行业、企业对电子商务人才需求的变换

任务拓展

通过网络了解人力资源和社会保障部助理电子商务师的考核认证标准，并给自己拟定一个考核时间

学习指南

1.1 电子商务基本概念

电子商务作为一种新的商业模式于 20 世纪最后的 10 年出现在我们的面前，与传统的贸易方式相比，电子商务可以轻松地为企业寻找到一个新的利润增长点，可以为人们的创业和就业提供更为广阔的发展空间。

1.1.1 电子商务的定义

2011 年 11 月 20 日起，全国铁路所有直达特快列车（以“Z”开头的车次）实行互联网售票，在互联网技术迅速发展的今天，像这种网上订票、网上订花、网上订餐、网上购物、网上交易等电子商务词汇开始频繁地出现在人们的日常生活当中。那么，到底什么是电子商务呢？电子商务有狭义与广义之分，一般我们认为的电子商务是指广义的电子商务（e-business，简称为 EB），狭义的电子商务我们称为电子商业（e-commerce，简称为 EC）。

电子商务（e-business）是利用网络实现所有商务活动业务流程的电子化，即使用各种电子工具从事商务或活动。它不仅包括了电子商业的面向外部的业务流程，如网络营销、电子支付、物流配送等，还包括了企业内部的业务流程，如企业资源计划、管理信息系统、客户关系管理、供应链管理、人力资源管理、网上市场调研、战略管理及财务管理等。

电子商业（e-commerce）是指实现整个贸易过程中各阶段贸易活动的电子化，主要是指利用互联网从事商务或活动。从涵盖范围方面可以定义为：交易各方以电子交易方式而不是通过当面交换或直接面谈方式进行的任何形式的商业交易；从技术方面可以定义为：电子商业是一种多技术的集合体，包括交换数据（如电子数据交换、电子邮件）、获得数据（如共享数据库、电子公告牌）以及自动捕获数据（如条形码）等。

举例说明你身边的哪些应用属于电子商务的范畴。

1.1.2　电子商务的概念模型

电子商务概念模型是对现实世界中电子商务活动的一般抽象描述，它由电子商务实体、电子市场和信息流、资金流、物流等组成，如图 1–1 所示。

① 电子商务实体包括能够从事电子商务的客观对象，包括企业、银行、商店、政府机构和消费者等。

② 贸易活动（也叫交易事务）是指电子商务实体之间所从事的具体的商务活动，包括询价、报价、转账支付、广告宣传和商品运输等。

③ 信息流包括商品信息的提供和发布，也包括查询单价、报价单、付款通知单等商业贸易凭证的网上传递，以及交易方支付能力和支付信誉的认证等。

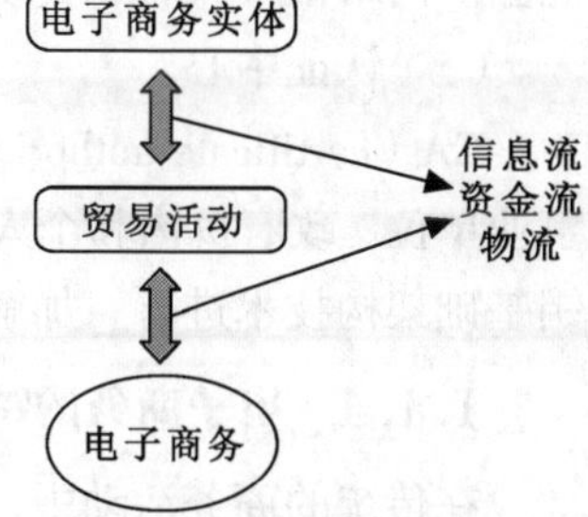

图 1–1　电子商务概念模型

④ 资金流是指资金的转移过程，包括付款和转账等。

⑤ 物流是指物质实体的流动过程，包括运输、储存、配送、装卸和保管等各种活动。

1.1.3　电子商务的基本组成要素

电子商务的基本组成要素有网络、用户、物流配送、认证中心、网上银行、商家等，其系统结构示意图如图 1–2 所示。

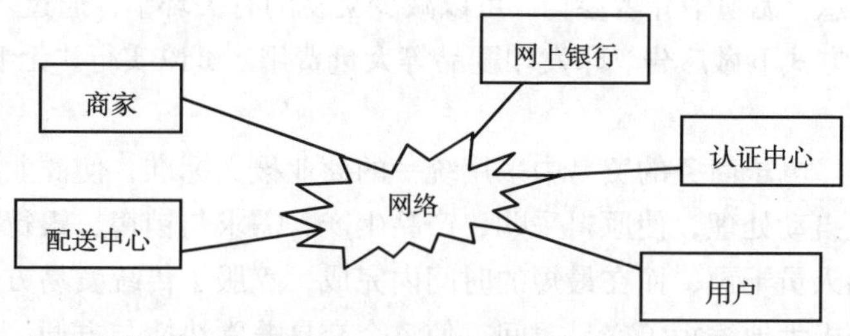

图 1–2　电子商务的基本组成示意图

（1）网络。

网络包括 Internet、Intranet、Extranet。Internet 是电子商务的基础，是商务、业务信息传送的载体；Intranet 是企业内部商务活动的场所；Extranet 是企业与企业以及企业与个人进行商务活动的纽带。

（2）用户。

用户是指参与电子商务活动的个人或企业。个人用户一般使用互联网进行信息浏览、网上购物、网上娱乐、网上学习等活动。企业用户一般利用互联网发布企业信息、产品信息、接受订单等，同时也可以进行网上企业管理与运作。

（3）物流配送。

在电子商务下，信息流、资金流的处理都可以通过计算机和网络通信设备实现，物流是“三流”中最为特殊的一种。对于少数商品和服务来说，可以直接通过网络传输的方式进行配送，如各种电子出版物、信息咨询服务、有价信息软件等。而对于大多数商品和服务来说物流是无法通网络传输的。物流配送就是指物流企业，通过一系列机械化、自动化工具的应用，准确、及时地将商品送到消费者手中。

（4）网上银行。

网上银行是指利用网络手段为消费者提供金融服务的银行，服务内容包含零售业和大额集团业务。网络银行具有和传统银行对等的职能。

（5）认证中心。

CA（certificate authority）认证中心是一个具有权威性和公正性的第三方信任机构，专门为企事业单位、政府机构和个人提供网络身份认证服务，并采用 PKI（public key infrastructure）公开密钥基础架构技术进行、加解密实现网上安全的信息交换与安全交易。

1.1.4 电子商务的特点

在传统的商务活动中，人们主要是利用电话、传真、信函和传统媒体来实现商务交易和管理过程，通过这些传统的手段进行市场营销、广告宣传、获得营销信息、接收订货信息、做出购买决策、支付款项、客户服务支持等。这种商务模式具有环节多、成本高、效率低、双方心理距离远的缺点。而电子商务则是通过网络来完成的商务或活动，由信息技术为其提供技术支撑，所以和传统商务相比，电子商务活动方式呈现出诸多新的特点。

（1）交易电子化。通过 Internet 进行商务活动，贸易双方从贸易磋商、签订合同到支付等，无需当面进行，均通过 Internet 完成，整个交易完全电子化、虚拟化。

（2）成本低廉化。电子商务使得买卖双方的交易成本大大降低。可以缩短心理距离、节约时间，及时沟通供需信息，无须中介者参与，可以减少交易的有关环节。通过互联网进行产品介绍、宣传，避免了在传统方式下做广告、印发印刷品等大量费用。可以实行“无纸贸易”，可减少 90% 的文件处理费用。

（3）效率高效化。电子商务的贸易中采用统一的商业报文标准，使商业报文能在世界各地瞬间完成传递与计算机自动处理，使原料采购、产品生产、需求与销售、银行汇兑、保险、货物托运及申报等过程无须人员干预，而在最短的时间内完成，克服了传统贸易方式费用高、易出错、处理速度慢等缺点，极大地缩短了交易时间，使整个交易非常快捷与方便。

（4）工作协作化。商务活动是一种协调过程，在供应链中，它需要雇员和客户、生产方、供货方以及商务伙伴间的协调。为提高效率，许多组织都提供了交互式的协议，电子商务活动可以在这些协议的基础上进行。

（5）交易透明化。买卖双方从交易的洽谈、签约以及货款的支付、交货通知等整个交易过程都在网络上进行。通畅、快捷的信息传输可以保证各种信息之间互相核对，可以防止伪造信息的流通。

（6）市场全球化。凡是能够上网的用户，无论在哪个地方或国家，都可以进入这个市场，都可能成为某一企业的客户。

1.2 电子商务的功能与分类

1.2.1 电子商务的功能

电子商务可提供网上交易和管理等全过程的服务，因此它具有广告宣传、咨询洽谈、网上订购、网上支付、电子账户、服务传递、意见征询、交易管理等各项功能。

（1）广告宣传。

在电子商务活动中，企业可凭借 Web 服务器，在 Internet 上面向全球发布各类商业信息和商业广告，客户可借助浏览器浏览企业网站或借助检索工具（如搜索引擎）迅速地找到所需商品信息等。与以往的各类广告相比，网上的广告成本最为低廉，而给顾客的信息量却最为丰富，同时还具有互动性。

（2）网上订购。

在电子商务活动中，可借助交互性的网络实现网上的订购。网上的订购通常都是在商品展示页面上提供订购提示信息和订购交互按钮。当客户填完订购单后，通常系统会通过站内信息或电子邮件方式回复确认信息单来保证订购信息的收悉。订购信息通常都会采用加密的方式使客户和商家的商业信息不会泄露。

（3）网上支付。

在电子商务活动中，网上支付是一个非常重要的环节。当客户和商家之间有交易行为时可通过网上银行进行支付。在网上直接采用电子支付手段可以省去交易中很多人员的开销。网上支付的安全性更为重要，需要更加可靠的信息传输安全性控制以防止欺骗、窃听、冒用等非法行为。

（4）电子账户。

网上支付的实现必须要有网上金融来支持，即银行或信用卡公司及保险公司等金融单位要为金融服务提供网上操作的服务。而电子账户管理是其基本的组成部分。

（5）咨询洽谈。

在电子商务活动中，可借助非实时的电子邮件、新闻组和实时的讨论组来了解市场和商品信息、洽谈交易事务，如有进一步的需求，还可用网上的白板会议来交流即时的图形信息。网上的咨询和洽谈能超越人们面对面洽谈的限制，提供多种方便的异地交谈形式。

（6）交易活动管理服务。

整个交易的管理涉及人、财、物以及企业和企业、企业和客户及企业内部等各方面的协调和管理。因此，交易管理可以说是涉及电子商务活动全过程的管理，包括有关市场法规、税务征管及交易纠纷仲裁等。电子商务的发展需要一个良好的交易管理和网络环境及多种多样的应用服务系统，以保证电子商务获得更广泛的应用。作为一种不断发展的事物，电子商务所提供的功能也将会不断地完善和发展，还有可能出现许多目前想象不到的新的服务功能。这些新功能的出现，将会进一步推动电子商务的发展和完善。

1.2.2 电子商务的分类

电子商务的分类标准有多种方式，既可以按照交易对象进行分类，也可以按照运行方式、交易范围、网络类型等方式进行分类。

（1）按照商业活动的运行方式分类。

按照商业活动的运行方式可以将电子商务分为完全电子商务和不完全电子商务。

完全电子商务又称直接电子商务（direct electronic commerce），是指商家将无形商品和服务产品内容数字化，不需要某种物质形式和特定的包装，整个交易过程中的信息流、资金流、物流都在网上完成，商品或服务的整个商务过程都在网络上实现的电子商务。如以计算机软件、电子报刊、广告、商业信息、咨询等为商品的电子商务就属于完全电子商务。

不完全电子商务又称间接电子商务（indirect electronic commerce），是指交易双方在网上进行的交易环节只能是订货、支付和部分的售后服务，而商品的配送还需交由物流配送公司或专业的服务机构去完成。因此，间接电子商务要依靠送货的运输系统等外部要素。如以纸质书籍、鲜花礼品、服饰、家用电器等有形的实物商品开展的电子商务就属于不完全电子商务。

（2）按照开展电子交易的范围分类。

按照开展电子交易的范围可以将电子商务分为本地电子商务、远程国内电子商务和全球电子商务。

本地电子商务通常是指利用本城市内或本地区内的信息网络实现的电子商务活动，电子交易的地域范围较小。本地电子商务系统是开展有远程国内电子商务和全球电子商务的基础系统。远程国内电子商务是指在本国范围内进行的网上电子交易活动，其交易的地域范围较大。全球电子商务是指在全世界范围内进行的电子交易活动，参加电子交易各方通过网络进行贸易。涉及有关交易各方的相关系统，如买方国家进出口公司系统、海关系统、银行金融系统、税务系统、运输系统、保险系统等。全球电子商务业务内容繁杂，数据来往频繁，要求电子商务系统严格、准确、安全、可靠，应制订出世界统一的电子商务标准和电子商务（贸易）协议，使全球电子商务得到顺利发展。

（3）按照交易对象分类。

按照交易对象可以将电子商务分为 B2B（即 business to business，企业对企业的电子商务）、B2C（即 business to consumer，企业对消费者的电子商务）和 C2C（即 consumer to consumer，消费者对消费者的电子商务）等多种模式。

B2B 电子商务模式是一个将买方、卖方以及服务于他们的中间商（如金融机构）之间的信息交换和交易行为集成到一起的电子运作方式，一般以批发模式为主。它的使用会从根本上改变企业的计划、生产、销售和运行模式，甚至改变整个产业社会的基本生产方式。因此，这种企业之间的电子商务经营模式越来越受到重视，它将是电子商务未来发展的一个重要方向。如阿里巴巴、慧聪网等均属于此模式。

B2C 电子商务模式是商业机构对消费者的电子商务模式，一般以网络零售业为主，主要借助于 Internet 开展在线销售活动。如京东商城、苏宁易购等均属于此模式。

C2C 电子商务模式是消费者与消费者之间的货物交易或各种服务活动在网络上的具体实现，其涵盖的范围主要包括艺术品交易、网上拍卖、旧货交易等。由于不同的文化和技术的影响，C2C 模式在不同的国度受到欢迎的程度是不同的。如 eBay、淘宝网、拍拍网等均属于此模式。

（4）按使用网络类型分类。

① 基于 EDI 网络的电子商务。

EDI 是电子数据交换（electronic data interchange）的英文缩写，它是按照一个公认的标准和协议，将商务活动中涉及的文件标准化和格式化，通过计算机网络，在贸易伙伴的计算机网络系统之间进行数据交换和自动处理。EDI 主要应用于企业与企业、企业与批发商、批发商与零售商之间的单证业务传递联系。EDI 电子商务在上个世纪 90 年代就已得到较大的发展，技术上也较为成熟，但是因为开展 EDI 对企业有较高的管理、资金和技术的要求，因此至今尚不太普及。

② 基于 Internet 的电子商务。

基于 Internet 的电子商务是目前电子商务的主要形式。它采用了当今先进的计算机技术、通信技术、多媒体技术、数据库技术，通过 Internet 在网上实现营销、购物等商业服务。它突破了传统商业生产、批发、零售以及进、销、存、调的流转程序和营销模式，实现了少投入、低成本、零库存、高效率。目前，还出现了利用手机、掌上电脑、PAD 等移动通信设备，通过连接 Internet 和专用网络进行的移动电子商务活动，包括经营、管理、交易、娱乐等。目前，移动电子商务主要包括移动支付、移动股市、移动办公、移动营销和无线 CRM 等功能。如目前中国移动通信公司就已经推出了手机支付、手机炒股、手机彩票、GPS 位置服务、移动办公、统一消息服务（UM）、个人信息管理（PIM）和无线广告等移动电子商务服务。

③ 基于 Intranet/Extranet 的电子商务。

基于企业网络环境（Intranet / Extranet）的电子商务，是指在一个大型企业的内部或一个行业内开展的电子商务活动。它能够有效地实现企业部门内部之间、企业与企业之间、企业与合作伙伴及客户之间的授权内数据共享和数据交换，并将每一个各自独立的网络通过互联延伸形成共享的企业资源，方便地查询关联企业的相关数据，形成一个商务活动链。

1.3 电子商务与传统商务的比较

1.3.1 传统商务的特点与局限性

在传统模式下，商务活动往往采取面对面直接交易或纸面交易的方式来进行。传统的商务运作方式，无论是柜台售货、开架自选，还是订货会、洽谈会等，以及在保险、金融、海关、财政和税收等服务业、行政管理中，都是以直接或间接的物理交换或物理接触来完成业务交易。无论是面对面直接交易，还是通过信函、传真等纸面方式交易，都是一种物理方式，这是传统商务的运作特点。

由于传统商务活动大部分依靠面对面及书面文档传递为主，使传统商务具有信息不完善、耗时长、成本高、库存和产品的积压、生产周期长、客户服务有限、处理速度慢等缺点，极大地制约了商务活动的效率和规模。

1.3.2 电子商务较传统商务的优势

电子商务是 Internet 爆炸式发展的直接产物，是网络技术应用的全新发展方向。Internet 本身所具有的开放性、全球性、低成本、高效率的特点，也成为电子商务的内在特征，并使得电子商务大大超越了作为一种新的贸易形式所具有的价值，它不仅会改变企业本身的生产、经营、管理活动，而且将影响到整个社会的经济运行与结构。以 Internet 为依托的“电子”技术平台为传统商务活动提供了一个无比宽阔的发展空间，其突出的优越性是传统媒介手段根本无法比拟的。电子商务极大提高了传统商务活动的效益和效率。Internet 上的电子商务与传统商务体系相比有其自身的独特优点。

（1）突破时空限制。传统的商务是以固定不变的销售地点（即商店）和固定不变的销售时间为特征的店铺式销售。电子商务将传统的商务流程数字化、电子化，让传统的商务流程转化为信息流，突破了时间空间的局限，大大提高了商业运作的效率，并有效地降低了成本。这种优势可在更大程度和范围上满足电子商务用户的消费需求，事实上 Internet 上的购物已没有了国界，也没有了昼夜之别。

（2）减少中间环节，降低交易费用。电子商务重新定义了传统的流通模式，减少了中间环节，使得生产者和消费者的直接交易成为可能，从而在一定程度上改变了整个社会经济运行的方式。

（3）增强了企业的竞争力。电子商务所具有的开放性和全球性的特点，为企业创造了更多的贸易机会。电子商务使企业可以以相近的成本进入全球电子化市场，使得中小企业有可能拥有和大企业一样的信息资源，提高了中小企业的竞争能力。

（4）提高了服务质量和服务时间。电子商务能以一种方便、及时的方式提供企业及其产品的信息及客户所需的服务，保证全年 365 天，每天 24 小时不间断地提供全天候的服务。

（5）增强了供需双方的互动性。依靠互联网，商家之间可以直接交流、谈判、签合同，消费者也可以把自己的反馈建议反映到企业或商家的网站，而企业或者商家则要根据消费者的反馈及时调查产品种类及服务品质，做到良性互动。

（6）提供个性化服务。个性化消费逐渐成为消费的主流，消费者希望购买个性化的产品及服务，甚至要求企业提供个性化的定制服务。在电子商务活动中，企业可以通过客户关系管理系统对客户的个性化要求做出有效的管理，从而细分市场，提供个性化服务。

正是由于电子商务具有这些特性与优势，才使得它具有广泛的应用价值和蓬勃的发展前景。

1.4 电子商务的发展历史

电子商务是在与计算机技术、网络通信技术的互动发展中产生和不断完善的，是以 Internet 为依托，并随着 Internet 的应用而迅速发展起来的。

（1）电子商务的产生与发展。

早在 1839 年，人们就经常使用电话和电报的方式收发贸易信息，这就是运用电子手段进行商务活动的开端。

从严格意义上说，具有一定意义的电子商务活动应该说产生于上世纪 70 年代。自 1970 年以来，银行一直使用电子资金转账（electronic funds transfer，简称 EFT），EFT 是指通过企业间的通信网络进行的账户交易信息的电子传输。1975 年，第一个电子数据交换（electronic data interchange，简称 EDI）标准出台。电子数据交换是指一个企业把标准格式的计算机可读的数据传送到另一个企业。它的出现源于美国运输业，原因是运输业流通量大，货物和单证的交接次数多，单证的交接速度慢。电子数据交换和电子资金传送是企业间电子商务的最早应用，这也就是电子商务的初始阶段，即电子商务发展的第一个阶段，基于 EDI 的电子商务。

借助互联网工具，说一说什么是 EDI，其工作原理和工作过程是什么。

由于 EDI 使用 VAN（value added network，增值网络）的费用很高，仅大型企业才会使用，因此限制了基于 EDI 的电子商务应用范围的扩大。20 世纪 90 年代中期后，Internet 迅速走向普及化，逐步地从大学、科研机构走向企业和百姓家庭，其功能也已从信息共享演变为一种大众化的信息传播工具。从 1991 年起，一直被排斥在互联网之外的商业贸易活动正式进入到这个王国，因此而使电子商务成为互联网应用的最大热点，基于互联网的电子商务也就随之诞生了，这也就是电子商务发展的第二个阶段。

（2）电子商务在中国的发展。

电子商务的实现依赖于全社会对电子商务的认同，以及电子商务运作环境的改善。据 2013 年 1 月发布的第 31 次《中国互联网络发展状况统计报告》显示，截至 2012 年 12 月底，我国网民规模突破 5 亿，达到 5.13 亿，全年新增网民 5 580 万。互联网普及率较上年底提升 4 个百分点，达到 38.3%。电子商务类应用稳步发展，网络购物、网上支付、网上银行和在线旅行预订等应用的用户规模全面增长。与 2010 年相比网购用户增长 3 344 万人，增长率达到 20.8%，网上支付、网上银行使用率也增长至 32.5%和 32.4%。另外，团购成为 2011 年增长第二快速的网络服务，用户年增速高达 244.8%，用户规模达到 6 465 万，使用率提升至 12.6%。

可见，电子商务在我国发展呈现出了突飞猛进的态势，短短十几年时间就已经历了起步期、雏形期、发展期和稳定期，并于 2010 年开始进入了成熟期。

① 起步期：起步期为 1990 年—1993 年，属于电子数据交换时代。

② 雏形期：雏形期为 1993 年—1997 年。这期间，政府领导组织开展“三金工程”，为电子商务发展期打下坚实基础。主要大事如下。

1993 年成立国民经济信息化联席会议及其办公室（国务院信息办），相继组织了金关、金卡、金税等“三金工程”，取得了重大进展。

1996 年 1 月成立国务院国家信息化工作领导小组，由副总理任组长，20 多个部委参加，统一领导组织我国信息化建设。

1996 年，金桥网与因特网正式开通。

1997 年，国务院信息办组织有关部门起草编制中国信息化规划。

1997 年，我国第一家垂直互联网公司（浙江网盛科技股份有限公司）诞生。

1997 年 4 月在深圳召开全国信息化工作会议，各省市地区相继成立信息化领导小组及其办公室各省开始制订本省包含电子商务在内的信息化建设规划。

1997 年，广告主开始使用网络广告。

1997 年 4 月以来，中国商品订货系统（CGOS）开始运行。

③ 发展期：发展期为 1998—2000 年。主要大事如下。

1998 年 3 月，我国第一笔互联网网上交易成功。

1998 年 10 月，国家经贸委与信息产业部联合宣布启动以电子贸易为主要内容的“金贸工程”，它是一项推广网络化应用、开发电子商务在经贸流通领域的大型应用试点工程。

1999 年 3 月 8848 等 B2C 网站正式开通，网上购物进入实际应用阶段。

1999 年兴起政府上网、企业上网，电子政务（政府上网工程）、网上纳税、网上教育等广义电子商务开始启动，并已有试点，进入实际试用阶段。

④ 稳定期：稳定期为 2000—2009 年。电子商务逐渐以从传统产业 B2B 商务应用为主体，B2B 商务的应用标志着电子商务已经进入可持续性发展的稳定期。

⑤ 成熟期：成熟期为 2000 年至今。3G 网络的蓬勃发展促使全网全程的电子商务时代成型，电子商务开始进入成熟期。

从发展趋势来看，据 CNNIC 资料显示，我国未来网络购物用户和市场增长空间巨大。与发达国家相比，我国网络购物的渗透率较低，但其逐步加深的势头不可逆转，网络购物供需面持续积极向好，这些都将推动电子商务在未来较长时间实现较为稳健的增长。伴随着我国居民收入和购买力的提升，网民的线上消费潜力还将持续释放；电商企业的发展势头旺盛，网络购物供给能力逐步增长，服务水平持续深化，这些都将有力地创造进一步增长的空间，推动电子商务在未来较长时间实现较为稳健的增长。

任务实施

1. 了解电子商务概念与其发展情况

步骤一　打开浏览器，在地址栏中输入搜索引擎地址：http://www.baidu.com。

步骤二　在搜索引擎中输入关键词进行搜索，关键词如“电子商务的概念”、“电子商务的发展趋势”等。

步骤三　点击搜索结果中的页面链接进入阅读页面。

步骤四　同学分组讨论交流并选代表发言。

步骤五　教师归纳总结。

2. 持续跟踪了解电子商务的人才需求状况

步骤一　通过搜索引擎了解电子商务人才需求状况。

步骤二　通过邮件订阅了解电子商务人才需求状况。

① 进入 Google 快讯设置页面。在浏览器地址栏中输入 http://www.google.com/ alerts?hl=zh-CN，打开快讯设置页面。

② 快讯参数设置。具体设置参数参见图 1-3 Google 快讯设置。

③ 完成设置。点击“创建快讯”完成设置。这样只要在 Google 搜索引擎中有新的“电子商务人才需求”的内容出现，系统就会将其发到我们设定的邮箱了，从而不间断地了解电子商务人才的需求状况。

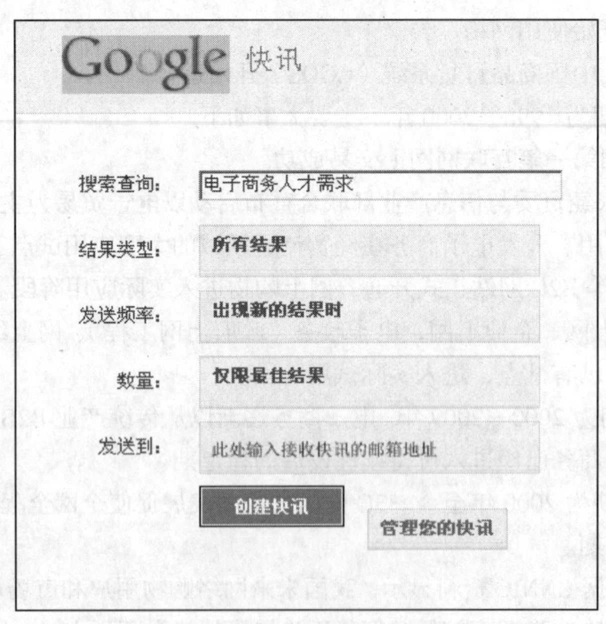

图 1-3　Google 快讯设置

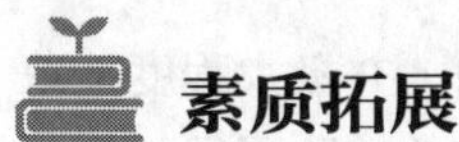

素质拓展

电子商务的新模式与新应用

1．协同电子商务

企业外部竞争环境的改变，使得以电子商务为代表的企业信息化成为我国工业经济发展中的重要主题。新的管理挑战推动全新的管理思想蓬勃发展，为了区别于 ERP 我们引入了“协同商务”（Collaborative Business，CB）的概念。协同商务是指企业内部人员、企业与业务伙伴、企业与客户之间的电子化业务的交互过程。企业管理由面向内部资源管理转变为面向整个供应链的管理，CB 成为支持这种管理得以实现的思想基础。

协同电子商务正是基于上述思想而发展起来的，其基本含义是指企业信息化建设目的不仅是管理企业内部的资源，还需要建立一个统一的平台，将客户、供应商、代理分销商和其他合作伙伴也纳入企业信息化管理系统中，实行信息的高效共享和业务的一系列链接。其中“协同”有两层含义：一层含义是企业内部资源的协同，有各部门之间的业务协同、不同的业务指标和目标之间的协同以及各种资源约束的协同，如库存、生产、销售、财务间的协同，这些都需要一些工具来进行协调和统一；另一层含义是指企业内外资源的协同，即整个供应链的协同，如客户的需求、供应、生产、采购、交易间的协同。其主要做法是指企业将现有软件（包括 ERP、CRM、SCM、OA、网上门户、电子支付系统和物流配送系统等）各数据封存在统一的数据库和应用平台上，把所有信息进行全面的整合，信息与信息之间无障碍链接，用户可以从信息归结的友好界面入口，进行大范围和深度的信息提取，而完全无须在不同的数据库和应用平台之间切换，采用 Web 技术开发，突出反映企业上下游价值链中和供应商、客户、合作伙伴的合作关系，实现利益最大化。

2．比较电子商务

1995 年，美国出现了 BargainFinder、CD ShopBot 等以比较搜索程序为核心技术的智能购物代理，这类智能购物代理主要用于在互联网上帮助用户自动搜索相关产品或服务等信息，进行加工整理再输出供人们选择使用。智能比较代理的出现催生了比较购物这一新的服务模式，使得消费者在进行网上购物时不需要再逐一访问各个网站进行反复比较挑选，从而实现“一站式登录，货比千家”的用户需求。这就是比较电子商务的雏形。它降低了消费者的购物成本，节约了购物时间，逐渐被消费者所接受，从而比较电子商务在国内也开始迅速发展起来。

那到底什么是“比较电子商务”呢？所谓比较电子商务是指在第一层电子商务网站基础上开发成功的第二层电子商务网站，并通过对网上信息资源分门别类的整合，使网上消费者在浩瀚的信息海洋中迅速找到“为我所用”的信息。目前，比较电子商务已经发展到比较购物、比较拍卖、比较旅游、比较招聘和比较书店等领域，为迅速发展的互联网经济提供了一种“公共比较机制”。

3．O2O 电子商务

O2O 即 Online To Offline，也即将线下商务的机会与互联网结合在一起，让互联网成为线下交易的前台。这样线下服务就可以用线上来揽客，消费者可以在线筛选服务，在线结算，很快达到规模。该模式最重要的特点是：推广效果可查，每笔交易可跟踪。

4．团购

团购（group purchase）是一种新兴的电子商务模式，指认识或不认识的消费者通过网络联合起来，加大与商家的谈判能力，以求得最优价格的一种购物方式。消费者可通过自行组团、专业团购网站、商家组织团购等形式发起团购，它可以提升用户与商家的议价能力，并极大程度地获得商品让利，根据薄利多销的原理，商家可以给出低于零售价格的团购折扣和单独购买得不到的优质服务等。团购的商品价格更为优惠，尽管团购还不是主流消费模式，但它所具有的爆炸力已逐渐显露出来。

动手： 1. 找出3家比较电子商务网站，并分析其比较服务的内容。

2. 分析O2O模式和B2C、C2C模式的区别和联系。

3. 分析O2O模式与团购的区别和联系。

任务二 体验互联网

学习任务

学习情境

小淘通过学习，对电子商务有了基本的认识，也了解到不同行业、企业对电子商务人才的需求也存在差异化。这些内容的学习让他对电子商务产生了浓厚的兴趣，帮助他树立了今后的学习目标。在学习与动手操作过程中，小淘发现开展电子商务离不开互联网与计算机网络知识，诸如Internet、Intranet、IP地址、域名、数据库等很多的专业名词让他感觉一头雾水；一些常用的电子商务操作技能，如申请域名、检索信息、收发邮件、使用即时工具交流、文件的压缩与加密处理等，更是一知半解，自己都难以准确、快捷地操作。为此，小淘希望通过本项目的学习加强自己对互联网的认识，强化电子商务方面的操作技能，以便让自己未来能够游刃有余地从事电子商务相关活动

任务描述

1. 了解目前我国互联网的发展现状及未来发展趋势，与前1—3年进行比较，再联系自己的实际应用，在学习小组中互相讨论交流

2. 登录搜狐、新浪、网易等网站，选择其一，申请电子邮箱，学会收发电子邮件

任务拓展

业余时间通过网络了解即时通信工具有哪些，如果没有QQ和旺旺，请各申请一个

学习指南

1.5 计算机网络基本知识

计算机网络是计算机技术与通信技术结合的产物。随着人们不断地依靠计算机网络来处理个人和工作上的事务，不但显示出计算机网络的强大功能，而且计算机网络的高速发展给我们的工作、学习和生活带来了革命性的变化。

1.5.1 计算机网络的概念

随着网络技术的发展以及网络应用范围的扩展，计算机网络的概念也在发展，在不同的阶段

和从不同的角度对其有不同的定义。本质上，计算机网络是计算机技术与通信技术结合的产物。计算机网络（Computer Network）是利用通信线路和通信设备，把分布在不同地理位置的具有独立功能的多台计算机、终端及其附属设备互相连接起来，按照网络协议进行数据通信，利用功能完善的网络软件实现资源共享的计算机系统的集合。

1.5.2 计算机网络的分类

计算机网络的种类很多，根据不同的分类原则，对计算机网络的分类方法也各不相同。

（1） 按照通信距离来划分，计算机网络可以分为局域网、城域网和广域网。

① 局域网（LAN）：如果网络的服务区域在一个局部范围（一般几十千米）之内，则称为局域网。在一个局域网中，可以有一台或多台主计算机以及多个工作站，各计算机系统、工作站之间可通过局域网进行各类数据的通信。

② 城域网（MAN）：城域网规模局限在一座城市的范围内 10~100km 的区域。城域网是由不同的局域网通过网间连接构成一个覆盖在整个城市范围之内的网络。它是比局域网规模大一些的中型网络，提供全市的信息服务。

③ 广域网（WAN）：服务区域不局限于某一个地区，而是一个相当广阔的地区（例如各省市之间，全国甚至全球范围）的网络称为广域网。为实现远程通信，一般的计算机局域网可以连接到公共远程通信设备上，例如电报电话网、微波通信站或卫星通信站。在这种情况下，要求局域网是开放式的，并具有与这些公共通信设备的接口。

（2）按照网络的拓扑结构来划分，可以分为星形网、环形网、总线型网等。

网络的拓扑结构是指网络连线及工作站点的分布形式。常见的网络拓扑结构有星形结构、环形结构、总线结构、树形结构和网状结构 5 种，如图 1–4 所示。

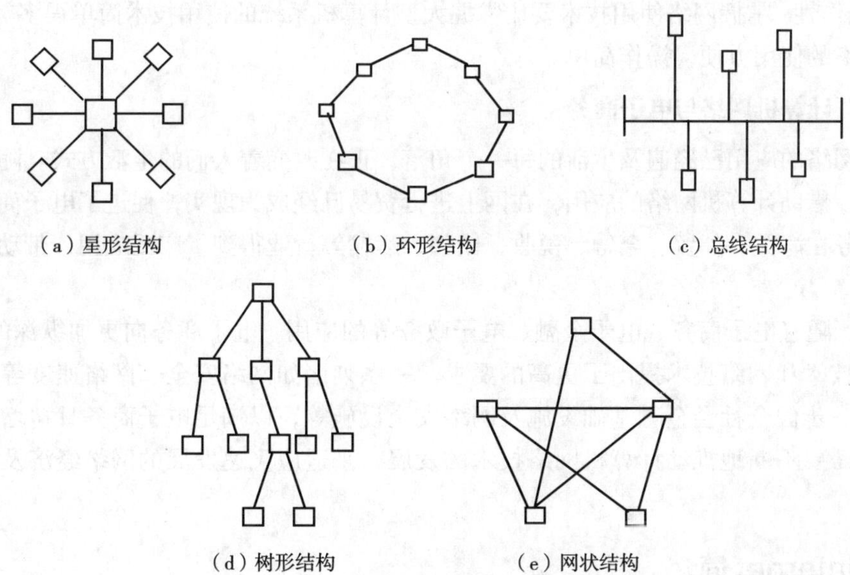

图 1–4　网络的 5 种拓扑结构示意图

（3）按通信传输方式来划分，可以分为点到点网络和广播式网络。

① 点到点网络：点到点网络由一对机器之间的多条连接构成，网络中的每两台主机、每两台

交换机以及主机与交换机之间都存在一条物理信道，沿某信道发送的数据确定无疑的只有信道另一端的唯一一台机器收到。绝大多数广域网都采用点到点的拓扑结构。

② 广播式网络：在广播式网络中，所有主机共享一条信道，某主机发出的数据，其他主机都能收到。在广播信道中，由于信道共享而引起信道访问冲突，因此信道访问控制是要解决的关键问题。广播式网络主要用于局域网，微波、卫星通信网也是广播式网络。

（4）按照通信传输的介质来划分，可分为双绞线网、同轴电缆网、光纤网和无线网等。

传输介质是网络中发送方与接受方之间的物理通路，它对网络数据通信的质量有很大的影响。

1.5.3 计算机网络的特点

① 可靠性：当网内某子系统出现故障时，可由网内其他子系统代为处理，网络环境提供了高度的可靠性。

② 独立性：网络系统中各相连的计算机系统是相对独立的，它们各自既相互联系又相互独立。

③ 高效性：网络信息传递迅速，系统实时性强。网络系统可把一个大型复杂的任务分给几台计算机去处理，从而提高了工作效率。

④ 可扩充性：可以很灵活地在网络中接入新的计算机系统，如远程终端系统等，达到扩充网络系统功能的目的。

⑤ 廉价性：网络可实现资源共享，进行资源调剂，避免系统中的重复建设和重复投资，从而达到节省投资和降低成本的目的。

⑥ 透明性：网络用户所关心的是如何利用网络高效而可靠地完成自己的任务，而不去考虑网络所涉及的技术和具体工作过程。

⑦ 易操作性：掌握网络使用技术要比掌握大型计算机系统的使用技术简单得多。大多数用户都会感到网络的使用方便，操作简单。

1.5.4 计算机网络与电子商务

计算机网络的应用已经遍及生活的每一个角落，正在改变着人们的生活方式。随着互联网的出现和发展，借助计算机网络的应用，在网上进行贸易已经成为现实，促进了电子商务的发展，并使电子商务在海关、外贸、金融、税收、销售、运输等行业得到了广泛应用，带动了网络经济的繁荣。

但同时，随着电子商务、电子金融、电子政务等的应用，电子商务向更加纵深的方向发展，又对计算机技术和网络技术提出了更高的要求。一系列诸如网络安全、网络速度等问题都急需解决，来进一步健全社会金融基础设施及网络安全设施等，以满足电子商务日益增长的网络需求。这些都需要不断地推动计算机网络技术的发展，来适应飞速发展的网络经济及电子商务的需求。

1.6 Internet 简介

Internet 也叫因特网或互联网。它的前身是 20 世纪 60 年代末、70 年代初美国国防部高级研究计划署的实验性网络——ARPANET。1983 年后，ARPANET 中有关军事的部分被隔离为 MILNET。其后，1986 年诞生的美国国家科学基金会 NSFNET 对 Internet 的发展起了划时代的作用。

Internet 是由成千上万的不同类型、不同规模的计算机网络和计算机主机组成的覆盖世界范围的巨型网络。它是一个开放的、互联的、遍及全球的计算机网络，是一个能使世界上各种不同类型的计算机之间交换各种数据信息的通信媒介。从技术角度来看，Internet 包括各种计算机网络（局域网、城域网和广域网）。计算机主机包括 PC、专用工作站、小型机、中型机和大型机。这些网络和计算机通过电话线、高速专用线、微波、卫星和光缆连接在一起，在全球范围内构成了一个四通八达的“网间网”。从应用的角度来看，Internet 是一个世界规模的巨大的信息和服务资源网络，它能够为每一个 Internet 用户提供有价值的信息和其他相关的服务。

1.6.1　Internet 基本概念

Internet 没有一个统一的严格的定义。美国联邦网络理事会定义 Internet 为：一个全球性的信息系统；它是基于 Internet 协议（IP）及其补充部分的全球的一个由地址空间逻辑连接而成的信息系统；它通过使用 TCP / IP 协议组及其补充部分或其他 IP 兼容协议支持通信；它公开或非公开地提供使用或访问存放于通信和相关基础结构的高级别服务。

简言之，Internet 是指主要通过 TCP / IP 协议将世界各地的网络连接起来实现资源共享、提供各种应用服务的全球性计算机网络，具有开放性、共享性、平等性、低廉性和交互性等特点。另外，Internet 还具有合作性、虚拟性、个性化和全球性的特点。Internet 的特性表现出其是一个没有中心的自主式的开放组织，突出的是资源共享和双赢的发展模式。

1.6.2　Internet 的基本应用

Internet 提供了丰富的服务应用，这些应用主要包括以下内容。

（1）电子邮件（E-mail）。

电子邮件是 Internet 的一个基本服务，能够传送文字、声音、图像、图形等。通过 Internet 和电子邮件地址，通信双方可以快速、便捷和经济地收发电子邮件，而且邮箱不受用户所在地的限制，只要能连接上 Internet，就能使用电子邮箱。

（2）文件传输（FTP）。

文件传输为用户提供了在网上传输各种类型文件的功能，它能满足用户将远程计算机（通常称为 FTP 服务器）上的文件下载到本地计算机上，用户也可以将文件上传到 FTP 服务器上。

（3）远程登录（Telnet）。

远程登录是一台主机的 Internet 用户，使用另一台主机的登录账号和口令与该主机实现链接，作为它的一个远程终端使用该主机资源的服务。

（4）万维网（WWW）交互式信息浏览。

WWW 是 Internet 的多媒体信息查询工具。它使用超文本和链接技术，使用户能以任意的次序自由地从一个文件跳转到另一个文件，浏览和查阅各种所需的信息。

此外，Internet 提供的服务应用还有：电子公告板（BBS）、新闻（Usenet）、文件查询（Archive）、关键字检索（WAIS）、网络论坛（NetNews）、聊天室（IRC）、网络电话、电子商务、网上购物等。

自己动手：访问 CNNIC 网站，了解 Internet 目前发展的现状。

1.7 Intranet 简介

Intranet 是 Internet 的延伸和发展。Intranet 所提供的是一个相对封闭的网络环境，这个网络在企业内部是分层次开放的，内部有使用权限的人员访问 Intranet 可以不加限制，但对于外来人员进入网络，则有着严格的授权。因此，网络完全是根据企业的需要来控制的。

Intranet 带来了企业信息化新的发展契机。它革命性地解决了传统企业信息网络开发中所不可避免的缺陷，打破了信息共享的障碍，实现了大范围的协作。同时以其易开发、省投资、图文并茂、应用简便、安全开放的特点，形成了新一代企业信息化的基本模式。

1.7.1 Intranet 基本概念

Intranet 又称为企业内部网，是 Internet 技术在企业内部的应用。所谓 Intranet 是指采用 Internet 技术（软件、服务和工具），以 TCP/IP 协议作为基础，以 Web 作为核心应用，服务于企业内部事务，将企业内部作业计算机化，以实现企业内部资源共享的网络。简言之，Intranet 是使用企业自有网络来传送信息的私有互联网。

Intranet 与 Internet 相比，可以说 Internet 是面向全球的网络，而 Intranet 则是 Internet 技术在企业机构内部的实现，它能够以极少的成本和时间将一个企业内部的大量信息资源高效合理地传递到每个人。正是由于 Intranet 为企业提供了这种能充分利用通信线路、经济而有效地建立企业内联网的方案，并且它只为一个企业内部专有，外部用户不能通过 Internet 对它进行访问，企业可以利用 Intranet 有效地进行财务管理、供应链管理、进销存管理、客户关系管理等。如今，不再是少数大公司才拥有自己的企业专用网，借助于 Intranet 技术，各个中小型企业也都纷纷关注 Intranet，建立起适合自己规模的企业内部网。

1.7.2 Intranet 的特点

（1）信息资源共享。Intranet 使公司内部员工得以随时随地共享信息资源。此外，电子化的多媒体文件节省了印刷及运送成本，并使文件内容更新更为方便、快捷。

（2）安全的网络环境。与 Internet 相比，Intranet 提供较安全的网络环境。因为 Intranet 属于企业内部网，只有企业内部计算机才可存取企业的内部资源。Intranet 对用户权限控制非常严格。除公共信息外，其他信息只允许某个或某几个部门，有时甚至是某个或某几个人才有读或写的权限。

（3）传输速度较快。Intranet 一般具有较快的传输速度，可快速地传送文字、图片、声音、视频等。

（4）采用 B/S 结构。由于 Intranet 采用 B/S 结构，用户端使用标准的通用浏览器，所以不必开发专用的前端软件，从而降低了开发费用，节省了开发时间，同时也减少了系统出错的可能性。应用系统的全部软件和数据库集中在服务器端，因此维护和升级工作也相对容易一些。

（5）静态与动态的页面操作。Intranet 不再仅仅局限于静态的数据检索及传递，它更加注重动态的页面。由于企业的大部分业务都与数据库有关，因此要求 Intranet 能够实时反映数据库的内容。用户除了查询数据库外，还可对数据库的内容进行增加、删除、修改操作。

（6）独立 IP 编址。Intranet 的 IP 编址系统在企业内部是独立的，不受 Internet 的限制和管辖，因此其 DNS 是自成系统的，各种信息服务对应的服务器也是企业内部专用的。

1.7.3 Intranet 的基本应用

Intranet 主要提供了以下应用服务。

（1）信息发布。现代企业规模不断扩大，企业员工可能分散于不同的地域。可以通过企业的 Intranet，进行各种可分级别的公文等信息的发布。这样不仅可以节省大量的文本印刷费用，同时又能节约宝贵的时间，使分布各地的企业员工能全面了解相关的信息，实现无纸化办公。

（2）管理和操作业务系统。在建立企业内部管理和业务数据库服务器后，企业员工在浏览器上通过 Web 服务器访问数据库，并进行有关业务操作，从而实现传统管理系统的全部功能，包括办公自动化系统、人事管理系统、财务系统等。

（3）用户组和安全性管理。可以建立用户组，在每个用户组下再建立用户。对于某些需要控制访问权限的信息，可以对不同的用户组或用户设置不同的读、写权限，对于需要在传输中保密的信息，可以采用加密、解密技术。

（4）远程操作。企业分支机构通过专线或电话线路远程登录访问总部信息，同时，总部信息也可传送到远程用户工作站进行处理。

（5）电子邮件。在企业 Intranet 系统中设置 Mail Server，为企业的每个员工建立一个账号，这样员工不仅可以相互通信，而且可以使用统一的 e-mail 账号对外收发 e-mail。

（6）网上讨论组和视频会议。在企业 Intranet 系统中设置 News Server，根据需要建立不同主题的讨论组。在讨论组中可以设置哪些人能够参加、哪些人不能参加，有相应权限的企业员工可以就某一事件进行深入的讨论。另外，企业还可通过 Intranet 召开视频会议。

1.7.4 Internet 与 Intranet

Internet 与 Intranet 既有联系又有区别。Internet 是存储在计算机上的信息的集合，这些计算机物理地分布在全世界，是一个跨越全球的“网络的网络”；而 Intranet 则是公司内部的信息网，依靠防火墙与 Internet 进行连接，同时也进行安全性的分隔。

Internet 与 Intranet 的区别主要表现在以下三方面。

（1）Internet 是公众网，任何人都可以从任意节点登录上去并访问整个网络的信息；而 Intranet 则是内部网，不仅被防火墙与 Internet 分隔开来，而且内部通常还有严密的安全体系，未授权的用户无法访问其中的信息。

（2）Internet 的信息主要是公众性的，大部分都是广告、新闻、免费软件等；而 Intranet 中的信息是公司内部的，不用于对外公布，主要是公司人事信息、技术信息和财务信息等。

（3）Internet 十分庞大，管理非常复杂，各个节点的通信线路也各式各样，运行效率难以保障；而 Intranet 相对来说规模小得多，管理比较严格，网络线路一般都比较好，因此运行性能较高。

1.8 域名与 IP 地址

Internet 是一个信息的海洋，这些信息存储在全球各地称为“站点”的计算机上，为了区别各个站点，并使信息能够在 Internet 上准确快捷地传送到目的地，就需要使用一种方法来统一管理连接到 Internet 上的每台计算机。

1.8.1 IP 地址

IP 是英文 Internet Protocol 的缩写，中文称为“网际协议”，也就是为计算机网络相互连接进行通信而设计的协议。所谓 IP 地址就是给每个连接在 Internet 上的主机分配的一个唯一的地址。通过 IP 地址，就可以准确地找到连接在 Internet 上的某台计算机。现在被全球广泛使用的网际协议 IPv4 是“网际协议第 4 版”，按照规定，IP 地址用二进制来表示，每个 IP 地址长 32bit，比特换算成字节，就是 4 个字节。所以，IP 地址是由 4 个数字组成，数字之间用小圆点隔开，每个数字的取值范围在 0 ~ 255 之间（包括 0 和 255）。例如，IP 地址：202.121.220.66。

伴随着互联网、移动互联网、物联网等的快速发展，IP 地址的消耗也越来越巨大，现有的 IPv4 地址即将耗尽，并且 IPv4 已经远远不能满足网络市场对地址空间、端到端的 IP 连接、服务质量、网络安全和移动性能的要求。因此 IPv6 协议“诞生”了，它是“互联网通信协定第 6 版”的缩写。IPv6 二进制下为 128 位长度，以 16 位为一组，每组以冒号“:”隔开，可以分为 8 组，每组以 4 位十六进制方式表示。例如，2001:0db8:85a3:08d3:1319:8a2e:0370:7344。

IPv6 使用了 128 位的地址，而 IPv4 只用 32 位，这就使 IPv6 具有比 IPv4 大得多的地址空间。事实上，IPv6 不仅仅扩充了 IPv4 的地址空间，而且对原 IPv4 协议各方面都进行了重新考虑，做了大量改进。IPv6 可满足下一个世纪的高性能、可扩展性的网络互联，并可解决 IPv4 中存在的许多问题。

1.8.2 域名的基本概念

网络上主机通信必须指定双方机器的 IP 地址。IP 地址虽然能够唯一地标识网络上的计算机，但它是数字型的，对使用网络的人来说不便记忆，因而提出了字符型的名字标识，使之与某主机 IP 地址一一对应，该字符型名字即为域名地址，简称域名（Domain Name）。

域名是 Internet 网络上的服务器或网络系统的名字。一个域名对应唯一的 IP，在 Internet 上没有重复的域名。域名的形式是以若干个英文字母和数字组成，由“.”分隔成几部分，如 taobao.com 就是一个域名。域名由字母、数字和连字符组成，开头和结尾必须是字母或数字，最长不超过 63 个字符，不区分大小写，完整的域名总长度不超过 255 个字符。实际使用中，每个域名长度一般小于 8 个字符。其一般格式为：三级域名（机构名）.二级域名（域名类型）.顶级域名（国际顶级域名或国家顶级域名），如 sina.com.cn。

1.8.3 域名的级别

（1）顶级域名。

一是国家顶级域名（national top-level domain names，简称 nTLDs），目前 200 多个国家都按照 ISO3166 国家代码分配了顶级域名，例如中国是 cn，美国是 us，日本是 jp 等。

二是国际顶级域名（International top-level domain names，简称 iTDs），例如表示工商企业的 com、表示网络提供商的 net、表示非营利组织的.org 等，如表 1-1 所示。

表 1-1 国际顶级域名

域名	表示的组织或机构的类型	域名	表示的组织或机构的类型
com	商业机构	firm	商业或公司
edu	教育机构或设施	store	商场
gov	非军事性的政府机构	web	和 WWW 有关的实体
int	国际性机构	arts	文化娱乐
mil	军事机构或设施	rec	消遣性娱乐
net	网络组织或机构	info	信息服务
org	非营利性组织机构	name	个人

请根据表 1-1 内容，分别列举 1～2 个不同类型的网站域名。

（2）二级域名。

二级域名是指顶级域名之下的域名，在国际顶级域名下，它是指域名注册人的网上名称，例如 ibm、yahoo、microsoft 等；在国家顶级域名下，它是表示注册企业类别的符号，例如 com、edu、gov、net 等。

（3）三级域名。

三级域名用字母（A～Z、a～z、大小写等）、数字（0～9）和连接符（-）组成，各级域名之间用实点“.”连接，三级域名的长度不能超过 20 个字符。

1.8.4 域名的商业价值

企业连接互联网后进行商业活动，就存在被识别和选择的问题，由于域名是企业站点联系地址，是企业被识别和选择的对象，因此提高域名的知名度，也就是提高企业站点知名度，也就是提高企业被识别和选择的概率。域名在互联网上可以说是企业形象化身，是在虚拟网上市场环境中商业活动的标识。同时，域名资源是有限的，每个域名是唯一的，域名又具有商标特性，这样就使得某些域名已具有潜在价值，企业必须将域名作为一种商业资源来管理和使用。如以 IBM 作为域名，使用者很自然联想到 IBM 公司，联想到该站点提供的服务或产品同样具有 IBM 公司一贯承诺的品质和价值，如果被人抢先注册，注册者可以很自然利用该域名所附带的一些属性和价值，对于被伤害企业，不但丧失商业利润，还冒着品牌形象受到无形损害的风险。

因此，域名的知名度和访问率就是公司形象在互联网商业环境中的延伸，公司商标的知名度和域名知名度在互联网上是统一的。域名从作为计算机网上通信的识别提升为从商业角度考虑的企业的商标资源，所具有的与企业商标一样商业价值是不言而喻的。

1.9 数据库技术

简单地说，数据库是长期存储在计算机内、有组织的和可共享的数据集合，或者说数据库就是为了实现一定的目的而按某种规则组织起来的数据的集合，在电子商务中具有不可替代的作用。现今，数据库的建设规模、数据库信息量的大小和使用频度已成为衡量一个国家信息化程度的重要标志。

1.9.1 数据库系统的基本概念

在一般计算机平台上引入数据库技术就构成了一个数据库系统（database system，DBS）。数据库系统的个体含义是指一个具体的数据库管理系统软件和用它建立起来的数据库；它的学科含义是指研究、开发、建立、维护和应用数据库系统所涉及的理论、方法、技术所构成的学科。所谓数据库系统就是具有数据库管理功能的计算机系统。数据库系统是以数据库为核心的完整的运行实体，它由以下五部分组成。

- 数据库（DB）；
- 数据库管理系统（DBMS）；
- 数据库管理员（database administrator，DBA）：对数据库进行规划、设计、维护和监视等工作的人员；
- 系统硬件平台：计算机、网络等硬件配置；
- 系统软件平台：操作系统、DBS 开发工具（程序设计语言及接口软件）。

1.9.2 常见数据库系统

数据库系统是为适应数据处理的需要而发展起来的一种较为理想的数据处理的核心机构。计算机的高速处理能力和大容量存储器提供了实现数据管理自动化的条件。常见的数据库主要有 Microsoft Access、Microsoft SQL Server、Oracle、MySQL 等，其中 Microsoft Access 和 Microsoft SQL Server 是最常见的数据库，它们同时也应用于网络程序应用系统。一般情况下，Microsoft Access 数据库比较适合小型或家庭型的应用程序，而 Microsoft SQL Server 一般比较适合大型的应用程序。

1.10 常见的互联网应用操作

在电子商务中，常见的互联网操作有电子商务信息浏览、电子商务信息检索、商务邮件的收发、即时商务信息的发送等。

1.10.1 电子商务信息浏览器

随着 Internet 的发展，WWW 提供了一个可以轻松驾驭的图形化用户界面，以便查阅 Internet 上的信息。企业与个人借助 Web 浏览器就可以轻松、便捷地获取互联网上丰富的资源。目前使用的浏览器很多，如 Microsoft 公司的 Internet Explorer（IE）、Netscape 的 Navigator、Mozilla 公司的 Firefox、Google 公司的 Chrome、Opera 公司的 Opera、苹果公司的 Safari 等。下面以常用的浏览器 Internet Explorer 为例介绍浏览器的使用。

（1）启动 IE 浏览器。

首先，双击桌面上 Internet Explorer 的图标（或单击快速启动栏中 IE 图标或者执行“开始”|“程序”菜单命令）启动 IE，然后在地址栏中输入某个网站的地址，例如登录新浪网站，输入 www.sina.com.cn，并回车，显示图 1-5 所示窗口。

（2）浏览 Web 页信息与收藏网页。

浏览主页面的信息后，还有很多分类导航链接，例如单击“财经”，可显示 “财经”信息的网页。在浏览过程中，如果有需要保存的页面信息，可以使用 IE 的“收藏”菜单或“收藏”按钮来解决这个问题，将需要的页面地址分类保存起来。

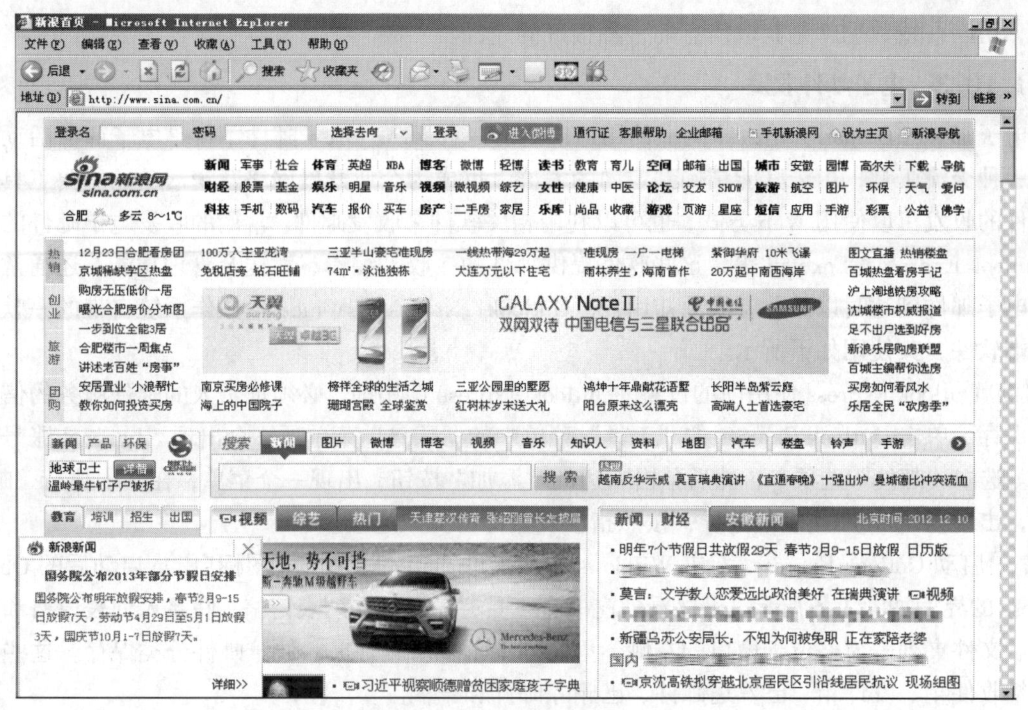

图 1-5 IE 浏览器窗口

1.10.2 电子商务信息检索

随着互联网的普及与飞速发展，通过 Internet 获取电子商务信息，是企业和个人必须掌握的基本技能。在 Internet 上检索信息，通常可以用以下几种方法。

（1）直接访问网页。这是最直接也最简单的检索信息的方法，只要我们知道信息所在网页的地址或网络实名，就可以快捷地找到所需要的信息。如：想了解海尔企业的网站信息，就可以直接访问 www.haier.com。

（2）利用搜索引擎。在互联网发展初期，网站相对较少，信息查找比较容易。随着互联网的迅猛发展、Web 信息的增加，网络用户想找到所需的资料如同大海捞针，搜索引擎技术恰好解决了这一难题。搜索引擎是一个对互联网上的信息资源进行搜集整理，然后供用户查询的系统。目前互联网上有数以千计的搜索引擎，常用的搜索引擎有 Google、Yahoo、百度等，它们基本上都由信息查询系统、信息管理系统和信息检索系统三个部分组成。在利用搜索引擎检索电子商务信息时，主要使用输入关键字（keyword）的查询方法，在检索过程中，还可以利用高级检索的功能精确查找信息。

自己动手利用搜索引擎学习搜索引擎的使用。

（3）查询在线数据库。在线数据库是以 Web 为检索界面，向所有网络用户提供公共检索的数据库。现在有很多图书馆、研究机构等建立了在线数据库，允许用户在线查询相关信息。如：中国科普博览教育数据库、学术类的万方数据库、中国国家图书馆、网上商城、数字城市等。通过

网络，访问在线数据库是获取信息的一种很好的途径。

1.10.3 电子邮件收发

电子邮件（E-mail）是因特网上使用最广泛的一种服务。电子邮件不仅是电子商务活动中常用的一种交流工具，由于其能精确到定向的人群，也成为企业开展网络营销活动的主要工具。电子邮件的收发可以使用 Web 方式，也可以利用相关软件来收发邮件。常用的收发电子邮件的软件有 Outlook Express、Foxmail 等，这些软件提供邮件的接收、编辑、发送及管理功能，还通常会在新的电子邮件到达时以某种方式通知用户。Outlook Express 是 Windows 操作系统自带的一款邮件客户端软件，其使用如下所示。

（1）Outlook Express 使用前的设置。Outlook Express 使用前，必须把个人的邮件服务的信息先填入保存。单击 Outlook Express 的“工具”菜单中的“账号”菜单项，会出现“Internet 账号”对话框。选中“邮件”选项卡，然后单击右边的“添加”按钮，出现一个菜单，在其中执行“邮件”命令，出现“Internet 连接”向导，按照指示设置即可完成连接。

（2）启动 Outlook Express。双击 Windows 桌面上的 Outlook Express 图标启动，启动后的 Outlook Express 的界面如图 1-6 所示。可以看到窗口有工具栏、文件夹列表窗格、联系人列表窗格和主窗格等。文件夹列表窗格位于窗口的左侧，里面列出了多个文件夹，便于邮件分类保存。这些文件夹包括收件箱、发件箱、已发送邮件、已删除邮件和草稿。

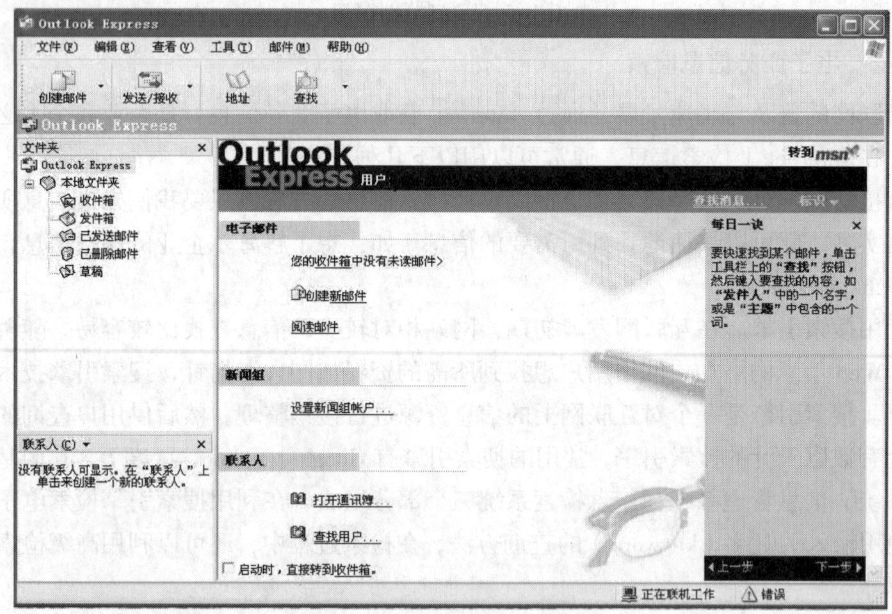

图 1-6 Outlook Express 界面

（3）电子邮件的撰写和发送。

① 启动邮件服务软件或启动浏览器的邮件功能后，单击“新邮件”、“写邮件”等按钮或超链接，则会出现撰写新邮件的窗口。图 1-7 是启动浏览器的邮件功能，单击“写邮件”超链接后出现的写新邮件的窗口。

② 在“收件人”框中，键入收件人的电子邮件地址，如果你想要把信件同时发给多个人时，可输入多个接收人的邮件地址，在地址之间分别用逗号或分号隔开。

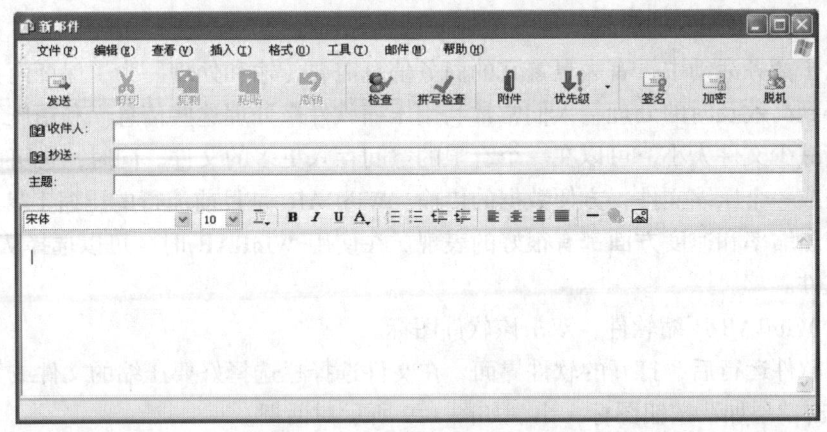

图 1-7 撰写邮件的页面

③ 在“主题”框中键入邮件主题。

④ 撰写邮件正文。

⑤ 单击新邮件工具栏上的“发送”按钮或“立即发送”按钮。

如果要通过电子邮件发送计算机上的其他文件，比如应用程序（以 exe 为扩展名）、用 Word 编写的文章（以 doc 为扩展名）等，则不能在邮件的正文中发送，但可以采用附件的方式来发送。

（4）电子邮件的查找和阅读。用户收到的邮件是存放在收信服务器中的，看信时要把邮件从收信服务器中取回。如果用户的电脑一直处于和 Internet 连接状态，并且用户的 Outlook Express 一直处于打开状态，那么 Outlook Express 会自动地定期去用户的收集服务器中检查是否有新的邮件到达。如果有新邮件，则 Outlook Express 会自动将其下载。如果用户刚打开 Outlook Express 或想立即查看、收取信件，则可在 Outlook Express 中单击工具栏上的“发送/接收”按钮。用户下载完信件后，即可以在单独的窗口或预览窗格中阅读邮件。

通过互联网学习商务邮件的写作规范。

1.10.4 即时商务信息交流

即时通信（Instant Messaging，简称 IM）是指能够即时发送和接收互联网消息等的业务。1996 年 7 月成立的 Mirabilis 公司于同年 11 月推出了全世界第一款即时通信软件 ICQ，随后有多家公司相继推出 IM 服务。目前国内的市场上，腾讯 QQ 占有绝对优势，微软 MSN、阿里旺旺、飞信、网易泡泡、新浪 UC、雅虎通等也有一定的市场份额。

即时通信的功能日益丰富，逐渐集成了电子邮件、博客、音乐、电视、游戏和搜索等多种功能。随着移动互联网的发展，即时通信也在向移动化扩张。目前，微软、阿里旺旺、Yahoo、QQ 等重要即时通信提供商都提供通过手机接入互联网即时通信的业务，用户可以通过手机与其他已经安装了相应客户端软件的手机或电脑收发消息。 由此可见，即时通信不再是一个单纯的聊天工具，它已经发展成集交流、资讯、娱乐、搜索、电子商务、办公协作和企业客户服务等为一体的综合化信息平台。

1.10.5 文件压缩与加密

在各种电子商务活动中，有大量繁冗的商务信息需要传输和处理。为了保证商务信息安全快捷的传输和得到高效及时的处理，人们常常利用压缩软件来处理这些信息。利用压缩工具压缩文件可以大幅度减少文件大小，可以在一个有限的空间存入更多的文件。同时，也可以将多个文件或文件夹压缩成一个压缩文件，方便数据的传输。WinRAR 是目前流行的压缩工具，界面友好，使用方便，在压缩率和速度方面都有很好的表现。在使用 WinRAR 时，可以选择从 WinRAR 图形界面压缩文件。

（1）运行 WinRAR 压缩软件，双击该软件图标。

（2）压缩软件运行后，打开的软件界面，在文件选择栏选择好要压缩的文件或文件夹，如图 1–8 所示，单击“添加”按钮图标，出现如图 1–9 所示对话框。

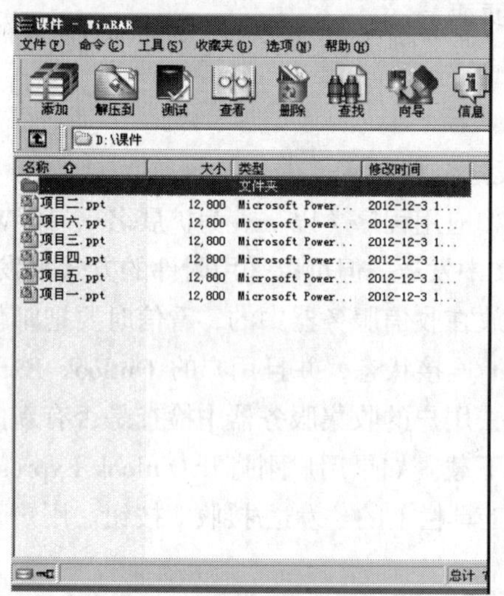

图 1–8 选择压缩文件

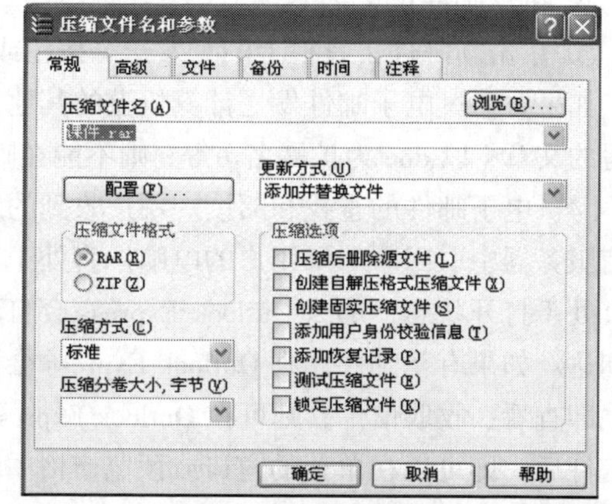

图 1–9 压缩文件

（3）在图 2–6 中选择“高级”选项卡，单击“设置密码”，如图 1–10 所示。

（4）出现带密码压缩对话框，输入密码确认后即可。

（5）设置完成后在“常规”选项卡下，输入压缩文件名，然后单击“确定”按钮即开始加密压缩。

注：除了从 WinRAR 图形界面压缩文件，还可以在资源管理器或桌面选择你要压缩的文件，以鼠标右键在选定的文件上单击并选择“添加到压缩文件”，也可完成文件的压缩与加密。

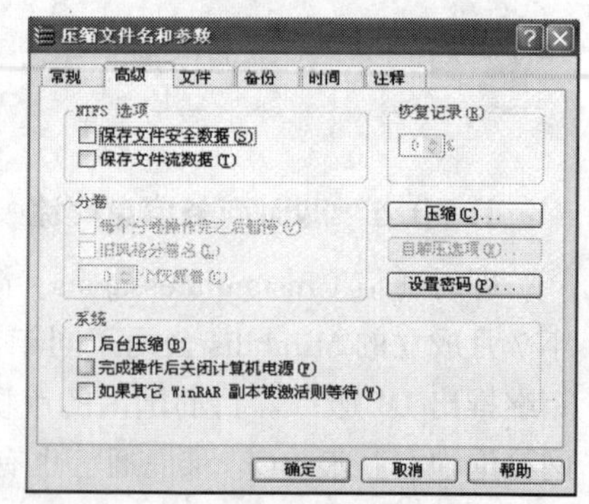

图 1–10 加密设置

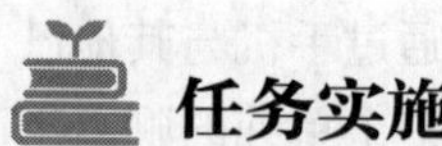

任务实施

1. 了解我国互联网的发展现状并进行比较分析

步骤一 打开浏览器，登录中国互联网络信息中心 http://www.cnnic.net.cn。

步骤二　单击“互联网发展研究”，查阅最新的统计数据。

步骤三　再查阅前 1-2 年的统计数据与最新数据比较，找出期间的变化并分析。

步骤四　同学分组讨论交流并选代表发言。

步骤五　教师归纳总结。

2. 登录网易首页，注册免费电子邮箱，学会收发邮件

步骤一　单击“注册免费邮箱”。

步骤二　填写注册信息，如图 1-11 所示。

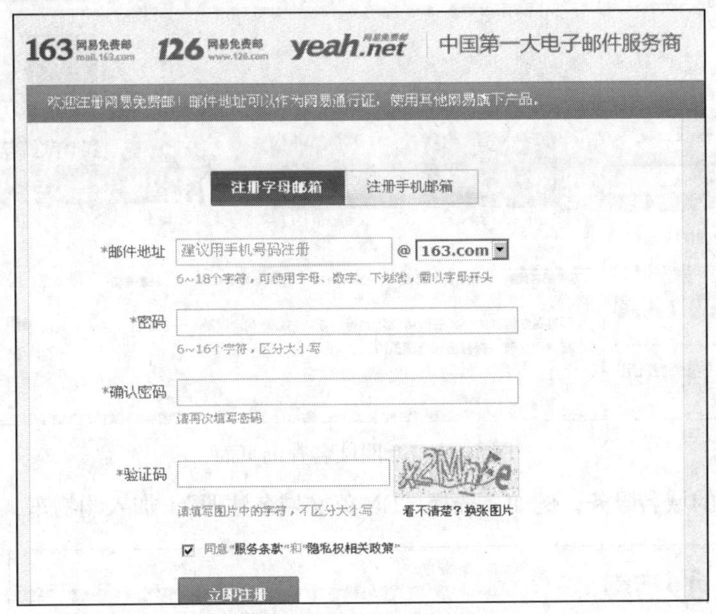

图 1-11　邮箱注册页面

步骤三　注册成功后，进入邮箱页面。

步骤四　在班级内收集同学邮箱地址，撰写并发送邮件。

步骤五　收邮件、阅读并回复。

步骤六　教师归纳总结。

素质拓展

域名的申请方法与步骤

注册域名仅需简单五步，下面以中国万网（http://www.net.cn）域名申请网站为例说明如何申请域名。

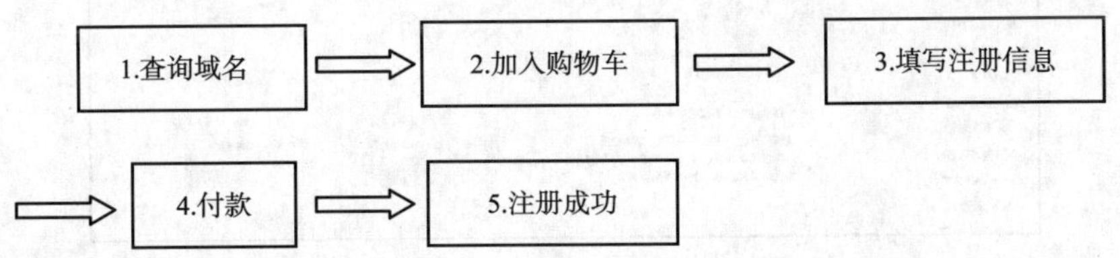

（1）进入万网首页，单击“域名注册”按钮，进行域名查询，如图 1-12 所示。

图 1–12　万网域名查询页面

（2）选择需要的域名服务，例如，选择“CN 英文域名注册”，加入购物车，如图 1–13 所示。

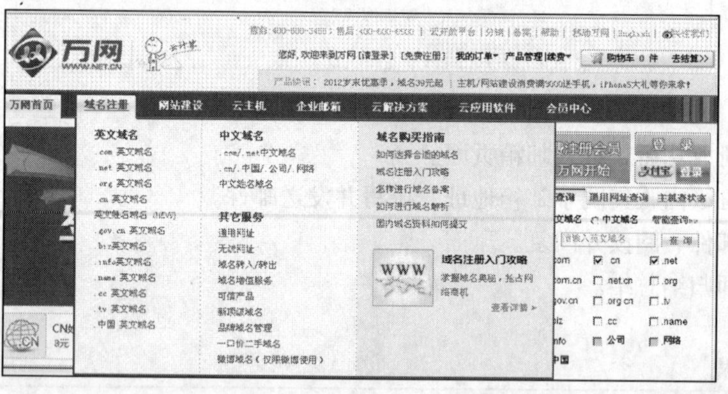

图 1–13　万网域名购买页面

（3）按照注册列表填写注册信息。

（4）确定所填写的申请信息后，进入付费界面付款。

（5）按照所申请的服务付费后，在相应时间内所申请的域名就会生效，即注册成功。

注：域名申请分为付费和免费两种。网上有很多免费域名资源，但相对来说，付费的域名更加稳定，而且有套餐服务。如果是架构企业网站，建议选择付费的申请。

项目小结

本项目通过“认识电子商务”和“体验互联网”任务的实施，在熟悉电子商务与互联网的基本概念及相关专业知识的基础上，引入了数据库、域名、浏览器、电子邮件、即时信息交流工具、商务文件处理等电子商务相关的基本技能的应用。通过本项目的学习与实训，使学生在学与做中体验互联网、认识电子商务，从而达到快捷掌握知识点，有效强化操作技能的要求。

习题与思考

1. 小王有一部只用了半年的诺基亚6610手机，想在C2C商城通过拍卖竞价的方式出售，底价1000元，有谁出价超过1000并且最高，小王就把手机卖给他。请在实验室里模拟交易过程。

2. 小刘在一家通信器材专卖店打工，最近他的老板给他一个任务，要求他在网上创建一个名为“讯通通信”的通信器材专卖店，请帮助他设计和申请域名。

职业能力训练

训练内容：职业认知与体验

训练目标：

1. 了解什么是电子商务企业；
2. 掌握电子商务企业中的岗位设置与划分；
3. 了解电子商务企业中不同岗位的岗位职责与任职要求；
4. 了解电子商务与计算机网络的关系；
5. 淘宝网、拍拍网、阿里巴巴网站、苏宁易购、京东商城、携程旅行网、慧聪商情网等认知与比较；
6. 掌握电子邮件的收发；
7. 学会通过搜索引擎检索商情，通过即时聊天工具进行商务沟通。

训练路径：

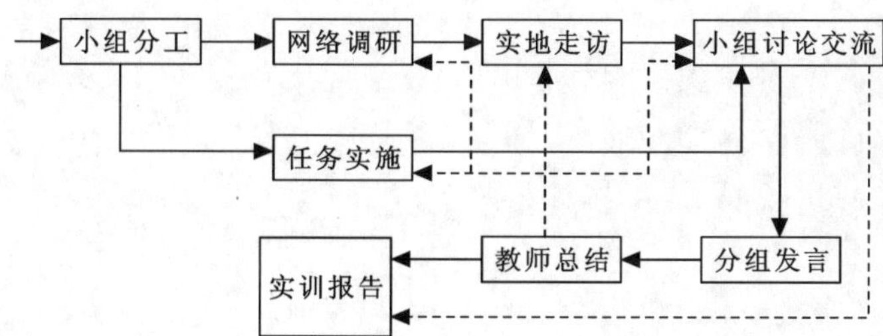

自我评价与课业考核

项目			评价与考核标准	自评成绩
职业道德素质Σ30		职业观念Σ510	对职业、职业选择、职业工作、职业道德和伦理等问题具有正确的看法	
		职业情感Σ5	对职业有愉快的主观体验、稳定的情绪表现、健康的心态、良好的心境，具有强烈的职业认同感、职业荣誉感和职业敬业感	
		职业理想Σ5	对将要从事的职业种类、职业方向与事业成就有积极的向往和执着的追求	
		职业态度Σ10	对职业选择有充分的认知和积极的倾向与行动	
职业能力与课业学习评价Σ70	实施过程Σ50	自学能力Σ5	能够借助互联网等工具自我学习工作过程中碰到的新知识	
		学习态度Σ5	学习过程中纪律性强，无缺课、迟到、早退现象	
		团队协作Σ5	学习过程中有团队合作精神，有较强的沟通能力	
		创新能力Σ5	学习过程中解决问题有独创性，设计巧妙，有新意	
		解决问题Σ5	能够借助各种工具，在老师和同学的帮助下解决工作过程中碰到的疑难问题	
		工作任务Σ25	1. 能够理解电子商务的概念 2. 能够掌握电子商务企业中的岗位设置与划分 3. 能够了解电子商务企业中不同岗位的岗位职责与任职要求 4. 能够借助互联网工具对淘宝网、拍拍网、阿里巴巴网站、苏宁易购、京东商城、携程旅行网、慧聪商情网等电子商务网站进行比较分析 5. 会收发电子邮件 6. 会通过搜索引擎检索商情，会使用即时聊天工具进行商务沟通	
	实施结果Σ20	1. 在规定的时间内完成学习任务和课业报告Σ10		
		2. 实训任务和课业报告符合要求Σ10		
合计				

项目二 电子商务安全应用与法律法规

项目介绍

用户信息泄露这把“熊熊大火”，终于从社区类网站烧到了电子商务网站，支付宝、京东、当当等电子商务网站以及部分政府网站的用户信息均遭到一定程度的泄露。电子商务正迅速地改变着人们的工作方式、消费方式和生活习惯，改变着企业的经营方式。我们也不得不重视电子商务的安全。

本项目主要以“当前电子商务安全案例”为切入点，介绍了个人和企业电子商务全的基本知识、概念和工具，学生通过概念、案例和工具的使用渐进式学习，不断深化对电子商务安全的认识，并了解目前电子商务安全相关的法律状况。

学习目标

知识目标

① **掌握电子商务安全的基本概念；**

② **了解电子商务所面临的网络安全隐患；**

③ **了解一般的网上购物的安全问题和注意事项；**

④ **理解电子商务的安全技术；**

⑤ **理解网络杀毒软件和企业防火墙的一般原理和构建；**

⑥ **了解电子商务存在的法律问题；**

⑦ **了解网货、网商与网规。**

技能目标

① **能够安全地进行网上购物；**

② **能使用一般的杀毒软件、防火墙和电子商务安全工具；**

③ **能够分析一般的电子商务法律问题和纠纷。**

引导案例——2011年电子商务安全报告

——案例来源：节选自艾瑞网

随着安全软件收费模式从收费到免费的转变和操作界面简易化，网民网络安全防范的门槛和成本逐渐减低，与此同时安全软件的使用率也逐渐提高。国内网络安全也结束了病毒泛滥且大规模入侵的年代。

但与此同时网络威胁从早期的纯攻击向获取个人信息赚取经济利益转变，网络安全侵犯逐渐从大型病毒和木马攻击向诈骗类的社会工程学和小范围的入侵转变。新的网络安全危险呈现高隐蔽性、高针对性特征，特别是在电子商务时代，对交易相关信息的保密提出了更高要求。

归纳近几年的电子商务安全威胁的发展，有以下几点。

与“网”俱进：自互联网诞生那刻起，病毒与木马就如影随形。除延续之前电商和支付等钓鱼网站的泛滥局面，安全威胁也渗入影响力大增的微博，如2011年以微博为目标的XSS蠕虫。

“细分化”：互联网应用的日渐丰富多样，为病毒和木马攻击提供了更多载体与渠道；相应地，安全威胁也逐渐往细分领域发展，其针对性和目标性更强、威胁更大。如专门针对Qvod快播用户的伪Qvod快播病毒，以及针对网购爱好者的网络购物类木马等。

商业利益为主、纯攻击为辅：网络攻击的“低投入高回报”激发并持续驱动着犯罪分子猖狂作案。2011年获取经济利益仍为网络攻击主要驱动力，如“泄密门”事件和盛行的钓鱼网站大都是盗取账号与密码从而获取经济利益。与此同时，也存在部分攻击者抱着纯发泄或炫耀心态攻击个人用户，如“广外学生电脑被黑”事件等。

电子商务风险疫情分析

- 木马病毒升级产业链

在木马病毒带来巨大经济利益的刺激下，木马病毒的制作与传播已形成一套成熟的产业链。根据目前资料，木马的产业链主要分为三个环节：制作环节、传播环节和工作环节。

- 恶意网站层出不穷

恶意网站是指以获取经济利益为主要目的，故意在计算机系统上执行恶意任务的、以合法网站为载体的病毒、蠕虫或木马，或伪造合法网站的非法网站。仅2011下半年，QQ电脑管家云安全中心每日处理云查请求数百亿余次，鉴定网址6亿条，其中，鉴别出境外非法博彩20万余条、恶意网址30万余条、钓鱼盗号网址15万余条、木马网址2.5万余条。

- 系统漏洞“越补越多”

根据2011下半年QQ电脑管家云安全中心监测，评选出了2011年下半年十大漏洞，分别为：DigiNotar虚假数字证书、Duqu病毒、Java严重安全漏洞、Adobe Flash SWF远程漏洞、MHTML协议漏洞、IE 9严重安全漏洞、记事本漏洞、微软“长老”提权漏洞、蓝牙漏洞和Adobe Reader严重安全漏洞等。近期漏洞的修复次数有反弹苗头。

- 恶意插件增加电脑风险

经常使用安全防护软件，对电脑进行体检，一旦发现风险项要立即进行清理，让电脑时刻保持在安全的环境中。尽量避免访问不熟悉的网站，防止不经意的操作导致被安装木马或恶意插件。尽量避免在不熟悉的网站下载软件。安装软件时，注意默认勾选项，建议使用软件管理安装软件，软件管理中对于软件是否有插件都有标识。

思考与讨论：你所了解的电子商务安全主要有哪些方面？

任务三 个人电子商务安全与防范

学习任务

学习情境

电子商务的发展改变了人们的消费习惯，于是，我们也开始尝试着在网上购物消费。然而，网络安全却让我们对网上购物望而却步。我们所注册的账号是否安全？我们的网上银行资金能否得到保障？我们的电脑是否能挡得住互联网木马病毒的攻击？我们应该如何预防这些网络购物存在的问题，又该有哪些需要注意的地方？于是，抱着对自己网购负责的态度，开始积极探索个人电子商务安全问题

任务描述

1. 在电脑上安装一套杀毒软件，通过操作和了解，说明杀毒软件具体的功能，特别是针对网络购物的杀毒功能

2. 至少开通一项网络购物工具，简述其使用流程，说明工具使用应注意的安全事项

任务拓展

针对自己的电脑制定一套安全防护策略

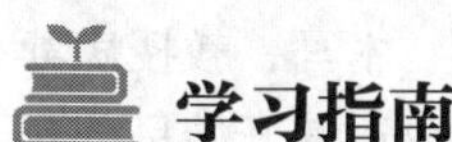

学习指南

2.1 电子商务安全的概念

目前电子商务的安全问题日趋严重，最突出的表现在计算机网络安全和商业诚信问题上。本教程因为篇幅所限，在这里只侧重于计算机网络安全问题的描述和解决，对于其他方面的问题不做详细的分析。

2.1.1 电子商务安全现状

信息安全是电子商务发展的根本，电子商务安全问题不仅涉及企业、消费者利益，更重要的是国家的经济安全。安全是制约我国电子商务发展的瓶颈之一。

（1）电子商务的安全问题日益受到重视。电子商务的安全越来越被各国重视，电子商务是以互联网作为交易平台和传统商务活动相结合的产物，它已经逐渐取代了传统的商务模式，成为人们交流活动的一种新模式。随着全球互联网的快速发展，我们正在以前所未有的速度进入网络时代，互联网的商务活动已经影响到了每一个人。但是，全球的网络是完全开放的，任何一台计算机都可以联接并进行各种网上商务活动，这也为电子商务的安全带来新的课题，交易双方是不进行面对面交流的，一些别有用心的个人或组织可能采取窃取机密、破坏他人网络安全的行为，因此，现在的网络安全问题变得更加突出。

目前，电子商务安全已经逐步被提到国家安全层面。在美国，从克林顿时代的基础设施保护，建设“国家信息基础设施”，并提出《信息系统保护国家计划》（NIPP1.0）；到布什时代美国从国

家战略全局对网络的正常运行进行谋划，以保证国家和社会生活的安全与稳定；到奥巴马时代认为来自网络空间的威胁已经成为美国面临的最严重的经济和军事威胁之一，表明了美国对这一问题的重视。在我国，电子商务从无到有，从线下支付到网上支付，网络保障体系从简单的网络杀毒到云计算的应用，政府的电子商务安全立法不断完善等，说明中国政府对网络安全认识也在逐步提高。

（2）病毒威胁下降，黑客攻击上升。根据技术贸易组织的统计，尽管 IT 领域来自病毒和蠕虫的威胁已经下降，但基于浏览器的网络威胁却日趋上升。计算技术工业协会（CompTIA）第三个 IT 安全和劳动力年度报告中，有 56.6%受到基于浏览器攻击的侵害，比一年前的 36.8%和两年前的 25%有较大提升。基于浏览器攻击通常利用网络浏览器和用户计算机上的其他模块，如操作系统的安全漏洞发起攻击。攻击的目标可能是使计算机瘫痪或窃取私有数据，大量的网络犯罪通过在网页中嵌入恶意代码的“挂马”方式来实现。这种通过浏览网页方式进行攻击的方法具有较强的隐蔽性，用户更难于发现，潜在的危害性也更大。

（3）木马病毒变种数量的快速增加。据统计，仅 2009 年上半年挂载木马网页数量累计达 2.9 亿个，共有 11.2 亿人次网民访问挂载木马，2010 年元旦三天就新增电脑病毒 50 万。病毒的数量不仅增速变快，智能型、病毒变种更新速度快是本年度病毒的又一个特征。总体而言，目前的新木马不多，更多的是它的变种，因为目前反病毒软件的升级速度越来越快，病毒存活时间越来越短，因此，今天的病毒投放者不再投放单一的病毒，而是通过病毒下载器来进行病毒投放，可以自动从指定的网址上下载新病毒，并进行自动更新，永远也无法斩尽杀绝所有的病毒。同时病毒制造、传播者利用病毒木马技术进行网络盗窃、诈骗活动，通过网络贩卖病毒、木马，教授病毒编制技术和网络攻击技术等形式的网络犯罪活动明显增多，电子商务网络犯罪也逐渐开始呈公开化、大众化的趋势。

（4）钓鱼网站成为新型的电子商务威胁。360 安全中心发布的《2012 上半年中国网络安全报告》指出，钓鱼网站已超越木马病毒成为网络安全的主要威胁。根据 360“网址云安全”数据统计，2012 年 1 月至 6 月间，360 共拦截钓鱼网站访问量达 21.7 亿次，相当于平均每秒有 138 个网民访问钓鱼网站。以模仿知名网站、利用欺诈手段骗钱的钓鱼网站数量猛增，成为当前互联网主要安全威胁。据统计，2012 年上半年 360“网址云安全”截获新增钓鱼网站 350 149 家，拦截量更是高达 21.7 亿次，比去年全年拦截量还高 2000 万次。随着电子商务应用高速发展，购物网站价格战持续血拼，购物欺诈在钓鱼网站中的比例也攀升为 41.5%，是目前数量最多的钓鱼网站，其次则是假冒微博等社交网站的虚假中奖，占比达到 19.8%。钓鱼网站的出现，往往结合着搜索引擎甚至社交关系欺骗，对缺乏安全意识的网民、特别是中老年人群造成极大风险。

（5）网络病毒从“破坏”向“谋财”转变。网络病毒始作俑者的初衷也发生了很大的变化，之前制作病毒更多是为了彰显技术水平，而今天的网络病毒已演变成了一种以谋利为目的的灰色产业链，这其中，病毒制造、传播、谋利已经形成了完整的供需链。用户传统观念中的中毒后“电脑死机”、“无法上网”等现象不再是主流病毒采用的方式，盗取信息、为恶意网站引导流量，才是目前黑客的攻击目的。同时，相关数据显示，2012 年上半年钓鱼网站仍然猖獗，彩票类钓鱼网站已成为黑客新宠，而节假日及热点事件也成为其关注的焦点。仅在 2010 年，因网络病毒导致的电子商务安全隐患给国内电子商务市场造成了高达 76 亿元人民币的损失。另外，在移动互联网方面，仅 2012 年上半年瑞星就截获 Android 病毒样本 4 252 个。Android 系统由于其高度的开放性，已沦为黑客重点攻击的目标。其中一款名为功夫熊猫系列的病毒极为猖獗，既能够骗钱，又可以破坏手机。同时，“劫持”杀毒软件的手机病毒已经出现，标志着针对移动互联网的黑客攻击正在向复杂化、智能化演变。

小思考

请调查了解你的同学和朋友，他们在使用网络的过程中都遇到过哪些不安全的事情？导致这些不安全事情发生的主要原因是什么？

2.1.2 电子商务安全的概念

电子商务面临的威胁的出现导致了对电子商务安全的需求，也是真正实现一个安全电子商务系统所要求做到的各个方面，主要包括机密性、完整性、认证性和不可抵赖性。

（1）机密性。电子商务作为贸易的一种手段，其信息直接代表着个人、企业或国家的商业机密。传统的纸面贸易都是通过邮寄封装的信件或通过可靠的通信渠道发送商业报文来达到保守机密的目的。电子商务是建立在一个较为开放的网络环境上的（尤其 Internet 是更为开放的网络），维护商业机密是电子商务全面推广应用的重要保障。因此，要预防非法的信息存取和信息在传输过程中被非法窃取。机密性一般通过密码技术来对传输的信息进行加密处理来实现。

（2）完整性。电子商务简化了贸易过程，减少了人为的干预，同时也带来维护贸易各方商业信息的完整、统一的问题。由于数据输入时的意外差错或欺诈行为，可能导致贸易各方信息的差异。此外，数据传输过程中信息的丢失、信息重复或信息传送的次序差异也会导致贸易各方信息的不同。贸易各方信息的完整性将影响到贸易各方的交易和经营策略，保持贸易各方信息的完整性是电子商务应用的基础。因此，要预防对信息的随意生成、修改和删除，同时要防止数据传送过程中信息的丢失和重复并保证信息传送次序的统一。完整性一般可通过提取信息消息摘要的方式来获得。

（3）认证性。由于网络电子商务交易系统的特殊性，企业或个人的交易通常都是在虚拟的网络环境中进行，所以对个人或企业实体进行身份性确认成了电子商务中得很重要的一环。对人或实体的身份进行鉴别，为身份的真实性提供保证，即交易双方能够在相互不见面的情况下确认对方的身份。这意味着当某人或实体声称具有某个特定的身份时，鉴别服务将提供一种方法来验证其声明的正确性，一般都通过证书机构 CA 和证书来实现。

（4）不可抵赖性。电子商务可能直接关系到贸易双方的商业交易，如何确定要进行交易的贸易方正是进行交易所期望的贸易方这一问题则是保证电子商务顺利进行的关键。在传统的纸面贸易中，贸易双方通过在交易合同、契约或贸易单据等书面文件上手写签名或印章来鉴别贸易伙伴，确定合同、契约、单据的可靠性并预防抵赖行为的发生。这也就是人们常说的“白纸黑字”。在无纸化的电子商务方式下，通过手写签名和印章进行贸易方的鉴别已是不可能的。因此，要在交易信息的传输过程中为参与交易的个人、企业或国家提供可靠的标识。不可抵赖性可通过对发送的消息进行数字签名来获取。

（5）有效性。电子商务以电子形式取代了纸张，那么如何保证这种电子形式的贸易信息的有效性则是开展电子商务的前提。电子商务作为贸易的一种形式，其信息的有效性将直接关系到个人、企业或国家的经济利益和声誉。因此，要对网络故障、操作错误、应用程序错误、硬件故障、系统软件错误及计算机病毒所产生的潜在威胁加以控制和预防，以保证贸易数据在确定的时刻、确定的地点是有效的。

2.1.3 网络安全隐患

电子商务中的安全隐患可分为以下几类。

（1）信息的截获和窃取。如果没有采用加密措施或加密强度不够，攻击者可能通过互联网、公共电话网、搭线、电磁波辐射范围内安装截收装置或在数据包通过的网关和路由器上届截获数据等方式，获取用户的机密信息，或通过对信息流量和流向、通信频度和长度等参数的分析，推出有用信息，如消费者的银行账号、密码以及企业的商业机密等。

（2）信息的篡改。当攻击者熟悉了网络信息格式以后，通过各种技术方法和手段对网络传输的信息进行中途修改，并发往目的地，从而破坏信息的完整性。这种破坏手段主要有三个方面：篡改——改变信息流的次序，更改信息的内容，如购买商品的出货地址；删除——删除某个消息或消息的某些部分；插入——在消息中插入一些信息，让收方读不懂或接收错误的信息。

（3）信息假冒。当攻击者掌握了网络信息数据规律或解密了商务信息以后，可以假冒合法用户或发送假冒信息来欺骗其他用户，主要有两种方式。一是伪造电子邮件，虚开网站和商店，给用户发电子邮件，收订货单；伪造大量用户，发电子邮件，穷尽商家资源，使合法用户不能正常访问网络资源，使有严格时间要求的服务不能及时得到响应；伪造用户，发大量的电子邮件，窃取商家的商品信息和用户信用等信息。另外一种为假冒他人身份，如冒充领导发布命令、调阅密件；冒充他人消费、栽赃；冒充主机欺骗合法主机及合法用户；冒充网络控制程序，套取或修改使用权限、通行字、密钥等信息；接管合法用户，欺骗系统，占用合法用户的资源。

（4）交易抵赖。交易抵赖包括多个方面，如发信者事后否认曾经发送过某条信息或内容；收信者事后否认曾经收到过某条消息或内容；购买者对订货单不承认；商家卖出的商品因价格差而不承认原有的交易。

2.2 常见电子商务个人安全应用软件

2.2.1 杀毒软件

杀毒软件也称反病毒软件或防毒软件，是用于消除电脑病毒、特洛伊木马和恶意软件的一类软件。杀毒软件通常集成监控识别、病毒扫描和清除和自动升级等功能，有的杀毒软件还带有数据恢复等功能，是计算机防御系统的重要组成部分。

目前，常见的杀毒软件主要有卡巴斯基、诺顿、McAfee、306 杀毒软件、金山毒霸等。下面将以 360 杀毒软件和金山毒霸为例进行说明。

（1）360 杀毒软件。

360 杀毒软件将实时监控系统中的文件访问情况，防止病毒入侵及感染你的计算机；可对系统中的文件进行扫描以便查杀病毒；为实时保护用户的计算机，会自行升级到最新病毒库及程序，你也可手动进行升级及时进行更新。

根据你的不同需求，360 杀毒提供四种病毒扫描方式：快速扫描、全盘扫描、指定位置扫描及右键扫描。用户可根据需要选择不同的查杀方式对电脑中的文件进行扫描。快速扫描方式会扫描自启动的程序、用户桌面文件、Windows 系统目录及 Program Files 目录；全盘扫描方式除扫描引导区、内存外，还会扫描所有的磁盘文件；指定位置扫描则仅扫描用户指定的目录或文件；右键扫描方式已经集成到 Windows 右键菜单中，当用户在文件或目录上点击鼠标右键时，可以选择“使用 360 杀毒扫描”对选中文件或目录进行扫描。

图 2-1　360 杀毒软件操作界面

360 杀毒软件中包含 6 层入口防御：上网安全防护、聊天安全防护、下载安全防护、U 盘安全防护、黑客入侵防护、局域网防护（ARP）。二层隔离防御：隔离看片、隔离运行风险文件。四层系统防御：文件系统防护、驱动防护、进程防护、注册表防护。同时，针对网上支付，开发了网购保镖。

（2）金山杀毒软件。

金山公司根据未来我国互联网用户面临的主要问题，如：安全问题多样化，安全无孔不入，单一工具无法全面防御，病毒、木马变化迅速，用户频频升级杀毒软件仍对病毒防不胜防，安全工具日益庞大成为用户计算机运行负担等问题，开发出了金山毒霸。金山毒霸可以查杀和预防计算机上的木马病毒，保护计算机安全。

值得注意的是，金山杀毒软件为了保护用户的购物安全，推动中国的电子商务发展，独创了“网购保镖敢赔模式”。主要包括：一、最高 500 元现金赔付：最高 500 元现金敢赔模式，真金白银赔付，专业技术实力的承诺，让用户放心网购；二、十层网购防御体系：严密的网络购物防护体系，木马病毒欺诈网址全部一扫而光；三、独家网购纯净空间：依托独家领先安全沙箱技术，为用户的网购营造完全纯净空间，黑客进不来，金钱丢不了；四、网购敢赔服务范围：因网购中木马、遭遇钓鱼网站等网购被盗情况而造成了经济损失。

2.2.2　个人防火墙

（1）Windows 防火墙。

Windows 防火墙是 Windows 操作系统自带的一款防火墙，是一个基于主机的状态防火墙，它会断开非请求的传入通信，Windows 防火墙针对依靠非请求传入通信攻击网络计算机的恶意用户和程序提供了一定程度的保护。

具体操作为：单击“开始”|“程序”|“附件”|“系统工具”|“安全中心”命令，即可打开 Windows 安全中心，单击右下的“Windows 防火墙”，弹出如图 2-2 左图所示的对话框，该对话框包括“常规”、“例外”、“高级”三个选项卡。

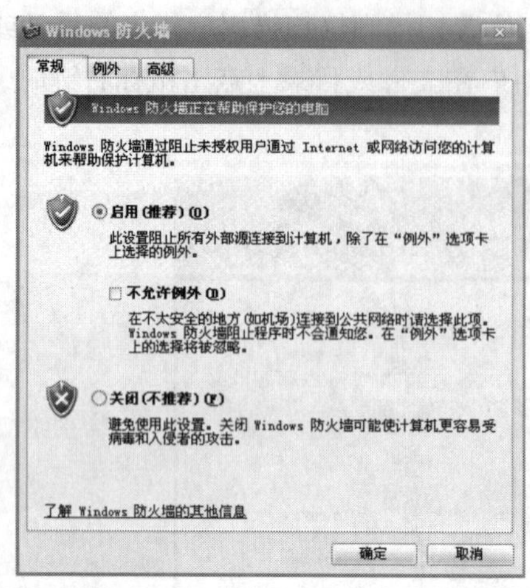

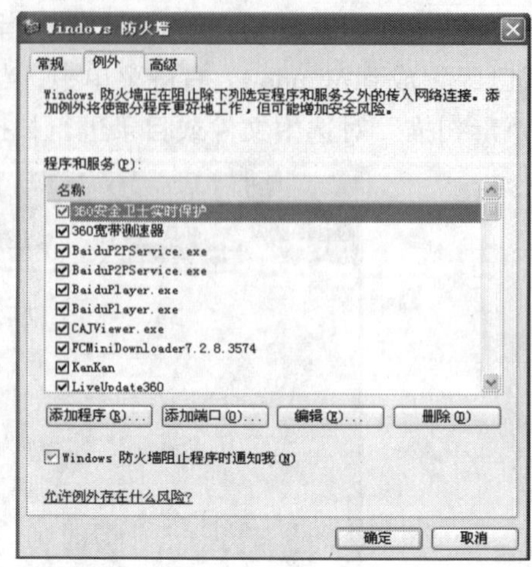

图 2–2　Windows 防火墙设置

（2）360 网络防火墙。

360 网络防火墙在用户的电脑与互联网进行通信时树立起了一道安全屏障，其双向、立体和多层次的防护可以让用户免受各类网络安全隐患和攻击的影响。360 独特的云安全技术更是让防火墙的监控既高效又精准，可以在第一时间发现和阻止用户的电脑中有异常的程序访问网络。

360 防火墙具有保护用户电脑的系统信息安全、智能防御木马、抵御各类网络攻击等多项功能，用户可以在此产品中自主地进行各项选择，360 防火墙也会根据用户的选择将所产生的实时防护报告通过统计数据清晰地展现在用户面前，让用户对自己电脑当前的防护情况、所处的网络状态有足够清晰的了解。

（3）天网防火墙。

图 2–3 是天网防火墙软件启动后的界面，一般情况下使用默认设置就可以保证基本的安全需求，但有时需要对防火墙进行一些设置，以让某些特定病毒无法入侵。比如冲击波病毒是利用 Windows 系统的 RPC 服务漏洞以及开放的 69、135、139、445、4444 端口入侵系统的，所以要防范该病毒，就是封住以上端口，需要先把“允许互联网上的机器使用我的共享资源”这项划掉，这样就已经禁止了 135 和 139 两个端口。然后依图所示操作依次禁止 4444、69、445 端口。

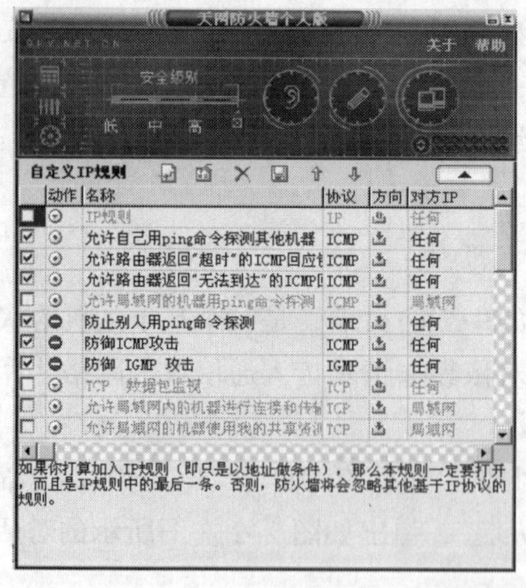

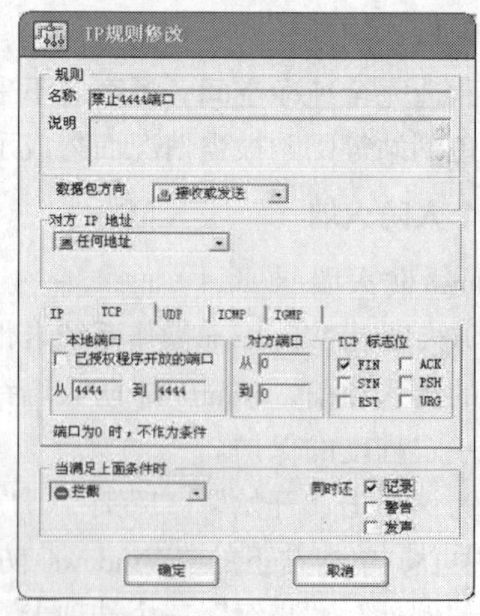

图 2–3　天网防火墙操作界面

2.3 网上购物安全

2.3.1 网上购物安全问题

随着互联网的发展，网络的交易模式正慢慢扩大，网上购物对于很多网民来说，已经不再是什么新鲜事了。但网购安全问题却成了网民面对最大的问题。对于传统的购物来说，网上购物存在的问题归纳如下。

（1）信息泄露。信息泄露是指在交易过程中，信息交易内容被第三方窃取，或电子商务中的商业信息的泄露。这样会为很多盗骗者提供一个机会。

2012 年 6 月，有人在 QQ 群里公开了数百个京东账户的用户名、密码、余额和积分等信息，经测试均为真实账户信息。对用户来说，比起余额被盗用更为可怕的是个人隐私信息全无保障。

（2）信息篡改。信息篡改主要是指商务信息在网络传输的过程中被第三方获悉进行非法篡改，或者黑客非法入侵整个电子商务系统，对电子商务信息的非法篡改，从而让一些商务信息失去了真实性和完整性。使消费者的信誉受到影响。

（3）信息破坏。信息破坏主要从两个因素来讲，一是非人为的，就是网络硬件和软件等计算机系统出现故障，导致一些商务信息的丢失和出生错误，另一个是人为的因素，如计算机病毒、黑客等的攻击。

（4）抵赖行为。在网上进行交易的过程中，如果双方中的一方感觉到了有对自己不利时就会可能导致抵赖，从而给另一方带来损失。这一类在传统的交易中很少发生。

电子商务发展到现在，出现了新的交易方式，叫“送货上门，货到付款”。对某个产品很好奇，以前没见过，想见识一下，于是淘宝一搜，找到一个货到付款的，谈妥发货，好了，收到货了，看了产品了，感觉一般，拒收了。货到付款让卖家成为一个免费的橱窗，而且是送上门的橱窗，想看就看，而且不要钱的看。

2.3.2 网上购物的注意事项

正是因为网上购物如雨后春笋般迅猛地发展起来，我们必须要注意到在网络购物带给我们方便快捷的同时，又给我们带来了不少麻烦，其中一个最大的麻烦就是在网上购物被骗。预防网购被骗我们应从技术上和心理上进行预防。从技术上来说应注意以下几点。

（1）购物去大型的购物网站更有保障。如淘宝、京东、当当、凡客诚品等，当然并不是说这些就没有问题，只是说至少在诚信方面问题不大。对于一些网站上出售的商品价格低得离谱的，基本就是假冒的。

（2）分清网站是否为钓鱼网站。银行升级短信、网购时误入钓鱼网站导致信用卡被盗刷的事件屡屡发生，牵动着无数信用卡持卡人的神经。不少商业银行为了保证客户的用卡安全，设置了多种保障方式，但依旧防不胜防。

（3）在自己的电脑中进行购物。对于需要密码的非接触式网站在线交易，应尽量避免在网吧等公共场所的电脑上操作；在业务办理完成或中途离开时，要及时退出网上银行页面并清除相关资料。如果发现在可疑网页中输入了账户信息，应立即通过银行客服热线、营业网点或网上银行修改密码或冻结银行卡，以将损失降到最低。

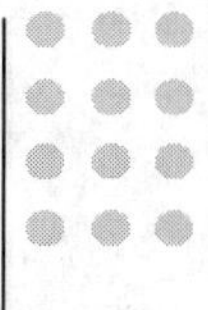

（4）及时核对账单并使用安全电脑支付。可通过核对账单及时发现异常交易；为电脑安装防

火墙和杀毒软件，并开启实时保护功能和定期更新杀毒软件，可以有效防止电脑受到恶意攻击或被木马程序套取支付密码。

从心理预防来说应注意以下几点。

（1）不要贪恋便宜。很多人在网上购物图的就是便宜。比如市面上要两千元的东西网上商城就只要四五百或是七八百的商品，建议不要买，谨防上当。

（2）识别商家。识别网上商城是否正规商家，是否有工商部门颁发的营业执照，是否通过大型购物平台的认证并向其缴纳保证金等。当然，在淘宝等 C2C 平台上也有非常多的诚信卖家，如果选购他们的商品，请注意参看店主的好评率、商品评价、店铺经营时间等。

（3）选购商品。看宝贝的销售量，销售量大，也说明深受顾客喜爱，质量各方面也都好、看评价，评价大多都是好评的那也说明东西真的不错，值得放心购买。另外，下单前要先跟卖家沟通好，以免造成不必要麻烦。其中，尤为要注意的是查看店主的信用记录和店主是否盗用其他店铺的图片等。

（4）支付。选择货到付款或第三方支付平台支付。使用信用卡和借记卡在线购物不但方便，而且很安全，因为通过它们进行的交易都受有关法律的保护，你可以对支付问题提出质疑，并在质疑得到解决之前拒绝付账。

（5）收货。收到货物后，应尽快、仔细检查货物有无质量问题，特别是某些部件、功能的完好性，应尽早发现，以免超过保修期或保质期。另外，收货时一定索要相关凭证，如：电子交易单据购物发票或收据等。

2.3.3 网上购物安全工具

随着信息技术的发展和电子商务的发展，不断涌现出新的网上购物的安全工具，下面主要介绍几种常用的工具。

（1）网上银行。

网上银行又称网络银行、在线银行，是指银行利用 Internet 技术，通过 Internet 向客户提供开户、查询、对账、行内转账、跨行转账、信贷、网上证券、投资理财等传统服务项目，使客户可以足不出户就能够安全便捷地管理活期和定期存款、支票、信用卡及个人投资等。可以说，网上银行是在 Internet 上的虚拟银行柜台。目前来说，网上支付主要通过网上银行和第三方支付实现，而第三方支付中账号的资金也必须经过网上银行转入所得。因此，网上银行是网上购物的资金入口。后续章节将详细介绍。

（2）手机银行。

手机银行并非电话银行。电话银行是基于语音的银行服务，而手机银行是基于短信的银行服务。目前通过电话银行进行的业务都可以通过手机银行实现，手机银行还可以完成电话银行无法实现的二次交易。比如，银行可以代用户缴付电话、水、电等费用，但在划转前一般要经过用户确认。由于手机银行采用短信息方式，用户随时开机都可以收到银行发送的信息，从而可在任何时间与地点对划转进行确认。手机银行与 WAP 网上银行相比，优点也比较突出。首先，手机银行有庞大的潜在用户群；其次，手机银行必须同时经过 SIM 卡和账户双重密码确认之后，方可操作，安全性较好。而 WAP 是一个开放的网络，很难保证在信息传递过程中不受攻击；另外，手机银行实时性较好，折返时间几乎可以忽略不计，而 WAP 进行相同的业务需要一直在线，还将取决于网络拥挤程度与信号强度等许多不定因素。

（3）口令卡和U盾。

口令卡是电子银行所提供的支付密码安全工具，是保护客户资金不受损失而设置的一道防线。客户只要保管好客户手中的口令卡，就不会有资金损失，即使客户不慎外泄了登录卡号和登录密码，只要保管好客户手中的口令卡，使登录卡号、登录密码、口令卡不被同一个人获取，就能够保证客户资金的安全。该电子银行口令卡以矩阵形式编排密码并完整覆膜提供给客户。目前，不同银行采用的口令卡各有不一。以中国工商银行、中国农业银行、中国建设银行等为代表的是坐标式卡片，客户在使用电子银行对外支付交易时，电子银行系统就会随机给出一组口令卡坐标，客户根据坐标位置去膜查出随机支付密码后正确输入，才能继续完成对外支付。以中国银行为代表的是电子口令卡，客户在使用电子银行对外支付交易时，必须输入电子口令卡上所显示的数字才能继续完成对外支付。

U盾是电子银行推出的客户证书USBkey，是为用户提供的办理网上银行业务的高级别安全工具。U盾是用于网上银行电子签名和数字认证的工具，它内置微型智能卡处理器，采用1024位非对称密钥算法对网上数据进行加密、解密和数字签名，确保网上交易的保密性、真实性、完整性和不可否认性。它外形酷似U盘，像一面盾牌，又叫U盾。从安全性上讲，U盾的安全性更高。

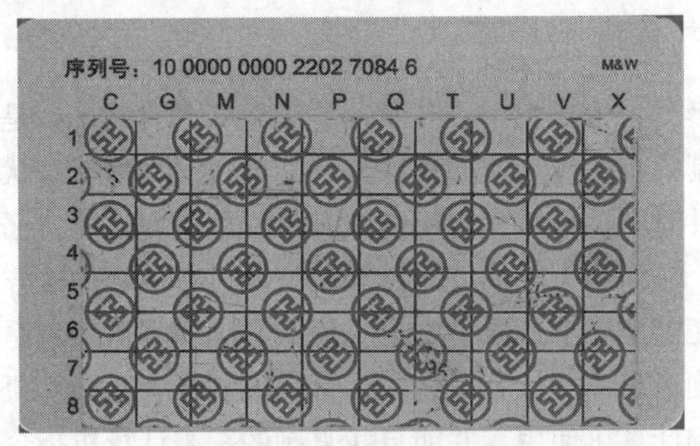

图2–4　工商银行口令卡

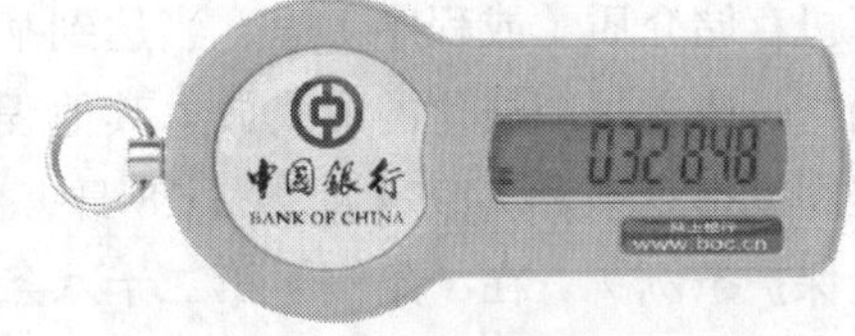

图2–5　中国银行U盾

（4）安全插件。

在第一次登录电子银行时，请在网上银行登录页面下载并安装网上银行安全控件，不要到其他任何来历不明的网站上下载控件。安全控件将引导你完成整个证书驱动、控件以及系统补丁的安装。

（5）第三方支付工具。

目前，第三方支付工具主要有支付宝（阿里巴巴）、PayPal（易趣）、财付通（腾讯）、快钱（99bill）、网易宝（网易）、网银在线（chinabank）等。其中，支付宝目前占有绝对的市场优势。支付宝网络技术有限公司是国内领先的独立第三方支付平台，由阿里巴巴集团创办。支付宝致力于为中国电子商务提供“简单、安全、快速”的在线支付解决方案。支付宝提出的建立信任、化繁为简、以技术的创新带动信用体系完善的理念，深得人心。在五年不到的时间内，用户覆盖了整个C2C、B2C以及B2B领域。目前，支付宝下的安全工具有“支付宝实名认证”服务、支付宝卡通、数字证书、支付盾、网点支付等。

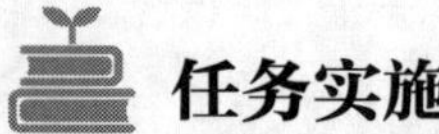

任务实施

1. 杀毒软件的安装与使用

步骤一　在计算机上安装 360 杀毒软件。

步骤二　通过操作和了解，说明 360 杀毒软件具体的功能和特点。

步骤三　针对网络购物分析 360 杀毒软件的专项保护功能。

步骤四　扫描计算机的 C 盘，并仔细阅读扫描结果。

步骤五　结合自己所使用的计算机，分析计算机的安全隐患和网上购物应该注意的问题。

2. 电子商务购物安全体验

步骤一　选择淘宝 C2C 电子商务平台，并注册用户（含阿里旺旺和支付宝账户）。

步骤二　在淘宝电子商务平台上通过搜索商品，并掌握安全购物时选择商品的基本注意事项。如用户评价、商品销量等。

步骤三　使用支付宝和网上银行进行在线支付，支付时注意安全支付的方法。

步骤四　结合电子商务购物的安全问题，谈谈网上购物存在的安全隐患主要有哪些。

素质拓展

计算机病毒

"计算机病毒"为什么叫做病毒？首先，与医学上的"病毒"不同，它不是天然存在的，是某些人利用计算机软、硬件所固有的脆弱性，编制具有特殊功能的程序。其能通过某种途径潜伏在计算机存储介质（或程序）里，当达到某种条件时即被激活，它用修改其他程序的方法将自己的精确拷贝或者可能演化的形式放入其他程序中，从而感染它们，对计算机资源进行破坏的这样一组程序或指令集合。1994 年 2 月 18 日，我国正式颁布实施了《中华人民共和国计算机信息系统安全保护条例》，在《条例》第二十八条中明确指出："计算机病毒，是指编制或者在计算机程序中插入的破坏计算机功能或者毁坏数据，影响计算机使用，并能自我复制的一组计算机指令或者程序代码。"此定义具有法律性、权威性。

最早由冯·诺伊曼提出存在一种可能性——现在称为病毒，但没引起注意。1975 年，美国科普作家约翰·布鲁勒尔（John Brunner）写了本名为《震荡波骑士》（*Shock Wave Rider*）的书，该书第一次描写了在信息社会中，计算机作为正义和邪恶双方斗争的工具的故事，成为当年最佳畅销书之一。

1977 年夏天，托马斯·捷·瑞安（Thomas J. Ryan）的科幻小说《P-1 的青春期》（*The Adolescence of P-1*）成为美国的畅销书，作者在这本书中描写了一种可以在计算机中互相传染的病毒，病毒最后控制了 7 000 台计算机，造成了一场灾难，代表着计算机病毒的正式诞生。

计算机病毒的产生是计算机技术和以计算机为核心的社会信息化进程发展到一定阶段的必然产物。其产生的过程可分为：程序设计—传播—潜伏—触发、运行—实行攻击。究其产生的原因不外乎以下几种。

（1）一些计算机爱好者出于好奇或兴趣，也有的是为了满足自己的表现欲，故意编制出一些特殊的计算机程序，让别人的电脑出现一些动画，或播放声音，或提出问题让使用者回答，以显示自己的才干。而此种程序流传出去就演变成计算机病毒，此类病毒破坏性一般不大。

（2）产生于个别人的报复心理。如台湾省学生陈盈豪，就是出于此种情况；他以前购买了一些杀病毒软件，可拿回家一用，并不如厂家所说的那么厉害，杀不了什么病毒，于是他就想亲自编写一个能避过各种杀病毒软件的病毒，这样，CIH 就诞生了。此种病毒对电脑用户曾造成一度的灾难。

（3）来源于软件加密。一些商业软件公司为了不让自己的软件被非法复制和使用，运用加密技术，编写一些特殊程序附在正版软件上。如遇到非法使用，则此类程序自动激活，于是又会产生一些新病毒，如巴基斯坦病毒。

（4）产生于游戏。编程人员在无聊时互相编制一些程序输入计算机，让程序销毁对方的程序，如最早的“磁芯大战”，这样，另一些病毒也产生了。

（5）用于研究或实验而设计的“有用”程序，由于某种原因失去控制而扩散出来。

（6）由于政治、经济和军事等特殊目的，一些组织或个人也会编制一些程序用于进攻对方电脑，给对方造成灾难或直接性的经济损失。

思考与讨论：电子商务时代，计算机病毒产生的原因是什么，我们应该怎么防御这些病毒？

任务四 | 企业电子商务安全与防范

学习任务

学习情境

在这场由信息技术引发的商务模式革新浪潮中，企业逐渐意识到不加入其中，迟早会被淘汰。然而，众多传统企业并不掌握了解这新信息技术，企业电子商务的安全更无从谈起。而你们毕业之后都将负责企业的电子商务，因此，企业电子商务是我们必须掌握的。我们从企业电子商务基本概念入手，掌握电子商务的安全技术、网络杀毒软件的基本概念和安装，并能运用防火墙技术保障企业电子商务网的安全

任务描述

1. 通过支付宝，申请普通认证并申请证书，小心保管账号、密码和数字证书
2. 通过搜索引擎了解企业电子商务存在的问题，并开展小组讨论

任务拓展

随着手机网上购物的兴起，手机电子商务安全问题也日趋凸显，请通过手机上网查询，简述手机操作系统安全问题

学习指南

2.4 企业电子商务安全概述

企业电子商务就是企业通过网络进行生产、营销、销售和流通活动的总和。企业电子商务不

仅是基于互联网的交易活动，而且是指利用信息技术（IT）来解决问题、降低成本、增加价值和创造商业和贸易机会的商业活动，包括通过网络实现从原材料查询、采购、产品展示、订购到出品、储运、电子支付等一系列的贸易活动。企业电子商务的实现手段包括如下几种。

（1）使用第三方电子商务平台。国内的电子商务开展主要是依托大型的电子商务平台在操作，这类平台是专门为企业提供二级网站、网络推广、平台增值服务等相关电子商务服务。国内大多中小企业都选择加盟这些平台，而非自建平台。究其原因，主要就是资金、技术和经验这三个因素。

（2）企业自建电子商务平台。伴随着电子商务平台搭建技术的不断成熟，企业的网络品牌意识不断加强，各行各业的企业都开始关注电子商务给企业带来的巨大变革，自建电子商务平台的企业越来越多。

对于企业来说，不管是哪种实现手段，企业都必定有以下两方面安全考虑。

（1）信息保密的安全。

交易中的商务信息均有保密的要求。如信用卡的账号、用户名、订货信息、付款信息等等，如若被竞争对手获悉，不仅会失去商机，更有可能使长期建立的网络口碑付诸一旦。因此在电子商务的信息传播中一般均有加密的要求。大型的电子商务平台往往有性能更高的服务器和防御体系，而企业自建小型电子商务平台则需要投入更多的资金和技术。

（2）交易者身份的安全。

网上交易的双方互不认识，相隔千里。要使交易成功，首先要能确认对方的身份，对商家要考虑客户端不能是骗子，而客户也会考虑网上的商店是否是黑店。因此能方便而可靠地确认对方身份是交易的前提。大型电子商务平台在技术保障体系下，经过严格的身份认证，并与网上银行和相关政府部门进行合作，身份识别更安全。而中小企业实现独立身份识别则比较难。

2.5 电子商务安全技术

2.5.1 加密技术

加密技术是网络中最基本的安全技术，主要是通过对网络中传输的信息进行数据加密来保障其安全性。为了满足电子商务的安全要求，电子商务系统必须利用安全技术为参与者提供可靠的安全服务。所谓加密，就是将有关信息进行编码，使它成为一种不可理解的形式。加密后的内容叫做密文。加密技术能避免各种存储介质上的或通过 Internet 传送的敏感数据被侵袭者窃取。由于原文经过加密，具有机密性，所以加密技术也适用于检查信息的真实性与完整性。数据加密技术是一种主动安全防御策略，用很小的代价即可为信息提供相当大的安全保护。反之，由密文还原成明文的使用加解密可变参数叫做密钥。基于密钥的算法通常有两类：私钥加密算法和公钥加密算法。

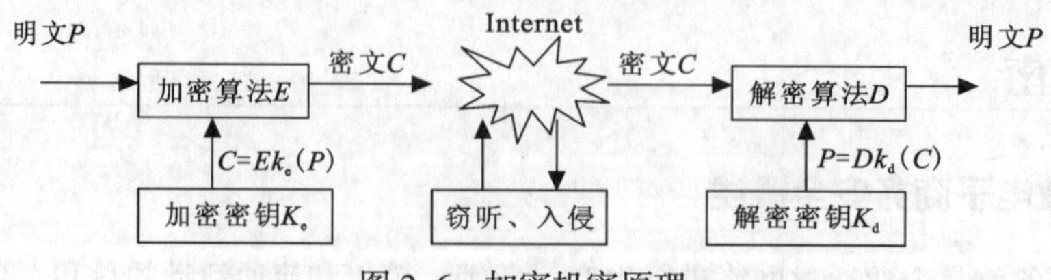

图 2–6 加密机密原理

（1）对称加密技术。

对称加密技术利用一个密钥对数据进行加密，对方接收到数据后，需要用同一密钥来进行解密，也就是说发送方和接收方所使用的密钥相同。对称密钥加密技术中最具有代表性的算法是IBM公司提出的DES算法，也是目前使用最为广泛的，主要应用于银行业中的电子资金转账领域，该算法于1977年被美国国家标准局NBS颁布为商用数据加密标准。另外还有AES算法（advanced encryption standard）和欧洲数据加密标准IDEA等对称加密技术。

（2）非对称密钥加密技术。

为了克服对称加密技术的缺陷，美国学者Diffie和Hellman提出一种新的密钥交换协议，允许通信双方在不安全的媒体上交换信息，安全地达成一致的密钥，这就是“公开密钥系统”。这种算法需要两个密钥：公开密钥（public key）和私有密钥（private key），不同于对称加密中的一对相同密钥。因为加密和解密使用的是两个不同的密钥，所以这种技术也叫做非对称加密技术。这对密钥中的任何一把都可作为公开密钥（加密密钥）通过非保密方式向他人公开，而另一把则作为专用密钥（解密密码）加以保存。

公开密钥用于对机密性的加密；专用密钥则用于对加密信息的解密。专用密钥只能由生成密钥对的交易方掌握；公开密钥可广泛发布，但它只对应于该密钥的交易方有用。虽然解密密钥在理论上可由加密密钥推算出来，但这种算法设计在实际上是不可能的，或者虽然能够推算出，但要花费很长的时间因而是（成为）不可行的。

在公开密钥系统中，加密密钥K_e是公开的，加密算法E和解密算法D也是公开的，只有解密密钥K_d是需要保密的。虽然K_d是由K_e决定的，但却不能根据后者计算出前者。用K_e对明文P加密后，再用K_d解密，即可恢复明文，而且，加密和解密的运算可以对调，加密密钥不能用来进行解密。

交易双方利用该方案实现机密信息交换的基本过程如下。

① 交易方甲生成一对密钥，将其中的一把作为公开密钥向其他交易方公开。

② 得到了该公开密钥的交易方乙使用该密钥对机密信息进行加密后再发送给交易方甲。

③ 交易方甲再用自己保存的另一把专用密钥对加密后的信息进行解密。

④ 交易方甲只能用其专用密钥解密由其公开密钥加密后的任何信息。

非对称加密算法主要有RSA、DSA、Diffie-Hellman、PKCS、PGP等。目前比较流行的是RSA算法，RSA算法是由Rivest、Shamir和Adlerman于1978年在麻省理工学院研（制）究出来的，是建立在数论中大数分解和素数检测的理论基础上的。两个大质数相乘在计算上是容易实现的，但将该乘积分解为两个大质数因子的计算量却相当巨大，大到甚至在计算机上也不可能实现。这两个质数无论哪一个先与原文件编码相乘，对文件加密，均可由另一个质数再相乘来解密。但要用一个质数来求出另一个质数，则是十分困难的。因此将这一对质数称为密钥对。

RSA存在的主要问题是算法的运算速度较慢。因此，在实际的应用中，通常使用公钥密码体制交换密钥，而利用私钥密码体制传递正文。除了加密功能外，公钥系统还可以提供数字签名。

RSA算法将加密密钥和加密算法分开，使得密钥分配更为方便。它特别符合计算机网络环境。对于网上的大量用户，可以将加密密钥用类似电话簿的方式印出。如果某用户想与另一用户进行保密通信，只需从公钥簿上查出对方的加密密钥，用它对所传送的信息加密发出即可。对方收到信息后，用仅为自己所知的解密密钥将信息解（脱）密，了解报文的内容。由此可看出，RSA算法解决了大量网络用户密钥管理的难题。

RSA 的缺点主要是产生密钥很麻烦，受到素数产生技术的限制，因而难以做到一次一密。分组长度太大，为保证安全性，n 至少也要 600bit 以上，使运算代价很高，尤其是速度较慢，较对称密码算法慢几个数量级，且随着大数分解技术的发展，这个长度还在增加，不利于数据格式的标准化。由于进行的都是大数计算，使得 RSA 最快的情况也比 DES 慢上 100 倍。

2.5.2 认证技术

如何保证网上传输的数据的安全和交易对方的身份确认，是电子商务正常运行的关键，数字签名和身份认证是实现电子商务安全的必备保障。

1. 数字签名

数字签名是利用数字技术实现在网络传送文件时附加个人标记，完成系统上手书签名盖章的作用，以表示确认、负责、经手等，而防止他人对传输的文件进行破坏，以及如何确定发信人的身份还需要采取其他的手段，这一手段就是数字签名。数字签名是实现认证的重要工具，在电子商务系统中是不可缺少的。在电子商务安全服务中的源鉴别、完整性服务、不可否认服务中，都要用到数字签名技术。在电子商务中，完善的数字签名应具备签字方不能抵赖、他人不能伪造、在公证人面前能够验证真伪的能力。

（1）数字签名的原理。

其详细过程如下。

① 发方 A 将原文消息 M 进行散列（hash）运算，得到一散列值，即消息摘要 $h(M)$；

② 发方 A 用自己的私钥 K_1，采用非对称 RSA 算法，对消息摘要 $h(M)$ 进行加密［$Eh(M)$］，即得数字签名 DS；

③ 发方 A 把数字签名作为消息 M 的附件和消息 M 一起发给收方 B；

④ 收方 B 把接收到的原始消息分成 M' 和［$Eh(M)$］；

⑤ 收方 B 从M中计算出散列值 $h(M')$；

⑥ 收方 B 再用发方 A 的双钥密码体制的公钥 K_2 解密数字签名 DS 得消息摘要 $h(M)$；

⑦ 将两个消息摘要 $h(M')=h(M)$ 进行比较，验证原文是否被修改。如果二者相等，说明数据没有被篡改，是保密传输的，签名是真实的；否则拒绝该签名。

这样就做到了敏感信息在数字签名的传输中不被篡改，未经认证和授权的人看不见原数据，起到了在数字签名传输中对敏感数据的保密作用。

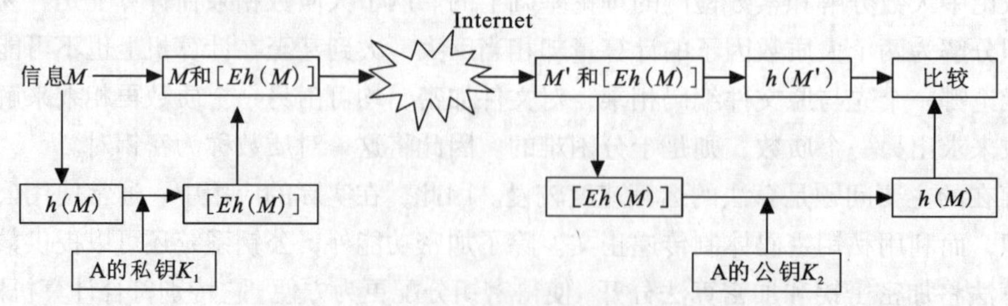

图 2-7　数字签名原理

数字签名的加密和解密过程与一般秘密密钥的加密和解密过程虽然都使用公开密钥系统，但实现的过程正好相反，使用的密钥对也不同。数字签名使用的是发送方的密钥对，发送方用自己的私有密钥进行加密，接收方用发送方的公开密钥进行解密。这是一个一对多的关系：任何拥有发送方公开密钥的人都可以验证数字签名的正确性。而一般秘密密钥的加密解密则使用的是接收方的密钥对，这是多对一的关系；任何知道接收方公开密钥的人都可以向接收方发送加密信息，只有唯一拥有接收方私有密钥的人才能对信息解密。

在实际应用中，由于被签名消息很长而签名算法相对较慢，一般先用一个散列函数将被签名消息 M 压缩为 $h(M)$，得到消息 M 的消息摘要，然后，再对消息摘要进行签名，得到了［$Eh(M)$］，在验证时只有重新计算 M' 的散列值并与［$Eh(M)$］比较即可。

（2）数字签名的要求。

数字签名技术是公开密钥加密技术和报文分解函数相结合的产物。与加密不同，数字签名的目的是为了保证信息的完整性和真实性。数字签名必须保证以下三点。

① 接受者能够核实发送者对消息的签名。

② 发送者事后不能抵赖对消息的签名。

③ 接受者不能伪造对消息的签名。

（3）数字签名的作用。

数字签名可以解决下述安全鉴别问题。

① 接收方伪造。

② 发送者或收者否认。

③ 第三方冒充发送或接收文件。

④ 接收方篡改。

2．身份认证

身份认证是指用数字办法确认、鉴定、认证网络上参与信息交流者或服务器的身份。数字证书是一个担保个人、计算机系统或者组织的身份和密钥所有权的电子文档。认证的主要目的如下。

① 信息的真实性。验证信息的发送者是真正的，而不是冒充的。

② 信息的完整性。验证信息在传送过程中未被篡改。

③ 不可否认性。信息的发送方（接收方）不能否认已发送（收到）了信息。

3．数字证书

数字证书也称公开密钥证书，在网络通信中标志通信各方身份信息的一系列数据，其作用类似于现实生活中的身份证。它主要包含用户身份信息、用户公钥信息以及身份验证机构数字签名等数据。身份验证机构的数字签名可以确保证书信息的真实性，用户公钥信息可以保证数字信息传输的完整性，用户的数字签名可以保证数字信息的不可否认性。

数字证书是各类终端实体和最终用户在网上进行信息交流及商务活动的身份证明，在电子交易的各个环节，交易的各方都需验证对方数字证书的有效性，从而解决相互间的信任问题。人们可以在交往中用它来识别对方的身份，交易伙伴可以使用数字证书来交换公开密钥。

数字证书是一个（经）由证书认证中心（CA）发行的文件。认证中心（CA）作为权威的、可信赖的、公正的第三方机构，专门负责为各种认证需求提供数字证书服务。

数字证书主要由以下两部分组成。

（1）证书数据。证书数据包括以下内容。

① 版本信息，用来与 X.509 的将来版本兼容。

② 证书序列号，每一个由 CA 发行的证书必须有一个唯一的序列号。

③ CA 所使用的签名算法。

④ 发行证书 CA 的名称。

⑤ 证书的有效期限，现在通用的证书一般采用 UTC 时间格式。

⑥ 证书主题名称。

⑦ 被证明的公钥信息，包括公钥算法、公钥的位字符串表示。

⑧ 包含额外信息的特别扩展。

（2）发行证书的 CA 签名。

该签名是由证书发行机构所签署，具有法律效力。

数字证书通常分为三种类型：个人证书、企业证书、软件证书。

① 个人证书（Personal Digital ID），它仅仅为某一个用户提供凭证，以帮助其个人在网上进行安全交易操作。个人身份的数字证书通常是安装在客户端的浏览器内，并通过安全的电子邮件进行交易操作。网景公司的浏览器（Navigator）和微软公司的浏览器（Internet Explorer）都支持该功能。个人数字证书是通过浏览器来申请获得的，认证中心对申请者的电子邮件地址、个人身份及信用卡号等进行核实后，就发放个人数字证书，并将数字证书安置在用户所用的浏览器或电子邮件的应用系统中，同时也给申请者发一个通知。个人数字证书的使用方法是集成在用户的浏览器的相关功能中，用户其实只要做出相应的选择就行了。

② 企业（服务器）凭证，也就是服务器证书（Server ID），它是对网上的服务器提供一个证书，拥有 Web 服务器的企业就可以用具有证书的 Internet 网站来进行安全电子交易。拥有数字证书的服务器可以自动与客户进行加密通信，有证书的 Web 服务器会自动地将其与客户端 Web 例览器通信的信息加密。服务器的拥有者（相关的企业或组织）有了证书就可以进行安全电子交易。服务器证书的发放较为复杂。因为服务器证书是一个企业在网络上的形象，是企业在网络空间信任度的体现。

③ 软件（开发者）证书（developer ID），通常为互联网中被下载的软件提供证书，该证书用于和微软公司 Authenticode 技术（合法化软化）结合的软件，以使用户在下载软件时能获得所需的信息。

上述三类证书中前两类是常用的证书，第三类则用于较特殊的场合，大部分认证中心提供前两类证书，能完全提供各类证书的认证中心并不普遍。

4．认证系统

所谓认证系统是为了使接收者或第三者能够识别和确认消息的完整性的密码系统。

一个认证系统应满足的条件如下。

① 接收者能够检验和证实信息的完整性。

② 信息的发送者对所发送的信息具有不可否认性。

③ 其他人不能伪造合法的信息。

④ 必要时可由第三者做出仲裁。

5．认证中心

CA（Certificate Authority）是数字证书认证中心的简称，是指发放、管理、废除数字证书的机构。CA的作用是检查证书持有者身份的合法性，并签发证书（在证书上签字），以防证书被伪造或篡改，以及对证书和密钥进行管理。认证中心是检验管理密钥是否具有真实性的第三方，它是一个权威机构，专门验证交易双方的身份。验证的方法是接受个人、商家、银行等涉及交易的实体申请数字证书，核实情况，批准或拒绝申请，颁发数字证书。认证中心除了检验外，还具有管理、搜索和验证证书等职能。认证中心主要有以下几种功能。

（1）证书的颁发。认证中心接收、验证用户的数字证书的申请，并根据申请的内容确定是否授理该数字证书申请，并做备案。如果数字证书申请合格，则进一步确定颁发何种类型的证书。新证书用认证中心的私钥签名以后，发送到目录服务器供用户下载和查询。为了保证消息的完整性，返回给用户的所有应答信息都要使用认证中心的签名。

（2）证书的更新。可以定期更新所有用户的证书，或者根据用户的请求来更新用户的证书。

（3）证书的查询。其一是认证中心根据用户的查询请求返回当前用户证书申请的处理过程；其二是用户证书的查询，目录服务器根据用户的请求返回适当的证书。

（4）证书验证。CA 的身份证明服务为使用公用密钥加密的应用提供了可定制的公用密钥身份证明发放及管理服务，在非安全网络上进行安全通信时，CA能够扮演这种系统中的中心角色。CA可以根据不同组织应用的需要进行定制。CA通过传输协议如RPC、HTTP或电子邮件接收新的身份证明请求，根据客户或特定网点的规则检查每一个请求，设置将要发放的身份证明的可选属性，然后向用户发放该证明。同样CA允许管理员撤销发放的身份证明，在撤销清单中添加并周期性地发布这一数字签名的清单。

（5）证书的作废。当用户由于私钥泄密等原因造成用户证书需要申请作废时，用户需要向认证中心提出证书作废请求，认证中心根据用户的请求确定是否将该证书作废。另外一种证书作废的情况是证书已经过了有效期，认证中心自动将该证书作废。还有一种情况是上级认证中心对下级认证中心不能信赖时，它可以主动停止下级认证中心公钥证书的合法使用。认证中心通过维护证书撤销列表（certificate revocation list，CRL）来完成上述功能。

（6）证书的归档。证书具有一定的有效期，证书过了有效期之后就将被作废，但是我们不能将作废的证书简单地丢弃，因为有时我们可能需要验证以前的某个交易过程中产生的数字签名，这时我们就需要查询作废的证书。基于此类考虑，认证中心还应当具备管理作废证书和作废私钥的功能。

（7）提供密钥托管和密钥恢复服务。认证中心可根据客户的要求提供密钥托管服务，备份和管理客户的加密密钥对。当客户需要时可以从密钥库中提出客户的加密密钥对，为客户恢复其加密密钥对，以解开先前加密的信息。这种情况下，认证中心的密钥管理器采用对称加密方式对各个客户私钥进行加密，加密密钥在加密后即销毁，保证了私钥存储的安全性。密钥恢复时，采用相应的密钥恢复模块进行解密，以保证客户的私钥在恢复时没有任何风险和不安全因素。

2.5.3 防御技术

网络的开放性、互联性等特征使得计算机网络面临多方面的破坏和攻击，另外加上缺乏安全控制机制和对 Internet 安全政策的认识不足，这些风险正日益严重，所以网络和信息安全问题必须得到充分的重视，常用的网络防御技术有如下几种。

1. 防火墙技术

防火墙是用来隔离本地网络与外界网络之间的一道防御系统。它可通过使内部网络与外部网络互相隔离、限制网络互访来保护内部网络，它是一种非常有效的网络安全模型。第四节将详细介绍防火墙技术。

2. 入侵检测技术（IDS）

针对网络的各类攻击，从技术上讲，早期思路是加强内部的网络安全、系统安全和应用安全，安全扫描工具就是这样一类产品。但扫描是一种被动检测的方式，IDS 则不同，它是防火墙的合理补充，帮助系统对付网络攻击，扩展了系统管理员的安全管理能力（包括安全审计、监视、进攻识别和响应），提高了信息安全基础结构的完整性。IDS 系统所采用的技术可分为特征检测与异常检测两种。特征检测假设入侵者活动可以用一种模式来表示，系统的目标是检测主体活动是否符合这些模式。它可以将已有的入侵方法检查出来，但对新的入侵方法无能为力。异常检测假设入侵者活动异常于正常主体的活动，根据这一理念建立主体正常活动的"活动简档"，将当前主体的活动状况与"活动简档"相比较，当违反其统计规律时，认为该活动可能是"入侵"行为。

3. 入侵防御技术（IPS）

随着网络攻击技术的不断提高和网络安全漏洞的不断发现，传统防火墙技术加传统 IDS 的技术，已经无法应对一些安全威胁。在这种情况下，入侵防御技术应运而生，它可以深度感知并检测流经的数据流量，对恶意报文进行丢弃以阻断攻击，对滥用报文进行限流以保护网络带宽资源。入侵防御技术工作原理如下。

对于部署在数据转发路径上的 IPS，可以根据预先设定的安全策略，对流经的每个报文进行深度检测（协议分析跟踪、特征匹配、流量统计分析、事件关联分析等），一旦发现隐藏于其中的网络攻击，可以根据该攻击的威胁级别立即采取抵御措施，这些措施包括（按照处理力度）：向管理中心告警、丢弃该报文、切断此次应用会话、切断此次 TCP 连接。

4. 漏洞扫描技术

漏洞扫描是自动检测远端或本地主机安全脆弱点的技术。它查询 TCP/IP 端口，并记录目标的响应，收集关于某些特定项目的有用信息等。这项技术的具体实现就是应用安全扫描程序对电脑进行全方位的扫描，检查当前系统是否有脆弱点（漏洞），在任何一个现有的计算机平台上都有几百个安全脆弱点，如果有脆弱点则需要马上进行修复，否则电脑很容易受到网络的伤害甚至被黑客借助于电脑的脆弱点进行远程控制，那么后果将不堪设想。所以漏洞扫描对于保护电脑和上网安全是必不可少的。安全扫描程序是一个强大的软件工具，人工测试单台主机的这些脆弱点要花几天的时间，而扫描程序可在很短的时间内就解决这些问题。

2.5.4 权限控制

1. 网络系统安全控制

网络系统安全是网络的开放性、无边界性、自由性造成的，安全解决的关键是把被保护的网络从开放、无边界、自由的环境中独立出来，使网络成为可控制、管理的内部系统。由于网络系统是应用系统的基础，网络安全便成为首要问题。解决网络安全主要方式如下。

（1）网络冗余。

它是解决网络系统单点故障的重要措施。对关键性的网络线路、设备，通常采用双备份或多备份的方式。网络运行时双方对运营状态相互实时监控并自动调整，当网络的一段或一点发生故障或网络信息流量突变时能在有效时间内进行切换分配，保证网络正常的运行。

（2）系统隔离。

分为物理隔离和逻辑隔离，主要从网络安全等级考虑划分合理的网络安全边界，使不同安全级别的网络或信息媒介不能相互访问，从而达到安全目的。对业务网络或办公网络采用 VLAN 技术和通信协议实行逻辑隔离划分不同的应用子网。

（3）访问控制。

对于网络不同信任域实现双向控制或有限访问原则，使受控的子网或主机访问权限和信息流向能得到有效控制。具体相对网络对象而言，需要解决网络的边界的控制和网络内部的控制，对于网络资源来说保持有限访问的原则，信息流向则可根据安全需求实现单向或双向控制。访问控制最重要的设备就是防火墙，它一般安置在不同安全域出入口处，对进出网络的 IP 信息包进行过滤并按企业安全政策进行信息流控制，同时实现网络地址转换、实时信息审计警告等功能，高级防火墙还可实现基于用户的细粒度的访问控制。

（4）身份鉴别。

身份鉴别是对网络访问者权限的识别，一般通过三种方式验证主体身份，一是主体了解的秘密，如用户名、口令、密钥；二是主体携带的物品，如磁卡、IC 卡、动态口令卡和令牌卡等；三是主体特征或能力，如指纹、声音、视网膜、签名等。加密是为了防止网络上的窃听、泄露、篡改和破坏，保证信息传输安全，对网上数据使用加密手段是最为有效的方式。目前加密可以在三个层次来实现，即链路层加密、网络层加密和应用层加密。链路加密侧重通信链路而不考虑信源和信宿，它对网络高层主体是透明的。网络层加密采用 IPSEC 核心协议，具有加密、认证双重功能，是在 IP 层实现的安全标准。通过网络加密可以构造企业内部的虚拟专网（VPN），使企业在较少投资下得到安全较大的回报，并保证用户的应用安全。

（5）安全监测。

安全监测采取信息侦听的方式寻找未授权的网络访问尝试和违规行为，包括网络系统的扫描、预警、阻断、记录、跟踪等，从而发现系统遭受的攻击伤害。网络扫描监测系统作为对付电脑黑客最有效的技术手段，具有实时、自适应、主动识别和响应等特征，广泛用于各行各业。网络扫描是针对网络设备的安全漏洞进行检测和分析，包括网络通信服务、路由器、防火墙、邮件、Web 服务器等，从而识别能被入侵者利用非法进入的网络漏洞。网络扫描系统对检测到的漏洞信息形成详细报告，包括位置、详细描述和建议的改进方案，使网管能检测和管理安全风险信息。

2．操作系统权限控制

操作系统是管理电子商务资源的核心系统，负责信息发送、管理设备存储空间和各种系统资源的调度，它作为应用系统的软件平台具有通用性和易用性，操作系统的安全性直接关系到应用系统的安全，操作系统权限控制包括应用安全和安全漏洞扫描。

应用安全：面向应用选择可靠的操作系统，可以杜绝使用来历不明的软件。用户可安装操作系统保护与恢复软件，并做相应的备份。

系统扫描：基于主机的安全评估系统是对系统的安全风险级别进行划分，并提供完整的安全漏洞检查列表，通过不同版本的操作系统进行扫描分析，对扫描漏洞自动修补形成报告，保护应用程序、数据免受盗用、破坏。

3. 应用系统权限控制

电子商务应用系统的权限控制包括办公系统文件的安全存储控制、文件（邮件）的安全传送控制、业务系统的安全控制。

办公系统文件的安全存储控制：利用加密手段，配合相应的身份认证和密钥保护机制，使得存储于本机和网络服务器上的个人和单位重要文件处于安全存储的状态，使得他人即使通过各种手段非法获取相关文件或存储介质（硬盘等）也无法获得相关文件的内容。

文件（邮件）的安全传送控制：对通过网络传送给他人的文件进行安全处理（加密、签名、完整性鉴别等），使得被传送的文件只有指定的收件者通过相应的安全鉴别机制才能解密并阅读，杜绝了文件在传送或到达对方的存储过程中被截获、篡改等，主要用于信息网中的报表传送、公文下发等。

业务系统的安全控制：主要面向业务管理和信息服务的安全需求。对通用信息服务系统（电子邮件系统、Web 信息服务系统、FTP 服务系统等）采用基于应用开发安全软件，如安全邮件系统、Web 页面保护等；对业务信息可以配合管理系统采取对信息内容的审计稽查，防止外部非法信息侵入和内部敏感信息泄露。

2.6 网络杀毒系统的构建

2.6.1 网络杀毒软件的概念

网络杀毒系统是杀毒软件公司推出的企业级网络防病毒软件产品，它旨在解决以往网络病毒软件在安装、设置、管理以及升级时遇到的不方便与不及时等问题，它具有全新的查杀毒技术、直观友好的操作界面、强大的 Internet 与 Intranet 防病毒能力、及时周到的技术服务。简单地讲，网络杀毒系统是通过杀毒软件管理员控制台对网络内的计算机进行安装、设置、管理、维护及升级，从而实现企业网络防病毒的目的。

网络杀毒系统通常由以下几部分组成：系统中心、管理员控制台、杀毒软件服务器端、杀毒软件客户端。其中，系统中心可以很容易地在整个网络内实现远程管理、智能升级、自动分发、远程报警等多种功能，有效地管理，严密地保护，杜绝病毒的入侵。而在管理员控制台上，管理员可以在网络中的任意一台计算机上对整个网络进行集中控制管理，清楚地掌握整个网络环境中各个节点的病毒监测状态，既方便了管理员，又最大程度的减少了整个网络中的安全漏洞，有效保障了整个网络的系统安全。

网络杀毒系统可安装在多种操作系统中，如：Windows 2000（Professional/Server/Advance Server）、Windows XP（Professional/Home）、Windows Vista（Professional/Home）、Windows 2003 Server、UNIX（SUN Solaris 系列，IBM AIX 系列）、Linux（RedHat Linux、Turbo Linux、红旗 Linux 等基于 Intel x86 芯片的系统）。

2.6.2 网络杀毒软件的特点与功能

1. 网络杀毒软件的特点

（1）超强病毒查杀。

网络杀毒软件具有强大的杀毒引擎、支持庞大的客户端的超大病毒监控网络、7 × 24 小时新病毒快速响应系统，有效清除木马、蠕虫、Backdoor、Rootkits、bot、流氓软件、间谍软件、广告程序，有效阻击 U 盘病毒、ARP 病毒、网页挂马等新威胁。结合强大的全网管理功能，网络管理员可轻松完成对网内每台电脑的病毒查杀，并即时统计全网病毒感染情况。

（2）智能主动防御。

智能主动防御策略全面加固系统脆弱点，集成应用程序访问控制、应用程序保护、安全软件自我保护等功能，阻断未知病毒和各种网络威胁的入侵。独有“账号保险柜”功能，主动保护多种网游、股票软件、即时通信等客户端。结合强大的全网管理功能，网络管理员可快速制定、部署安全策略，轻松设定每台 PC 的主动防御配置。

（3）增强型全网漏洞管理。

全面检测到网络内的系统漏洞、不安全设置等，可定时自动扫描所有客户端，并自动完成系统补丁程序的远程分发和安装。结合强大的全网管理功能，即时分类统计、汇总、备份，让网络管理员全面掌握、即时修补网络系统内所有漏洞。

（4）智能服务体系。

网络杀毒软件能为企业客户提供产品咨询、安装部署、技术支持及数据修复等服务。依靠强大的呼叫服务中心和客户服务平台，配合 7×24 小时新病毒应急响应部门，在短时间内为企业提供新病毒处理方案，解决各种网络安全问题。

（5）强大的网络管理能力是网络安全的基础。

① 部署：针对国内复杂网络环境设计，轻松实现覆盖每台服务器和客户端的全网部署，支持 Web 安装、定制客户端安装包，提高全网安装效率。

② 控制：针对每个客户端，配置查杀、主动防御、升级等功能，支持远程获取客户端诊断信息、客户端按规则自动分组管理、管理员权限分级。

③ 执行：在病毒查杀、漏洞扫描、升级等日常工作中，利用强大的系统管理中心，一个网管员轻松承担所有安全管理工作。

④ 升级：针对国内低带宽网络状况，拥有极高升级成功率，减少升级时间，支持客户端伪 BT 升级，支持锁定客户端升级代理。

⑤ 报告和日志：即时、详细的数据统计，强大的日志报警方式，可定制报警插件、报表内容，并制作详细病毒排行、客户端染毒排行和疫情趋势图。

⑥ 二次开发：针对国内网络及应用环境进行优化，提供全面的第三方二次开发接口，保证全网反病毒系统和其他管理、应用、安全软件的兼容和联动。

⑦ 兼容多种平台：支持微软 64 位 Windows 平台，支持 Vista 等各种主流 Windows、UNIX、Linux 平台，适应国内多操作系统的复杂网络环境。携手华为 3Com、思科等硬件厂商，率先推出软、硬件结合的安全解决方案。

2. 网络杀毒软件的功能

（1）远程控制与管理。

网络杀毒软件具有全面集中管理和控制功能，网络管理员可通过管理控制台对客户端执行诸多操作：远程查杀病毒、远程开启/关闭实时监控、远程开启/关闭主动防御、远程开启/关闭自我保护、通知客户端立即升级、向客户端发送消息、远程安装/卸载客户端、远程安装控制台。另外，管理员还可通过管理员控制台直接管理各种平台的服务器端/客户端。

（2）全网查杀毒。

网络杀毒软件能够随时启动对网络的统一查杀毒，这样就能网络统一行动，最大程度地减小了病毒传播的可能。管理员也可以通过管理员控制台对单个或多个客户端进行查杀毒。

（3）防毒策略的定制与分发。

防毒策略的定制和分发对全网的病毒预防起着至关重要的作用。网络管理员通过管理控制台对全网或某个分组设置统一的防毒策略，也可对特定的客户端设置防毒策略。管理员可以根据实际情况锁定某些关键的选项，使客户端无法修改，以保证防病毒策略的有效实施。具体的防毒策略包括：设置客户端的实时监控的选项，设置客户端定时扫描病毒，设置保护密码防止客户端用户关闭实时监控或卸载杀毒软件等。

（4）实时监控客户端防毒状况。

网络管理员在管理控制台上能实时地查看到每个客户端的下列信息：扫描状态、实时监控的状态、主动防御的状态、版本信息、感染了哪些病毒等。根据上述信息，管理员可实时跟踪到每一个客户端的防毒状况，以便做出应对措施。

（5）漏洞检测与补丁分发。

目前，网络病毒越来越多地利用 Windows 系统或应用软件的漏洞进行传播和感染，这样的病毒使得单纯的杀毒软件无能为力，只有安装相应的补丁包才能彻底避免这些病毒的感染。网络杀毒软件漏洞检测与补丁分发系统可以提供检测运行 Windows 平台的安全漏洞，并检测用户的设置（包括共享目录、用户信息等）是否安全。

通过此项功能管理员即可及时获取系统的安全漏洞信息，扫描局域网中是否存在这些安全漏洞，如果存在安全漏洞，及时下载漏洞补丁并通知客户端安装漏洞补丁程序或采取相应的防范措施，即可安全高效地预防安全漏洞给企业信息安全造成的影响。

（6）集成对客户端防火墙的管理。

管理控制台提供对客户端防火墙的集中管理，监控客户端防火墙状态，读取和设置客户端防火墙的配置。客户端防火墙的攻击事件能实时/定时报告到系统中心。日志查询统计工具可对全网的防火墙攻击事件进行查询和统计。

（7）远程提取客户端诊断信息。

当客户端存在安全问题或防病毒软件运行不正常时，管理员能远程提取到一些信息以便分析客户端的安全情况或防病毒系统不正常工作的原因，并远程解除客户端的一些安全威胁。例如以下信息：当前运行进程/模块列表、AppInit_DLLs、Winlogon 启动项、系统文件关联（.exe .com .cmd .bat .txt .log .scr .reg .doc .htm .html .pif）、其他启动项（Win.ini、System.ini 等）、IE 资源插件、IE 工具条、Winsock SPI、系统服务、文件驱动、系统驱动项、已安装软件列表。

（8）病毒与事件报警。

网络杀毒软件系统中心记录了整个网络中任意服务器端/客户端计算机上发现的病毒信息和异常事件，以便管理员能及时发现染毒的计算机和系统运行的异常事件并做出及时反应。网络杀毒软件系统中心对病毒信息和事件的处理采用插件方式，支持多种报警方式：发送到管理控制台、发送邮件（SMTP）、发送 SNMP 陷阱（SNMP Trap）、显示消息框（message）、保存 NT 事件日志（NT Log）等，并可根据用户的实际需要定制报警方式。

整个网络的病毒报警信息是由系统中心来统一维护的，因此管理员通过控制台能够查询和管理之前的病毒历史记录，对病毒的传播途径进行有效的跟踪，做到了层层防护。

（9）病毒日志查询与统计。

网络杀毒软件提供了丰富的病毒日志统计与分析功能，能够统计病毒发作次数最多排行榜、病毒爆发最多主机排行榜、某客户端在一段时间范围内的病毒发作趋势、某病毒在一段时间范围内的发作趋势、组/中心间的病毒发作趋势比较等诸多病毒日志分析数据和图表，便于网络管理员直观地掌握网络内病毒感染情况和发作趋势。

（10）客户端分组管理。

网络杀毒软件可使用户在控制台上按照自己的需要对所有的网络终端节点进行任意分组。分组管理遵循排他性原则，即一个客户端只允许存在同一组中。如此一来，管理员不仅可以对全网所有的客户端进行统一管理，也可以根据分组对某个组中成员进行特别管理。同时为了方便分组，支持将网络邻居工作组和域中的分组信息自动导入杀毒系统中心的分组中，并支持按 IP 地址范围、客户端操作系统类型、客户端名称建立自动分组规则。

（11）管理员分级管理。

对于人员较多、结构复杂或者异地办公的企业，仅设置一个管理员是远远不够的。网络杀毒软件考虑到了企业的这种需求，独创“分级管理”功能。它将信息安全的管理权限分为三个级别：超级管理员、操作管理员和审计管理员。超级管理员具有对管辖范围内客户端和下级中心的所有操作权限；操作管理员仅能管理超级管理员为其分配的客户端。审计管理员支持查看管辖范围内客户端的状态和日志。

在这种分级管理模式下，各级管理员的权限设计和职能分工是非常明确的。这种分级管理的模式使信息安全管理员的工作变得更加明确和轻松。

（12）集中式授权管理。

网络杀毒软件的授权管理由系统中心集中统一管理，系统中心自动维护整个网络的授权计数，客户端完全不用关心授权问题，只有在超出授权计数时才会提醒用户。同时，网络杀毒软件授权计数是可以累加的，客户端增加时，只需在系统中心增加授权计数即可。

（13）全面监控主流邮件服务器。

网络杀毒软件中集成了针对流行的邮件服务器的病毒防护产品，不仅有实时邮件病毒监控，而且有手动的邮件数据库扫描，功能强大，性能稳定，从根本上杜绝了病毒通过邮件方式的传入和传出。在网络杀毒软件中，管理员可以通过管理员控制台直接对邮件防护产品进行监控设置和对邮件数据库进行病毒扫描，染毒邮件信息直接在控制台中显示。

（14）全面监控邮件客户端。

网络杀毒软件提供了几乎针对所有流行邮件客户端产品的实时病毒监控和手动病毒扫描功能，网络杀毒软件支持的邮件客户端产品包括：Outlook，Outlook Express，Lotus Notes，FoxMail、Netscape 等，最大程度地防止了病毒通过邮件方式的扩散。

（15）第三方合作接口。

根据网络安全的发展形势，单一的安全产品不可能解决企业中的所有网络安全问题，各个厂商在专注自身产品的同时，也在寻求与其他安全厂商的合作，以期为用户提供合适的安全解决方案。

2.6.3 网络杀毒软件的安装与部署

网络杀毒软件的部署是由四个相互关联的子系统组成：系统中心、服务器端、客户端、“移动式”管理员控制台。各个子系统协同工作，共同完成对整个网络的病毒防护工作，为企业级用户的网络系统提供全方位防病毒解决方案。图 2-8 为网络杀毒软件架构图。

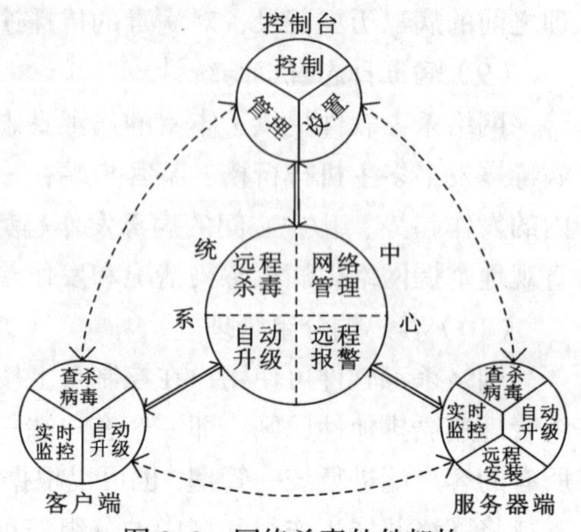

图 2-8 网络杀毒软件架构

网络杀毒软件采用分布式体系，结构清晰明了，管理维护方便。管理员只要拥有管理员账号和口令，就能在网络上任何一台安装了管理员控制台的计算机上实现对整个网络上所有计算机的集中管理。

网络杀毒软件的安装具有多种方式，如智能安装、远程安装、Web 安装以及自动安装包生成等方式。通过这些多样化的安装方式，用户可以十分轻松地在最短的时间内完成整个系统的安装。

（1）智能安装。

网络杀毒软件根据用户当前的操作系统和网络状态智能安装合适的模块，安装程序首先通过智能广播，确定整个网络内是否安装了系统中心。若没有找到系统中心，则判断当前计算机的操作系统是否为系统中心可安装的操作系统，若是，将自动安装系统中心，否则提示用户首先在符合要求的计算机上安装系统中心。若找到了系统中心，则自动根据用户计算机的操作系统自动安装客户端或服务器端。

（2）远程安装。

系统管理员通过管理控制台，给指定的基于不同的操作系统的客户端进行远程安装网络杀毒软件的操作。

（3）Web 安装。

通过 Web 安装，可以将网络杀毒软件的安装包发布到企业的内部网（Intranet）中，客户端用户通过浏览指定位置的网页实现网络版的安装。

（4）通过客户端安装包制作工具定制的安装程序安装。

大规模部署客户端防病毒软件工作过程中，如何减少客户端安装操作步骤，更快更准确地部署最为关键。网络杀毒软件通过系统中心控制台可以轻松方便地生成最新的自动安装包，减少客户端部署时的人为操作。通过系统中心自动生成的智能安装包，结合以上几种安装方式，网络管理员可以十分轻松地在短时间内完成部署。

2.7 企业防火墙技术的应用

2.7.1 防火墙的概念

防火墙是指一个由软件和硬件设备组合而成的，在内部网和外部网之间、专用网和公共网之间的界面上构造的保护屏障。其目的都是为了在内部网与外部网之间设立唯一的通道，简化网络的安全管理。

防火墙是一种安全有效的防范技术，是访问控制机制、安全策略和防入侵措施。从狭义上来讲，防火墙是指安装了防火墙软件的主机或路由器系统；从广义上讲，防火墙还包括了整个网络的安全策略和安全行为。它是通过在网络边界上建立起来的相应的网络安全监测系统来隔离内部和外部网络，以确定哪些内部服务允许外部访问，以及允许哪些外部服务访问内部网络（服务），阻挡外部网络的入侵。防火墙是在两个网络通信时执行的一种访问控制尺度，它能允许“同意”的人和数据进入内部网络，同时将“不同意”的人和数据拒之门外，最大限度地阻止网络中的黑客来访问内部网络。如果不通过防火墙，内部网络的人就无法访问外部网络，外部网络上的人也无法和内部网络的人进行通信。

2.7.2 防火墙的作用

防火墙的作用主要包括以下几点。

（1）防止易受攻击的服务。

防火墙可以大大提高网络安全性，并通过过滤天生不安全的服务来降低子网上主系统所冒的风险。因此，子网网络环境可经受较少的风险，因为只有经过选择的协议才能通过防火墙。例如，防火墙可以禁止某些易受攻击的服务进入或离开受保护的子网。这样得到的好处是可防护这些服务不会被外部攻击者利用,而同时允许在大大降低被外部攻击者利用的风险情况下使用这些服务。对局域网特别有用的服务（如 NIS 或 NFS）因而可得到公用，并用来减轻主系统管理负担。

（2）控制访问网点系统。

防火墙还有能力控制对网点系统的访问。例如，某些主系统可以由外部网络访问，而其他主系统则能有效地封闭起来，防护有害的访问。除了邮件服务器或信息服务器等特殊情况外，网点可以防止外部对其主系统的访问，这就把防火墙特别擅长执行的访问策略置于重要地位。

（3）集中安全管理。

如果一个子网的所有或大部分需要改动的软件以及附加的安全软件能集中地放在防火墙系统中，而不是分散到每个主机中，这样防火墙的保护就相对集中一些，也相对便宜一点。尤其对于密码口令系统或其他的身份认证软件等，放在防火墙系统中更是优于放在每个 Internet 用户都可以访问的机器上。

（4）增强保密性、强化私有权。

对一些站点而言，私有（性）权是很重要的，因为某些看似不甚重要的信息往往会成为攻击者灵感的源泉。使用防火墙系统，站点可以防止非法的 Finger 探测。Finger 命令会列出当前使用者名单、上次登录的时间、以及是否读过邮件等。但 Finger 同时会不经意地告诉攻击者该系统的使用频率，是否有用户正在使用，以及是否可能发动攻击而不被发现。防火墙也能封锁域名服务信息，从而使外部主机无法获取站点名和 IP 地址。通过封锁这些信息，可以防止攻击者从中获得另一些有用信息。

（5）对网络网络使用、滥用进行记录和统计。

如果对 Internet 的往返访问都通过防火墙，那么防火墙可以记录各次访问，并提供有关网络使用率的有价值的统计数字。如果一个防火墙能在可疑活动发生时发出音响报警，则同时还可以提供防火墙和网络是否受到试探或攻击的细节。采集网络使用率统计数字和试探的证据是很重要的，最主要的原因就是可以知道防火墙能否抵御试探和攻击，并确定防火墙上的控制措施是否得

当。网络使用率统计数字也很重要的，因为它可作为网络需求的研究和风险分析活动的输入。

2.7.3 防火墙技术的应用

实现防火墙的技术包括四大类：网络级防火墙（也叫包过滤型防火墙）、应用级网关、电路级网关和规则检查防火墙。它们之间各有所长，具体使用哪一种或是否混合使用，要看具体需要。

（1）网络级防火墙（包过滤型防火墙）。

网络级防火墙一般是基于源地址和目的地址、应用或协议以及每个IP包的端口来做出通过与否的判断。网络级防火墙简洁、速度快、费用低，并且对用户透明，但是对网络的保护很有限。第一，它没有用户的使用记录，这样就不能从访问记录中发现黑客的攻击记录；第二，定义包过滤器比较复杂，因为网管员需要对各种 Internet 服务、包头格式以及每个域的意义有非常深入的理解，如果必须支持非常复杂的过滤，过滤规则集合会非常大，难以管理和理解；第三，对于采用动态分配端口的服务，例如与RPC服务相关联的服务器在系统启动时随机分配端口的，这就造成了很难进行有效的过滤；第四，规则配置好了之后，几乎没有什么工具可以用来验证过滤规则的正确性。

（2）应用级网关（代理服务器）。

代理服务器隔离在外部网络与内部网络之间，内外之间不能直接交换数据，数据交换由代理服务器“代理”完成，内部用户对外发出的请求经由代理服务器审核，如果符合网络管理员设定的条件，代理服务器就会像一个客户机一样去那个站点取回所需信息转发给用户。代理服务器就像一堵真正的墙一样阻挡在内部用户和外界之间，从外面只能看到代理服务器而看不到内部资源，从而有效地保护内部网不受侵害。代理服务比单一的包过滤型防火墙更为可靠，内部客户感觉不到它的存在，可以自由访问外部站点，对外部客户可开放单独的内部连接，可以提供极好的访问控制、登录能力及地址转换功能。代理服务器对提供的服务会产生一个详细的记录，如果发现非法入侵会及时报警，这一点非常重要。

但代理服务器也有不尽人意之处，其一就是每增加一种新的媒体应用，就必须对代理服务器进行设置，而且只要应用程序一升级，原来的代理服务就不再适用了；其二就是处理通信量方面存在瓶颈，比简单的包过滤型防火墙要慢得多。

（3）电路级网关。

电路级网关又称线路级网关，它工作在会话层。它在两个主机首次建立TCP连接时创立一个电子屏障。它作为服务器接收外来请求，转发请求；与被保护的主机连接时则担当客户机角色，起代理服务的作用。电路级网关的防火墙的安全性比较高，但它仍不能检查应用层的数据包以消除应用层攻击的威胁。

（4）规则检查防火墙。

规则检查防火墙结合了包过滤型防火墙、电路级网关和应用级网关的特点。它同包过滤型防火墙一样，规则检查防火墙能够在OSI网络层上通过IP地址和端口号，过滤进出的数据包。它也像电路级网关一样，能够检查 SYN 和 ACK 标记和序列数字是否逻辑有序。当然它也像应用级网关一样，可以在应用层上检查数据包的内容，查看这些内容是否能符合内部网络的安全规则。

规则检查防火墙虽然具有（集）前三者的特点，但是不同于一个应用级网关的是，它并不打破客户机/服务机模式来分析应用层的数据，它允许受信任的客户机和不受信任的主机建立直接连接。规则检查防火墙不依靠与应用层有关的代理，而是依靠某种算法来识别进出的应用层数据，这些算法通过已知合法数据包的模式来比较进出数据包，这样从理论上就能比应用级代理在过滤数据包上更有效。

目前在市场上流行的防火墙大多属于规则检查防火墙，因为该防火墙对于用户透明，在应用层上加密数据，不需要去修改客户端的程序，也不需对每个需要在防火墙上运行的服务额外增加一个代理。

未来的防火墙将位于网络级防火墙和应用级防火墙之间，也就是说，网络级防火墙将能够变得更加清晰地识别通过的信息，而应用级防火墙在目前的功能上则向“透明”、“低级”方面发展。最终防火墙将成为一个快速注册稽查系统，可保护数据以加密方式通过，使所有组织可以放心地在网络上的计算机间传送数据。

任务实施

1. 通过支付宝，申请普通认证并申请证书

步骤一　打开 www.alipay.com，登录支付宝账户，单击“实名认证”。

步骤二　在“普通认证”一项，单击“立即申请”。

步骤三　填写个人信息和上传身份证图片，单击“下一步”（如何填写详细地址）。

步骤四　填写银行卡信息，单击“下一步”（认证支持哪些银行）。

步骤五　确认信息后，单击“确认信息并提交”，1–2 天后支付宝会给银行账户打入一笔 1 元以下的确认金额。

步骤六　收到打款金额，登录支付宝账户，单击“实名认证”，单击“输入打款金额”。

步骤七　输入的金额正确后，即时审核您填写的身份信息，请耐心等待 2 秒钟；如审核通过，即认证申请成功。

步骤八　登录支付宝账户，单击“安全中心”|“安全管家”|“数字证书”，也可以单击此链接直接进入申请证书页面。

步骤九　单击“申请数字证书”。

步骤十　填写身份证号码和校验码，选择使用地点，单击“提交”。

步骤十一　填写手机上收到的校验码。

步骤十二　证书申请成功。

2. 通过搜索引擎了解企业电子商务存在的问题

步骤一　通过搜索引擎（如百度等）了解企业电子商务普遍问题。

步骤二　以小组形式，分析具体企业的电子商务问题。

步骤三　小组之间交流讨论。

素质拓展

安全电子交易协议（SET）

在开放的互联网上处理电子商务，保证买卖双方传输数据的安全成为电子商务的重要的问题。

为了克服SSL安全协议的缺点，满足电子交易持续不断地增加的安全要求，并（为了）达到交易安全及合乎成本效益的市场要求，VISA国际组织及其他公司如Master Card、Microsoft、IBM等共同制定了安全电子交易（secure electronic transactions，SET）协议。这是一个为在线交易而设立的一个开放的、以电子货币为基础的电子付款系统规范。SET在保留对客户信用卡认证的前提下，又增加了对商家身份的认证，这对于需要支付货币的交易来讲是至关重要的。由于设计合理，SET协议得到了许多大公司和消费者的支持，已成为全球网络的工业标准，其交易形态将成为未来电子商务的规范。

安全电子交易协议为在互联网上进行安全的电子商务提供了一个开放的标准。SET主要使用电子认证技术，其认证过程使用RSA和DES算法，因此可以为电子商务提供很强的安全保护。可以说，SET规范是目前电子商务中最重要的协议，它的推出大大促进了电子商务的发展。安全电子交易规范是一种为基于信用卡而进行的电子交易提供安全措施的规则，是一种能广泛应用于互联网的安全电子付款协议，它能够将普遍应用的信用卡使用起始点从目前的商店扩展到消费者家里，扩展到消费者的个人计算机中。

SET协议的交易系统由持卡人、商家、支付网关、收单银行和发卡银行、CA认证中心六个部分组成，这六大部分之间的数据交换过程如图2-9所示。

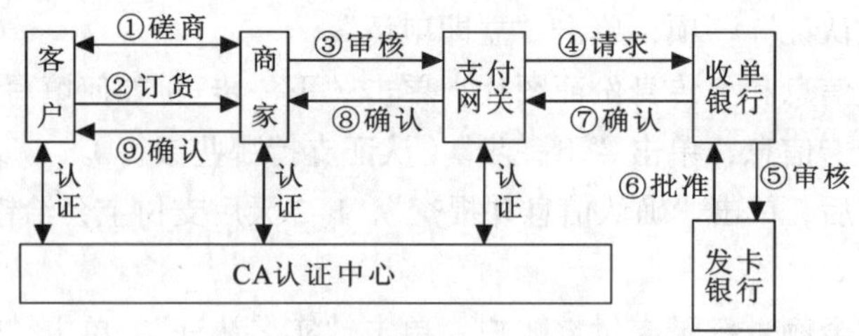

图2-9 安全电子交易协议交易的流程

动手：分析SET的优缺点及在电子商务中的应用。

任务五 电子商务与法律案例分析

学习任务

学习情境

学习过前几章的基础知识后，大家对电子商务有了一定的了解。但电子商务始终区别于传统商务，传统商务领域的法律法规在互联网里是否适用，则是在对电子商务小有了解之后有在大脑里产生新的疑问。传统法律包含的范围非常广，是否能在某一领域找到适合电子商务的法律，并加以修改呢？或者由于电子商务的多领域交叉性，使得电子商务必然会跟很多领域的法律有联系，带着这样的疑问，好好学习本章内容吧

任务描述

1. 注册淘宝账号，登录"淘宝联盟"淘宝客推广，并发布所推广的淘宝商品或店铺，通过此任务获得佣金

2. 通过一个简单案例，分析电子商务中的法律问题和当事人应承担的责任

任务拓展

试分析淘宝客推广过程中如何规定双方的权责

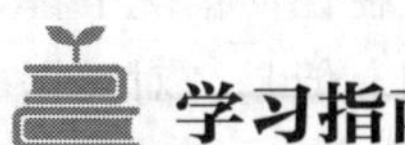

学习指南

2.8 电子商务中的法律问题

电子商务是21世纪的一个世人瞩目的经济增长点。但这种增长点却很可能被无法适应的或者残缺的法律和管理框架所扼杀。所以，如何构建互联网适当的而有效的法律工具和管理机制已成为国际经济律师和政策决策人关心的焦点。

电子商务迄今为止给现行法律带来的冲击与挑战无疑是全方位的，几乎涵盖了所有的传统法律部门，主要包括证据法、合同法、经济法、电子签名法、电子支付法等。

2.8.1 证据法方面的问题

电子商务离不开计算机网络，而计算机网络是一个数字化的虚拟空间，在这样的空间中法官不可能回到过去亲眼观察事件的发生，也不可能找到传统的证据来再现过去。在这样一个数字环境中，行为人、行为甚至证据等都表现为二进制式的电子数据形式，它们以二进制数字运算的方式运行。这里没有任何传统的蛛丝马迹，只有数字痕迹，要想依据传统理论来解决证据问题将遇到极大的困难。因此，必须对互联网上存在的行为进行证据定义。

在世界范围内，能够及时修正、调整现行证据法以进行有效回应的国家并不普遍。但同时值得欣慰的是，也有部分国际组织或国家在这方面做出了卓有成效的努力。例如联合国国际贸易法委员会先后通过了“计算机记录的法律价值”的报告、《联合国电子商务示范法》与《联合国电子签字示范法》，南非通过了《1983年计算机证据法》，加拿大颁布了《1998年统一电子证据法》，菲律宾最高法院于2001年制定了《电子证据规则》，美国、英国、澳大利亚与印度等也分别对本国证据法进行了相应的修改。

而在我国，由于一直没有独立的证据法，证据法律制度不仅分散、原则而且混乱，所以基本上找不到可直接用于调整电子商务中证据问题的法律法规。我国民事诉讼法并未对证据的概念做出规定，学术界一般参照刑事诉讼法第42条第1款的规定来解释民事证据。该条款规定：“证明案件真实情况的一切事实，都是证据。”于是，我国许多学者据此得出“证据就是证明案件真实情况的事实”这一结论。从目前的实践来看，人们经常面对并且普遍接受的电子证据包括电子邮件（e-mail）、电子公告（BBS）、电子聊天（e-chat）、电子数据交换（EDI）与电子签名（e-signature）等，由于电子数据只能处于一种虚拟的环境中，它们很容易遭受篡改且不易被发觉，很难说明这些是真实的。

大陆法系国家对证据的立法，大致可以分为两类。

（1）对证据能力不加以限制。

这种立法规定除非法律明文加以排除，当事人对于诉讼所主张的证据并无任何形式上的限制。

不过，对于每一个证据的价值及其可信度，法院仍有权进行衡量。采用这种立法方式的，有德国、奥地利、葡萄牙、丹麦、瑞典、荷兰、日本等国家。例如，德国的证据法受自由评价原则的调整，即法官不受任何形式证据法规则的约束，能够采用自身评断的合乎情理的自由裁量权来评价当事人提出的任何证据。因此，所有证据包括传闻证据在内原则上都可以采纳。至于证据价值力的大小，由法官予以裁决。可见，德国的证据立法没有排除事实或证据方式的规则，在任何情况下都不要求在英、美、法上所要求的佐证，对于证据的采纳几乎没有任何明确的限制。但是，对证据的调查则必须按法院证据裁定进行，法院使用证据裁定排除那些与争执点无关的证据，并且，除非得到对方当事人同意或经法院的特别排除外，当事人不得作证。

不难发现，此类证据立法的价值取向重于实体真实，而轻程序。但就电子商务的发展而言，在此类证据立法中几乎不会遇到障碍。因为任何证据在法院进行权衡后，均可作为证据，而无论是书面抑或电子数据形式。

（2）对证据能力加以限制。

大陆法系的部分国家将证据区分为两类：证明法律行为的（legalact）证据与证明法律事实（legalfact）的证据。对于法律事实，其证据方法不作任何限制。但对于特定的法律行为则明文规定，原则上必须以具有证据价值且经当事人签名的书面文书作为证据方法。这种立法形式可区分为以下几种。

① 实体法中规定法律行为必须符合书面形式。

一些国家基于证据上的考虑，在实体法中规定交易超过一定数额时，其法律行为必须以特定方式作成。法国民法典在第 1341 条规定交易额超过一定数额时，交易以经当事人签名的书面制成为必要。相同的规定，在比利时民法典中也有。当然，此项规定并非全无例外，例如对于一些通常的交易情形或一些无关公允的情形中，当事人可以约定任何种类的证据均有证据能力。此外，也允许当事人在发生争议时，放弃“禁止使用证言”的规则，而不提出关于缺乏书面形式的抗辩。据此，在电子商务中若双方当事人发生争议，可以适用例外规定，而使电子数据形式的证据效力得到解决。

② 实体法的列举方式规定了可作为证据的证据方法。

在这类国家立法中，一般是开立一份关于可接受的证据的清单。在这种清单中，书面单证总是作为一种合法有效的证据形式名列在册。而对于计算机记录，有的国家暂时还不能接受为证据，有的国家则可以依靠计算机记录进行裁断；还有的国家则规定在商业纠纷中可接受计算机记录作为证据。如智利、卢森堡、塞内加尔、委内瑞拉、多米尼加、缅甸等国家，计算机记录都未被列入可接受证据清单之内，故而不能被采纳为证据。

2.8.2 合同法方面的问题

合同是交易的核心内容，传统的合同多通过书面订立，可以通过签名和印章来识别，电子商务中的合同采取了新的形式，具有了新的特点。然而，和传统的商务活动一样，电子商务也需要合同来约束交易双方的权利与义务。然而，网络数据传输和处理的特点决定了电子商务合同在订立和履行的过程中都有独特之处。用传统合同法来调节电子商务交易合同所引发的法律问题，势必会遇到许多挑战。随着电子商务的发展，世界各国都开始通过修改完善已有法律或是制定新的法律来解决电子交易中的种种问题，保障电子合同的效力，促进电子商务交易的高效、公平和安全。

1996 年 6 月 14 日，联合国国际贸易法委员会第 29 届年会通过了《电子商务示范法》。这项示范法允许贸易双方通过电子手段传递信息、签订买卖合同和转让货物所有权，以往不具法律效力的数据电文现在与书面文件一样得到法律的承认。该法律的通过为实现国际贸易的“无纸操作”提供了法律保障。而在我国，1988 年通过的《中华人民共和国保守国家秘密法》，1994 年国务院发布的《计算机信息系统安全保护条例》，1996 年国务院发布的《计算机信息网络国际互联网管理暂行规定》，1997 年公安部发布了《计算机信息网络国际互联网安全保护管理办法》，1999 年 10 月开始实施的新《合同法》也引入了数据电文形式，2000 年国务院发布了《中华人民共和国电信条例》、《互联网服务管理办法》，2004 年《电子签名法》通过的专门针对电子商务交易颁布的单行法，主要涉及数据电文、电子签名与认证及其法律责任三方面的内容等。

合同法的具体问题包括以下内容。

（1）电子合同的订立问题。

首先，电子合同的收到依赖于通信手段、速度，甚至不同国家地区之间的法律制度。其次，在电子合同关于要约与承诺问题上，其与纸面合同的区别就在于电子合同如 EDI 合同订立的决策过程属于计算机自动化操作，这样的合同是否真能反映当事人的真实意图？而且由于其整个过程由计算机迅速操作，要约的撤回与撤销以及承诺的撤回将很难进行。如何通过法律对其进行定义很有现实意义。最后，关于合同成立的时间和地点问题也需要法律进行规范。因为电子信息可以在任何不同地点发出，如发送人的营业地、拥有计算机的任何地点，甚至经由手提式计算机在旅途中发出电文。

（2）电子合同形式问题。

贸易伙伴之间进行电子交易，主要是通过计算机屏幕加以显示的，不存在任何等同意义上的书面形式。唯一可以作为当事人双方存在合同证据的，只有在计算机内储存的电子信息。但是这些电子信息能否取得与纸质文件一样的法律效力，各国有不同的规定，人们的理解也不一样。

（3）电子商务第三方的法律地位。

电子商务与传统商务的一个最大区别是“无纸”的信息传递，这就必须在电子商务当事人之间加进传递信息、提供信息技术设备服务、搭建电子商务平台的第三方。电子商务能否安全、可靠地进行，电子商务第三方有着举足轻重的作用，因此，探讨电子商务第三方的法律地位问题有着十分重要的意义。

（4）电子错误问题。

与传统的书面合同订立过程相比，通过电子数据订立合同是一种全新的、正在发展的合同订立方式，技术本身或人与技术的和谐等原因使得错误发生的频率更高。所以对电子商务合同中可能发生的错误进行合理的法律规制十分必要。美国《统一计算机信息交易法》（UCITA）第 214 条 b 款对电子错误的责任承担有原则性规定：在一个自动交易系统中，对于消费者无意接受，并且是由于电子错误产生的电子信息，如消费者采取了下列行为，即不受其约束：①获知该错误时，立即（A）将错误通知另一方，以及（A）将所有的信息拷贝交付给另一方，或者按照另一方合理的指示，将所有的信息拷贝交付给第三人，或销毁所有的信息复制；②未曾使用该信息或从该信息中获得任何利益，也未曾使信息可为第三方获得。

（5）签名与认证。

电子商务是一种非对面型的交易，当事人双方基本上只能依据对方自己披露的个人信息来了解其个人情况。于是交易当事人身份的不确定性导致虚构名义交易、冒充他人交易、取得商品或价金后逃匿的情况屡有发生。这些问题的发生，都是由于在电子商务中很难确认本人身份与交易者身份是否同一、交易人是否享有权限造成的。为保障电子商务交易的安全，电子签名与电子认证便应运而生。

2.8.3 经济法方面的问题

电子商务合同模式的变化其实质是对法律行为的变革，这种变革对现行法律提出了诸多挑战带来了许多法律问题。如法律问题之一是如何确保交易对象和交易内容的准确、真实；之二是如何保证交易安全阻止网络系统上的犯罪。第一个问题的解决可能涉及一些技术规则在法律上的确认。第二个问题更为严峻。一方面是因为采用高速传输的电子数据信息本身就带来一些安全上的隐患,另一方面是由于网络上电子交易的巨额财富的诱惑力远远超过使用钞票直接进行交易时候，恐怕任何严厉的刑法都不能阻碍网上的犯罪。所有这些都必然对合同诈骗犯罪产生影响。主要表现在以下几方面。

（1）诱惑力的增加。由于网上交易带有一定的虚拟性，在网络空间里，没有中心没有集权，只要有一台计算机，无论何时、何地都可以上网交易。而且，交易者往往是个人行动，缺乏群体的约束。加之，电子交易的巨额财富更是令人心动。所有这些都增加了合同诈骗犯罪的诱惑力。

（2）诈骗形式的变化。首先，盗用商户电子商务身份证进行合同诈骗。行为人往往盗用合法商户的电子商务身份证，冒充合法用户的“数字签名”假冒合法企业的名义骗取被害人的财物。其次，行为人没有实际履行能力，却以电子商务交易为幌子骗取被害人的财物后便不履行或不按合同规定履行交货义务。第三，通过虚假认证从而完成电子合同交易，骗取被害人的财物。第四，通过伪造网上支付账户骗过网上结算机构的检查完成与商户的交易骗取被害人的财物。

而与经济法相关的问题主要包括以下内容。

（1）网络信息犯罪。

电子商务网络是非常开放的,任何人都可以将信息在网上自由存放也可以很便捷地获取信息。网络进出和信息提取的方便使网上信息量急剧膨胀，更为严重的是，互联网上存在着不少缺乏管理的区域，一些不法分子乘机扰乱电子商务经济秩序，从事网上经济犯罪活动。主要表现有以下几点。

① 侵犯商业信誉、商品声誉的犯罪。

一些商家为了占据竞争上的优势排挤竞争对手，不惜在网上大肆发布损害他人商业信誉、商品声誉的信息，给他人造成了重大损失。

② 广告欺诈犯罪。

不少广告主、广告经营者、广告发布者为了获取非法利润视国家法律于不顾，在网上利用广告对商品和服务做虚假宣传欺骗消费者。

③ 销售伪劣产品犯罪。

有的制造或代他人销售假冒伪劣产品的单位或个人利用互联网发布销售信息，使不明真相消费者购买伪劣产品从而获取非法收入。

④ 证券、期货犯罪。

一些违法犯罪分子利用互联网编造并传播影响证券和期货交易的虚假信息扰乱正常的证券、

期货交易秩序从中渔利。

⑤ 知识产权犯罪。

一些违法犯罪分子为了牟取非法利益未经著作权人许可，大肆在网上复制发行他人的文字作品、音乐、电影、电视、录像作品、计算机软件及其他作品发行他人享有专有出版权的图书等。

⑥ 商业秘密犯罪。

一些违法犯罪分子为了牟取不正当利益或为了排挤竞争对手，在电子商务网上以窃取等不正当手段获取权利人的商业秘密；在网上披露以前使用手段获取的权利人的商业秘密；违反规定或者违反权利人有关保守商业秘密的要求披露其所掌握的商业秘密等。

（2）金融犯罪。

电子商务的发展同样也使得金融趋向电子化。除了通过网络信息进行相关犯罪，网络金融犯罪也成为新的犯罪形式。比如：

① 非法设置网上金融机构犯罪。

一些违法组织和个人未经中国人民银行批准擅自在网上设立商业银行或者其他金融机构。

② 贷款方面的犯罪。

行为人以非法占有为目的使用虚假的或冒用断完善，传统的商业动作在不远的将来有相当一部分将由互联网取代。面对飞速发展趋势，传统的审计模式和税收模式必将做出相应的调整，电子商务时代的税收问题日渐引起各国政府的重视，电子商务为各国的税收制度提出了崭新而确切的课题。同时，在涉及多个国家的贸易中，国际税收面临着前所未有的挑战。传统的税收制度是建立在税务登记查账征收的电子身份证明等方式骗取网上金融机构的贷款。

③ 洗钱方面的犯罪。

行为人通过欺骗的方法，隐瞒犯罪的违法所得及其收益的性质和来源，通过网上金融机构将犯罪所得转化为合法财产，或通过转账等方式将资金汇往境外。

④ 外汇方面的犯罪。

一些公司、企业或者其他单位违反国家规定擅自将外汇通过网上金融机构存放在境外或者通过网上金融机构将境内的外汇非法转移到境外。

2.9 电子商务中的税收问题

随着电子商务的蓬勃发展，其税收问题日益严峻。税务机关通过对纳税人营业场所、经营品种、经营数量及经营行为等指标，并通过对各种票证和账簿的审核来确定应交纳的税种和税率。这种面对面的操作模式在电子商务时代显然不能适应实际需要。电子商务的虚拟化、无形化、随意化、隐匿化给税收带来了前所未有的困难。电子商务实行的是无纸化操作，各种销售依据都是以电子数据的形式存在，税收征管监控失去了最直接的实物对象。同时，电子商务的快捷性、直接性、隐匿性、保密性等会使得税收的控管手段失灵，加之税收领域现代化征管技术的严重滞后都使依法治税变得苍白无力。如果不采取措施势必会造成监管无力税款流失等被动局面。面对电子商务，税收的大堤似乎已是漏洞百出，由此而滋生的一系列税收问题甚至有点让人措手不及。有人惊呼道：电子商务是21世纪税收面临的最大的敌人。

与传统商务相比，电子商务的无国界性、交易的虚拟化和隐匿化给传统的税收体制与征管带来了诸多需要解决的问题，具体表现在以下方面。

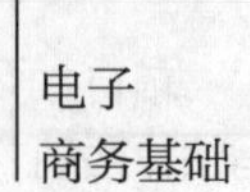

（1）电子商务税收管辖权确定困难。

税收管辖权是指一国政府对一定的人或对象征税的权力，依据国家主权原则可以分为属人原则和属地原则两种，即居民税收管辖权和收入来源地税收管辖权。电子商务对此发出了挑战。

在现行税法中对于常设机构的认定，一般是以企业是否有一个进行经营的固定场所为征税依据。然而，从事电子商务的企业往往是在某国（或地区）互联网服务提供商的服务器上租一个空间进行网上交易，其服务器所在国（地）并无地理意义上的固定营业场所，那么一个服务器或一个网络地址算不算"常设机构"，对此类"常设机构"网上交易的营业利润征税的法律依据又何在？

现行税法中有关独立个人和非独立个人劳务活动所得的征税以是否有"固定基地"和是否达到"停留时限"为依据的规定，传统劳务活动，独立个人或非独立个人在另一国（或地区）设有从事劳务活动的"固定基地"和停留一定的天数。Internet 的普及，使得人们可以坐在家里的电脑前为另一国（或地区）的消费者提供诸如会计、法律、医疗、设计等劳务，因此传统的劳务活动发生地的认定就不适用电子商务交易中。

传统的消费税主要是以商品供应地为基础而享有税收管辖权。而网络营销使货物和服务因 Internet 而降低了物理位置的重要性，同时，也使消费税的征收管辖权变得模糊起来。比如：A 国某居民在 B 国的某服务器上订购了某商品，要求寄往 C 国，该居民就有可能收到三个国家的税单。

（2）电子商务的避税问题日趋严重。

高新科技的应用为电子商务的纳税人逃避税务稽查提供了高科技手段，同时使电子商务的避税问题更加明显和难以控制。

跨国企业利用 Internet 架起了实时沟通的桥梁，跨国关联企业通过转让定价，轻易地就可以将产品开发、设计、生产、销售的成本"合理地"分布到世界各地。任何一个公司都可以利用其在避税国设立的网站与国外企业进行商务洽谈和贸易，形成一个税法规定的经营地，而仅把国内作为一个存货仓库，以逃避国内税收。

电子商务网上交易引发的税收难点还包括易货交易。商家通过网上交换商品或者劳务而不发生货币交易的易货交易行为，在传统商务中已经是税收征管的难点，网上交易更增加了偷税漏税的可能性。

由于 EDI 技术的运用，企业电子商务活动无纸化程度越来越高，订单、买卖双方的合同、作为销售凭证的各种票据都以电子形式存在。电子凭证可被轻易修改而不留任何线索，导致传统的凭证追踪审计失去基础。在这种情况下，要求网站自觉照章纳税几乎是不可能的。

（3）税收中性原则和税负公平原则受到挑战。

为了加速本国电子商务的发展，为本国企业抢占国际市场铺平道路，许多发达国家对电子商务税收问题基本上都是免税的，而一些发展中国家尚没有专门的电子商务税收政策。因而电子商务企业的交易也能成功地利用保护政策或政策的漏洞来躲避税负，这种情况使得网上交易基本处于免税状态。这对于那些没有进行网上交易的常规企业和没有能力上网购物的消费者是不公平的。

（4）电子商务税收征管困难。

现行的税收征管体制是建立在对卖方、买方监管的基础上。要让税务机关去追踪、掌握、识别电子商务买卖双方大量的电子商务交易数据并以此为计税依据是十分困难的，而电子货币、电子支票、网上银行、信用卡和使用者的匿名方式，更加大了税收征管的难度。

除上述问题之外，目前广泛讨论的电子商务税收问题还包括：电子商务税收征与不征的问题、

电子交易数据的法律效力问题、数字化产品认定问题、电子商务税种问题等。

虽然我国尚没有对电子商务的税收做出规定，但政府已在积极研究电子商务的税收问题。据了解，我国对电子商务税收的基本政策是不免税，政府将本着有利于电子商务发展、简化税收征管和公平税负的原则制定电子商务的税收政策。我国在制订电子商务税收政策时应考虑以下建议。

（1）制订电子商务税收政策时应充分考虑国际电子商务税收政策。中国加入世贸组织后，对国际上已达成一定共识的税收原则，在综合分析国家的财政收入状况和民族产业发展情况的基础上，应尽快做出回应，以促进我国电子商务的正常发展。具体包括：对 WTO 一致通过的免征网络交易（无形产品）关税的决议做出应对，是否比照欧盟的做法将无形产品视为劳务征收增值税或是把无形产品交易的收益定为特许权使用费而征收预提税；应以现行税收制度为基础，对现行税收制度作必要的修改、补充和完善，对电子商务暂不单独开征新税；保持税制中性，不能使税收政策对不同商务形式的选择造成歧视等。

（2）基于消费者的税收管辖权模式（属人原则）和基于服务器或供应商的税收管辖模式（属地原则）并重。欧美等发达国家在电子虚拟市场中，无论是卖方还是网络服务供应商，按其居住国或国籍国都占了相当大的份额，作为电子商务净出口国，他们大力提倡居民税收管辖权，这其中的巨大的利益是毫无疑问的。作为电子商务的净进口国的发展中国家，强调以电子商务环境中的收入来源地税收管辖权。我国的电子商务还十分幼稚，在对非居民跨国营业所得征税问题上，应坚持传统常设机构原则的基本内容，即网络服务供应商凡直接在我国境内提供服务均应被认为构成常设机构，适用属地原则；对于居民的消费税，应采用属人原则，否则发达国家的企业就可利用他们的技术优势和税收优势（免税），迅速地抢占我国市场，而大量的税收却流向服务器或供应商所在国，损害国家税收利益。对于基于消费者的税收管辖权模式的主要问题是消费者的位置，为纳税目的去追逐纳税地将会大增加税收成本和难度。用付款地或指定的消费者银行将有效地解决这个问题。当然还需要在未来的立法和行政等各方对消费者行为进行规范引导。

（3）成立专门机构，加大电子商务中税收问题的研究投入。具体包括以下几方面：研究现行税收法律和法规，对阻碍和限制电子商务发展的条款进行修改或取消，特别要明确网络交易的性质、计税依据、征税对象等，在我国现行增值税、消费税、所得税、关税等条例中尽快补充对电子商务征税的相关条款；加快电子商务税收征管体系的研究，建立电子税务管理系统。该系统应能进行专门的电子商务税务登记、严格财务软件备案、方便的电子申报纳税方式、便捷税收征管和有效的税务稽查；加快电子商务通过网上银行的电子货币结算的研究。

（4）适应电子商务发展需要，培养精通电子商务税收的专业人才。电子商务税收的征管工作需要的是既精通电子商务业务运作又具有扎实税收专业知识的复合型人才，政府和相关机构应重视和加快这类人才的培养。电子商务交易的隐匿性，需要税务工作者利用现代信息按需要现代信息技术和网络技术追踪、掌握、审计有别于纸质交易凭证的电子交易数据，进而对交易隐匿的电子商务进行公平、有效的税收征管。人才是建立电子税务管理系统的重要基石。

（5）密切关注国际动态，积极加强国际交流与合作。首先，电子商务的全球性、开放性、高流动性和隐匿性必然会引发了诸多国际税收问题，一个国家的税务当局也很难全面掌握交易的情况，需各国的税务机关密切配合，相互合作，才能全面、准确地了解纳税人的交易信息，从而为税收征管提供翔实、有力的依据；其次，电子商务的国际税收问题中最重要的是税收利益在各国之间的重新分配，中国应积极参与国际电子商务税收理论的研究和法规的制定，维护国家税收利益；再次，国际电子商务税收在国际税收原则、立法、征管、稽查等诸方面尚有许多问题没有解决，应密切关注国际动态，学习国际先进经验，完善我国电子商务税收体制。

总之，电子商务的跳跃式发展，决定了电子商务的税收问题还将在网络经济发展中不断出现，电子商务的税收体系的建立也只能和电子商务本身的发展一样，在实践中不断地修改和完善，最终形成能确保我国电子商务健康发展的税收新体系。

2.10 电子商务立法现状

2.10.1 世界电子商务立法现状

20 世纪 90 年代初，互联网商业化和社会化的发展，从根本上改变了传统的产业结构和市场的运作方式，电子商务出现了前所未有的增长势头。联合国贸法会在 EDI 规则研究与发展的基础上，于 1996 年 6 月通过了《联合国国际贸易法委员会电子商务示范法》。这个示范法为各国立法人员提供了一整套国际上能够接受的电子商务规则。例如，如何消除以无纸方式交流重要法律信息的一系列法律障碍，其中包括这些信息的法律效力或合法性的不确定性；如何为电子商务创造一个更加安全的运作环境等。示范法也可用来解释妨碍电子商务的现有国际公约和其他国际机制。示范法的颁布为逐步解决电子商务的法律问题奠定了基础，为各国制订本国电子商务法规提供了框架和示范文本。

自 1996 年以来，在联合国《电子商务示范法》制定之后，一些国际组织与国家纷纷合作，制订各种法律规范，形成了国际电子商务立法的高速发展期，电子商务立法引起了各国政府的重视。许多国家开始制定综合性的法律以促进和规范电子商务的发展。据 UNCITRAL 统计，截止 2000 年 9 月底，已经有十余个国家和地区通过了综合性的电子商务立法。它们是：新加坡《电子商务法》(1998)、美国《统一电子商务法》(1999)、加拿大《统一电子商务法》(1999)、韩国《电子商务基本法》(1999)、百慕大群岛《电子交易法》(1999)、哥伦比亚《电子商务法》(1999)、澳大利亚《电子交易法》(1999)、中国香港特别行政区《电子交易法令》(1999)、法国《信息技术法》(2000)、菲律宾《电子商务法》(2000)、爱尔兰《电子商务法》、斯洛文尼亚《电子商务和电子签字法》等。

2.10.2 我国电子商务立法现状

电子商务的健康发展需要和谐、透明的电子商务交易环境，我国的电子商务立法受到了政府及社会各界的关注，但对于电子商务的快速发展来说，立法问题还比较滞后。

2004 年 8 月第十届全国人大常委会第十一次会议通过的《中华人民共和国电子签名法》，是我国电子商务立法史上具有划时代意义的一部法律，标志我国电子商务法制建设进入新阶段，是电子商务发展的里程碑，扫除了电子签名在电子商务及其他领域中应用的法律障碍，推动了我国电子商务的迅速发展。《电子签名法》首次赋予可靠电子签名与手写签名或盖章具有同等的法律效力，并明确了电子认证服务的市场准入制度。

2005 年 3 月 31 日，国家密码管理局颁布了《电子认证服务密码管理办法》。

2005 年 4 月 18 日，中国电子商务协会政策法律委员会组织有关企业起草《网上交易平台服务自律规范》正式对外发布。

2005 年 6 月，中国人民银行发布了《支付清算组织管理办法》(征求意见稿)。

2005 年 10 月 26 日，中国人民银行发布了《电子支付指引（第一号）》，意在规范电子支付业务，规范支付风险，保证资金安全，维护银行及其客户在电子支付活动中的合法权益，促进电子支付业务健康发展。

2006 年 6 月，商务部公布了《中华人民共和国商务部关于网上交易的指导意见》（征求意见稿），有效避免了网上交易面临的交易的安全性问题。

2007 年 3 月 6 日，商务部发布了《关于网上交易的指导意见（暂行）》。其目的是为了贯彻国务院办公厅《关于加快电子商务发展的若干意见》文件精神，推动网上交易健康发展，逐步规范网上交易行为，帮助和鼓励网上交易各参与方开展网上交易，警惕和防范交易风险。

2008 年 04 月 24，为规范网上交易行为，促进电子商务持续健康发展，国家商务部起草了《电子商务模式规范》和《网络购物服务规范》。

2008 年，为了加大对电子商务的监管力度，北京工商局出台了《关于贯彻落实<北京市信息化促进条例>加强电子商务监督管理意见》。

2009 年 4 月，中国人民银行、银监会、公安部和国家工商总局联合发布了《关于加强银行卡安全管理预防和打击银行卡犯罪的通知》。《通知》被视为是在为牌照发放预热。这似乎预示着国家监管部门开始真正着手加强对于第三方支付企业的监管力度。

2010 年 6 月 1 日，国家工商总局出台了《网络商品交易及有关服务行为管理暂行办法》，其中明确规定，通过网络从事商品交易及有关服务行为的自然人，应提交其姓名和地址等真实身份信息。该《办法》的出台将促进网络商品交易及有关服务行为的发展，促进网络商品交易及有关服务行为的健康发展，自 2010 年 7 月 1 日起施行。

2010 年 6 月 21 日，中国人民银行出台了《非金融机构支付服务管理办法》，要求第三方支付公司必须在 2011 年 9 月 1 日前申请取得《支付业务许可证》，且全国性公司注册资本最低为 1 亿元。该《办法》的出台意在规范当前发展迅猛的第三方支付行业，对于行业规范发展将起到引导作用。

无疑，上述国家各部委出台一系列的政策法规，为十三年来我国电子商务的长期、健康、有序地发展提供了强有力的制度保证与标准规范。总之，电子商务作为商业贸易中新出现的一种经济现象，它的运行和发展在法律等诸方面还会遇到各种困难和问题，但随着我国电子商务立法的健全和完善，我国电子商务必将走上健康的法治轨道。

2.11 网货、网商与网规

2.11.1 网货

1．网货概念

以网络零售平台作为主营销渠道的时尚流行商品，被网民们称为“网货”。由于网络零售渠道的先进性，一模一样的两件商品，“网货”往往比“线下货”要便宜很多；另外，由于网络营销渠道的低成本性，网货新兴品牌的商品性价比远远高于传统品牌。毫无疑问，网货帮助中国制造业降低了迎接品牌创新时代的门槛，也缩短了时间。

网货代表电子商务时代流通形式的发展方向。因为网货的存在和流行，为中国制造提供更好的机遇和平台，网络时代人们的便捷快速优质的生活离不开网货。

2. 网货特性

“货真、价实、海量、个性”日益成为网货的主要特征。

（1）货真。总体上来看网上交易的消费非常有保障，网货的“货真”特性非常突出。这是因为：①电子商务拥有一套成熟的信息记录体系；②电子商务拥有一套日益成熟的信用评价体系；③电子商务拥有一整套网上交易的保障规则。

（2）价实。互联网的开放性与共享性，使网货成为了一种前所未有的价格体系透明化的商品。与生俱来的“反对暴利”，成为网货的天然属性。调研发现，接近 40%的淘宝卖家认为，网上商品的价格远低于传统渠道的商品价格。

（3）海量。由于物理空间的局限，上亿件商品的卖场在传统商务中是不可想象的。互联网的应用克服了物理的制约，人们几乎可以不受成本限制，近乎无穷无尽地增加商品展示的数量和品种，网货的海量化也就有了现实的基础。

（4）个性。在传统商务条件下，市场区隔和交易规模限制了商品的交易品种的增加，大量商品由于交易规模不足、交易不经济而不能成立，80/20 法则也因此成为传统商务的金科玉律。巨大规模的、一体化的互联网大市场则使个性化的需求更容易被发现，大量“小众商品”得以交易，数不胜数的个性化需求也得以满足。个性化商品和个性化需求的相互促进，使得网货的个性化特征非常突出。

2.11.2 网商

网商是指利用 Internet 作为商业经营平台，进行采购、销售、企业产品展示信息发布等企业日常经营活动，并以此作为企业主要经营手段的企业家或商人。经过数年的发展，网商呈现了出以下特征。

（1）网商数量和交易量持续扩大。

① 网商规模持续增长。新增的应用电子商务的企业持续增长。在企业的采购、营销、销售、售后服务等环节广泛应用电子商务，正成为越来越多企业的共同选择。尤其是金融危机发生后，由于电子商务能够低成本地帮助企业开拓新市场、提升内部管理，企业纷纷将电子商务作为寻找市场、降低成本的有效手段。

电子商务成为大量个体进行创业的新方向。越来越多的创业者开始选择电子商务作为创业的方向，而主流的电子商务网站也成为了近年来最受欢迎的创业平台之一。

网商发展第三波势头强劲。除了制造、贸易型的企业，以及网络零售卖家，服务型的企业广泛应用电子商务也成为了新的亮点。从过往来看，中国网商发展经历了三波高潮，第一波发生于制造业的 B2B 领域，第二波发生于零售业的 C2C 领域，而随着“中国制造”步入“中国服务”的时代，未来将有大量的就业人口转向服务业，而服务业也将出现网商发展的第三波浪潮。目前，生活服务领域里已经有一定数量的店家，开始采用电子商务手段提高自己的服务能力，他们也成为了网商快速发展的主要来源之一。

已经应用电子商务的企业不断扩大人才需求。一方面体现为对人才数量的需求。不少企业在通过电子商务成功地获得订单、客户后，纷纷扩大电子商务团队的规模，对电子商务人才的需求明显增长。另一方面体现为对不同类型、不同层次人才的需求。

② 交易规模快速扩大。承继中国电子商务快速发展的良好势头，中国网商的交易规模仍然保

持持续增长。网上支付市场的强劲增长，一方面受益于网络零售的快速增长，另一方面因为网上支付应用的领域不断拓展，除了网络购物以外，网上支付开始被广泛用于公共事业缴费、教育缴费、信用卡还款、购买机票等众多领域。

（2）成长路径多元化。

① 网商集体快速成长。近几年，皇冠卖家数量得到了飞速的增长。而且，皇冠卖家的数量仍然保持着快速的增长势头。

② 多元化的成长策略。 成功网商有着多种成长策略，大致有树立品牌、单品制胜、整合资源等。

（3）网商协作生态化。

① 网商之间的分工不断细化。随着网商规模的扩大，特别是网商选择不同的发展方向和发展模式，网商之间的分工不断细化，网商的专业化程度也不断提升。

② 网商协作不断深化，价值链逐步演变为价值网。网商们在价值链不同环节之间的协作不断深化，逐步演变为了一种价值网的形态：基于电子商务信息流，客户、供应商、分销商、合作伙伴实现了一个可以快速反应的、相互协作的、虚拟的价值网络。不同网商在设计、生产、销售、营销等不同环节上具有各自的优势，通过强强联合、优势互补等，网商之间较容易找到合作的基础。通过电子商务平台，网商们可以找到广泛的合作机会，比如订单的规模可能超过单个网商生产能力，但合作可以完成整个订单。

③ 网商服务体系不断完善。从 2008 年开始，网商服务体系初步成形。围绕网商在不同方面的多层次需求，涌现了众多为网商提供营销、培训、咨询、认证等服务的组织和个人。④网商商盟更加活跃，影响更加广泛。不同地区、不同行业的网商商盟的规模不断扩大。

（4）国际化持续展开。

① 网商国际化发展。网商借助互联网，能够非常便捷地与全球不同国家和地区的商人交流与合作。自 2009 年，网商国际化发展的步伐迈得更大、更稳。经济危机发生后，在西欧、北美、日韩等发达国家贸易需求减少的情况下，网商通过电子商务大力开拓新兴市场，已经在巴西、土耳其、俄罗斯、印度等国家和地区寻找到新的商业机会。

② 电子商务服务商国际化发展。在中国网商走出去、国外网商走进来的背后，离不开电子商务服务商的国际化发展。中国电子商务服务商明显地加快了国际化发展的步伐。

（5）社会化趋势日益显著。

网商发展的社会化是近几年网商发展最值得关注的现象，在未来数年必将得到进一步的深化。主要表现为以下方面。

① 电子商务覆盖了越来越广泛的社会人群。

② 网商之间的相互关系走向社会化。借助网商的产品和服务，网商之间的商务关系和社会关系实现了更好的深化与一体化。

③ 工作、学习、生活、居住一体化的生活形态越来越显著。随着电子商务的发展，这样的工作和生活形态正在发生，也许是历史性的巨变。典型如淘宝网的卖家，他们的工作、学习、生活就是统一在一起的，“SOHO 一族”或是“宅经济、宅生活”的形态将越来越普遍。这样的形态不仅有助于宏观层面上的资源节约，也让大众提升了自身的生活质量。据悉，已经有房地产公司尝试性地探索，如何为淘宝网卖家提供合适的场所。

④ 社会影响力扩大带来了高度的社会认可。一方面是网商发展的巨大影响，另一方面则是经济冬天集中展现了电子商务的价值，很多地方政府纷纷出资或发布支持性的政策，积极扶持网商的发展。

2.11.3 网规

作为一种新型的商务活动，电子商务在发展过程中必然会形成自己的交易规则。经过十多年的发展，尽管没有充分成型，但网规的诸多特性已经越来越清晰。

1．网规的定义

（1）狭义的网规。

特指经由电子商务服务商与网商群体、消费者之间的互动，或是网商群体自发形成的交易规则。从存在形式来看，网规分为成文的网规，以及不成文但却是约定俗成的潜在规范，两者的约束力和影响范围不尽一样。成文网规类似于现实中的法律法规，具有较强的约束力，不成文的网规类似于现实中的道德、文化规范，虽然约束力相对小，但影响范围却很大，比如网商约定俗成的不成文规则，乃至他们的语言习惯等。

（2）广义的网规。

是指互联网商务活动相关的制度规范及商业文化。既包括网商在交易中所要遵守的制度规范、企业组织内部的制度，以及相应的政策规范，也包括与之相关的商业文化等。以动态视角来看，由于未来所有的商务活动都将是电子商务，因此网商所遵从的网规必然也会经历一个向宏观社会经济系统扩散的过程，届时网规的特性（诚信、分享、责任），也将逐步扩散到宏观社会经济的运行之中。在这个意义上，网规很大程度上也表征了信息时代的商业规则。

2．网规相关的主体

按照电子商务生态的视角，网规的主体可以分为四个层次。

核心层：买家、卖家、电子商务交易平台。核心层的三个主体关系最为密切，其行为规范构成了整个网规的基础。通过他们的不懈实践，逐渐形成网规，如：2006 年 6 月，淘宝网为“招财进宝”的公投决策；2007 年 11 月成立的以“信息交流、经验共享、资源共用”目的的商盟；2010 年 7 月，淘宝搜索正式公布了七大搜索作弊行为等。

扩展层：电子商务服务体系，如物流服务商、软件服务商、金融服务商等。扩展层的主体，主要为核心层的主体提供第三方服务，其繁荣和发展依赖于核心层，同时，扩展层的创新，反过来也会促进核心层的发展。

外延层：行业组织、教育机构、科研单位等。外延层对网规的影响是间接的，但往往是关键性的，比如政府部门出台的监管措施，往往会产生重大影响。

环境层：经济、技术、政策、法律、社会等网规的各个主体之间，存在着相辅相成、共生共荣的关系。宏观层的因素则对整个电子商务生态体系具有普遍的、深远的影响作用。

3．网规的特性

“诚信、分享、责任”是网规的三大显著特征。

（1）诚信是网规的首要特征，“无诚信，不网商”。在互联网上，诚信是交易能够达成的基石。如淘宝网 2009 年发起的“抵制炒作，倡导诚信”的承诺书中所写：“为什么淘宝上素不相识的人能产生上千亿的交易，为什么有百万网商在淘宝实现就业，为什么有过亿消费者上淘宝购物？只因诚信!”。

（2）分享的心态和行为是网规的重要体现。事实上，正是网商群体善于分享、善于学习的特征，才极大地提高了整个网商群体的商业智商，并促进了这个群体的迅速发展。对很多成功网商来说，分享即学习，分享即营销，分享即默认的规则。诸多看似细微的、无所不在的分享行为，实际上正是网商群体内部所遵守的约定俗成的重要规则。

（3）责任是网规体系的内在要求。责任主要体现为网商经营行为中的一种自律机制，以及把社会责任和商业模式统一起来的发展模式。在日益透明化的环境下，扬善、惩恶有了强烈的现实性与必然性，因为在电子商务交易中，网商的交易记录是可以查询的，这就要求网商必须对自己的行为负责，远离欺诈、信用炒作等不法行为。良好的网络信用则可以给企业带来更多的生意订单，甚至成为企业申请网络联保贷款的重要依据。同时，企业社会责任也成为越来越多的网商主动承担起的义务和使命。

2.12 电子商务安全与法律

电子商务是一个新兴的事物，它的发展壮大和健康成长需要相关的法律法规作为保障。我国的电子商务经过十多年的发展，目前已经初步形成了一个较为安全和健康的网络交易环境。

2.12.1 我国涉及交易安全的若干法律法规

我国现行的涉及交易安全的法律法规主要有四类：（1）综合性法律，主要是民法通则和刑法中有关保护交易安全的条文；（2）规范交易主体的有关法律，如公司法、国有企业法、集体企业法、合伙企业法、私营企业法、外资企业法等；（3）规范交易行为的有关法律，包括经济合同法、产品质量法、财产保险法、价格法、消费者权益保护法、广告法、反不正当竞争法等；（4）监督交易行为的有关法律，如会计法、审计法、票据法、银行法等。

我国法律对交易安全的研究起步较晚，且长期以来注重对财产静态权属关系的确认和保护，未能反映现代市场经济交易频繁、活泼、迅速的特点。虽然上述法律制度体现了部分交易安全的思想，但大都没有明确的交易安全的规定，在司法实践中也没有按照这些制度执行。

2.12.2 我国涉及网络安全的行政法规

国务院颁布的《中华人民共和国计算机信息网络国际联网管理暂行规定》（以下简称《规定》）和公安部颁发的《计算机信息网络国际联网安全保护管理办法》（以下简称《办法》）就是两个对电子商务具有重大影响的重要行政法规。

《规定》和《办法》的适用对象是中华人民共和国境内从事计算机信息网络国际联网业务的单位和个人。主要包括：国际出入口信道提供单位和互联单位的主管部门或主管单位，国际出入口信道提供单位、互联单位、接入单位，使用计算机信息网络国际联网的个人、法人和其他组织。计算机信息网络国际联网业务主要包括：提供国际出入口信道、接入服务、信息房屋、使用计算机信息网络提供的各类功能，以及与计算机信息网络国际联网有关的其他业务。

《规定》和《办法》还规定了必要的处罚措施，规定了警告、罚款、停止联网、取消联网资格等处罚。通过严格管理，提高全社会对计算机信息网络国际联网安全保护管理工作重要性的认识，自觉依法守法，服从管理，才能使计算机信息网络国际联网的安全保护得到充分保证。

2.12.3 加强电子商务法律体系的建设

为了保证电子商务的交易安全，世界各国都加强了法律法规建设，利用司法力量，规范电子商务的交易行为。目前我国急需制订的有关电子商务的法律法规主要有以下内容。

（1）买卖双方身份认证办法。

参与电子商务的买卖双方互不相识，需要通过一定的手段相互认证，提供交易服务的网络服务中介机构也有一个认证问题。目前急需成立类似于国家工商局之类的机构统一管理认证事务，为参与网络交易的各方提供法律认可的认证办法。而且，目前各网络服务中介机构成立的虚拟交易市场为提高自身的可信度，大都冠以“中国××市场”的头衔。随着电子商务市场的急剧扩大，加强这方面的法律规范也迫在眉睫。

（2）电子合同的合法性程序。

电子合同是在网络条件下当事人之间为了实现一定目的，明确相互权利义务关系的协议，它是电子商务安全交易重要保证，具体包括以下内容。

① 确证和认可通过电子手段形成的合同的规则和范式，规定约束电子合同履行的标准，定义构成有效电子书写文件和原始文件的条件，鼓励政府各部门、厂商认可和接收正式的电子合同、公证文件等。

② 规定为法律和商业目的而做出的电子签名的可接受程度，鼓励国内和国际规则的协调一致，支持电子签名和其他身份认证手续的可接受性。

③ 推动建立其他形式的、适当的、高效率的、有效的合同纠纷调解机制，支持在法庭上和仲裁过程中使用计算机证据。

（3）电子支付。

我国目前尚无有关电子支付的专门立法，仅有中国人民银行出台的有关信用卡的业务管理办法。为了适应电子支付发展的需要，需要用法律的形式详细规定出电子支付命令的签发与接受，接受银行对发送方支付命令的执行，电子支付的当事人的权利和义务，以及责任的承担等。

（4）安全保障。

电子商务的迅速发展对交易安全提出了更高的要求。强化交易安全的法律保护已是立法的一项紧迫任务。

① 在民法基本法的立法上，应反映出交易安全的理念。为此，要大胆借鉴和移植发达国家电子商务保护交易安全的成功经验和制度，并结合我国的实际情况，构造一套强化交易安全保护的法律制度。

② 在商事单行法的立法上，可以基于商法的特别法地位及其相对独立性，满足商法中商业行为较高的交易安全要求，在某些方面可以适当突破民法基本法中的某些制度，以期强化这方面的交易安全保护。

③ 在计算机及其网络安全管理的立法上，应针对电子商务交易在虚拟环境中运行的特点，明确提出电子商务交易安全保护的法律措施。

④ 在法律解释上，当务之急是全面清理最高人民法院所做出的司法解释，剔除不利于交易安全的结论，并在以后的解释中注重考虑交易安全的因素。

⑤ 在条件成熟的时候，指定保护电子商务交易安全的专门法规文件。

此外，对于保密法、知识产权保护法、税法、广告法等，也有一个内容修改和范围扩充的任务。

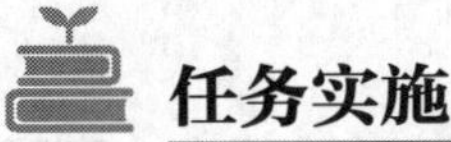

任务实施

1. 淘宝客推广

步骤一　打开“淘宝联盟”网站，登录自己的淘宝账号。

步骤二　单击“淘宝联盟”，再单击右侧的“我的联盟”。

步骤三　进入后，显示我是“网站主”，如果显示“广告主”，请切换一下。

步骤四　单击“我的推广”，单击“淘宝客推广”|“我要推广”。

步骤五　有多种推广方式，选择一两种推广方式。

步骤六　根据自己的情况来选择推广单品或者店铺。

步骤七　然后会跳出你的推广代码，单击“复制”后，就可以把这个代码发布到你的所有微博、腾讯、论坛、帮派等资源下，只要有人通过你的链接购买，你就可以得到相应的佣金。

2. 小强 10 岁，刚上小学三年级，想拥有一款属于自己的手机，于是以他父亲的身份证信息在某购物网站上注册账号，并订购了一部 800 元的手机。但当该网站将货物送到小强家中时，小强父亲以不知道此事为由，拒绝接收手机并拒付货款。由此交易双方产生了纠纷。试分析小强、小强父亲、此购物网站各应承担的法律责任。

素质拓展

网规的实践

从内生和协调的角度可初步展现网规的实践，而这两类网规之间相辅相成、同时存在并发挥作用：其中内生型网规是主体，协调型网规是内生型网规在政策层面的反应。需要说明的是，协调型网规并不是严格意义上的微观网规。

1. 内生型网规之一：淘规则

2009 年 8 月 17 日，淘宝网向全体网络零售业参与者公开征集适合中国文化与经济背景的淘宝网规范——“淘规则”。

在淘宝网首页公告《淘宝向全体会员征集淘规则》中，淘宝网首次面向全体网络零售业参与者征集“淘规则”，并提出了“淘规则”的方向是：人性化、透明化、完善化、系统化。“淘规则”的建立不仅仅是一次“网络立法”，更重要的是确立“立法模式”。淘宝网为此专门成立了“淘规则委员会”，由其总裁陆兆禧领衔。未来无论何种规则，都会经过“征集建议、投票表决、全网公示、试用、实施”5 个阶段。即使已经在实施阶段，行业参与者也可以通过“我的淘宝我做主”论坛，随时提出建议与意见，对已经不适应形势的规则进行动态调整。经过几个月的广泛征求意见，“淘规则”已于 2009 年 10 月正式上线，全称为《淘宝网用户行为管理规则（非商城）》，所有商家如果违反规则，淘宝将根据规则处理措施对该用户进行处理。“淘规则”针对的是没有营业执照的非商城卖家。每个卖家 1 年有 12 分，与驾照扣分规则一样，一年之中卖家违规扣满 12 分，淘宝将冻结其账号。如卖家在记分周期内未被扣满 12 分，则第二年 1 月 1 日零时起清零。

2. 内生型网规之二：商盟

2007 年 11 月，部分活跃网商在阿里巴巴论坛上自发建立了上海商盟，以网络平台为纽带，不断引进有志为网商服务的成员，该商圈人数现已超过 1 万人。成立以来，上海商盟的影响力不断扩大，网商们通过商盟进行信息交流、经验共享、资源共用。

《上海商盟2009年章程》规定了商盟发展纲领、成员入盟流程、商盟成员权利与义务、商盟检查机制、商盟退出机制、商盟领导选举及任期以及商盟组织结构，自2009年8月1日起正式执行。该章程的特色可以概括如下。

（1）突出诚信：好评率不低于95%。

（2）民主决策：盟主发帖、会员投票、半数以上通过。

（3）强调开放、分享、合作。

3. 内生型网规之三：淘宝网打假

假货作为电子商务的顽疾之一，影响了电子商务的健康发展。假货的存在与整个社会的知识产权法制环境和意识相关，也与电子商务迅猛发展、规则渐次完善不无关系。在当前社会环境下，无论是对于管理部门、企业、交易平台还是消费者，打假依然任重道远。

2009年12月，淘宝网宣布拿出一亿元支持打假行动和建设网购保障。此举是继重拳打击外部炒作信用黑色产业链后，开展的新一轮“全民打假”运动，淘宝呼吁广大消费者、品牌厂商加入到打假行列，共同打击网络售假行为。2010年3月8日，淘宝网联合瑞士军刀、阿迪达斯、爱普生、优衣库、李宁、以纯等二十余品牌商在杭州共同签署发布《网络打假杭州宣言》，对制、售假黑色产业链全面宣战。2009年全年淘宝与品牌商协同打假8210起，打击在淘宝网出现的假货330万余件。

4. 内生型网规之四：“招财进宝”的公投决策

2006年6月11日中午12点，淘宝网为“招财进宝”（淘宝网推出的一项竞价排名服务）项目进行的为期10天的网民公投结束。这一自5月10日推出以来就备受争议的服务项目，最终以127872票赞成取消、81322票赞成保留的投票结果宣告了它的命运。淘宝网随后向网民公告，尊重会员的意愿，于6月12日12点左右正式停止招财进宝服务。在10天的投票期里，共有20余万淘宝网民进行投票。其中赞成保留招财进宝项目并完善的约占39%，赞成取消的约占61%。淘宝网相关负责人说：“在招财进宝的诞生到投票决定去留期间，所有店小二都因为淘宝人的包容和理解而感动，因为淘宝人耐心和中肯的建议而感动。”

公投结果发布后，“反淘宝”也发布公开信进行回应：“我们对淘宝网负责的态度表示认可，对淘宝网重视广大店主的意见表示欣慰。同时我们为取得第一次网络民主的胜利并作为参与人而感到高兴。”

5. 内生型网规之五：淘宝推出搜索新规

淘宝搜索于2010年7月14日正式公布了七大搜索作弊行为，包括炒作信用、重复铺货、滥用关键词等，违反这七条的搜索作弊行为轻则降权重则将会被淘宝搜索屏蔽。

与此同时，一篇落款“淘宝店主联合委员会”的抗议书已经在各大论坛流传，抗议书指出，自淘宝高调修改搜索排序规则以来，中小卖家流量骤降，订单大量减少。抗议书要求淘宝立即更改商品搜索排序规则，改回最原始的按照商品上下架时间排序。

对此，淘宝回应称，7月8日淘宝搜索新规拒绝了以往靠重复设定关键词、故意放错类目、重复开店甚至炒作等行为，影响到了一部分以往通过类似行为获取流量的卖家，但淘宝不会因为触及少数人利益遭到反对而停下脚步。调整搜索规则后，淘宝搜索引擎将会自动识别卖家是否有七大搜索作弊行为发生，当卖家有这些情况发生，系统将会自动识别并做出不同程度的搜索展示降权处理，严重的甚至会在搜索结果中屏蔽。

淘宝搜索公布的七大搜索作弊行为：炒作信用；重复铺货；广告商品；错放类目和属性；标题滥用关键词；商品邮费、价格严重不符；标题、图片、描述等不一致。

6．内生型网规之六：凡客诚品的退货大考

2009 年 04 月 15 日，中国网消息：VANCL 凡客诚品紧悬的心可以稍微放松一下了。本以为实行“30 天无理由退换货”之后，退货率会“井喷”上扬。但统计数据却显示，“退换货”大考的第一周，VANCL 退货率不仅没有上升，还出现了下降。

VANCL 凡客诚品相关负责人介绍，凡客此次的“无理由”是名副其实。只要顾客不满意，即使洗过、穿过，同样可以退货，而且退换货的费用还将全部由 VANCL 承担。在大多数西方国家和部分亚洲国家、地区，无理由退货制度早已成为一种商业习惯。商家不仅对顾客购买商品有无理由退货的承诺，而且把这种承诺印在收款机出的收据上面。绝大多数商家对退货商品不要求出示购物小票。而在我国，受整个市场大环境的影响，不管是公司，还是顾客，对“无理由退换货”都保持着谨慎心理。顾客害怕遇到“流氓”商家，商家也怕遇到“流氓”顾客。

“无理由退换货”是一次检验商家与消费者诚信和文明素质的双向大考。商家在保证产品质量的同时，必须更好地遵守自己的承诺。而消费者在购买时同样需要理性和文明，“无理由退换货”是获得更好的产品，而不是为了投机倒把。

项目小结

本项目通过“个人电子商务安全与防范”、“企业电子商务安全与防范”和“电子商务与法律案例分析”任务的实施，在熟悉电子商务安全的基本概念及相关专业知识的基础上，介绍了个人电子商务安全环境的构建、企业电子商务安全环境的构建等知识，通过对电子商务法律法规的分析，阐述了电子商务活动中所涉及法律法规的基本应用。通过这部分的学习与实训，旨在使学生在学与做中能够认识电子商务的法律法规，在今后的从业中能够有相应的法律法规意识，从而达到快速掌握知识要点、有效应用专业知识和强化操作技能的要求。

习题与思考

1. 电子商务安全问题有哪些？
2. 网络安全隐患有哪些？如何防御？
3. 网上购物应该注意哪些问题？
4. 企业电子商务应该主要注意哪些问题？
5. 简述网络杀毒软件的功能。
6. 简述防火墙技术及应用。
7. 什么是数字证书？
8. 对称加密和非对称加密技术的基本原理是什么，有哪些区别？
9. 简述电子商务涉及哪些法律问题。
10. 电子商务安全法律立法应该遵循哪些原则？
11. 简述你所了解的网商和网规。

职业能力训练

训练内容：电子商务安全交易与法律保障。

训练目标：

1. 掌握电子商务交易中的安全操作防范；
2. 掌握在计算机中部署病毒方法的方法；
3. 了解我国电子商务相关的法律法规；
4. 了解电子商务法律法规的适用范围；
5. 树立电子商务法律法规意识。

训练路径：

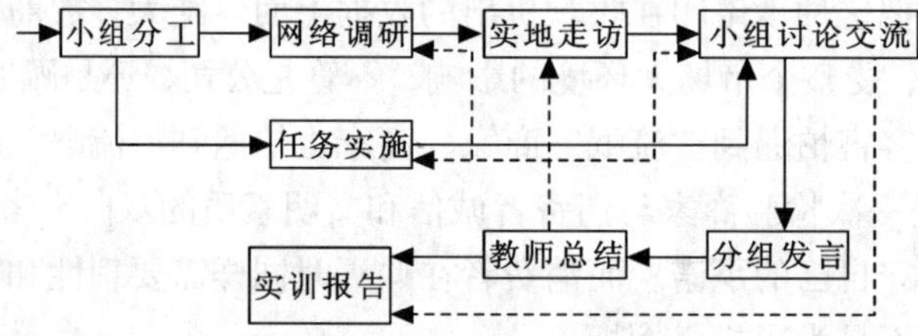

自我评价与课业考核

<table>
<tr><th colspan="3">项目</th><th>评价与考核标准</th><th>自评成绩</th></tr>
<tr><td colspan="2" rowspan="4">职业道德素质 Σ30</td><td>职业观念 Σ10</td><td>对职业、职业选择、职业工作、职业道德和伦理等问题具有正确的看法</td><td></td></tr>
<tr><td>职业情感 Σ5</td><td>对职业有愉快的主观体验、稳定的情绪表现、健康的心态、良好的心境，具有强烈的职业认同感、职业荣誉感和职业敬业感</td><td></td></tr>
<tr><td>职业理想 Σ5</td><td>对将要从事的职业种类、职业方向与事业成就有积极的向往和执着的追求</td><td></td></tr>
<tr><td>职业态度 Σ10</td><td>对职业选择有充分的认知和积极的倾向与行动</td><td></td></tr>
<tr><td rowspan="5">职业能力与课业学习评价 Σ70</td><td rowspan="5">实施过程 Σ50</td><td>自学能力 Σ5</td><td>能够借助互联网等工具自我学习工作过程中碰到的新知识</td><td></td></tr>
<tr><td>学习态度 Σ5</td><td>学习过程中纪律性强，无缺课、迟到、早退现象</td><td></td></tr>
<tr><td>团队协作 Σ5</td><td>学习过程中有团队合作精神、有较强的沟通能力</td><td></td></tr>
<tr><td>创新能力 Σ5</td><td>学习过程中解决问题有独创性，设计巧妙，有新意</td><td></td></tr>
<tr><td>解决问题 Σ5</td><td>能够借助各种工具，在老师和同学的帮助下解决工作过程中碰到的疑难问题</td><td></td></tr>
</table>

续表

<table>
<tr><th colspan="2">项目</th><th>评价与考核标准</th><th>自评成绩</th></tr>
<tr><td></td><td>工作任务
∑25</td><td>1. 能够在一台连接互联网的计算机上安装一套杀毒软件，通过操作和了解，说明杀毒软件具体的功能，特别是针对网络购物的杀毒功能
2. 至少开通一项网络购物工具，简述其使用流程，说明工具使用应注意的安全事项
3. 通过支付宝，申请普通认证并申请证书，认真保持账号、密码和数字证书
4. 注册淘宝账号，登录“淘宝联盟”淘宝客推广，并发布所推广的淘宝商品或店铺，通过此任务获得佣金
5. 能够通过对案例的分析，了解电子商务中的法律问题和当事人应承担的责任</td><td></td></tr>
<tr><td rowspan="2">实施结果∑20</td><td colspan="2">1. 在规定的时间内完成学习任务和课业报告∑10</td><td></td></tr>
<tr><td colspan="2">2. 实训任务和课业报告符合要求∑10</td><td></td></tr>
<tr><td>合计</td><td colspan="2"></td><td></td></tr>
</table>

项目三 电子支付

项目介绍

计算机网络、信息技术与金融行业的不断融合，促使了电子支付和网上银行的出现和发展，改变了传统的支付行为和金融环境，为人们的生活和企业的经营带来了许多便利和深刻的影响。

本项目主要以“掌握电子支付”和“体验网上银行服务”为切入点，介绍电子支付和网上银行的基本知识和概念，学生可通过具体的学习任务在理论与实际结合教学环境中开展研究性学习和交流讨论学习，从而认识电子支付和网上银行，体验电子支付和网上银行带给人们生活的便利。

学习目标

知识目标

1. 掌握电子支付的概念；
2. 理解电子支付相对于传统支付所具有的特征；
3. 了解常见的电子支付方式；
4. 理解电子支付的流程；
5. 了解常见的第三方支付工具；
6. 掌握电子银行的概念和功能；
7. 掌握电子合同的定义、分类与传统合同的区别；
8. 了解电子合同的签订过程。

技能目标

1. 能够申请开通网上银行服务；
2. 能够利用网上银行实现个人账户资金线上管理；
3. 能够使用电子支付工具实现网络购物的在线支付；
4. 能够借助网络工具比较分析不同电子支付工具的优缺点；
5. 能够借助网络工具比较分析具有代表性的网上银行的功能与服务。

引导案例——不用现金的英国小城斯文登

斯文登是英国伦敦市以西120公里处一个仅有不到20万居民的小城。在斯文登，从超市到大街小巷的杂货店，从地铁、公交站和停车场，从书报亭大银行，小城内的每一处场所，人们只要将一张小小的塑料卡片插入电子收款机，既不需要在收据上签字，也不需要等待电脑或者电话的核准，就可以将存在卡里的“钱”从一个账户转到另一个账户或者为自己购买的产品和服务付款。小城中还装有1300部特殊的电话，当卡内现金不足时，人们只需要将卡片插入电话机，然后拨通开户银行，输入卡片的密码和需要存入的现金的额度就可以为卡片充值了。这给小城内居民的生活带来了极大的方便，人们再也不用带着钱包和支票簿出门，也不用在银行门口排起长队来取钱或者给家人寄钱，一张小小的卡片让这一切都变得如此的简单。而这些都源于1996年7月斯文登小城利用万事达公司的电子现金卡取代了传统的硬币和纸币成为这个城市的正式货币。

斯文登小城使用的电子现金卡是一种能够存储电子现金的智能卡，它嵌入了一个微处理芯片，存储着大量有关于使用者的信息。在使用该卡购买商品、服务时，不再需要银行来确认每笔交易，使用起来极为方便。此外，电子现金还能够以纯数字的形式存储在个人的计算机上，方便支付过程的同时能保护用户的个人信息，就像我们平时使用的纸币那样，支付时，一般人不会了解到付款人的姓名、年龄等个人信息，对个人隐私起到了保护作用。

思考与讨论：思考电子支付与传统支付的区别。

任务六 支付工具的使用

学习任务

学习情境

小淘在淘宝上购买了一款全新的手机，付款时，为了提高交易的安全性，小淘决定通过淘宝支持的第三方支付工具也就是支付宝进行付款。但是，大学里选择学医的小淘对电子支付知之甚少。什么是电子支付？如何使用电子支付？什么是第三方支付工具？网上银行又是什么？带着满腹的疑问，小淘决定向在大学里学习电子商务的同学朱涛请教，请他帮助自己搞清楚这些问题

任务描述

1. 利用搜索引擎搜索电子支付的定义、方式和与传统支付的区别，并在学习小组中讨论、交流

2. 学习小组的同学登录不同的第三方支付平台首页，了解各个不同支付工具的基本特征，并讨论比较各个支付工具的特点

3. 选择任一支持电子支付的网络购物平台，在线购买一件商品，利用第三方支付工具完成所购买商品的电子支付

任务拓展

第三方支付工具的出现方便了网络购物，但是也引起了套现的风险，请学习小组的同学分析该风险可能产生的危害并拟定防范措施

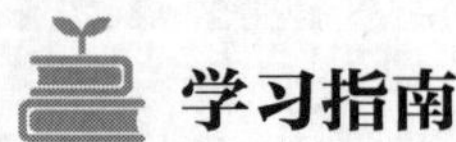

学习指南

3.1 传统支付与电子支付

支付方式的产生和发展与社会经济的进步有着紧密的联系，两者往往相辅相成，相互促进。一方面，社会经济的发展促进了支付方式的产生和发展，例如在原始社会是没有支付这种形式的，从有了交换这种方式之后，支付这种形式才慢慢开始出现，随着经济的发展，买卖商品越来越多，支付方式也随之不断发展；另一方面，支付方式的发展也促进了经济的进步，快速、简单，高效、安全的支付方式的出现为经济的快速发展提供了条件。

按照支付方式所使用的技术不同，可以大体上将支付方式分为传统支付方式和电子支付方式两种。

3.1.1 传统支付概述

传统支付方式指的是通过现金流转、票据转让和银行转账等物理实体的流转来实现款项的支付方式。目前，传统支付的形式主要包括现金、票据和信用卡。

（1）现金。现金有两种形式：纸币和硬币，都是由一国中央银行发行的。在现金交易中，买卖双方处于相同位置，且交易是匿名进行的，卖方不用了解买方的身份，现金就是最好的身份证明，因为现金本身是有效的，其价值是由发行机构加以保证的，加之现金具有使用方便和灵活的特点，因此在日常生活中多数小额支付都是由现金来完成的。当然，现金交易也有不足，现金受时间和空间的限制，对于不在同一时间、同一地点进行的交易就不便于使用现金结算；当涉及大宗买卖时，不适宜用现金支付，因为现金的面额都比较小，所以在携带大量现金时会产生不便与安全问题；现金受到不同发行主体的限制，不利于跨国交易。

（2）票据。票据分为广义票据和狭义票据。广义票据包括了各种具有法律效力、代表了一定权利的书面凭证，如债券、股票、汇票等。狭义票据指的是票据法所规定的汇票、支票和本票，是一种载有一定付款日期、地点付款人无条件支付的流通凭证，也是一种可以由持票人自由转让的债券凭证。票据本身的特性使得交易可以异时异地进行，突破了现金交易必须同时同地的限制，在商业交易，特别是当交易双方分处两地或者两个国家时，采用票据结算是比较便捷的一种方式。但是票据本身也存在缺陷，如：票据的易伪造、易丢失，商业承兑汇票甚至存在拒绝付款和到期无力支付等风险。

（3）银行卡。银行卡是由银行等金融机构发行的，主要有信用卡、借记卡、现金卡、支票卡和电子钱包卡等。目前世界各地有上万家银行发行了银行卡，银行为持卡人和特约商户提供高效的结算服务，十分灵活方便，这使得银行卡已经成为人们金融活动的常用工具。

3.1.2 电子支付概述

20 世纪 90 年代，互联网迅速走向普及化，逐步从大学、科研机构走向企业和家庭，其功能也从信息共享演变为一种大众化的信息传播手段，商业贸易活动也开始逐步进入这个王国。通过使用互联网，既降低了成本，也造就了更多的商业机会，电子商务从而得以发展，使其逐步成为了互联网应用的最大热点。为适应电子商务这一市场潮流，电子支付随之发展起来。

（1）电子支付的概念。电子支付是以金融电子化网络为基础，以商用电子化工具和各类交易卡为媒介，以计算机技术和通信技术为手段，将货币以电子数据形式存储在银行的计算机系统中，并通过计算机网络系统以电子信息传递形式实现流通和支付。

（2）电子支付的发展阶段。电子支付的方式的出现要早于互联网的出现，银行进行电子支付的 5 种形式分别代表了电子支付的 5 个阶段。

第一阶段是银行利用计算机处理银行之间的业务，办理结算。

第二阶段是银行计算机与其他机构计算机之间资金的结算，如代发工资等业务。

第三阶段是利用网络终端向客户提供各项银行服务，如自助银行。

第四阶段是利用银行销售终端向客户提供自动的扣款服务。

第五阶段是最新阶段也就是基于 Internet 的电子支付，它将第四阶段的电子支付系统与 Internet 的整合，实现随时随地地通过 Internet 进行直接转账结算，形成电子商务交易支付平台。

3.1.3 传统方式与电子支付方式比较

与传统的支付方式相比较，电子支付具有以下特征。

（1）电子支付是采用先进的信息技术通过数字流转来完成信息传输的，其各种支付方式都是采用数字化方式进行款项交付，而传统的支付方式则是通过现金的流转、票据的转让及银行的汇兑等物理实体的流转来完成款项交付。

（2）电子支付的工作环境基于一个开放的系统平台，而传统支付则是在较为封闭的系统中运作。

（3）电子支付使用的是最先进的通信手段，而传统支付使用的则是传统的通信媒介。因此，电子支付对软、硬件设施的要求很高，而传统支付则没有这么高的要求。

（4）电子支付具有方便、快捷、高效和经济的优势。用户只需要利用能够登录互联网的终端，足不出户便可以在很短的时间内完成整个支付过程，相对于传统支付方式电子支付的费用大大降低。

移动支付属于电子支付吗？请说明理由。

3.2 电子支付方式

近年来，随着 Internet 的发展，网上金融服务已在全世界范围内开展，网络经营服务可满足各种需要，包括网上消费、网上银行、个人理财、网上投资交易和网上炒股等，这些金融服务的特点都是通过电子货币进行即时的电子支付与结算。随着信息技术的发展，电子支付的方式越来越多，各有自己的特点和操作模式，适用于不同的交易过程。目前常见的电子支付方式包括：信用卡支付、电子现金与电子钱包、电子支票与一卡通、移动支付等。

3.2.1 信用卡支付

关于信用卡的产生，曾有过这样一段趣事：有一天，美国商人麦克纳马拉在纽约一家饭店请客吃饭，在结账时才发现没有带钱包，不得不打电话叫妻子带现金来结账。这事让他产生了创建信用卡公司的想法，他在1950年与朋友合作，创立了“大莱俱乐部”。这个俱乐部为会员提供一种证明其身份和支付能力的卡片，会员凭卡片记账消费。这种商业信用卡在后来随着银行信用的介入，逐渐转变成了以银行信用为特征的信用卡。

（1）信用卡的概念。

信用卡是一种金融工具，它是银行或专门的发行公司发给消费者使用的一种信用凭证，信用卡把支付与信贷两项银行基本业务融为一体。

（2）信用卡的特点。

① 先消费后还款，享受免息还款期。信用卡持有人可以不必存入备用金，持卡人可以在银行给予的信用额度内，先消费、后还款，并设有免息还款期。

② 享受全国特约商户网络优惠服务。为了鼓励消费、扩大客户群，信用卡发卡行通常与全国特约商户合作，对用户通过网络购物提供较为优惠的价格。

③ 额度灵活。经确认持卡人符合申请条件后，发卡机构将根据持卡人个人资信状况，核定适合持卡人消费需求的信用额度且随持卡人信用状况的改善而提高，消费者可以根据实际需要灵活选择信用卡的额度。

④ 积分送礼。为了鼓励消费，持卡人刷卡通过信用卡完成消费，可以根据累计消费额，获得相应的积分。当积分达到一定分值时，可享受不同种类的增值服务和消费奖励。

⑤ 还款方式灵活。目前信用卡还款有多种方式，持卡人可以通过营业网点柜台、ATM 机、电话银行、网上银行等多种方式实现信用卡还款。

⑥ 全天候服务。全天24小时，持卡人均可拨通客户服务热线进行咨询或账务查询。若信用卡遗失，无论身处何地，均可通过客户服务热线办理紧急止付。

（3）信用卡的支付流程。

简单信用卡的支付流程如图3–1所示。

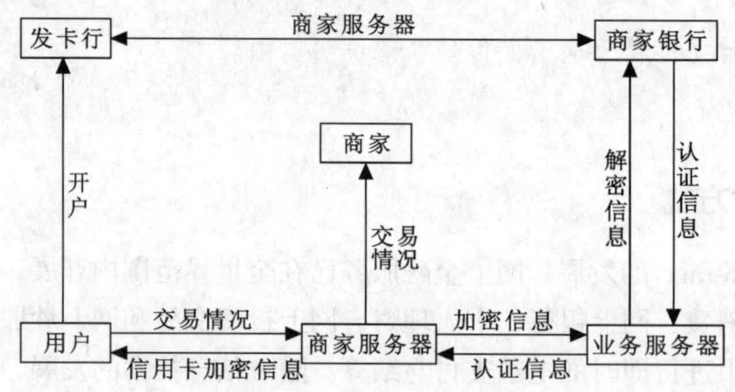

图3–1 简单加密信用卡支付过程

① 用户在银行开立信用卡账号，并获得信用卡号。

② 用户从商家订货后，把信用卡信息加密传给商家服务器。

③ 商家服务器验证接收到的信息的有效性和完整性，将用户加密的信用卡信息传给业务服务

器，商家服务器无法看到用户的信用卡信息。

④ 业务服务器验证商家身份后，将用户加密的信用卡信息转移到安全的地方解密，然后将用户信用卡信息通过安全专用网络传送到商家银行。

⑤ 商家银行与用户信用卡发卡行联系，确认信用卡信息的有效性，得到证实后，将结果传给业务服务器，业务服务器通知商家服务器交易完成或者拒绝交易，商家再通知用户。

3.2.2 电子现金与电子钱包

（1）电子现金概述。

① 电子现金的概念。

电子现金（E-cash）又称为数字现金，是一种以数据形式存储、流通的，能够被消费者和商家普遍接受的，通过互联网购买商品和服务时使用的货币，可以将它认为是普通现金的电子化。电子现金的本质是由现金转换来的一系列电子加密序列数，可以通过这些加密序列数来表示现实中各种金额的币值。

② 电子现金的特点。

电子现金具有以下几个特点：匿名性，买方用数字现金向卖方付款，除了卖方以外，没有人知道买方的身份或交易细节；银行和商家之间应有协议和授权关系，客户、商家和E-cash银行都需要使用E-cash软件，E-cash银行负责客户和商家之间资金的转移。而在此过程中，身份验证是由E-cash本身完成的；灵活性，电子现金支付过程中无需银行作为中介，因此可在更大的范围内使用，更加方便与灵活；经济性与较高效率，电子现金借助Internet在发送者与接收者之间直接传输就完成了支付过程，不但具有较高的效率，而且比较经济，较适合Internet上一些小额资金的支付结算；安全性，电子现金充分利用数字签名、隐藏签名等安全技术来保证安全，以防抵赖、伪造；对电子现金应用软件的依赖性，客户、商家与电子现金发行银行都需使用对应的电子现金软件；成本低，电子现金避免类似纸币的巨额保管、运输、维护费用。

③ 支付流程。

电子现金的支付处理流程一般涉及商家、客户与发行银行三个主体，支付流程如图3-2所示。

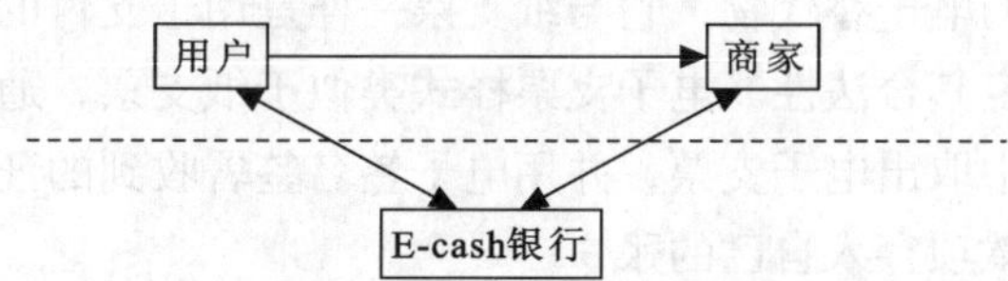

图3-2 电子现金的支付流程

用户首先在电子现金发放银行开设电子现金账号，用预先存入的现金购买电子现金，同时使用计算机电子现金终端软件从电子现金发放银行取出一定量的电子现金存储在用户计算机的硬盘上；用户与愿意接受电子现金的商家签订合同，使用电子现金支付商品费用；商家与电子现金的发放银行之间进行清算，银行将用户购买商品的钱支付给商家。

（2）电子钱包概述。

① 电子钱包的概念。

电子钱包是在电子商务购物活动中常用的一种支付工具，是在小额购物或购买小商品时常用的电子支付工具。

② 电子钱包的模式。

电子钱包具有两种模式：一是软件形态的虚拟电子钱包，本质是一种纯粹的软件，主要用于网上消费、账户管理，这类电子钱包通常与银行账户或银行卡账户是连接在一起的；二是实物形态的电子钱包，本质是一种小额支付的智能储值卡，持卡人预先在卡中存入一定的金额，交易时直接从储值账户中扣除交易金额。

③ 电子钱包的支付流程。

客户使用浏览器在商家的 Web 主页上查看商品目录，选择要购买的商品。

客户填写订单，包括项目列表、价格、总价、运费、搬运费、税费。订单可以以电子化方式从商家传过来，或由客户的电子购物软件建立。

顾客确认后，选定用电子钱包付钱。客户单击电子钱包的相应项或电子钱包图标，电子钱包立即打开，然后输入自己的保密口令，在确认是自己的电子钱包后，从中取出一张电子信用卡来付钱。

电子商务服务器对此信用卡号码加密后，发送到相应的银行，同时销售商店也收到了经过加密的购货账单，销售商店将自己的顾客编码加入电子购货账单后，再转送到电子商务服务器上去。

如果经商业银行确认后拒绝并且不予授权，则说明顾客的这张电子信用卡上的钱数不够用了或者没有钱了，或者已经透支。被商业银行拒绝后，顾客可以再单击电子钱包的相应项再打开电子钱包，取出另一张电子信用卡，重复上述操作。

如果经商业银行证明这张信用卡有效并授权后，销售商店就可交货。与此同时，销售商店留下整个交易过程中发生往来的财务数据，并且出示一份电子收据发送给顾客。

交易成交后，销售商店就按照顾客提供的电子订货单将货物在发送地点交到顾客或其指定的人手中。

3.2.3 电子支票与一卡通

（1）电子支票概述。

电子支票是纸质支票的电子替代物，它与纸支票一样是用于支付的一种合法方式，使用数字签名和自动验证技术来确定其合法性。电子支票样式类似于纸支票，通过电子函件直接发送给收款方，收款人从电子邮箱中取出电子支票，并用电子签名签署收到的证实信息，再通过电子函件将电子支票送到银行，把款项存入自己的账户。

① 电子支票的概念。

电子支票（E-check）又称数字支票，是将传统支票的全部内容电子化和数字化，形成标准格式的电子版，借助计算机网络完成其在客户与客户之间、银行与客户之间以及银行与银行之间的传递与处理，从而实现银行客户间的资金支付结算。电子支付包含了和纸质支票一样的信息，如支票号、收款人姓名、签发人账号、支票金额、签发日期、开户银行名称等，具有和纸质支票一样的支付结算功能。电子支票的样式（①使用者姓名及地址；②支票号；③传送路由号；④账号），如图 3-3 所示。

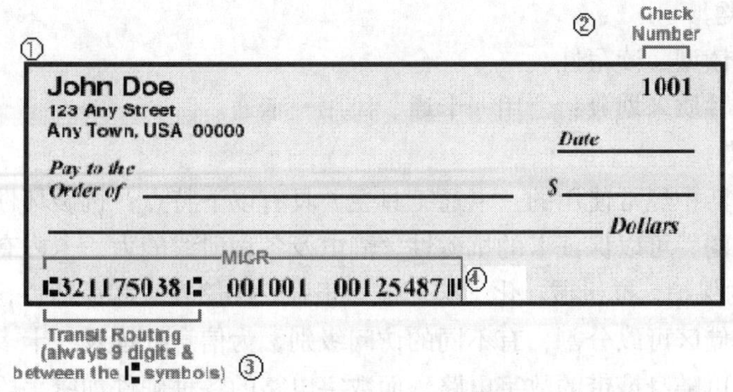

图 3-3　电子支票的样式

② 电子支票的特点。

电子支票是传统支票的电子化形式，具有以下几个特点：电子支票与传统支票工作方式相同，易于理解和接受；加密的电子支票使它们比数字现金更易于流通，买卖双方的银行只要用公开密钥认证确认支票即可，数字签名也可以被自动验证；电子支票适于各种市场，可以很容易地与 EDI 应用结合，推动 EDI 基础上的电子订货和支付；电子支票技术将公共网络连入金融支付和银行清算网络。

③ 电子支票的支付过程。

电子支票支付的过程可以分为以下几个步骤，如图 3-4 所示。

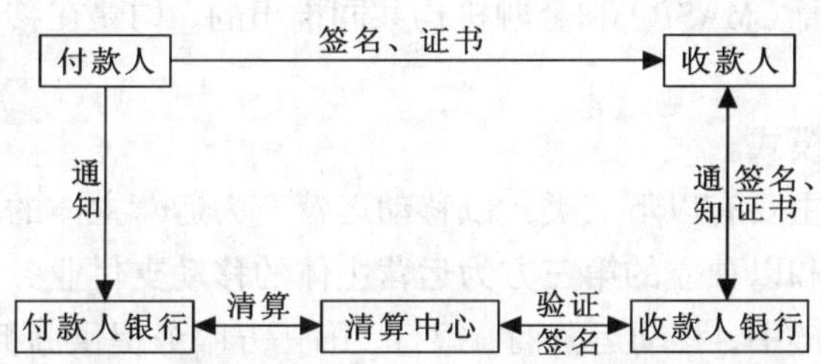

图 3-4　电子支票的支付过程

首先，商家和消费者达成购销协议并选择使用电子支票作为支付工具；消费者通过网络向商家发送电子支票，并向消费者开户银行发出付款通知；商家对消费者提供的电子支票进行验证，并将支票送交商家开户银行索付；双方开户行通过清算中心完成电子支票的验证后，完成兑付或者转账。

（2）一卡通支付概述。

随着微电子技术的不断发展，特别是存储器芯片制造工艺的突破和成熟，使得整个“一卡通”支付技术呈现出越来越强大的生命力，作为一种新兴的支付工具，一卡通非常符合未来对支付方式简单化的要求，成为当前消费者常用的支付方式。

① 一卡通的定义。

一卡通就是指在同一张卡上实现多种不同功能的智能管理，其核心内容是利用卡片这种特定的物理媒介，实现从业务数据的生成、采集、传输到汇总分析的信息资源管理的规范化和自动化。

② 一卡通的分类。

根据介质分：只读型、读写性。

根据运用的行业性质来划分：公用一卡通、民用一卡通。

③ 一卡通的特点。

现阶段，人们生活中经常使用的一卡通工具主要具有以下特点：抗破坏性和耐用性，一卡通是由硅片来存储信息的，可以保证卡的抗磁性、静电及各种射线能力，卡内有环氧层的保护，卡外有 PCB 板及基片的保护，抗机械、化学破坏能力很强；存储容量和灵活性，一卡通的容量可以做到几千个字节且存储区可以分割，有不同的访问级别，为信息处理及一卡多用提供了方便；安全性，一卡通属于可以随身携带的数字电路，而数字电路的各种硬件加密手段都可用来提高系统的安全性，同时可采用各种加密算法，大大增强了系统的安全性；灵活性，一卡通容量较大，而且存储器的读取和写入区域可任意选择，灵活性较大。

3.2.4 移动支付

近年来，手机、PDA（personal digital assistant）等移动终端日渐普及，引发了利用移动终端进行商务活动的热潮。3G 时代的来临，移动终端上网技术不断成熟，移动数据业务资费进一步下降，使得未来移动支付的发展前景无可限量，市场空间十分广阔。

（1）移动支付的定义。

移动支付是指单位或个人通过移动设备、互联网或者近距离传感直接或间接向银行金融机构发送支付指令产生货币支付与资金转移行为，从而实现移动支付功能。移动支付业务是由移动运营商、移动应用服务提供商（MASP）和金融机构共同推出的、构建在移动运营支撑系统上的一个移动数据增值业务应用。

（2）移动支付的运作模式。

移动支付的运作模式主要有以下三类：以移动运营商为运营主体的移动支付业务、以银行为运营主体的移动支付业务和以独立的第三方为运营主体的移动支付业务。这三类模式各有优缺点，在移动支付业务产业价值链中，移动运营商、银行、第三方服务提供商拥有各自不同的资源优势，只有彼此合理分工、密切合作，建立科学合理的移动支付业务的运作模式，才能推动移动支付业务的健康发展，实现各个环节之间的共赢。

（3）移动支付的分类。

依据不同的分类方式，可将移动支付分为以下几类。

① 根据支付金额的大小，可以将移动支付分为小额支付和大额支付。小额支付业务指运营商与银行合作，建立预存费用的账户，用户通过移动通信的平台发出划账指令代缴费用；大额支付指把用户银行账户和手机号码进行绑定，用户通过多种方式对与手机捆绑的银行卡进行交易操作。

② 根据支付时支付方与受付方是否在同一现场，可以将移动电子支付分为远程支付和现场支付。如通过手机购买铃声就是远程支付，而通过手机在自动售货机上购买饮料则是现场支付。

③ 根据实现方式的不同，可以将移动支付分为两种：一种是通过短信、WAP 等远程控制完成支付；另一种是通过近距离非接触技术完成支付，主要的近距离通信技术有蓝牙、RFID 和 NFC 等。

（4）移动支付的特点。

移动支付具有以下 4 个特点。

① 方便易行。移动支付方便易行，只需要拨打相应的电话号码或者发送短消息即可。

② 兼容性好。移动运营商数量少，很容易解决兼容性的问题。

③ 支付成本低。利用手机支付，移动运营商可以只收很低的电话费或短消息费用。

④ 安全性好。移动支付一般是小额支付，相对于其他支付方式对安全性要求低。

（5）移动支付的流程。

移动支付的流程与一般支付流程极为相似，其具体流程如图 3–5 所示。

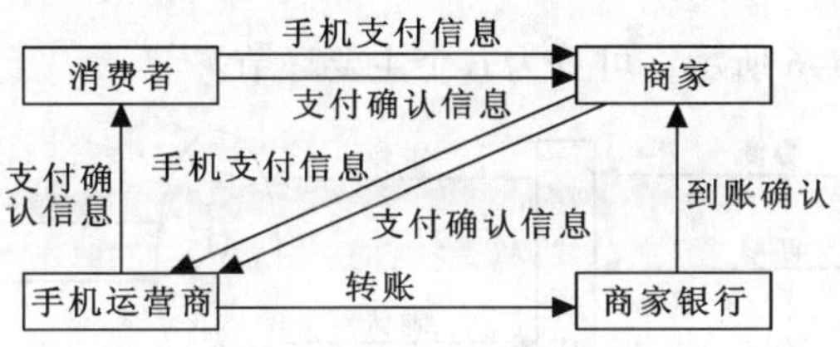

图 3–5　移动支付流程

① 消费者在网上订购商品；

② 用手机向商家发送手机支付信息；

③ 商家将手机支付信息传给手机运营商；

④ 手机运营商给手机用户发送支付确认信息；

⑤ 消费者将确认信息回传给商家；

⑥ 商家再将此信息传给手机运营商，并请求支付；

⑦ 手机运营商与商家银行进行转账结算；

⑧ 商家收到货款后告知商家。

3.3 常见的第三方支付工具

第三方支付工具的出现解决了电子商务的瓶颈：网上支付信用与安全问题。第三方支付工具充当起商家与消费者之间的信用纽带，作为交易各方与银行的接口，消除消费者对商家的疑虑，提供方便快捷简易的支付方式，在很大程度上推动了电子商务的发展。

3.3.1　第三方支付工具简介

（1）第三方支付工具的概念。

第三方支付工具是指一些和国内外各大银行签约并具备一定实力和信誉保障的第三方独立机构提供的交易支持工具。第三方独立机构通过与银行的商业合作，以银行的支付结算功能为基础，向政府、企业、事业单位、个人提供中立的、公正的面向用户的个性化支付结算与增值服务。

（2）第三方支付工具的特点。

第三方支付工具具有如下特点。

① 第三方支付工具的支付手段多样且灵活，用户可以使用网络支付、电话支付、手机短信支付等多种方式进行支付。

② 第三方支付工具不仅具有资金传递功能，而且可以对交易双方进行约束和监督。第三方支付工具不仅可以将买家的钱划入卖家账户，而且如果出现交易纠纷，第三方支付工具会对交易进行调查，并且对违规方进行处理，基本能监督和约束交易双方。

③ 第三方支付工具是一个为网络交易提供保障的独立机构。例如，淘宝的支付宝，它就相当于一个独立的金融机构，当买家购买商品的时候，钱不是直接打到卖家的银行账户上而是先打到支付宝的银行账户上，当买家确认收到货并且没问题的话就会通知支付宝把钱打入卖家的账户里面，支付宝在交易过程中保障了交易的顺利进行。

3.3.2 电子支付流程

电子支付的流程如图 3-6 所示，可分为 6 个主要环节。

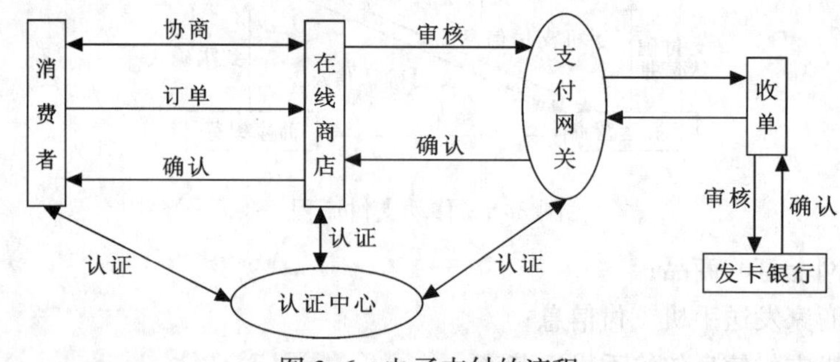

图 3-6 电子支付的流程

① 消费者通过 Internet 选定所要购买的物品，并在计算机上按要求填写订单。

② 通过电子商务服务器与有关在线商店联系，在线商店做出应答，告诉消费者所填订货单的货物单价、应付款数、交货方式等信息是否准确，是否有变化。

③ 消费者选择付款方式，确认订单，签发付款指令。

④ 在线商店接受订单后，向消费者所在银行请求支付认可。信息通过支付网关到收单银行，再到发卡行确认。批准交易后，返回确认信息给在线商店。

⑤ 在线商店发送订单确认信息给消费者。消费者端软件可记录交易日志，以备将来查询。

⑥ 在线商店发送货物或提供服务，并通知收单银行将钱从消费者的账号转移到商店账号，或通知发卡银行请求支付。

3.3.3 常见的第三方支付工具对比分析

（1）常见第三方支付工具简介。

① 支付宝。支付宝网络技术有限公司是国内领先的独立第三方支付平台，由阿里巴巴集团创办，其用户覆盖了整个 C2C、B2C、B2B 领域。支付宝致力于为中国电子商务提供“简单、安全、快速”的在线支付解决方案，不仅从产品上确保用户在线支付的安全，同时让用户通过支付宝在网络间建立起相互的信任，通过技术创新促进信用体系完善。

② 财付通。财付通是腾讯公司于 2005 年 9 月正式推出专业在线支付平台，其核心业务是帮助在互联网上进行交易的双方完成支付和收款。财付通构建全新的综合支付平台，业务覆盖 B2B、B2C 和 C2C 各领域，提供卓越的网上支付及清算服务。针对个人用户，财付通提供了包括在线充值、提现、支付、交易管理等丰富功能；针对企业用户，财付通提供了安全可靠的支付清算服务和极富特色的 QQ 营销资源支持。按交易额来算，财付通排名第二，份额为

20%，仅次于支付宝。

③ 银联在线支付。银联在线支付是中国银联重点创新业务，对于中国电子支付和电子商务产业的发展具有深远的意义，也将中国银行卡网上支付推进到一个崭新的时代。银联在线支付成立于 2011 年 06 月 08 日，是中国银联为满足各方网上支付需求而打造的银行卡网上交易转接清算平台，也是中国首个具有金融级预授权担保交易功能、全面支持所有类型银联卡的集成化、综合性网上支付平台。银联在线支付作为银联互联网支付的集成化、综合性工具，涵盖认证支付、快捷支付、储值卡支付、网银支付等多种支付方式，广泛应用于购物缴费、还款转账、商旅服务、基金申购、企业代收付等诸多领域，具有方便快捷、安全可靠、全球通用、金融级担保交易、综合性商户服务、无门槛网上支付等六大特点。

（2）常见第三方支付工具对比分析。

支付宝、财付通和银联支付是我国目前使用较多的第三方支付工具，在支付流程上都极为相似，但是在付款方式等方面存在差异，三者之间的对比分析如表 3-1 所示。

表 3-1　常见第三方支付工具比较

		支付宝	财付通	银联支付
背景资源		作为庞大的淘宝和阿里巴巴的电子商务平台自身的在线支付解决方案	腾讯公司创办在线支付平台，拥有庞大的 QQ 注册用户资源背景	是中国银联联合商业银行共同推出的网上支付平台，拥有广泛的银联卡持卡人用户背景资源
战略定位		致力于为用户提供安全快速的电子支付/网上支付/安全支付/手机支付体验，及转账收款/水电煤缴费/信用卡还款/AA 收款等生活	致力于为互联网用户和企业提供安全、便捷、专业的在线支付服务	致力于为广大银联卡持卡人提供安全、便捷、高效的网上手机充值缴费，网上信用卡还款，网上交水电煤费，便民缴费及公共事业缴费等网上缴费服务
业务范围		C2C 平台、B2C 平台、便民服务	C2C 平台、B2C 平台、便民服务	C2C 平台、B2C 平台、便民服务
付款方式		快捷支付（含卡通） 支付宝账户余额 网上银行/网点支付 信用卡支付 国际信用卡支付 话费充值卡/货到付款	一卡通支付 网上银行付款 财付通余额支付	关联银行卡支付 包括（快捷支付、小额支付、网银支付、认证支付）
赢利模式		手续费、服务费用	服务费用（企业版）	手续费分成
付款方式	银行卡支付	√	√	√
	卡类支付	√	√	×
	话费支付	×	×	×
	货到付款	√	√	×
支付额度		不限额支付	不限额支付	不限额支付
商务模式		面向个人、第三方	面向个人、第三方	面向个人、第三方
快捷操作方式		支付宝卡通	快捷支付	绑定银行卡
异网结算		支持	支持	不支持

续表

	支付宝	财付通	银联支付
总结	致力于电商与便民服务，提供一个丰富多样的综合支付平台，多样的业务范围，丰富的支付方式，多样的商务模式，占领绝对优势，有丰富的支付方式与广泛的自有、第三方支付市场	主要服务电商平台，开始涉及便民服务，多样的业务范围，丰富的支付方式，多样的商务模式，以广大 QQ 用户为支撑，同时对企业业务支持也有较好表现	致力于便民服务，开始涉及电商服务，多样的业务范围，丰富的支付方式，多样的商务模式与传统行业各商家合作合作较为紧密，便民服务是其特色服务与核心服务

任务实施

1. 掌握电子支付的定义、方式和与传统支付的区别

步骤一　打开浏览器，在地址栏中输入搜索引擎地址：http://www.baidu.com。

步骤二　在搜索引擎中输入关键词进行搜索（如“电子支付的概念”、“电子支付的方式”、“电子支付与传统支付的区别”等）。

步骤三　单击搜索结果中的页面链接进入阅读页面。

步骤四　同学分组讨论交流并选代表发言。

步骤五　教师归纳总结。

2. 了解不同的第三方支付工具并比较各自的特点

步骤一　浏览支付宝首页，在浏览器地址栏中输入 https://www.alipay.com/进入支付宝首页页面，了解支付宝的基本信息。

步骤二　浏览财付通首页，在浏览器地址栏中输入 https://www.tenpay.com/v2/进入财付通页面，了解财付通的基本信息。

步骤三　浏览银联在线支付首页，在浏览器地址栏中输入 http://cn.unionpay.com/进入银联在线页面，了解银联在线基本信息。

步骤四　分析比较，由小组选出代表发言。

步骤五　教师归纳总结。

3. 利用第三方支付工具完成在线支付

步骤一　登录支付宝。完成订单提交后，选择网络支付，在支付工具中选择使用支付宝支付。输入账号/密码登录支付宝页面。

步骤二　进入付款页面。在支付宝页面单击付款商品后的“付款”按钮即可付款页面。

步骤三　完成付款。进入付款页面，如果所使用支付宝账户有余额，可以使用其余额进行支付；如果账户中有积分宝，也可用积分宝进行抵扣支付；如果余额和积分宝不足，可选择相应的付款银行后输入支付宝密码进行支付。

素质拓展

包含第三方支付平台的支付流程

（1）网上消费者浏览检索商户网页。

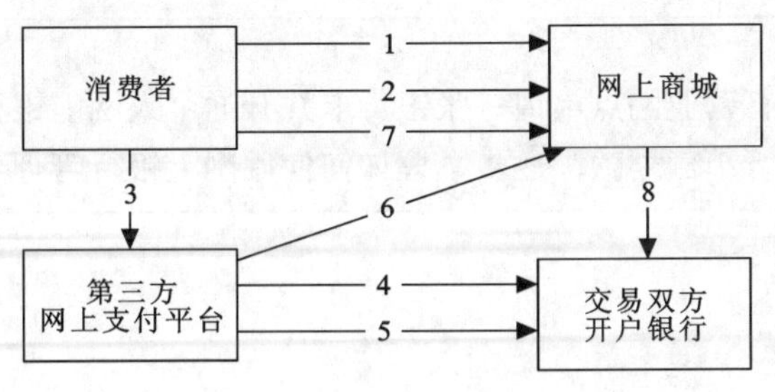

图 3-7 第三方支付流程图

（2）网上消费者在商户网站下订单。

（3）网上消费者选择第三方支付平台，直接链接到其安全支付服务器上，在支付页面上选择自己适用的支付方式，单击后进入银行支付页面进行支付操作。

（4）第三方支付平台将网上消费者的支付信息，按照各银行支付网关的技术要求，传递到各相关银行。

（5）由相关银行（银联）检查网上消费者的支付能力，实行冻结、扣账或划账，并将结果信息传至第三方支付平台和网上消费者本身。

（6）第三方支付平台将支付结果通知商户。

（7）支付成功的，由商户向网上消费者发货或提供服务。

（8）各个银行通过第三方支付平台向商户实施清算。

动手：比较包含第三方支付平台的电子支付流程与不包含第三方支付平台的电子支付流程有何不同。

任务七 网上银行的业务与应用

学习任务

学习情境

通过向同学请教，小淘已经掌握了电子支付的知识和技能，但现在小淘面临一个新的问题：他没有开通网上银行，不能向支付宝中划款，也就无法实现支付。什么是网上银行？网上银行有哪些类型？网上银行具有何种功能？电子合同又是什么？带着一系列新的问题，王伟又敲开了同学朱涛的房门

任务描述

1. 利用搜索引擎搜索网上银行的定义、分类、对企业的作用，在学习小组中互相讨论交流

2. 利用搜索引擎搜索电子合同的定义、分类及与传统合同的区别，在学习小组中互相讨论交流

3. 登录国内几家大型银行的网上银行（招商银行网上银行等）比较它们的服务和功能，并在学习小组中开展讨论交流

4. 利用网上银行在线完成一次生活缴费

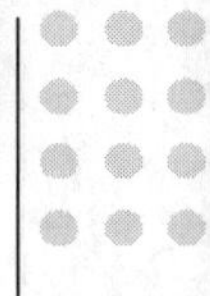

任务拓展

去附近的招商银行营业网点申请一张银行卡并开通个人网上银行，并利用该网上银行向第三方支付工具进行小额划款，逐步掌握如何使用网上银行管理个人账户

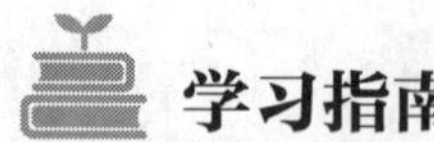

学习指南

3.4 网上银行概述

网上银行是在 Internet 时代金融电子化与信息化建设的最新内容，是电子银行的高级发展阶段，它是一种崭新的网上金融系统，突破了实物媒介等传统的空间与时间上的局限性，缩短了客户与银行的距离，为用户提供全方位、全天候、便捷、实时的金融服务。

3.4.1 网上银行的概念

网上银行又称网络银行、在线银行，是指银行利用 Internet 技术，通过 Internet 向客户提供开户、查询、对账、行内转账、跨行转账、信贷、投资理财等传统服务项目，使客户可以足不出户就能够安全便捷办理各类银行业务。

（1）网上银行的特点。

网上银行具有如下特点。

① 全天候的服务。网上银行依托迅猛发展的计算机和计算机网络与通信技术，把银行的业务直接在互联网上推出，突破了时间、空间的限制，客户可以随时随地在不同的计算机终端上登录互联网，办理各项银行业务。

② 打破了传统商业银行的结构和运行模式。采用信息技术，可以使银行减少分支结构的数量，过去银行聚集存款的分支机构正变成耗资巨大的包袱，银行必须由依靠规模的粗放经营转向依靠科技进步的集约经营。

③ 银行业务运营的电子化。传统银行使用的票证和货币被全面电子化，银行的业务文件和办公文件也改为电子化文件、电子化票据，签名也采用数字签名，利用计算机和数据通信网完成，往来结算由电子资料交换进行。个人用户不仅可以通过网上银行查询存折账户、信用卡账户中的余额及交易情况，还可以通过网络自动定期交纳各种社会服务项目的费用，进行网络购物。企业集团用户不仅可以查询本公司和集团子公司账户的余额、汇款、交易信息，并且能够在网上进行电子贸易。

④ 降低了经营成本。网上银行标准化的服务接口，使得网上银行提供的服务速度快、效率高、内容广、方式多、成本低。同时，通过互联网进行金融交易的网上银行具有费用开支少的特点，大大降低了经营费用。

（2）网上银行的功能。

随着金融业信息化水平越来越高，网上银行能够提供的服务种类、服务的深度都在不断丰富、提高和完善。总体分析，网上银行提供的服务一般包括两类：一类是传统的商业银行业务品种在网络平台上的实现；另一类是完全针对 Internet 的多媒体互动特性来设计提供的创新业务品种。

从功能细分的角度来看，网上银行的业务功能一般包括以下几种。

① 信息服务。信息服务是网上银行提供的最基本和最初级的服务内容，它是网上银行通过网站对所有的上网用户提供的免费服务。网上银行至少应提供如下信息：网上银行的使用说明、银行基本信息、银行业务品种的介绍、利率查询汇率查询、关于银行业务和其他方面最新情况的新闻、银行网点和特约商户分布情况等。

② 决策咨询。网上银行一般通过电子邮件、电子公告板为主要手段，向客户提供业务疑难咨询及投诉服务，并以此为基础建立网上银行的市场动态分析反馈系统。

③ 账务查询。网上银行可以充分利用 Internet 不受时间、空间限制的特点，向企事业单位和个人客户提供账户状态、余额查询、交易明细等查询功能。

④ 申请与挂失。客户通过网上银行了解清楚有关业务的章程条款，并可在线申请存款账户、信用卡、电子现金、支票申领、企业财务报表申报、各种贷款、预约服务的申请和账务挂失、预约服务撤销等，节约了时间，简化了手续，给用户带来极大的方便。

⑤ 网上支付与转账。网上转账的服务对象是与网上银行建立了服务协议关系的客户，指的是客户通过网上银行自己名下的账户进行自助操作，将账户内资金在一定范围内进行转移。网上支付是网上银行支持电子商务的主体功能，用户可以通过网上银行在线完成支付，与网上转账不同的是，网上支付往往是与特定的商品交易相结合的，资金的流动与商品信息的流动息息相关。

⑥ 代理缴费业务。客户通过网上银行将自己账户里的资金直接转移到在本行内开设的公用事业单位等特定的账户里，从而完成电话费、水电费等经常发生的费用的缴纳。这一功能极大地节约了银行柜台的营业成本，更为客户节省了大量的时间，是网上银行转账服务优势的集中体现。

⑦ 金融创新。网上银行可以针对 Internet 的特点，针对不同客户的需求开辟更多快捷的智能化、个性化服务，提供传统商业银行在当前业务模式下难以实现的功能。比如针对企业集团客户提供网上银行查询各个子公司的账户余额和交易信息，签订多边协议实现集团内资金的调度和划拨，提高集团整体的资金使用效益。

⑧ 信息增值。在提供金融信息的基础上，网上银行以资金托管、账户托管为手段，为客户的资金使用安排提供周到的专业化理财建议和顾问方案。

⑨ 信用证明。采用信用证明等业务操作方式，为客户间的商品交易提供信用支付的中介服务，从而在信用体制不尽完善的情况下，积极促进商务间贸易的正常开展。建立健全企业和个人信用体制，实现社会资源共享，提高信息增值服务。

3.4.2 网上银行的类型

（1）按照网上银行的主要服务对象分类。

按照网上银行的服务对象分类可以分成企业网上银行和个人网上银行两种。

① 企业网上银行。企业网上银行主要针对企业与政府部门等企事业组织客户。企事业组织可以通过企业网上银行服务实时了解企业财务运作情况，及时在组织内部调配资金，轻松处理大批量的网上支付和工资发放业务，并可处理信用证相关业务。

中国工商银行企业网上银行是由中国工商银行为企业客户提供的网上自助金融服务，为企业提供了账户管理、工资发放、集团理财、信用业务和投资业务等多项金融服务，如图 3-8 所示。

图 3–8　中国工商银行企业银行

② 个人网上银行。个人网上银行主要适用于个人与家庭的日常消费支付和转账。客户可以通过个人网上银行服务，完成实时查询、转账、网络支付、汇款和理财投资功能。个人网上银行服务的出现，标志着银行的业务触角已经延伸到个人客户的家庭电脑中，方便实用。

中国工商银行在提供企业网上银行的同时也提供个人网上银行服务，向个人客户群体提供账户管理、信用卡还贷、转账、网络支付、投资理财、期货投资、缴费和网上预约等多项服务，如图 3–9 所示。

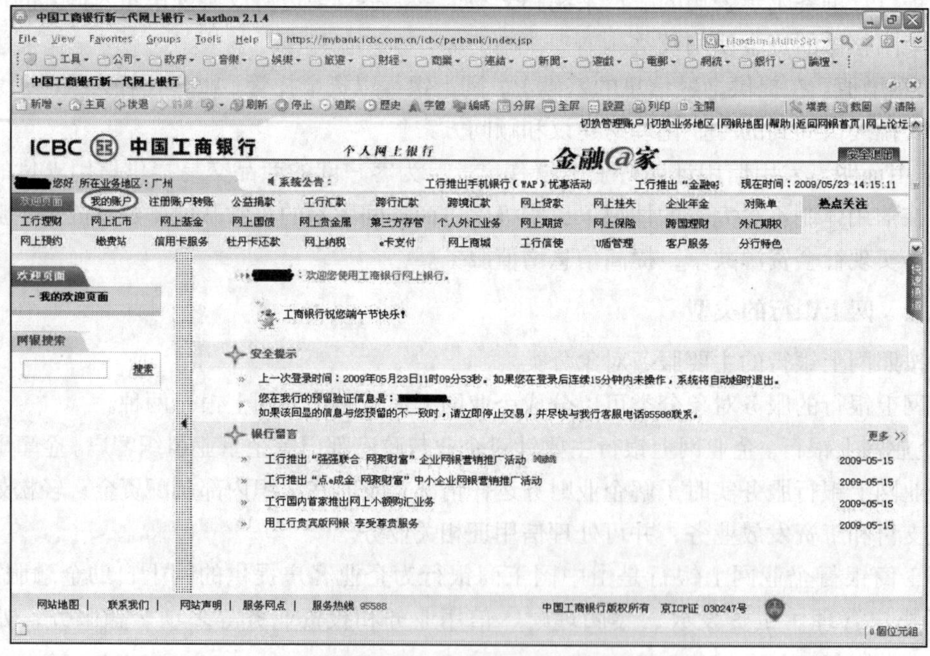

图 3–9　中国工商银行个人银行

（2）按网上银行的组成架构分类。

网上银行按照组成架构分类，可以分为纯网上银行和以传统银行拓展网上业务为基础的网上银行这两种形式。

① 纯网上银行。纯网上银行是一种完全建立在互联网基础上发展起来的全新网上银行，也称为虚拟银行。此类网上银行除了后台处理中心外，没有其他任何物理上的营业机构，没有分支机构，也没有营业网点，所有银行的业务均通过互联网进行。美国安全第一网络银行、电话银行等就属于纯网上银行，它们通过互联网提供全球性的金融服务。

② 以传统银行拓展网上业务为基础的网上银行。这类网上银行是指在传统银行基础上运用公共的互联网服务，设立新的网上服务窗口，开展传统的银行业务的服务，并且通过发展个人网上银行、企业银行等服务，将传统银行业务延伸到网络上，在原有银行的基础上开发网上银行业务，是实体与虚拟相结合的银行。此类网上银行是利用互联网辅助银行开展业务，而不是完全的电子化和网络化。

3.4.3 网上银行在企业中的作用

（1）降低资金库存金额，加速企业资金周转。网上银行可以充分发挥理财功能，将企业银行账户资金集中管理，同时实现本公司各银行账户资金及时划转。由于使用网上银行办理资金结算业务时不受时间及地域限制，真正实现了在途资金为零，各单位的资金将来可以实现零余额，促使企业账户的资金余额降低。

（2）高度集中资金，保证支付重点。企业通过网上银行将资金集中在企业总部账户内，其余外部账户保持每日余额基本为零，使得企业应对突发性支付的能力得到极大的提高，有利于保障总部重点项目所需资金。

（3）资金运行更加安全。网上银行与企业资金结算网连接后，减少人员传递票据的环节、银行查验预留印鉴的环节，也就减少票据丢失、伪造票据、私刻印鉴等人为因素造成的不安全隐患。

（4）有利于降低交易成本。企业可以充分利用网上银行快捷、方便优势，不需要派专人到银行柜台就能进行资金收付、余额查询、明细对账等业务，极大地节约人力成本，降低交易成本。

3.5 网上银行的安全措施

尽管网上银行因为其方便快捷而备受用户欢迎，但是现在有一些不法分子通过假电子邮件、假网站、木马软件，以及其他蓄意诈骗程序等，盗取用户的名称和密码，影响了用户正常使用。银行方面为此设置了不少安全措施，以保证用户安全使用网上银行。

1. 浏览器证书

目前国内商业银行采用最为普遍的双重认证方式之一。可存储于浏览器中，可任意备份证书和私钥，用户端不需要安装驱动程序，而且没有任何成本，适合通过自用电脑登录网上银行的用户。

2. U盾

U 盾是目前国内商业银行采用最为普遍的双重认证方式之一。是可以随身携带的网上银行物理“身份证”和“安全钥匙”。客户申请 U 盾后，所有涉及资金对外转移的网银操作，都必须使用U 盾才能完成。客户只要保证 U 盾、U 盾密码、账号、登录密码和支付密码不被同一个人窃取，任何病毒、木马、黑客、假网站的网络诈骗方式都无法窃取客户资金。

3．智能身份证

智能身份证含有内置的安全证书，进行网上银行交易时可有效确认客户身份，但智能身份证中的安全证书必须使用特殊设备读取，在使用时尚有一定程度的不便。

4．手机短信密码

客户在发出交易需求后，银行用手机短信向客户发出一次性密码，只有在输入银行卡密码和一次性密码后，整个交易才能被确认并完成。

5．保安编码器

每个保安编码器都有独特编号，与银行卡号关联。编码器有内置时钟，每次按下按钮，会根据编码器编号和交易时间生成6位数的密码。客户必须同时输入银行卡密码和编码器密码，才能获得身份认证。由于编码器密码与交易时间挂钩，所以每次生成的密码都不一样，而且每个密码在很短时间内就会失效，即使他人偷看或记录下银行卡号、银行卡密码和保安密码，几分钟后保安密码就无法使用了。

6．多因素密码校验法

多因素密码校验法要求使用网上银行服务的用户在交易前必须输入姓氏、会员号码、常规密码和其他密码，或要求客户在输入生日和个人识别码后，必须回答几个随机问题（已在银行卡资料库中预留的答案），只有所有的号码均正确、回答问题与预留答案一致，才能使用网上银行服务。

7．动态密码口令卡

动态密码口令卡相当于一种动态的电子银行密码。口令卡上以矩阵的形式印有若干字符串，客户在使用电子银行进行对外转账、B2C 购物、缴费等支付交易时，电子银行系统就会随机给出一组口令卡坐标，客户根据坐标从卡片中找到口令组合并输入电子银行系统。只有当口令组合输入正确时，客户才能完成相关交易。这种口令组合是动态变化的，使用者每次使用时输入的密码都不一样，交易结束后即失效，从而杜绝不法分子通过窃取客户密码盗窃资金，保障电子银行安全。

8．批处理密码

商业银行为持卡人的一张借记卡提供密码单，密码单一般记录50或100个银行卡密码，所有密码的有效期为1—2个月，每个密码使用一次后随即作废。持卡人每次使用前可记下几个密码，使用借记卡交易时，即使银行卡和密码被盗，也不用担心银行卡被他人冒用。

9．动态账号

动态账号是一种最新的安全技术，使客户的信用卡号不再通过互联网传送。客户下载专用软件到电脑后，电脑会自动启动安全功能。客户在线购物时，每次提供用户名和密码，电脑都会自动产生随机号码代替信用卡号码，形成“虚拟账号”。商户可以像处理任何信用卡号码一样处理这种替代号码，不会延迟购物时间，虚拟账号在每次购物之后便失效，不得重复使用。

3.6 电子合同及其操作

3.6.1 电子合同的概念

根据联合国国际贸易法委员会《电子商务示范法》以及世界各国颁布的电子交易法，同时结合我国《合同法》的有关规定，电子合同可以界定为：电子合同是双方或多方当事人之间通过电子信息网络以电子的形式达成的设立、变更、终止财产性民事权利义务关系的协议。通过上述定义可以看出电子合同是以电子的方式订立的合同，其主要是指在网络条件下当事人为了实现一定的目的，通过数据电文、电子邮件等形式签订的明确双方权利义务关系的一种电子协议。

3.6.2 电子合同的分类

电子合同作为一种民商事合同自然可以按传统合同的分类标准来划分。然而，它又是一种特殊形式的合同，具有自己的特殊性，可以按照自身的特点加以分类。

（1）信息产品合同与非信息产品合同。

电子商务包括了传统商务的电子化，这类电子合同的标的与传统合同的标的并无二致，但同时电子商务也产生了一类新的合同，即信息产品合同，即标的物是可以被数字化并通过网络来传播的商品。因此，我们可以把电子合同的标的分为两类，一类是信息产品，另一类是非信息产品，从而产生信息产品合同与非信息产品合同。

（2）有形信息产品合同与无形信息产品合同。

在信息产品合同中，根据数字化的信息是否具有实体形式，可分为有形信息产品合同与无形信息产品合同。数字化信息附着在有形载体上，如附着在音乐碟片、软件光盘上，可以称为有形信息产品，此类产品可以在网上购买并付款，但不能从网上下载，必须有现实的产品交付，此类购买合同可称为有形信息产品合同。数字化信息保持数字形式通过网络中进行传递，购买方可以直接从网上下载获得，此类信息产品称为无形信息产品，此类购买合同可称为无形信息产品合同，即从合同的订立到履行都在网上进行。

（3）信息许可使用合同与信息服务合同。

根据合同标的性质的不同可将电子合同区分为信息许可使用合同与信息访问合同。信息许可使用合同是指以转移信息产品的使用权为标的物的合同，如音乐、软件的所有权人许可他人下载，在离线后仍可使用；信息服务合同是指以提供信息服务为标的物的合同，如信息访问、认证服务、交易平台服务等。

3.6.3 电子合同与传统合同的区别

在电子合同中，合同的意义和作用没有发生改变，但其形式却发生了极大的变化。

（1）合同订立的环境不同。传统合同发生在现实世界里，交易双方可以面对面地协商，而电子合同发生在虚拟空间中，交易双方一般互不见面，甚至不能确定交易相对人，他们的身份依靠密码的辨认或认证机构的认证。

（2）合同订立的各环节发生了变化。要约与承诺的发出和收到的时间较传统合同复杂，合同成立和生效的构成条件也有所不同。

（3）合同的形式发生了变化。电子合同所载信息是数据电文，不存在原件与复印件的区分，无法用传统的方式进行签名和盖章。

（4）同当事人的权利和义务有所不同。在电子合同中，既存在由合同内容所决定的实体权利义务关系，又存在由特殊合同形式产生的形式上的权利义务关系。某些在传统合同中不很重视的权利义务在电子合同里显得十分重要，如信息披露义务、保护隐私权义务等。

（5）电子合同形式上的变化对与合同密切相关的法律产生了重大影响。如知识产权法律、证据法。

3.6.4 电子合同的签订

（1）电子合同的要约与要约邀请。

电子合同的要约与要约邀请是指通过网络进行交易时，发出订约意愿的一方只要该表示符合我国合同法关于要约的要件，该意思表示就是要约。尽管网络交易具有特殊性，但是在区分要约邀请方面，仍然应以双方的意思表示作为判断的标准，而不应从交易的对象的种类出发。因此，要约与要约邀请的区分标准仍然应回到《合同法》中。我国《合同法》第十四条规定："要约是希望和他人订立合同的意思表示"。该意思表示应当符合下列规定：内容具体确定；表明经受要约人承诺，要约人即受该意思表示约束。要约邀请则是希望他人向自己发出要约的意思表示。

（2）电子合同的承诺。

所谓承诺是指受要约人同意要约的全部条件以缔结合同的意思表示，承诺的法律效力在于一经承诺并送达于要约人，合同即告成立。承诺应具备的条件是承诺应由受要约人做出；承诺必须在合理期限内做出，或要约规定了承诺期限，则应在规定期限内做出。若未规定期限，应在合同期限内做出。《合同法》第三十条规定："承诺的内容应当与要约的内容一致，承诺应符合要约规定的方式。电子合同的承诺也应符合上述规定。由于网络的虚拟性，确定承诺的生效就成为判断电子合同成立的非常重要的问题。

（3）电子合同的成立时间与成立地点。

关于数据电文形式的承诺的生效时间在EDI合同中，当事人用电子数据发出电文即为要约，对方当事人用电子数据发出电文即为承诺。一般来说，承诺的生效时间为合同的成立时间。关于承诺的生效时间，有两种不同的做法，其一是中国和一些国际习惯所采用的到达主义；其二是英美等国所采纳的发信主义和送信主义。考虑到EDI方式交换双方当事人之间的意思表示的做出，实际上与对话者之间的对话一样瞬间到达，是以承诺的意思表示在发送和到达之间有一定的时间间隔为前提。因此，EDI交易中的承诺生效问题不应采取送信主义，而应当采取到达主义。为了确保电子合同的收到与发出时间的准确，法律应当规定："提供服务器的网络服务、应当定期检查、调校服务器系统的设置和时间并在一定时间内保存记录，以备查询"。

关于数据电文的发出与收到地点，联合国《电子商务示范》第15条第4款规定："除非发端人与收件人另有协议，数据电文以发端人设有的营业地点视其为发出点，而以收件人设有营业地的地点视为其收到地点。如发端人或收件人有一个以上的工作地点，应以对基础交易具有密切联系的营业地为准；如无任何基础交易则以主要的营业地为准；如发端人或收件人没有营业地，则以其惯常居住地为准。"因此，数据电文的发出与收到地点应以上述规定为准。

（4）意思表示的撤回与撤销。

意思表示的撤回是指在意思表示到达对方之前或与之同时到达时表意人向其发出通知以否认前一意思表示效力的行为。在合同法中，意思表示的撤回包括要约的撤回和承诺的撤回。我国《合同法》第十七条规定要约可以撤回。撤回要约的通知应当在要约到达受要约人之前或要约同时到达受要约人。《合同法》第二十七条规定承诺可以撤回。撤回承诺的通知应当在承诺到达要约人之前或承诺同时到达要约人。意思表示的撤销是指意思表示到达对方之后对方做出答复之前表意人又向其发出通知以否认前一意思表示效力的行为。在合同法中仅指要约的撤销；承诺没有撤销的问题因为承诺根本不存在要求对方给予答复的问题。对于要约的撤销大多数国家原则上是允许的，但一般也规定要约不可以撤销的条件。在电子商务环境中，意思表示的撤回与撤销是一个复杂的问题。由于意思表示的撤回与撤销是不同的。因此，在电子商务中，应根据不同的电子传递方式做出较为灵活的规定以适应电子商务的发展的需要。

3.6.5 电子合同的操作与应用

（1）电子合同的操作。

电子合同的操作过程与传统合同的操作比较相似，首先由交易双方对合同的条款达成一致后，利用电子文档编辑工具生成未签章的电子合同；再由交易一方利用电子签章系统对合同进行签章，随后将电子合同通过网络传送给另一方；另一方再获得电子合同后同样利用电子签章进行签章；最后将已经签署完毕的电子合同发送给合同储备商进行储存、备份即可。

（2）电子合同的应用。

2004 年 10 月，北京顺德超市与合肥联合利华服务公司签订了我国电子商务史上第一份电子合同，这标志着电子合同在企业与企业交易中正式得到应用。目前，电子合同已经在 B2C 业务模式和 B2B 业务模式中已经广泛存在。在 B2B 模式中，最常见的就是电子采购合同，企业间通过网络签署电子合同，方便、快捷、费用少，而且安全性也能够得到保障；B2C 业务模式中，比较常见的是电力企业与用电客户之间的供电合同，电力企业通过在线数字化管理交易平台，开展网上购电，使得客户直接从互联网上进行购电，方便了客户的生活，也称为电力营销的一种新方式。

3.7 招商银行网上银行案例分析

招商银行（以下简称“招行”）于 1987 年在中国改革开放的最前沿——深圳经济特区成立，是中国境内第一家完全由企业法人持股的股份制商业银行，也是国家从体制外推动银行业改革的第一家试点银行。凭借持续的金融创新、优质的客户服务、稳健的经营风格和良好的经营业绩，招行现已发展成为中国最具品牌影响力的商业银行之一。

1. 招商银行网上银行的商业模式

围绕零售银行业务、客户增值服务、网上银行业务三大重点，招行的业务创新令业界耳目一新，它的许多创新更成为包括四大国有银行在内的同业的学习标杆。其中最具代表性的是以下三大创新产品和服务。

① 一卡通。1995 年，招行利用在国内的率先构建的全行统一的电子化平台，推出了集本外币、定期活期、多储种、多币种、多功能服务于一体的电子货币卡：一卡通。

② 一网通。在一卡通取得空前成功的基础上，1999 年招行在国内再次率先推出先进的网上银行服务：一网通，通过互联网或其他公共信息网，向其客户提供网上消费支付结算的大众化电子银行服务。

③ 信用卡。2002 年 12 月，招行在国内率先推出了一卡双币的国际标准信用卡。凭借一卡通、一网通奠定的品牌基础，凭借领先的产品、技术、服务、营销优势，招行信用卡再次取得令业界惊叹的成功。

2．招商银行网上银行的经营模式

（1）构建完整的网上银行服务体系。

招商银行构建包括个人银行大众版、个人银行专业版、电子商务专业版、企业银行，实现了从点面服务为主的传统服务渠道向现代化的立体式、全方位服务渠道全面转型。

（2）创新网上银行产品与服务。

① 尝试 B2B。企业只要在招商银行开立了集团账户，即可通过 Internet 查询账户余额、历史交易等信息，卡内定活期互转、卡折之间的互转，网上交费，并可获得修改账户密码等服务。

② 通用方便快捷。根据市场、持卡人及商户的需求，在传统结算方式的基础上，开发出具有自己特色的网上银行解决方案。

③ 安全技术。招行企业银行采用的是数字签名方式，传输中的数据经过两层加密：一层是标准的 SSL 加密方式，并用小额支付来控制风险；另一层是私有的加密方式。个人银行中采用了 SSL 加密方式，并用小额支付来控制风险。网上支付的三方交易时，采用 SSL 与 SET 结合的方式，使得商家无法截获持卡人的人和信息，而银行与持卡人之间采用单向联系，进行款项的查询、划拨。

④ 移动银行。目前招行已经推出了“移动银行”服务，主要包括账户查询、多功能转账、自助缴费等，用户可以通过手机等移动终端完成。

（3）注重网上银行业务推广。

① 通过联合众多合作伙伴推出了丰富多彩的促销和推广活动，吸引了大量客户使用网上银行。

② 开展全方位的网上银行宣传，普及网上银行知识并引导客户体验和使用。

③ 积极利用网点开展营销。

3．招商银行网上银行的管理模式

（1）业务管理。

在全面合规管理中，招行将以巴塞尔银行监管委员会的合规标准为目标，以增强合规管理的全面性、系统性和独立性为准则，以健全组织架构为起点，以完善制度机制为核心，以营造合规文化为重点，以现代管理技术与方法为工具，努力构建合规管理的长效机制。

在全面服务管理中，将着重于观察客户需求的变化，并在注重人性化服务的基础上，提升服务的细分化、专业化及标准化，并以客户为中心，构建服务提供、服务支持、服务监督三位一体的服务体系。

（2）经营管理。

在全面预算管理中，招商银行按照“全方位管理、全过程控制、全范围参与、条块结合、利润导向”的原则，逐步实施和不断完善全面预算管理，切实推进经营战略调整，促进效益、质量、规模协调发展。

（3）风险管理。

招商银行将按照全面性、独立性、专业性和制衡性原则，不断健全和完善全面风险管理体系，争取早日达到银监会实施新资本协议的首批达标银行的最高标准。

4．招商银行网上银行的资本模式

招商银行实行统一法人授权经营的商业银行经营管理体制，总行是全行的经营管理中心、资金调度中心和领导指挥中心，拥有全行的法人财产权，对全行经营的效益性、安全性和流动性负责。全行实行“下管一级、监控两级”的管理模式，从而保证资本运营。

5．招行成功经验总结

在这几年的实践中，招行积累了一些经验，产品、服务和营销是网上银行成功的基本要素。

（1）创新产品是取得竞争优势的关键。

招商银行开展网上银行业务以来，进过多次改版，功能不断完善。由于坚持“统一管理、统一规则、统一需求、统一系统”的原则，为网上银行的全行联网通用提供了坚实的基础。

（2）优质服务是网上银行成功的保障。

只有产品而没有服务是吸引不来客户的，招商银行除了为客户提供顺畅的网上交易渠道，还为网上银行提供了一系列配套服务。

（3）市场营销是推动网上银行发展的有利手段。

从1999年全面启动网上银行开始，招商银行开展了一系列市场营销活动，通过活动，拉近了银行与客户的距离，提高了市场占有率。

在互联网时代，招商银行走在了中国银行业科技化、电子化、网络化的前列，成为国内网上银行服务的市场引导者。未来，招商银行将凭借电子化银行的技术领先地位，在新一轮的试产角逐中，力争继续领跑网络时代，创建国内最好网上银行。

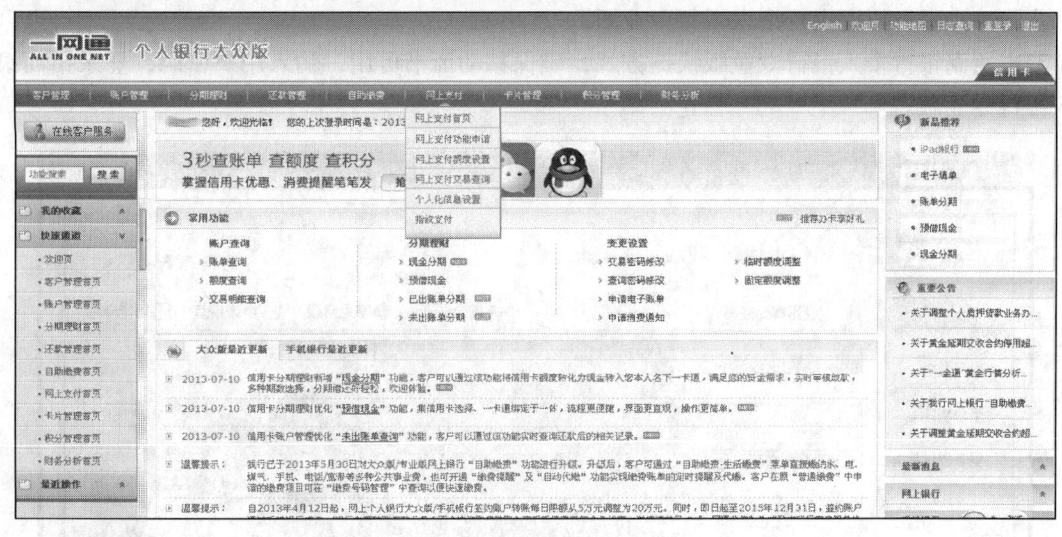

图3-10　招商银行一网通

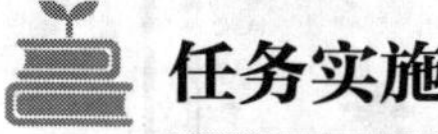

任务实施

1．掌握网上银行的定义、分类对企业的作用

步骤一　打开浏览器，在地址栏中输入搜索引擎地址：http://www.baidu.com。

步骤二　在搜索引擎中输入关键词进行搜索，关键词如“网上银行的定义”、“网上银行的分类”等。

步骤三　单击搜索结果中的页面链接进入阅读页面。

步骤四　同学分组讨论交流并选代表发言。

步骤五　教师归纳总结。

2．了解电子合同的定义、分类与传统合同的区别

步骤一　打开浏览器，在地址栏中输入搜索引擎地址：http://www.baidu.com。

步骤二　在搜索引擎中输入关键词进行搜索，关键词如“电子合同”、“电子合同与传统合同的区别”等。

步骤三　单击搜索结果中的页面链接进入阅读页面。

步骤四　同学分组讨论交流并选代表发言。

步骤五　教师归纳总结。

3．比较国内知名网上银行的功能与服务

步骤一　打开浏览器，在地址栏中输入搜索引擎地址：http://www.cmbchina.com/，进入招商银行网上银行，体验其服务与功能。

步骤二　打开浏览器，在地址栏中输入搜索引擎地址：http://www.abchina.com/cn/，进入中国农业银行网上银行，体验其服务与功能。

步骤三　同学分组讨论交流并选代表发言。

步骤四　教师归纳总结。

4．利用网上银行在线完成一次生活缴费

步骤一　登录招商银行个人银行专业版。

双击招商银行个人银行专业版快捷方式，确保移动证书可用，输入用户密码，登录招商银行个人银行专业版。

图 3-11　招商银行个人银行专业版登录界面

步骤二　选择缴费项目。

单击页面上方“自主缴费”|“生活缴费”|“我要缴费”，单击“手机话费”进入手机话费缴纳页面。

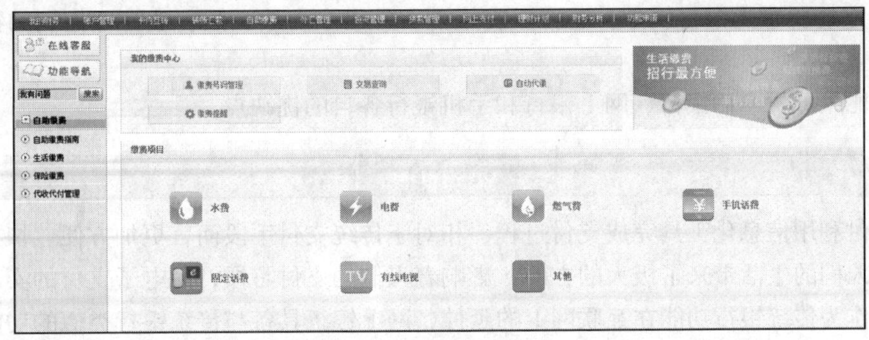

图 3-12　缴费项目页面

步骤三　在线缴费。

填写需要缴费的手机号码，单击欠费查询，进入填写缴费信息页面，输入缴费金额和取款密码，单击“确定”按钮即可完成缴费。

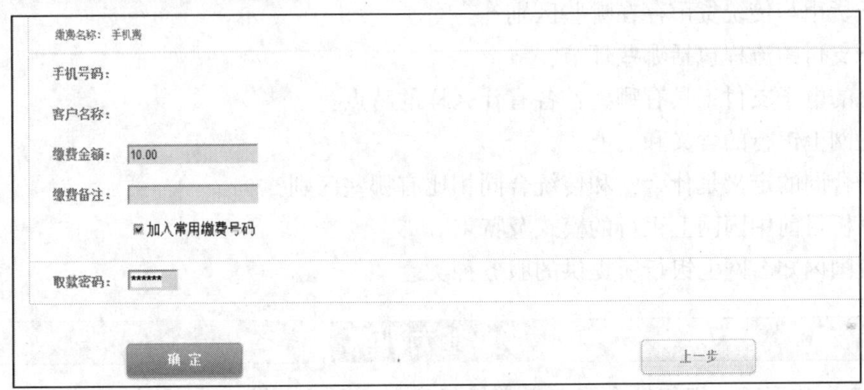

图 3-13　手机缴费页面

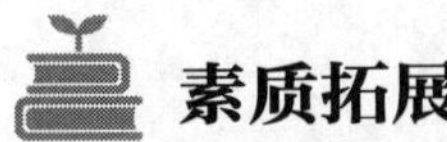

素质拓展

移动银行

“移动银行”又称“手机银行”，可利用移动电话办理银行相关业务，手机银行是继网上银行之后，因移动通信技术迅猛发展而新出现的一种银行服务渠道。移动银行以 GPRS 移动支付系统为技术支撑，采用当前先进的无线分组交换技术，实现了电子支付方式的无线移动和永久在线，推进了银行业务自助式、无纸化的发展趋势，它代表着银行业务的技术方向使银行柜台延伸到社会的各个角落，使手机不仅是通信工具，还充当移动的 POS。使用这种服务，银行客户通过移动电话界面直接完成各种金融理财业务，例如账务查询、银行账户转账、外汇买卖、炒股等，还可查询利率、汇率、交通、天气预报等公众信息。移动银行的发展使得银行进一步拓展了中间业务，高效率地实现支付水、电、通信、物流配送、机票送达等各种代收、代付业务的无线支付，避免了各单位收款的风险，加快资金周转，突出了使用方便、保密、快捷的优越性，安全可靠地实现了移动支付、移动查询和移动商务等功能。移动银行将无线通信技术的不受时间、地点、方式限制的优势应用到金融业务中，为客户提供在线的、实时的服务。这种服务方式更加贴近客户可以方便地选择金融交易的时间、地点和方式。移动银行丰富了银行服务内涵，使人们不仅可以在固定场所享受银行服务，还可以在旅游、外出中高效、便利地管理他们的银行账户处理各种理财业务。

动手：比较分析电话银行、网上银行和手机银行各自的优缺点。

项目小结

电子支付利用信息化工具完成支付过程，相对于传统支付手段而言更加方便、快捷、安全性也更高，给人们的生活带来了极大的方便，影响着人们的支付习惯；而电子支付的实现，离不开网上银行，作为传统银行功能在互联网上的延伸，网上银行具备与传统银行类似的功能和服务，同时网上银行依托互联网向个人客户和企业客户提供了许多创新服务和措施，给人们的日常生活和企业经营活动带来了极大的便利。

习题与思考

1. 电子货币与传统货币存在哪些区别？
2. 电子支付的流程包括哪些环节？
3. 常见的电子支付工具有哪些？各有什么样的特点？
4. 简述网上银行的含义和功能。
5. 电子合同的定义是什么？和传统合同相比有哪些区别？
6. 试分析目前中国网上银行的模式及特点。
7. 比较国内知名网上银行所提供的服务种类。

职业能力训练

训练内容：使用网上银行结合第三方支付工具完成电子支付。

训练目标：

1. 熟练掌握各类电子支付工具的特点与使用方法；
2. 熟悉电子支付的流程；
3. 熟悉移动支付的特点；
4. 学会如何使用电子支付工具实现在线支付；
5. 熟悉网上银行的特点、功能及在企业中的应用；
6. 熟悉网上银行的安全措施；
7. 熟悉国内知名网上银行（招商银行网上银行、中国农业银行网上银行）的功能与服务；
8. 学会利用网上银行在线实现个人账户管理。

训练路径：

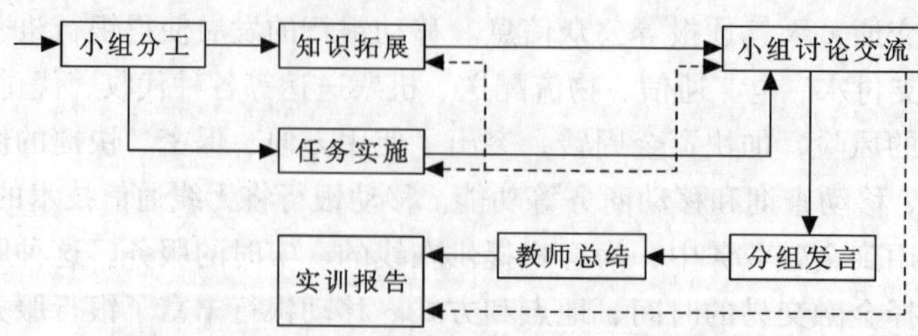

自我评价与课业考核

<table>
<tr><th colspan="3">项目</th><th>评价与考核标准</th><th>自评成绩</th></tr>
<tr><td colspan="2" rowspan="4">职业道德素质Σ30</td><td>职业观念Σ510</td><td>对职业、职业选择、职业工作、职业道德和伦理等问题具有正确的看法</td><td></td></tr>
<tr><td>职业情感Σ5</td><td>对职业有愉快的主观体验、稳定的情绪表现、健康的心态、良好的心境，具有强烈的职业认同感、职业荣誉感和职业敬业感</td><td></td></tr>
<tr><td>职业理想Σ5</td><td>对将要从事的职业种类、职业方向与事业成就有积极的向往和执着的追求</td><td></td></tr>
<tr><td>职业态度Σ10</td><td>对职业选择有充分的认知和积极的倾向与行动</td><td></td></tr>
<tr><td rowspan="8">职业能力与课业学习评价Σ70</td><td rowspan="6">实施过程Σ50</td><td>自学能力Σ5</td><td>能够借助互联网等工具自我学习工作过程中碰到的新知识</td><td></td></tr>
<tr><td>学习态度Σ5</td><td>学习过程中纪律性强，无缺课、迟到、早退现象</td><td></td></tr>
<tr><td>团队协作Σ5</td><td>学习过程中有团队合作精神、有较强的沟通能力</td><td></td></tr>
<tr><td>创新能力Σ5</td><td>学习过程中解决问题有独创性，设计巧妙，有新意</td><td></td></tr>
<tr><td>解决问题Σ5</td><td>能够借助各种工具，在老师和同学的帮助下解决工作过程中碰到的疑难问题</td><td></td></tr>
<tr><td>工作任务Σ25</td><td>1. 能够利用网络工具了解电子支付的定义、特点与传统支付的区别
2. 能够熟悉各类电子支付工具的特点与使用方法
3. 能够了解电子支付的流程
4. 熟悉移动支付的特点
5. 掌握网上银行的定义、分类，熟悉网上银行的特点、功能及在企业中的应用
6. 熟悉网上银行的安全措施
7. 掌握电子合同的定义、分类和特点，熟悉电子合同的签订条件
8. 国内知名网上银行（招商银行网上银行、中国农业银行网上银行）的功能与服务认知与体验
9. 学会利用网上银行在线实现个人账户管理</td><td></td></tr>
<tr><td rowspan="2">实施结果Σ20</td><td colspan="2">1. 在规定的时间内完成学习任务和课业报告Σ10</td><td></td></tr>
<tr><td colspan="2">2. 实训任务和课业报告符合要求Σ10</td><td></td></tr>
<tr><td colspan="4">合计</td><td></td></tr>
</table>

项目四 个人电子商务实践

项目介绍

近年来，网络购物逐渐成为广大网民最重要的购物方式之一，消费者只需要通过网络轻松地单击鼠标就可以购买各式各样品类繁多的产品，相对于传统购物方式而言网络购物更加方便、快捷、价格更低，因此深受消费者的喜爱，越来越多的消费者选择网络购物代替传统购物方式，针对消费者的电子商务模式已经成为电子商务中不可忽视的力量。

本项目主要以“认识个人电子商务”和“体验网络购物”为切入点，介绍了C2C电子商务模式和B2C电子商务模式的基本知识和概念，学生可通过具体的学习任务在理实一体的教学环境中开展研究性学习和交流讨论学习，从而认识个人电子商务，体验网络购物的快捷、方便和强劲的发展势头。

学习目标

知识目标

1. **掌握B2C、C2C业务模式的基本概念；**
2. **了解B2C、C2C业务模式的发展趋势；**
3. **熟悉C2C交易模式；**
4. **熟悉B2C业务模式的类型；**
5. **理解B2C、C2C业务模式的交易流程；**
6. **熟悉常见的C2C业务平台。**

技能目标

1. **能够按照B2C、C2C平台的系统提示注册平台账号；**
2. **能够利用网络购物平台搜索商品和商家信息；**
3. **能够利用互联网实现网络购物。**

引导案例——中国的亚马逊：当当网

当当网是一个“纯网络”型网上商店，它是全球最大的综合性中文网上购物商城，由国内著名出版机构科文公司、美国老虎基金、美国 IDG 集团、卢森堡剑桥集团、亚洲创业投资基金（原名软银中国创业基金）共同投资成立。当当网在 1999 年 11 月开通，成立的十年来，其从开始的主要以销售图书、音像制品为主，兼具发展小家电、玩具、网络游戏点卡等其他多种商品，到目前的包括家居百货、化妆品、数码、家电、图书、音像、服装及母婴等几十个大类，逾百万种商品，在库图书达到 60 多万种。2005 年 12 月，当当网荣获“中国互联网产业调查‘B2C 网上购物’第一名、中国互联网产业品牌 50 强”称号，被誉为是“中国的亚马逊”。2010 年 12 月 8 日，当当网首次登陆美国股市，成为中国第一家完全基于线上业务、在美国上市的 B2C 网上商城，吸引了全球投资者的目光。图 4–1 所示为当当网首页。

图 4–1　当当网首页

1．当当网发展简史

当当网的发展可以分成两个阶段，从网上书城战略阶段到网上百货的战略发展阶段。

（1）网上书城战略发展阶段（1999 - 2004 年）。

在最初发展的阶段，也就是刚开始当当网发展的起步，当当网的主要战略发展就是发展网上书城，提供物美价廉以及品种多样的商品，配合完善的特色服务吸引更多的用户，是当当网发展致胜的利器，也是在短时间抢占市场份额的重要战略发展阶段。在当当成长的这 5 年里，以常年打折销售树立起的低价形象是最为用户所称道的。当当网上商品的平均售价一直是地面店的 75 折左右，并且首创了“智能比价”系统，来保证其网上销售价格的竞争优势。买低价商品到当当网，这一点已经为大多数网购消费者所共知。当当网始终坚持低价，但不是为了打价格战，而是要用更低的价格给更多的用户以实惠，让更多的用户体验到网购的乐趣。

（2）网上百货战略发展阶段（2005 年至今）。

2005 年初当当网服装鞋帽商城正式推出，标志着当当网完全从单一文化制品领域转型为网上百货商场。这也是当当网发展的一个重要阶段，不但使自己在线上零售领域迈出了坚实的步伐，同时大大超越了自己对手卓越网。这说明网上百货的战略发展非常成功。

2．当当网模式简介

（1）经营模式。

当当网的经营模式是一种典型的“鼠标加水泥”的模式，当当网除了利用互联网构建网络购物的平台方便用户购物的同时，耗时6年构建了庞大的物流体系，在北京、华东和华南等地区构建了几万平方米的仓库和配送中心，并与快递公司开展深度合作，通过各种运输工具将商品及时送达消费者手中。

（2）赢利模式。

当当网的主要收入来源包括：直接销售、虚拟店铺出租费和广告费。总体来看，当当网的赢利模式是一个双赢的良性循环。当当网提供物美价廉以及品种多样的商品，配合完善的特色服务吸引更多的用户，依靠规模化和低成本运营势必有条件带给用户更多价格上的实惠，那么以“让利”来获得更多用户的支持，这显然是一个双赢的良性循环。当当网的成功也正是因为早已认识到并在始终坚持实践着这样的一个循环。

3．当当网的优势

（1）拥有大量成熟的用户群。

当当网是国内开展图书网络销售的先驱之一，经过多年的努力积累，当当网已经拥有了大量成熟的用户群，与多数购物网站从零起步相比，这个优势可以说是巨大的，这能帮当当网省掉不少不必要的市场推广费用。对于未来在当当网开设个人商铺的卖家来说，这些成熟用户自然相当具有诱惑，这将保证网络创业者自觉地快速地从其他网上交易平台上转到当当网上来开店。因为，对于电子商务来说，用户量就意味着交易量。

（2）较高的品牌知名度和美誉度。

我国不少网民的网上购物经历都是从网上购书开始，而当当网一直都是他们选购物美价廉图书的首选。也正为如此，在大多数我国网民的心目中，当当网和电子商务有着天然的联系，这将有利于在当当网上开的个人商铺的取得广大网民的信任。

（3）丰富的电子商务实践经验。

身为当当网创始人之一的俞渝认为，当当网能够从购物网站的竞争中脱颖而出，正因为总结和拥有了我国国情的电子商务经验，而这个经验是无法替代的，也不是从国外生搬硬套过来的，它来源于当当网踏踏实实地从实践中的总结和体会。而这些经验同样可以借鉴到C2C的平台建设、客户服务体系和物流配送服务等多方面，以解决目前个人网上交易平台中不规范的操作流程。

4．对买家和卖家的深刻理解

在当当网现有的业务中，当当网自己采购商品，自己就是卖家，网络购物者就是顾客。多年的实践，当当网自然对其中的辛酸苦辣有自己独到理解。如何在顾客和卖家间建立一个互信的平衡机制，平衡风险和利益，当当网将会提出一个符合我国国情的新思路。

任务八 C2C 业务模式实践

学习任务

学习情境

小淘从学习电子商务的同学那里了解到网上拍卖的商品物美价廉，她最近想购买一套职业装用于求职，同时尝试一下网上拍卖带来的购物乐趣。可是什么是网络拍卖？网络拍卖有哪几种交易模式？C2C 的交易的流程包括哪几步？常见的 C2C 业务平台有哪些，它们各有什么样的特点？带着这些问题，小淘开始了网络拍卖学习

任务描述

1. 利用搜索工具了解 C2C 业务的基本概念、模式分类和发展趋势，并在学习小组中讨论交流

2. 通过互联网体验国内知名的 C2C 平台（淘宝网、拍拍网），比较各自的特点，并在学习小组中讨论交流

3. 针对自身的兴趣点和问题通过淘宝大学制定相应的学习计划，并定期归纳总结

4. 利用淘宝平台发布自己不需要的二手商品信息

任务拓展

1. 通过 C2C 平台参与一次网络拍卖活动，亲身体验 C2C 的业务交易流程

2. 将自己不需要的二手商品利用平台进行拍卖

学习指南

4.1 C2C 业务模式简介

C2C 电子商务模式是一种个人对个人的网上交易行为，目前 C2C 电子商务企业采用的运作模式是通过为买卖双方搭建拍卖平台，按比例收取交易费用，或者提供平台方便个人利用平台开设网店，以会员制的方式收费。

4.1.1 C2C 业务模式的概念

（1）C2C 业务模式的定义。

C2C 业务模式是指在消费者与消费者之间进行的电子商务模式，它通过 Internet 为消费者提供进行相互交易的在线平台，通常以拍卖、竞价的方式开展交易。卖方借助在线平台展示商品的详细信息，买方则通过网络了解商品状况并在线报价，卖方再根据所有参与竞价的买方提交的报价和有关资料决定交易是否成交。

（2）C2C 在线交易平台的特征。

C2C 在线交易平台就是 C2C 网站为买卖双方交易提供的互联网平台，它是整个 C2C 业务模式的核心，主要具有以下几种特征。

① 是买卖双方进行网上交易提供信息交流平台。电子商务将传统的交易搬到了网上，C2C 电子商务更是将传统的商业模式从 B2B 和 B2C 扩展到了 C2C，而 C2C 电子商务平台正是为上网进行物品买卖的人们提供了的一个发布和获取信息的平台。而提供信息交流平台、改变信息交流方式、扩大信息交流范围正是 C2C 电子商务平台提供的最根本和最基础的服务。

② 为买卖双方进行网上交易提供一系列的配套服务。C2C 电子商务平台除了向买卖双方提供信息交流的渠道外，还需要满足买卖双方资金和货品的交换。由此 C2C 电子商务平台需要为买卖双方提供相应的支付平台和物流系统；此外，C2C 电子商务平台还需要解决买卖双方之间的交易纠纷，并为买卖双方的交易行为作信用记录等。

③ 用户数量多且身份复杂。2011 年中国网购用户规模为 2.03 亿人，2012 年达到 2.47 亿人，同比增长 21.7%，网络购物用户数量众多。此外，C2C 电子商务网站的用户的身份也较为复杂，很多卖家同时又是买家，即不少用户都同时具有买家和卖家的双重身份。

④ 商品种类多但质量良莠不齐。C2C 电子商务网站上不仅有人们日常生活中的常用物品，如衣服、鞋帽、化妆品、家电、书籍等，也有各种各样的新鲜商品，如游戏点卡、个人收藏等；此外，商品的质量也是参差不齐，既有全新的，也有二手的，既有正品的，也有仿冒的。C2C 电子商务网站就像把我们传统的大商场、特色小店、地摊和跳蚤市场统统融合在了一起，包含了种类繁多、质量差异较大的各式商品。

⑤ 以小额交易为主。由于 C2C 电子商务中参加交易的双方尤其是买家往往是个人，其购买的物品往往又都是单件或者少量的，涉及的金额较小。

（3）C2C 业务模式的分类。

① 根据交易中买卖双方的主体地位划分，可以将 C2C 业务模式可分为以卖方为主的 C2C 业务模式和以买方为主的 C2C 业务模式。

以卖方为主的 C2C 业务模式是一种由出售商品的个人在网上发布消息，由多个买者竞价，或与买者讨价还价，最终成交的模式。

以买方为主的 C2C 业务模式是一种由想购买商品的个人在网上发布求购信息，由多个卖者竞卖，或与卖者讨价还价，最终达成交易的电子商务模式。

② 根据平台的运作模式，可以将 C2C 业务模式划分为拍卖平台运作模式和店铺平台运作模式。

目前，易趣、淘宝、拍拍都为网上拍卖提供平台，其利用多媒体手段提供产品资讯，供买方参考和竞价，最后卖家再根据买家信誉和出价拍出货品。而网站本身并不参与买卖，只利用网络提供信息传递服务，并收取中介费用。

店铺平台运作模式是电子商务企业提供平台方便个人在上面开店铺，以会员制的方式收费，也可通过广告或其他服务收取费用，这种平台也可称作网上商城。

（4）C2C 业务模式的特点。

① C2C 能够为消费者带来较大的收益。C2C 电子商务不同于传统的消费交易方式。过去，卖方往往具有决定商品价格的绝对权力，而消费者的议价空间非常有限；拍卖网站的出现则使得消费者也有决定产品价格的权力，并且可以通过消费者相互之间的竞价结果，让价格更有弹性，给消费者带来了较大的收益。

② C2C 能够吸引用户。C2C 网站上经常有商品打折，对于注重实惠的消费者来说，这种网站

无疑能引起消费者的关注。对于有明确目标的消费者，他们会受利益的驱动而频繁光顾 C2C 网站；而那些没有明确目标的消费者，他们会为了享受购物过程中的乐趣而流连于 C2C 网站，甚至将浏览 C2C 网站当作一种休闲的方式。因此，从吸引“注意力”的能力来说，C2C 的确是一种能吸引“眼球”的商务模式。

③ C2C 的客流量较高。通过调研，C2C 平台拥有比 B2C 平台更高的重复购买率，同时能够提升客户的黏性，给平台带来较高的流量，这意味着平台就可以借此获得更高的广告收入。

C2C 电子商务模式给买卖双方带来了哪些好处？

4.1.2 C2C 业务模式的发展趋势

随着网络购物监管措施和社会信用体系的逐步建立和不断完善，我国 C2C 电子商务在近年来一直呈现高速增长的态势，累积了大量的用户和市场资源。目前，整个市场发展正在从高速发展期向成熟稳定期过渡，未来几年我国的 C2C 业务增速将趋于稳定，市场格局也将保持相对稳定状态，但 C2C 行业内部各企业为了寻求新的增长点和早日实现大规模赢利，在以下几个方面已经开始了新一轮的拓展，这也成为我国 C2C 电子商务市场在未来几年内的发展趋势。

（1）收费政策和多元化赢利模式逐步确立。

由于自身的发展历程所决定，我国的 C2C 网站目前仍没有实现大规模赢利，而从长期来看，C2C 网站必须在发展和赢利中找到平衡，实现有效和稳定的赢利，这使得 C2C 的收费政策不可避免。一个成熟的产业必须以参与企业的赢利为基础，而作为国内 C2C 行业的领跑者，淘宝网都无法实现赢利，这对于国内 C2C 电子商务的发展十分不利。因此，对于 C2C 购物网站，如何找到适合本土条件的赢利模式，早日实现有效赢利成为当务之急。另一方面，随着我国 C2C 电子商务交易规模和用户群体的不断扩大，C2C 网站除了担任交易平台的功能外，还直接面对巨大的终端消费群体，掌握海量的用户购买路径和购买习惯等信息，这其中蕴含的巨大媒体价值将通过网络营销等手段被逐步释放，从而为 C2C 网站带来更加多元化的赢利模式。

（2）C2C 与 B2C 等其他模式的融合。

尽管 C2C 模式更加灵活，但不可避免的是 C2C 平台上存在较多仿冒和非正规商品。随着我国相关法律法规的完善和知识产权保护体系的建立，对非正规的 C2C 网上交易监管将不断强化；另一方面，为了自身的发展，原先小规模的 C2C 卖家也有向 B2C 经营转变的需要。因此，纯粹的 C2C 交易规模的增长速度必然会放缓。目前国内的绝大多数 C2C 运营商已经开始从 B2C 等其他电子商务模式寻求发展空间，致力于实现多种模式的互动和互补。例如淘宝网在 2008 年 4 月推出的淘宝商城（后更名为天猫商城）就是基于其原有 C2C 平台的全新 B2C 业务板块。借助淘宝网的巨大资源，淘宝商城发展迅速，成为淘宝网原有 C2C 业务的重要补充。

（3）基于移动网络平台的 C2C 市场拓展。

伴随着移动互联网浪潮的到来，基于移动网络平台的无线电子商务领域可谓前景无限。以淘宝为例，手机淘宝平台与 PC 淘宝实现平台整合，无缝覆盖消费者的购物需求。据统计，2010 年每天有超过 1000 万人通过 Wap 网络和手机客户端登录手机淘宝，手机淘宝单日访问用户峰值达到 1700 万人，单日交易峰值达 3700 万元，手机淘宝全年累积成交金额达 18 亿元。不难预见，对

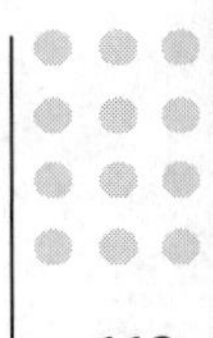

基于移动网络平台的市场拓展将成为国内 C2C 网站在未来几年发展战略中的重要部分。

（4）C2 C 市场竞争愈发集中。

C2C 交易中卖家竞争的最终结果就是一些卖家依靠更优质和更具规模的货源，在价格和服务上逐步占据垄断的地位。以此为基础的 C2C 交易平台运营商也将依靠优势卖家资源逐步建立起行业竞争壁垒，而随着行业领先者进入市场的时间越长，壁垒就越高，后来者突围的可能性就越小，强者愈强是 C2C 市场竞争必然的结果。目前，在国内整个 C2C 行业仍然呈现出淘宝网一家独大的局面，它与拍拍网、易趣网共同占据国内绝大部分 C2C 市场份额，竞争基本局限于这三家网站之间的局面短时间内也难以改变。

（5）以搜索引擎为基础，探索新的发展空间。

据统计分析，目前 C2C 网站流量 40% 以上是通过搜索引擎导入的，而 eBay 和谷歌的紧密合作以及国内最大的搜索引擎公司百度于 2008 年正式进军 C2C 市场，都证明了搜索引擎和 C2C 存在着紧密的利益关系，如何做好搜索引擎和 C2C 平台的整合，探索 C2C 未来发展的新空间已经成为时下的热点之一。

4.2 C2C 业务的交易模式

4.2.1 一口价方式

一口价方式又称为标价求购，指在交易前卖方预先确定一个固定的价格，使得买家没有讨价还价的余地。交易完成后，买方根据卖方预先设定好的价格进行付款。

4.2.2 拍卖方式

所谓网上拍卖（auction online）是指通过 Internet 实施的价格谈判交易活动，即利用互联网在网站上公开发布将要招标的物品或者服务的信息，通过竞争投标的方式将它出售给出价最高或最低的投标者。其实质是以竞争价格为核心，建立生产者和消费者之间的交流与互动机制，共同确定价格和数量，从而达到均衡的一种市场经济过程。目前，互联网上流行的拍卖方式主要包括：英式拍卖、荷兰式拍卖、集体议价和双重拍卖。

（1）英式拍卖。英式拍卖也称为公开拍卖或者增价拍卖，是最流行的网上拍卖方式，它使投标者的参与变得相对容易。英式拍卖的规则是最后一位出价人的出价要比前一位高，在竞价截止时间结束时，出价最高者可以获得竞价商品的购买权。买家可以通过浏览历史价格来决定自己对产品的最高出价，然后提交给拍卖系统，系统会自动更新，显示所有买家的报价历史和当前的最高报价。图 4-2 所示为淘宝网平台的英式拍卖。

（2）荷兰式拍卖。荷兰式拍卖是一种公开减价的拍卖，一般是针对大量相同产品和服务要出售的情况而产生的，采用的是逆向竞价形式。与传统荷兰式拍卖不同的是，网络荷兰式拍卖不存在价格下降的情况，一般是在竞价截止时间结束时，出价最高的顾客获得他所需要的产品数量，如果产品数量有剩余，则由出价第二高的人获得其所需的产品数量，并以此类推。

（3）集体议价。集体议价是一种创新的网上拍卖方式，通过 Internet 集合买家的购买力从而使得集合中的每个成员都可以获得价格折扣。集体议价充分利用了互联网的特性，将零散的消费者及其购买需求聚合起来，形成类似集团采购的庞大的订单，从而与供应商讨价还价，争取最大最优惠的折扣。

价格：185.00元　和我联系　收藏该宝贝　出价

买家	出价	购买数量	获得数量	时间	状态
孙維君	185.0	1	1	2009-12-13 12:39:38	领先
wowojiajia84918	180.0（代理出价）	1	0	2009-12-13 12:39:38	出局
wowojiajia84918	175.0	1	0	2009-12-12 20:52:27	出局
春暖花花开pisces	170.0	1	0	2009-12-12 17:22:09	出局
wowojiajia84918	165.0	1	0	2009-12-12 02:05:14	出局
孙維君	160.0（代理出价）	1	0	2009-12-12 02:04:50	出局
wowojiajia84918	160.0	1	0	2009-12-12 02:04:50	出局
孙維君	155.0（代理出价）	1	0	2009-12-12 02:03:58	出局
wowojiajia84918	150.0	1	0	2009-12-12 02:03:58	出局
孙維君	145.0（代理出价）	1	0	2009-12-12 02:02:50	出局
wowojiajia84918	140.0	1	0	2009-12-12 02:02:50	出局
孙維君	105.0	1	0	2009-12-11 22:46:56	出局
意兴阑珊	100.0（代理出价）	1	0	2009-12-11 22:46:56	出局
意兴阑珊	90.0	1	0	2009-12-11 22:37:47	出局
wanqing543	85.0	1	0	2009-12-11 21:46:49	出局

最近30天成交0件　下一页

图 4–2　淘宝网平台的英式拍卖

（4）双重拍卖。双重拍卖是指买方和卖方是通过软件代理竞价系统来出价的。在拍卖开始前，买方向软件代理竞价系统提交最低出价和出价增量，卖方向软件代理竞价系统提交最高要价和要价减量。网上拍卖信息系统将卖方的要约和买方的要约进行匹配，直到要约提出的所有出售数量都卖给了买方。

4.3　C2C 业务的交易流程

4.3.1　购买流程

（1）注册会员。

如果是首次登录的新用户，首先要进行会员注册，会员注册时往往要求新会员阅读并同意服务条款，随后填写并提交个人资料，最后通过单击接收邮件中的链接或填写手机短信接收到的验证码等方式激活会员账号，完成会员注册，如图 4–3 所示。

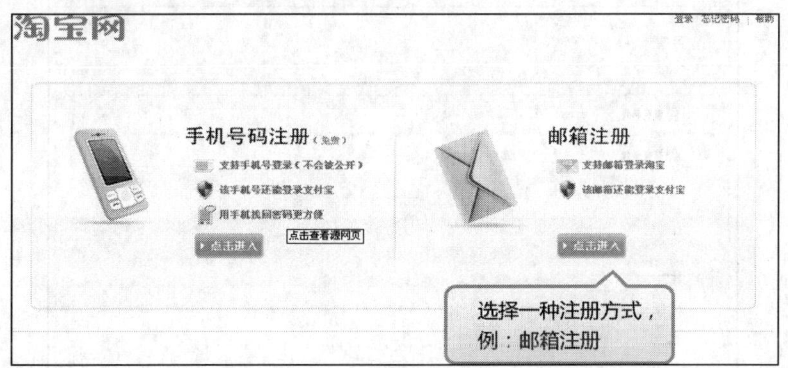

图 4–3　会员注册

（2）搜索目标商品。

用户注册登录 C2C 平台后，可以利用平台的站内搜索引擎或者商品分类目录来搜索目标产品。如图 4–4 所示。

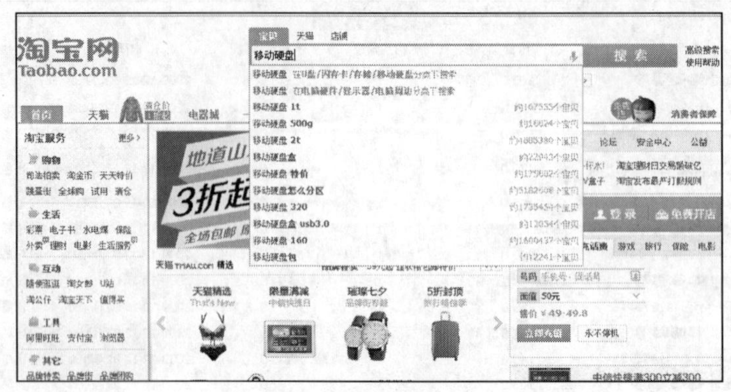

图 4–4　搜索目标商品

（3）联系卖家。

用户可以通过发站内邮件、给卖家留言、平台使用的沟通工具等方式来联系卖家。不同的平台支持不同的沟通工具，如淘宝网支持的阿里旺旺、拍拍网支持的 QQ 等，利用这些沟通工具，用户可以直接联系卖家。

（4）出价和结算。

如果卖方是以拍卖的方式出售商品，用户首先必须认真了解网络拍卖的规则和流程，如果选择的是一口价的方式出售，那用户只能按照卖方的价格购买；此外用户还要注意卖方是否包邮，如果是不包邮的情况，那么支付的金额为商品价格和邮费之和。确认购买后，对用户的订单进行结算，用户可以根据自身的需要选择送货时间、送货方式和支付方式。

（5）支付货款。

付款时，用户可以开通并使用平台推荐的第三方支付工具或者信用卡在线支付，也可以选择货到付款（并不是所有商家、所有产品都支持），如图 4–5 所示。

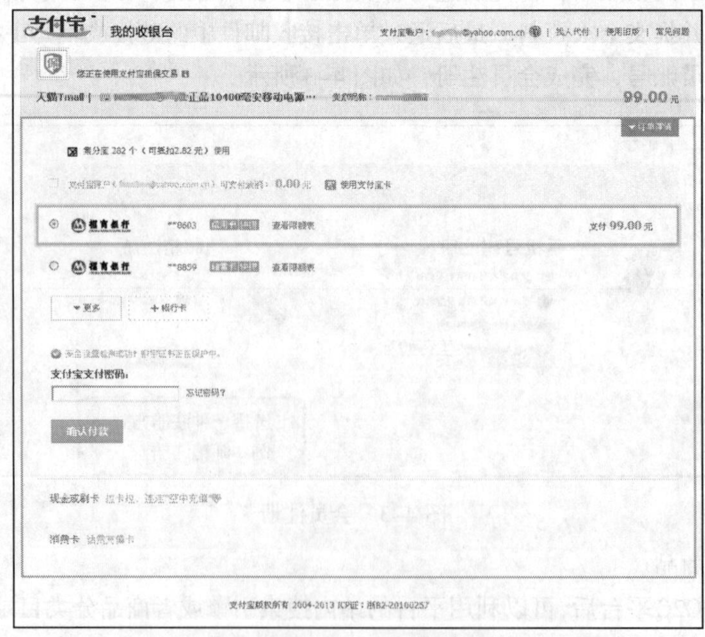

图 4–5　订单支付

（6）订单查询、管理和跟踪。

用户可以利用订单查询系统查询每次交易的历史订单；如果用户不想购买，还可以在规定时间内取消订单；同时，用户还可以利用订单查询系统实时了解订单的处理情况。如图 4-6 所示。

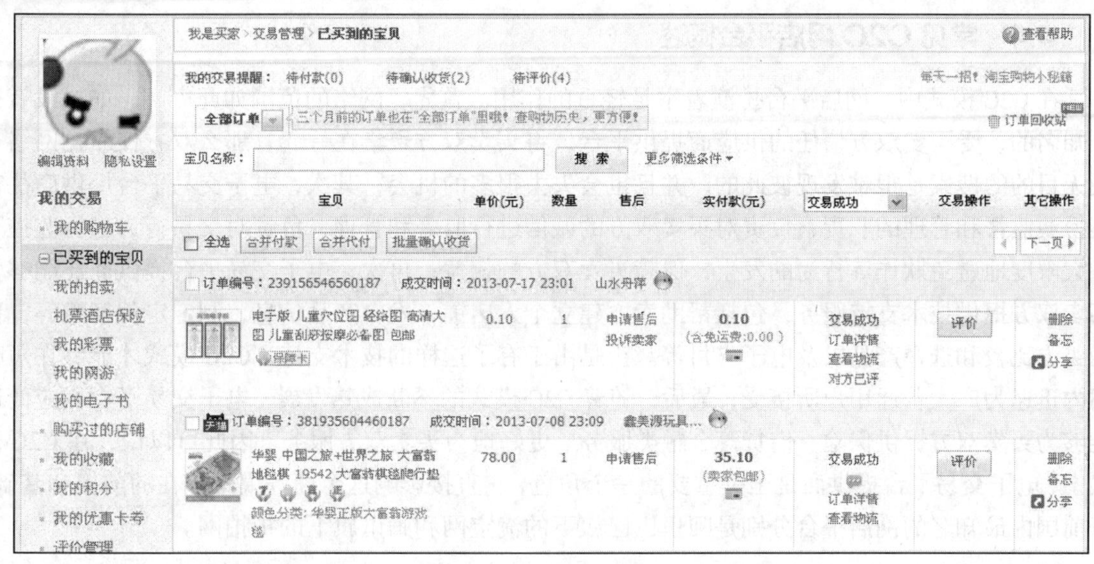

图 4-6 订单查询

（7）收货及评价。

收到货物以后，买家应当在第一时间检查商品的状况，如果商品存在问题可以选择退货。买家签字确认后表示对所受到的货物认可，买家可以对卖家的价格、服务态度、送货时间等因素给予个人评价。

4.3.2 C2C 拍卖流程

（1）会员注册。用户如果作为买方已注册会员，作为卖方时也可以使用与买方相同的会员账号。如果是新用户，需要按照要求注册会员。

（2）开通支付工具。为了保护交易双方的合法权益，买卖双方都应当开通平台支持的支付工具，如淘宝网支持的支付宝、拍拍网支持的财付通等。

（3）实名认证。实名认证分为个人实名认证和商家实名认证两种。个人实名认证必须提供本人的身份证，商家认证则必须提供营业执照等能够证明商家真实身份的证件。实名认证有助于确保用户信息和产品信息的合法性、真实性、有效性，提高了交易的安全性。

（4）发布商品。通过身份认证后，卖家就可以利用平台发布商品，开设店铺进行拍卖了。如图 4-7 所示。

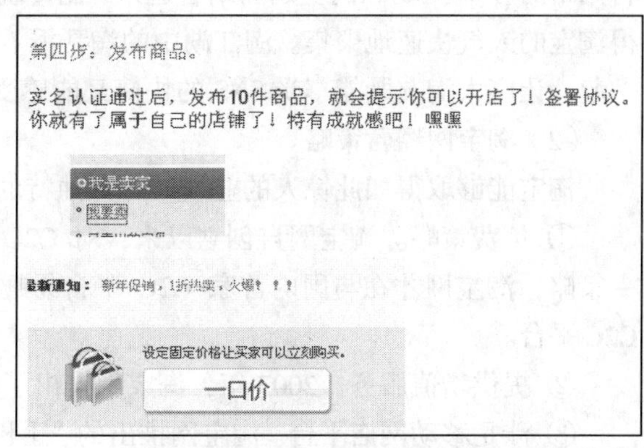

图 4-7 淘宝网平台发布商品

（5）联络买家。卖家可以通过平台支持的

沟通工具、站内信联系等方式回答买方的疑问，达成交易。

（6）发货和评价。确认收到买家的货款或者买家已经把货款交付给支付工具后，卖家就可以借助物流服务商进行发货。卖家收到买家的购物款后，卖家可以对买家进行评价，双方互作评价后，可以获得相应的积分。

4.4 常见 C2C 网店平台概述

在 C2C 模式中，网店平台扮演着举足轻重的作用。首先，网络的范围如此广阔，如果没有一个知名的、受买卖双方信任的供应商提供平台，将买卖双方聚集在一起，那么双方仅靠在网络上漫无目的的搜索是很难发现彼此的，并且也会失去很多的机会；其次，电子交易平台提供商往往还扮演监督和管理的职责，负责对买卖双方的诚信进行监督和管理，负责对交易行为进行监控，最大限度地避免欺诈等行为的发生，保障买卖双方的权益；再次，电子交易平台提供商还能够为买卖双方提供技术支持服务，包括帮助卖方建立个人店铺，发布产品信息，制定定价策略等，帮助买方比较和选择产品以及电子支付等。正是由于有了这样的技术支持，C2C 模式才能够在短时间内迅速为广大普通用户所接受；最后，随着 C2C 模式的不断成熟发展，电子交易平台供应商还能够为买卖双方提供保险、借贷等金融类服务，更好地为买卖双方服务。因此可以说，在 C2C 模式中，电子交易平台提供商是至关重要的一个角色，它直接影响这个商务模式存在的前提和基础。目前国内最知名的网店平台分别是阿里巴巴旗下的淘宝网和腾讯旗下的拍拍网。

4.4.1 淘宝网 C2C 网店平台

淘宝网是目前国内最大的 C2C 电子商务交易平台，它由阿里巴巴网络技术公司依托公司在 B2B 市场所取得的成功经验和品牌斥巨资打造的 C2C 平台。自 2003 年 5 月淘宝网正式上线至 2010 年 10 月，淘宝已有 3.7 亿注册用户，覆盖了我国绝大部分网购人群；2011 年交易额为 6100.8 亿元，占国内网购市场份额的 80%。

（1）淘宝网平台的特色服务项目。

① 淘宝店铺。淘宝别具特色地将普通店铺和旺铺分开，实现了网站的分流，并为 2008 年推出新版淘宝旺铺提供了契机，2009 年淘宝旺铺进一步升级，实现了 Flash 技术的淘宝店铺展示技术，使得大部分的旺铺成功走出了单一的展示，为淘宝成功实现功能的提升打下了基础。

② 淘江湖。淘宝网开发的 SNS 平台，依托此平台淘宝开展了新一轮的 C2C 新模式的尝试，将网络的 SNS 互动和网上购物结合起来，比传统的 C2C 更加灵活，而且通过一些新鲜的游戏也使得淘宝的人气快速地聚集。淘江湖中的淘帮派、淘心得更是将淘宝购物和 SNS 互动彻底结合到了一起，让广大淘友既能享受 SNS 的快捷又能感受到淘宝的乐趣。

（2）淘宝网经营策略。

淘宝能够取得如此惊人的业绩，与其独特的经营策略是分不开的。

① 免费策略。淘宝网自创立以来，对 C2C 坚持免费策略，不收取任何费用，也正是因为这一策略，淘宝网才在与国内首家 C2C 平台易趣网的竞争中占据了上风，并一跃成为国内最大的 C2C 平台。

② 提供增值服务。2007 年，淘宝网推出了网络营销业务，通过广告来提供更增值服务。

③ 涉足移动网店平台。淘宝网推出的“手机版淘宝”成为目前国内电子商务市场上最令人关

注的服务，此举意味着淘宝网开始涉及移动电子商务业务。

④ 人性化和本土化。相对于 eBay 进入我国市场后表现出的水土不服和易趣网照搬国外的界面，淘宝网的界面设计体现出人性化和本土化的特征，友善的界面和完善的功能更加符合中国网民的上网习惯。

⑤ 支付宝。当用户由于怀疑网络支付的安全性而犹豫不决时，淘宝网推出了基于淘宝平台的第三方支付工具——支付宝。支付宝的出现符合用户的切身利益，实现了对整个支付流程的有效监管，打消了用户的疑虑，让更多的用户可以放心尝试网络购物和支付。

⑥ 大淘宝战略。2008 年，淘宝公司推出“大淘宝”战略，希望通过开发性的平台，充分发挥产业链的协同效应，致力于成为电子商务的基础服务提供商，为电子商务的参与者提供基本服务，促进网络购物市场的繁荣。

（3）淘宝网平台的信用制度。

淘宝网注重诚信安全方面的建设，引入了实名认证制，并区分了个人用户与商家用户认证，两种认证需要提交的资料不一样，个人用户认证只需提供身份证明，商家认证还需提供营业执照，并且一个人不能同时申请两种认证。这方面可以看出淘宝网在规范商家方面所做出的努力。淘宝网同样引入了信用评价体系，可查看该卖家以往所得到的信用评价。

（4）淘宝网平台存在的不足。

① C2C 业务缺少有效的赢利途径。如何实现赢利一直是困扰众多 C2C 平台的现实问题，淘宝网曾经做过两次的赢利模式搜索：一个是竞价排名服务“招财进宝”，虽然也得到一些支持，但大多数来源于大卖家，而不是依靠网店收入获取微薄利润的小卖家，这些实践最终都以失败告终；另一个就是品牌商城——天猫商城，天猫商城取得的初步成功也使得淘宝网意识到在目前的国内的互联网环境下，B2C 实现赢利要比 C2C 更具可行性。2010 年 3 月 31 日，淘宝网开始了新的赢利探索——有偿数据开放，而今也已小有收获。值得一提的是，对淘宝网而言，需要关注的问题并不是淘宝网如何实现赢利，而是淘宝网如何在不影响市场占有率的情况下赢利。

② 物流保障仍需加强。淘宝网的市场定位是 C2C 中文电子商务交易网站和第三方平台运营商，并不是直接参与提供物流配送。尽管淘宝网采取了与圆通速递、亚风速递、宅急送、中国邮政“e 邮宝”合作配送的方式来提升其物流服务质量，但这些合作仍有待完善。建设健全的物流配送系统是 C2C 电子商务模式，乃至整个电子商务领域发展的最主要瓶颈问题之一。

③ 支付问题仍是瓶颈。互联网的跨越性、虚拟性决定了 C2C 的交易风险更加难以控制。尽管淘宝网推出了支付宝，在一定程度上保障了买卖双方支付现金的安全性，但受我国的金融体系和人们的传统观念影响，现实中人们还是习惯较多地使用纸质货币，借记卡、信用卡系统尚不如西方国家那么成熟，这不可避免地为网上支付带来了一定障碍。尽管目前淘宝网大多数交易都是用支付宝平台，但是如果支付一旦开始收取手续费，是否会大大降低网上支付的人群比例仍然是个未知数。同时，支付宝仍旧有明显的局限性和不完善的地方，在其安全性之外，也存在些效率问题。

4.4.2 拍拍网 C2C 网店平台

拍拍网是由腾讯公司推出的 C2C 网店平台，于 2006 年 3 月宣布正式运营，依托于腾讯 QQ 庞大的用户群，拍拍网具有良好的发展潜力，短短几年时间已经成为国内知名的 C2C 网店平台。

作为国内C2C网店平台的后起之秀，拍拍网并没有简单地模仿淘宝或者易趣，而是结合自身业务整体优势，推出了新的经营理念。

（1）拍拍网平台的特色服务项目——视频购物。

拍拍网提供了基于QQ视频服务的边聊边买的专利服务，顾客只需要点击商品页面的交谈按键，就可以一边浏览商品一边与店主通过QQ进行沟通，大大提高了交易的成功率。通过这种互动性极强的交易平台，用户还可以结交朋友，建立起自己丰富的用户资源，为未来达成交易奠定良好的基础。

（2）拍拍网经营策略。

① 注重用户体验。拍拍网坚持“用户第一，体验为王”的经营战略，依据用户的消费特点，通过体验牌来提高用户的满意度和忠诚度。

② 首创的“视频”网络购物模式。为了提升用户体验，借助QQ工具，拍拍网在全国率先推出“视频”互动的网络购物模式，在一定程度上解决了网络购物中的诚信问题，减少买家经常反映的实物与平台图片不符的困扰，对网络交易的安全诚信起到了维护和促进作用，受到了业界的广泛认可和采纳。

③ 形成平台与社区的无缝链接。腾讯公司利用QQ与拍拍网结合开辟了“社区化电子商务模式”。将聊天软件与购物网站相结合，为用户交易提供了更多的便利，对平台推广和争取用户极为有利。

（3）拍拍网平台的信用制度。

拍拍网建立了一套独特的个人信用评定体系。买家和卖家可以对双方交易的过程和结果在网上发表意见；拍拍网会以此意见为参考，通过自己的数据库进行分析测评，得出卖家的交易诚信度的得分。拍拍网的信用也分为几个级别，可分为钻石级、四星级、三星级、二星级、一星级共五个级别，它是在交易成功后可以给购买者一次信用评价，评价分好、中、差三种，每种评价对应一个信用度分值。在进行交易时，有了信用体制作为保证，买卖双方违规操作或者欺诈行为会大大减少。

（4）拍拍网平台存在的不足。

① 拍卖机制还不完善。在拍拍上很难找到像在淘宝经常有的定时抢购的消息，让那些希望通过1元钱抢拍而让自己得到成就感的卖家没有购物的欲望。

② 在信用和纠纷保障方面存在不足。出现违约行为时，仅靠评价机制不能完全防止不安全交易的发生；拍拍网不像天猫商城那样需要卖家支付保证金，如果卖家有什么交易纠纷，可以用这些押金给予卖家一定的惩罚。

③ 在线小额付款成本较高。拍拍网上有许多小额商品，有时商品运费或其他费用高于商品本身价格，对于市场需求很大的小额付款贸易而言十分不利；虽然有时候拍拍会通过QQ向旗下的会员给予实体小礼品，希望通过这些来吸引更多的人来光顾拍拍，但是这些小礼品的运费由买家自理，出于消费者心理，多数消费者不会为了这些价值较低的校礼品而花费较高的运费。

④ 资金回拢的周期较长。拍拍网卖家一旦资金链断裂，会出现非常严重的后果。针对这种可能淘宝网对不同等级的卖家提供了每日销售额度一定百分比的贷款，供卖家资金周转使用，而拍拍网目前还不具备这项业务。

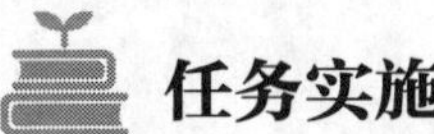

任务实施

1．了解 C2C 业务模式的基本情况

步骤一　打开浏览器，在地址栏中输入搜索引擎地址：http://www.baidu.com/。

步骤二　在搜索引擎中输入关键词进行搜索，关键词如“C2C 电子商务”、“C2C 发展趋势”等。

步骤三　单击搜索结果中的页面链接进入阅读页面。

步骤四　同学分组讨论交流并选代表发言。

步骤五　教师归纳总结。

2．了解国内知名 C2C 平台的功能与服务并讨论

步骤一　登录淘宝网了解平台的基本功能和服务，打开浏览器，在地址栏中输入搜索引擎地址：http://www.taobao.com/。

步骤二　登录拍拍网了解平台的基本功能和服务，打开浏览器，在地址栏中输入搜索引擎地址：http://www.paipai.com/。

步骤三　登录易趣网了解平台的基本功能和服务，打开浏览器，在地址栏中输入搜索引擎地址：http://www.eachnet.com/。

步骤四　比较各平台的功能与服务。

步骤五　各小组针对知名 C2C 平台的功能与服务展开讨论。

步骤六　教师归纳总结。

3．利用阿里学院网站定制自学课程

步骤一　登录淘宝大学网站。打开浏览器，在地址栏中输入搜索引擎地址：http://daxue.taobao.com/。

步骤二　搜索所需学习的课程，在站内利用分类目录搜索所需学习的课程。

步骤三　选择相应的教学内容，开展学习。选中相应课程单击链接或者鼠标左键打开课程。

步骤四　定期针对学习情况进行总结。

图 4-8　淘宝大学首页

4．利用淘宝平台发布自己不需要的二手商品信息

步骤一　登录淘宝网。

打开浏览器，在地址栏中输入搜索引擎地址：http://www.taobao.com/；并使用已有的账号登录，如果首次登录可以单击“免费注册”，并利用新注册的账号登录。

步骤二　进入“跳蚤街”。

单击页面上方的“卖家中心”，单击“出售闲置”按钮，进入“淘宝跳蚤街”页面。

步骤三　发布二手商品信息。

单击“发布闲置”标签按钮，进入商品信息发布页面，按照要求仔细填写各项商品信息，填写完毕后，单击下方“立刻发布”按钮，完成商品信息发布。

素质拓展

C2C 业务模式的赢利模式

（1）会员费。

会员费也就是会员制服务收费，是指 C2C 平台为会员提供网上店铺出租、产品信息推荐等多种有偿服务组合而收取的费用，用户缴纳会员费便可以在规定的时间内享有会员服务，如果不续费则恢复为免费用户，不再享有会员服务。由于提供的会员服务是多种关联服务的有效组合，能够较好地满足大多数会员的需求，相对于其他收费方式，此类收费方式也比较稳定。

（2）交易提成。

C2C 平台本质是一个交易平台，它为交易双方提供机会，就相当于现实生活中的交易所、大卖场，从交易中收取提成是其市场本性的体现。因此，交易提成也是 C2C 平台的主要收入来源。

（3）广告费。

企业将平台上具有价值的位置用于放置各种类型广告，根据网站流量和网站人群精度标定广告位价格，然后再通过各种形式向客户出售。如果 C2C 网站具有充足的访问量和用户黏度，广告业务量会非常大，给平台带来巨大的收益。

（4）搜索排名竞价。

C2C 平台的商品种类丰富、花样繁多，消费者为了在购物时快速定位所要购买的商品通常频繁借助站内的搜索引擎，开展大量的搜索，这就决定了商品信息在搜索结果中排名的重要性，由此便引出了根据搜索关键字竞价的业务。用户可以为某关键字提出自己认为合适的价格，最终由出价最高者竞得，在有效时间内该用户的商品可获得竞得的排位。

（5）支付环节收费。

在第三方支付工具推出之前，支付问题一直是困扰电子商务发展的瓶颈之一，第三方支付工具的出现，大大提高了交易双方的资金安全，受到交易双方的青睐，也促进了网上在线支付业务的开展。买家可以先把预付款通过网上银行打到支付公司的个人专用账户，待收到卖家发出的货物后，再通知支付公司把货款打入到卖家账户，这样买家不用担心收不到货还要付款，卖家也不用担心发了货而收不到款。而支付公司就可以按成交额的一定比例收取手续费。目前的第三方支付工具大多数都是免费的，但这并不意味着 C2C 平台无法从中获益，实际上平台可以利用资金沉淀获取高额的收益，一般在交易完成三到五天后，第三方支付工具才会将款项打入卖方的账户，

由于在第三方工具中沉淀的资金金额较大，短期的停留也可以带来巨大的利息收益。

动手：1. 找出国内知名 C2C 业务平台的主要收入来源有哪些。

2. 分析预测 C2C 平台未来可能出现的新的收入来源。

任务九 B2C 业务模式实践

学习任务

学习情境

准备考研的李敏打算为自己买一套考研的教材，但是外面天气炎热，所以她不想去市中心的新华书店购买。于是，她决定通过网上购物来购买教材，但是李敏以前并没有在网络购物的经验，什么是网络购物？在网上购物需要有哪些流程？网络购物的模式有哪些？这些问题困扰着李敏，她决定搞清楚这些问题

任务描述

1. 利用网络搜索工具了解 B2C 业务模式的概念和发展趋势，并在学习小组中交流讨论

2. 登录国内知名 B2C 平台（当当网、京东商城、天猫商城），比较这些平台的服务和功能，并比较它们的业务模式，并在学习小组中交流讨论

3. 登录任一 B2C 平台在线购买一件小额商品，体验 B2C 网络购物的流程

任务拓展

每个学习小组利用不同的网络购物平台，在线购买一件小额商品，体验整个网络购物的过程，并总结对该平台的总体印象（如购物、支付、收货等环节），各个小组进行交流讨论

学习指南

4.5 B2C 业务模式简介

B2C 电子商务是消费者广泛接触的电子商务模式，也是电子商务应用最普遍、发展最快的领域之一。目前，在 Internet 上遍布的各式各样的网上商城、电子商城都属于此类电子商务模式。

4.5.1 B2C 业务模式的概念

B2C（business to customer）电子商务是以 Internet 为主要手段，由商家或企业通过网站向消费者提供商品和服务的一种商务模式。目前，在 Internet 上遍布了各种类型的 B2C 网站，提供从鲜花、书籍到计算机、汽车等各种消费品和服务。从长远来看，B2C 电子商务将取得快速发展，并将最终在电子商务领域占据重要地位。

（1）B2C 平台的功能。

对于 B2C 平台的基本功能可以从多个角度进行划分，下面主要从消费者和网站经营者这两个

角度进行阐述。

① 对消费者的功能。从消费者角度出发，B2C 业务平台首先要为消费者提供能够在线购物的虚拟环境，消费者通过平台可以方便地浏览、查找、挑选、比较各类商品信息和卖家信息，购买流程应当简捷明了，不能过于复杂；其次平台应当为消费者所购买的商品负责进行配送，按照消费者的指定需求方便快捷地将消费者所购买的商品送达到消费者手中；再次，平台能够确认消费者的身份信息，同时对消费者的个人信息和购物信息保密；最后，平台能够向消费者提供一种安全、快捷的支付方式，并对消费者的账号等支付信息保密。

② 对经营者的功能。对经营者而言，B2C 业务平台应当同时具有前台管理和后台管理两大功能。通过前台，可以申请会员注册、会员信息管理、客户信息管理、商品搜索、在线购物、订单查询、卖家信息查询、信息反馈、导购指南等；而利用后台，经营者可以方便地实现邮件的自动收发、进销存货管理、日常业务处理、销售统计分析、客户群统计分析、经营报表管理、商品定义、企业信息发布、账务管理、供应商管理、订单处理和综合查询等功能。

（2）B2C 业务模式的优势。

B2C 业务模式给的出现，对传统商家产生了巨大的影响，为传统商家带来了许多收益，主要体现在以下几个方面。

① 提升商家的品牌价值。商家借助于 B2C 平台，可以通过 Internet 向众多的消费者宣传自己的品牌，进行商品宣传和广告促销，能够使得消费者迅速了解商家的经营理念，并树立良好的品牌形象。

② 有利于商家收集市场和消费者信息。Internet 突破了时间和空间的限制，让信息传递变得更加方便、快捷，商家通过 Internet 可以及时、全面地获取有价值的市场信息和消费者信息，了解市场行情和消费者的需求，进而在市场竞争中占据有利的地位。

③ 有利于商家提高商品质量和服务水平。通过 B2C 业务平台，商家可以与消费者建立有效的互动联系，拉近了消费者和商家之间的距离，消费者可以通过平台将商品的使用信息、服务信息及时反馈给商家，商家也可以借此了解到商品和服务存在的不足，及时完善商品质量、提高服务水平。

④ 有助于商家快速实施国际市场战略。商家借助 B2C 业务平台可以轻易地克服传统零售活动中地域和时间的限制，快速建立国际分销渠道和销售商品，拓宽商家的经营范围。

⑤ 有助于商家降低经营成本。利用 B2C 平台商家可以利用虚拟店铺代替实体门店，节省了大量的租金成本；同时，商家可以通过已有的消费者订单来安排进货计划，不会出现商品库存积压的问题，提高了资金和库存的周转率，降低了商家的经营成本。

4.5.2 B2C 业务模式的发展趋势

（1）B2C 将成为未来电子商务发展的主趋势。

从国外电子商务的现状来看，B2C 模式在网络购物市场中占据了主要地位。以美国为例，目前 B2C 销售额占据了全美网购市场约 80%左右的份额，而 C2C 只占据 20%的份额。但在我国，C2C 模式却仍然是网络购物的绝对主力，据《2009 年中国网络购物市场研究报告》中显示，我国 B2C 网站的网络购物消费者渗透率远远低于 C2C 网站，其中最高的当当网的渗透率仅有 10.4%，而淘宝网则有 81.5%。此外，无论是用户规模还是交易金额，C2C 都远超 B2C

购物网站。虽然我国 C2C 市场一片繁荣，但出现的问题也很多，假货、水货、信誉造假和欺诈等事件层出不穷，且大多数 C2C 网站也缺乏对此类不良商家的监督和鉴别的能力，这就极大地影响了 C2C 商家的形象，不利于 C2C 业务模式的长远发展；同时，随着消费者消费心理的不断成熟，对于网购的商品已不仅仅只关注价格，而更关注产品的质量和商家的售后服务，这些都使得货源充分、销售行货、能够开具正规发票、提供较为满意售后服务的 B2C 商城更容易受到消费者的信赖。

（2）垂直类 B2C 发展空间较大。

目前，综合类 B2C 网站如卓越网、当当网等虽然经过多年的发展，在赢利方面和市场占有率等方面却没有显著提高，而一些新兴的垂直类的 B2C 网站，如衬衫行业的凡客诚品，3C（指计算机、通信和消费电子产品）行业的京东商城，由于其经营产品具有特色、目标专一、有效地满足了消费者的专业需求，得到市场的高度认可，市场份额不断提高，销售额成几何倍数增长，发展前景乐观。艾瑞咨询《2009 年中国网络购物交易额市场份额统计报告》显示，垂直类 B2C 网站京东商城已经超越卓越、当当成为第一，其市场份额为 28.7%。2008 年开始的金融危机对传统零售行业的影响在一定程度上也促进了垂直类 B2C 的发展，消费者由于收入的减少，不得不削减开支，放弃成本高昂的传统购物而转向成本较低的网络购物。随着我国网络购物规模的继续扩大，B2C 市场将持续增长，在满足消费者个性和专业需求的同时，市场会更加细分，将会出现越来越多的专业购物网站，垂直类 B2C 具有较大的发展空间。

（3）B2C 平台数量激增。

目前，众多的传统零售商已经开始积极进行网购平台的建设，如苏宁、国美、中粮、百丽、李宁等传统企业已经开始涉足线上，构建线上+线下的综合性的销售渠道；同时，越来越多的厂商开始与电子商务企业合作，建立网上专卖店，开展网络销售服务。如老牌电脑销售商戴尔，除早已在网上建立直销网站以外，还与淘宝合作，建立戴尔中国淘宝旗舰店和授权店，扩大其销售渠道，这实际上是借助了电子商务企业的网购平台开展 B2C 模式销售。传统零售商逐步开展 B2C 业务，B2C 平台数量迅速增加，促进了网络购物市场发展的繁荣。

4.6 B2C 业务模式的基本流程

B2C 业务模式的流程可分为顾客购物流程和卖家后台管理流程，具体环节如图 4-9 所示。

4.6.1 B2C 顾客购物流程

B2C 的顾客购物流程主要是针对消费者的网上购买行为模型进行设计的，大致可以分为八个环节。

（1）用户注册登录。如果用户已经拥有平台账号，可以直接使用该账号登录。如果是首次登录平台，用户需要先注册，用户可以点击相应的链接，进入注册页面，并按照要求填写注册信息。

（2）搜索商品。用户注册完毕登录后，可以利用平台提供的多种搜索方式，如站内搜索引擎和商品分类目录快速查询和浏览自己所要购买的商品。

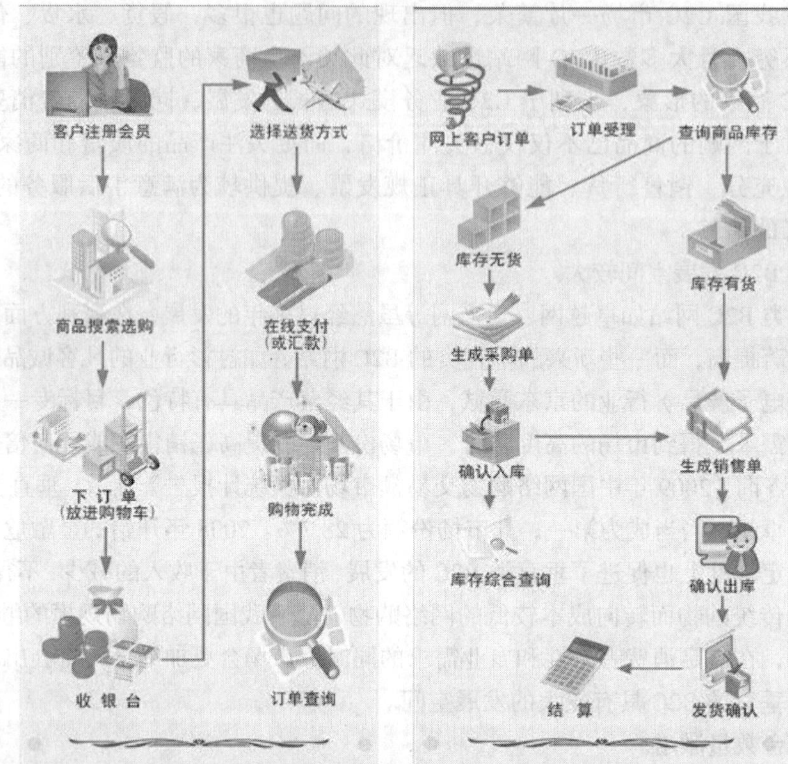

图 4–9 B2C 购物流程和后台管理流程

(3)选购商品。用户找到所需的商品后，可以浏览商品和商家的具体信息，用户比较商家及商品信息，确定购买的商品和商家，用户单击“订购”，并将商品放入“购物车”。在最后确定购买之前，消费者可以在“购物车”中查看选购商品的名称、数量、单价和总价等信息，也可以修改商品的数量。

(4)结算。B2C 平台对用户本次购买的所有商品进行结算，生成订单。

(5)选择送货方式。用户可以依据自身的需求选择送货的方式，如双休日送货、工作日送货等。

(6)付款。用户选择相应的付款方式，如在线支付、汇款和货到付款等。网上支付一般都是基于信用卡、借记卡等电子支付方式。此外，也可以选择第三方支付等形式，从而提高支付的安全性。

(7)购物完成。付款后，用户基本完成对商品的在线购买过程。

(8)订单管理。利用订单管理系统，用户可以对已经每次生成的订单进行查询；如果不再需要购买，可以在规定时间内申请撤销订单；对正在交付的订单，用户也可以查询订单处理的状态。

这种基于 B2C 的网上购物，彻底改变了传统的面对面交易和一手交钱一手交货等购物方式，这是一种新型高效、保密性好、安全保险的购物方式，是一种与传统购物方式根本不同的高新技术购物方式。

4.6.2 B2C 后台管理流程

(1)库存查询。商家接收到用户的订单之后，进行订单授理，商家通过系统平台对商品的库存进行查询。

（2）生成销售单。如果库存能够满足订单需求，则生成销售单；如果库存不足的话，商家先进行采购，生成采购单，并确认货物入库后，生成销售单。

（3）出库。商家按照销售单对商品组配进行出库。

（4）准备发货。商家利用平台自建物流系统或者通过物流服务商安排运力将商品送达用户。

（5）结算。商家对销售的商品进行费用结算。

4.7 B2C 业务的基本模式

4.7.1 根据买卖关系划分

从企业和消费者买卖关系的角度分析 B2C 的商务模式主要分为卖方企业—买方个人的电子商务及买方企业—卖方个人的电子商务两种模式。

（1）卖方企业—买方个人模式。

这是商家出售商品和服务给消费者个人的电子商务模式。在这种模式中，商家首先在网站上开设网上商店，公布商品的品种、规格、价格、性能等，或者提供服务种类、价格和方式，由消费者个人选购，下订单，在线或离线付款，商家负责送货上门。这种网上购物方式可以使消费者获得更多的商品信息，虽足不出户却可货比千家，买到价格较低的商品，节省购物的时间。

亚马逊公司是典型的卖方企业面对买方个人的零售网站，公司的初衷是建立一个网上书店，但目前的销售商品种类已经扩大到音像数字产品、电子产品、化妆品、服装、家具和汽车用品等。亚马逊并没有实体的店铺，仅依靠网络开展销售。

（2）买方企业—卖方个人的电子商务。

这是企业在网上向个人求购商品或服务的一种电子商务模式。这种模式应用最多的就是企业用于网上招聘人才。如许多企业在深圳人才市场网招聘各类人才。在这种模式中，企业首先在网上发布需求信息，后由个人上网洽谈。这种方式在当今人才流动量大的社会中极为流行，因为它建立起了企业与个人之间的联系平台，使得人力资源得以充分利用。

智联招聘网是一家买方企业对卖方个人的电子商务网站，它为招聘企业和求职个人提供了一个沟通的平台。2009 年 3 月，在艾瑞咨询评出的“年度中国最佳成长互联网企业”中，智联招聘网获得“2008 年度中国最佳成长招聘网站”奖项。

4.7.2 根据交易客体划分

根据交易的客体，可把 B2C 分为无形商品和服务的电子商务模式和有形商品和服务的电子商务模式。前者可以完整地通过网络进行，而后者则不能完全在网上实现，要借助传统手段的配合才能完成。

（1）无形商品和服务的电子商务模式。

计算机网络本身具有信息传输和信息处理功能，无形商品和服务一般可以通过网络直接提供给消费者。无形商品和服务的电子商务模式主要有网上订购模式、广告支持模式和网上赠予模式。

① 网上订阅模式。消费者通过网络订阅企业提供的无形商品和服务，并在网上直接浏览或消费。这种模式主要被一些商业在线企业用来销售报刊杂志、有线电视节目等。网上订阅模式主要有以下几种。

在线出版（online publication）。出版商通过互联网向消费者提供除传统印刷出版物之外的电子刊物。在线出版一般不提供互联网的接入服务，只在网上发布电子刊物，消费者通过订阅可下载有关的刊物。但这种模式并不是一种理想的信息销售模式，在如今信息爆炸的时代，用户获得信息的途径各式各样，因而对本来已很廉价的收费信息服务敬而远之。因此，有些在线出版商采用免费赠送和收费订阅相结合的双轨制，从而吸引了一定数量的消费者，并保持了一定的营业收入。

在线服务（online service）。在线服务商通过每月收取固定的费用而向消费者提供各种形式的在线信息服务。在线服务商一般都有自己特定的客户群体。如美国在线（AOL）的主要客户群体是家庭用户，而微软网络的主要客户群体是 Windows 的使用者，订阅者每月支付一定的费用，从而享受相应信息服务。在线服务一般是针对一定的社会群体提供的，以培养消费者的忠诚度。

在线娱乐（online entertainment）。在线娱乐商通过网站向消费者提供在线游戏，并收取一定的费用，这是无形商品和服务在线销售中令人关注的一个领域，也取得了不俗的成绩。当前，网络游戏已成为各方关注的焦点之一，微软、暴雪等纷纷在网络游戏方面强势出击。事实上，网络经营者们已将眼光放得更远,通过一些免费或价格低廉的网上娱乐换取消费者的访问率和忠诚度。

② 广告支持模式。在线服务商免费向消费者提供在线信息服务，其营业收入完全靠网站上的广告来获得。这种模式虽然不直接向消费者收费，但却是目前最成功的电子商务模式之一。Yahoo等在线搜索服务网站就是依靠广告收入来维持经营活动的。对于上网者来说，信息搜索是其在互联网中寻找所需信息的基础性服务。因此，企业也最愿意在信息搜索网站上设置广告，通过点击广告可直接到达该企业的网站。采用广告支持模式的在线服务商能否成功的关键是其网页能否吸引大量的广告，能否吸引广大消费者的注意。

③ 网上赠予模式。这种模式经常被软件公司用来赠送软件产品,以扩大其知名度和市场份额。一些软件公司将测试版软件通过互联网向用户免费发送，用户自行下载试用，也可以将意见或建议反馈给软件公司。用户对测试软件试用一段时间后，如果满意，则有可能购买正式版本的软件。采用这种模式，软件公司不仅可以降低成本，还可以扩大测试群体，改善测试效果，提高市场占有率。美国的网景公司在其浏览器最初推广阶段采用的就是这种方法，从而使其浏览器软件迅速占领市场，效果十分明显。

（2）有形商品和服务的电子商务模式。

有形商品是指传统的实物商品，采用这种模式，有形商品和服务的查询、订购、付款等活动在网上进行，但最终的交付不能通过网络实现，还是以来传统的方法来实现。这种电子商务模式也称为在线销售。目前，企业实现在线销售主要有两种方式：一种是在网上开设独立的虚拟商店；另一种是参与并成为网上购物中心的一部分。有形商品和服务的在线销售使企业扩大了销售渠道，增加了市场机会。与传统的店铺销售相比，即使企业的规模很小，网上销售也可将业务伸展到世界的各个角落。

① 独立的 B2C 平台。独立的 B2C 网站主要由企业自行搭建网上商店平台，企业拥有较强的资金和技术实力，能够自行完成电子商务前台系统和后台系统的构建。这种方式的优点是可以根据企业自身的特性搭建能够满足自己个性化需求的网上商店，但生成的商店缺乏规模效应，需要在前期进行大力推广，否则即便是平台功能再强，如果没有较高的品牌知名度，商店还是难以吸引大量的消费者访问。此类平台又可以细分为三种。

一是新生的网上商店，这种网上商店是完全虚拟的企业，在线下没有实体商店，其典型代表是亚马逊。

二是传统商店自办的网上商店，传统商店为了增加销售额纷纷上网经营，线上销售和线下销售面对的是一个共同的市场，传统商店除了在线上拥有虚拟商店，在线下同时拥有实体商店，其典型代表是苏宁、国美。

三是开展直销业务的商家，与前两类网上商店不同的是，此类网上商店由生产制造商所开设，实现的是最原始的直销方式，但网络平台的出现也给这种原始的销售方式带来了新的变化，同时也给企业带来的了更大的商机，其典型企业包括戴尔、联想等。

② B2C 电子化交易市场。B2C 电子交易化市场也可称为 B2C 的 EM(electronic marketing)运营商，是指在互联网的环境下利用通信技术、网络技术等手段把参与交易的买卖双方集成在一起的虚拟交易环境，由专业中介结构负责 EM 的运营，EM 运营商一般不会直接参与电子商务交易。EM 运营商一般分为基于 B2B 的 EM 运营模式和基于 B2C 的 EM 经营模式。B2C 电子交易化市场作为新型的电子商务中介商，其经营的重点是聚集入驻企业和消费者，扩大交易规模，形成一定的商业“马太”效应，提升电子交易化市场的人气。

什么是“马太”效应？

（3）综合模式。

实际上，多数企业网上销售并不是仅仅采用一种电子商务模式，而往往采用综合模式，即将各种模式结合起来实施电子商务。Golf Web 网站采用的就是综合模式，它是一家有 3 500 页有关高尔夫球信息的网站。在 Golf Web 的收入来源中，大约 40%的收入来自于订阅费和服务费，35%的收入来自于广告，还有 25%的收入是该网址专业零售点的销售收入。Golf Web 网址已经吸引了许多大公司的广告，如美洲银行、美国电报电话公司等，其专业零售点开始两个月的收入就高达 10 万美元。

4.7.3 根据企业在商务模式流程中的作用和商业模式划分

根据企业在商务模式流程中的作用和商业模式的理论为依据，将 B2C 电子商务分为以下三个类别：生产商直销模式、中间商模式、第三方交易平台模式，它们的特点比较请参照表 4-1。

表 4-1　　生产商直销 B2C 模式、中间商 B2C 模式、第三方交易平台 B2C 模式比较

模式类别	生产商直销模式	中间商模式		第三方交易平台模式
		综合类中间商模式	垂直类中间商模式	
定义	生产商直销模式是指产品制造商通过自建的电子商务平台直接向消费者提供其生产的产品的模式	综合类中间商模式是指中间商或零售商通过电子商务平台向消费者提供多种类型的商品	中间商中的特殊类型，销售的商品种类较少	第三方交易平台从本质上讲就是一个提供了信誉保障的信息中介平台，它为生产商和中间商提供一个为消费者服务的交易平台，其本身并不负责产品的配送和售后

续表

模式类别	生产商直销模式	中间商模式		第三方交易平台模式
		综合类中间商模式	垂直类中间商模式	
典型代表企业	戴尔公司 http://www.dell.com	当当网 http://www.dangdang.com	京东商城 http://www.jd.com	淘宝商城 http://www.tmall.com
是否从事生产	是	否	否	否
是否直接从事交易	是	是	是	否
商品种类	单一	品种较多	品种较少	非常多
商品价格	省去中间商环节，价格较低	电子商务平台建设、维护、推广费用，价格一般	电子商务平台建设、维护、推广费用，价格一般	第三方收取平台费用，价格较高
支付	在线支付、邮局汇款	在线支付、第三方支付、货到付款、邮局汇款	在线支付、第三方支付、货到付款、邮局汇款	第三方支付
售后服务	生产厂商提供服务	中间商提供服务	中间商提供服务	平台不提供售后服务，由加盟厂商提供售后服务
信誉	厂商保证，信誉较好	一般	一般	严格的准入制度，信誉较好

（1）生产商直销模式。

直销模式是 direct sales model 的中译，比较通俗的说法是“无店铺销售”的模式，指产品制造商通过自建电子商务平台直接向消费者提供其生产的产品的模式。提供的产品包括实物产品和虚拟产品。实物产品如电脑、数码产品、服装，虚拟产品如教育、知识、信息、音乐、虚拟金融产品、电子书籍、杂志等。这种模式的不受时间与空间的限制，消费者和直销商之间的交易可以在任何时刻、地点进行，该模式的最大优点是减少了流通环节，生产商直接面对消费者，最大限度地降低了中间环节信息和利润损失，通过网络获取消费者的需求信息。这种模式要求生产商有功能完备的在线销售平台、专业化的信息系统和商务流程来满足在线消费者的各种需求。

（2）中间商模式。

中间商是指在制造商与消费者之间“专门媒介商品交换”经济组织或个人。中间商可以按照不同的标准进行分类，按商品提供者所提供商品的种类的多少将中间商模式分为两类：综合类中间商模式和垂直类中间商模式。

① 综合类中间商模式。综合类中间商模式是指中间商或零售商通过电子商务平台向消费者提供多种类型的商品。这种模式是最早出现的 B2C 电子商务，其典型的代表是 Amazon、当当和卓越。这种模式的电子商务通常向消费者多种类别的商品，从标准化的书籍到服装、数码产品以及家电等所有的适合网络销售的产品。这种模式的电子商务施行统一配送和售后服务、支付方式灵活，有较好的信誉保障。

② 垂直类中间商模式。垂直类中间商模式和综合类中间商模式基本类似都是零售商或中间商同消费者之间的商务模式。其不同之处就是垂直类中间商模式专注于某一特定的细分市场而不是综合的商品，例如母婴类的红孩子、3C 类的京东商城、钻石类的我要钻石网以及衬衣类的 PPG。

这种新的商务模式近两年的发展尤为迅速，引起业界的广泛的关注。

（3）第三方交易平台模式。

第三方交易平台从本质上讲就是一个提供了信誉保障的信息中介平台。它为生产商和中间商提供一个为消费者服务的交易平台，其本身并不负责产品的配送和售后。这类模式的典型应用就是淘宝商城。这种模式要求交易平台要有较高的知名度、点击率和流量。这种模式和中小企业利用 C2C 平台的交易方式不同之处在于：C2C 交易平台只是提供一个交易环境而不对其出售的产品品质提供保障；而第三方交易平台模式通过平台自身的品牌度和严格的准入制度为其平台上销售的产品提供品质的保证。

表 4-1 所示为上述三种模式的比较。

任务实施

1. 了解 C2C 业务模式的基本情况

步骤一　打开浏览器，在地址栏中输入搜索引擎地址：http://www.baidu.com/。

步骤二　在搜索引擎中输入关键词进行搜索，关键词如“B2C 电子商务”、“B2C 业务模式分类”等。

步骤三　单击搜索结果中的页面链接进入阅读页面。

步骤四　同学分组讨论交流并选代表发言。

步骤五　教师归纳总结。

2. 比较国内知名 B2C 平台的功能、服务与业务模式

步骤一　登录当当网了解平台的基本功能和服务。

打开浏览器，在地址栏中输入搜索引擎地址：http://www.dangdang.com/。

步骤二　登录天猫商城了解平台的基本功能和服务。打开浏览器，在地址栏中输入搜索引擎地址：http://www.tmall.com/。

步骤三　登录京东商城了解平台的基本功能和服务。打开浏览器，在地址栏中输入搜索引擎地址：http://www.jd.com/。

步骤四　比较各平台的功能与服务。

步骤五　各小组针对知名 B2C 平台的功能、服务和业务模式展开讨论。

步骤六　教师归纳总结。

3. 登录京东商城 B2C 平台在线购买一件小额商品，体验 B2C 网络购物的流程

步骤一　登录京东商城。

打开浏览器，在地址栏中输入京东商城网址：http://www.jd.com/。

步骤二　利用已有的账号登录京东商城（首次登录可以免费注册账号）。

直接登录：单击首页“登录”链接进入登录界面，输入账号、密码和验证码，单击“登录”按钮，登录京东商城。

新用户注册登录：单击首页“免费注册”链接进入注册页面，选择个人用户，输入用户名、密码，单击“立即注册”按钮，完成注册，并使用此账户登录京东商城。

步骤三　利用站内搜索引擎或者商品条目搜索目标商品。

在站内搜索引擎文本框内输入目标商品名称，单击“搜索”。或者将鼠标移动到商品分类条目，选择目标商品。

步骤四　选择需要购买的商品并将其加入购物车。

单击商品图标，进入购买页面，单击“加入购物车”按钮，完成商品的选择。

步骤五　结算生成订单，并提交订单，完成本次在线购物。

单击“去结算”按钮，进入订单生成页面，填写订单信息，并指定支付方式和送货时间，单击“提交订单”按钮完成本次购物。

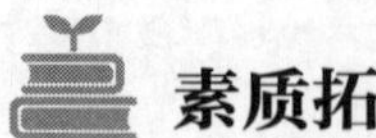

素质拓展

1. BMC 电子商务模式

目前，对消费者而言最为常见的电子商务模式是 B2C 和 C2C 这两种模式，但是由于信用机制的不健全和监管不力，有关网络信用、市场信用、商品质量严重缺失的丑闻层出不穷，交易的安全性大打折扣，消费者很难对网上经营的企业或个人完全相信，可见信用的丧失已经成为制约我国 B2C 和 C2C 电子商务发展的重要阻碍。在这种情况下，就可以通过引入第三方监管和保证，第三方平台可有效地帮助消费者专业化地监管、检验商品的质量、服务的质量，保障消费者的权益。因此，B2M、M2C 应运而生，就是说企业在网络经营中首先要通过第三方的质量审查、样品审核、资质验证等方可上架销售，消费者通过第三方平台支付购买审核通过的放心商品，由第三方收取货款来保障消费的资金、商品质量。那么 B2M+M2C 就是新模式的电子商务模式——BMC。

BMC 是英文 Business Medium Consumer 的缩写，它在商家和消费者之间增加了一个第三方监管平台，BMC 集成 B2C、C2C 等传统电子商务模式优点于一身，同时又解决了 B2C、C2C 的发展瓶颈，是 B2M 和 M2C 的一种整合电子商务模式，即 B2M+M2C = BMC（M = Medium）。其中 Medium 就是第三方监管平台，具有 Monitor（监控）、Media（多媒体）、Middleman（经纪人）、manager（管理者）等多重属性，就是通过第三方的平台为企业提供第三方质量监控、多媒体整合推广、全民参与经营，从而保障企业和消费者权益、改变网络诚信危机、降低企业运营成本等的新型电子商务模式。

BMC 商业模式并不是一个从无到有的创新，它是在很多成熟的商业模式基础上，将各种模式的优势提取出来整合而成的一个模式。具体来说，BMC 商业模式整合了量贩式经营（如沃尔玛）、连锁经营（如麦当劳）、人际网络（如人人网）、传统电子商务（如 B2B、B2C、C2C）、金融等模式的所有优势，并将这些优势予以充分发挥，把“社会、商家、消费者”有机统一起来，建立一个利益共享体系。

2. B2B2C 电子商务模式

在 B2C 电子商务模式中，零售的特征决定了商家的配送任务十分繁重，同时个体消费者又不愿意为了低价的商品付出高额的配送费用。这种特性造成了 B2C 业务模式面临着巨大的挑战。面对这种情况，在 B2C 模式中引入 B2B 模式，也就是把经销商作为销售渠道的下游引进，从而形成了 B2B2C 电子商务模式。

B2B2C 是一种电子商务类型的网络购物商业模式，第一个 B 指的是商品或服务的供应商，第二个 B 指的是从事电子商务的企业，C 则是表示消费者。所谓 B2B2C 是一种新的网络通信销售方式，是英文 Business to Business to Customer 的简称。第一个 B 指广义的卖方（即成品、半成品、材料提供商等），第二个 B 指交易平台，即提供卖方与买方的联系平台，同时提供优质的附加服务，C 即指买方。卖方不仅仅是公司，可以包括个人，即一种逻辑上的买卖关系中的卖方。平台绝非简单的中介，而是提供高附加值服务的渠道机构，拥有客户管理、信息反馈、数据库管理、决策支持等功能的服务平台。买方同样是逻辑上的关系，可以是内部也可以是外部的。B2B2C 定义包括了现存的 B2C 和 C2C 平台的商业模式，更加综合化，可以提供更优质的服务。

B2B2C 把“供应商→生产商→经销商→消费者”各个产业链紧密连接在一起。整个供应链是一个从创造价值、增值到价值变现的过程，把从生产、分销到终端零售的资源进行全面整合，不仅大大增强了网商的服务能力，更有利于客户获得增加价值的机会。该平台将帮助商家直接充当卖方角色，把商家直接推到与消费者面对面的前台，让生产商获得更多的利润，使更多的资金投入到技术和产品创新上，最终让广大消费者获益。这是一类新型电子商务模式的网站，它的创新性在于：它为所有的消费者提供了新的电子交易规则。该平台颠覆了传统的电子商务模式，将企业与单个客户的不同需求完全地整合在一个平台上。B2B2C 既省去了当当、卓越式 B2C 的库存和物流，又拥有淘宝、易趣式 C2C 欠缺的赢利能力。

B2B2C 电子商务平台将企业、个人用户不同需求完全整合在一起，缩短了销售链，B2B2C 通常没有库存，充分为客户节约了成本（其中成本包括时间、资金、风险等众多因素）；并建立了更完善的物流体系，根据客户需求选择合适的物流公司，加强与物流企业的协作，形成整套的物流解决方案。随着技术进步，一个企业以后的发展趋势是需要越来越少的生产人员，但企业却永远无法不依赖于消费者而生存和发展。因此，把消费者放在核心地位，让消费者与消费者结合，让消费者与企业结合，这无疑是最具生命力的电子商务模式。在多种电子商务并行的今天，商家与商家、消费者与消费者、商家与消费者、直销与零售；商家、消费者与营销员逐渐融合，形成一个 B2B2C 联合创收平台。显而易见，这种 B2B2C 电子商务模式是最具潮流性的，它符合商业发展的趋势，其商业价值不可估量。不仅可以实现商家与商家的直接网上交易，还可以借助其强大的平台特性，让更多的消费者寻找自己想要的交易目标。它改变了人们的生活方式和消费观念，从而利用一个新型商业模式的网站来实现自己的财务自由和时间自由。

动手：分析比较 BMC 业务模式和 B2B2C 业务模式的区别。

项目小结

本项目通过“C2C 业务模式实践”和“B2C 业务模式实践”任务的实施。在熟悉 B2C 和 C2C 业务基本概念的基础上分别介绍了两种业务模式的交易流程、发展趋势和 C2C 交易模式、B2C 的基本模式以及常见的 C2C 平台和 B2C 平台，同时通过实施 C2C 和 B2C 的工作任务，使学生在学习理论知识的基础上能够熟练掌握个人电子商务的交易技能。

习题与思考

1. 什么是 C2C？什么是 B2C？
2. C2C 的交易模式分为哪几种？
3. C2C 模式的交易流程分为哪几个环节？
4. B2C 的业务模式分为哪几种？
5. B2C 模式的基本流程包含哪几个步骤？

6. 常见的 B2C 和 C2C 平台都有哪些？他们之间有何区别？

职业能力训练

训练内容：认知个人电子商务业务模式。

训练目标：

1. 了解 C2C、B2C 业务模式的基本概念和发展趋势；
2. 掌握 C2C、B2C 业务模式的流程；
3. 了解淘宝网、拍拍网、易趣网、当当网、天猫商城、京东商城等平台的区别；
4. 能够利用淘宝大学定制学习内容；
5. 能够利用 C2C、B2C 平台发布和搜索商品信息；
6. 体验网络购物。

训练路径：

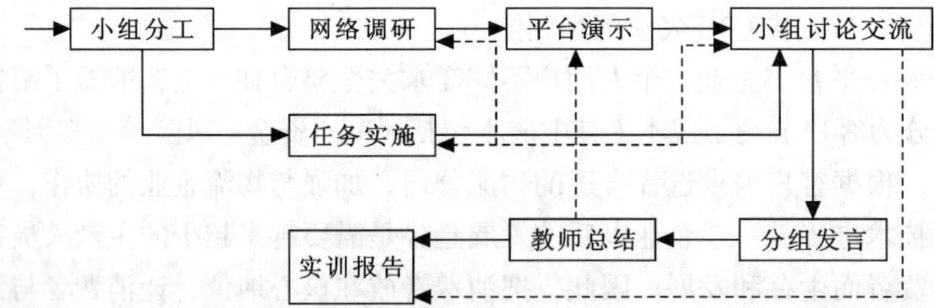

自我评价与课业考核

<table>
<tr><th colspan="3">项目</th><th>评价与考核标准</th><th>自评成绩</th></tr>
<tr><td colspan="2" rowspan="4">职业道德素质
∑30</td><td>职业观念
∑510</td><td>对职业、职业选择、职业工作、职业道德和伦理等问题具有正确的看法</td><td></td></tr>
<tr><td>职业情感
∑5</td><td>对职业有愉快的主观体验、稳定的情绪表现、健康的心态、良好的心境，具有强烈的职业认同感、职业荣誉感和职业敬业感</td><td></td></tr>
<tr><td>职业理想
∑5</td><td>对将要从事的职业种类、职业方向与事业成就有积极的向往和执着的追求</td><td></td></tr>
<tr><td>职业态度
∑10</td><td>对职业选择有充分的认知和积极的倾向与行动</td><td></td></tr>
<tr><td rowspan="4">职业能力与课业学习评价
∑70</td><td rowspan="4">实施过程
∑50</td><td>自学能力
∑5</td><td>能够借助互联网等工具自我学习工作过程中碰到的新知识</td><td></td></tr>
<tr><td>学习态度
∑5</td><td>学习过程中纪律性强，无缺课、迟到、早退现象</td><td></td></tr>
<tr><td>团队协作
∑5</td><td>学习过程中有团队合作精神，有较强的沟通能力</td><td></td></tr>
<tr><td>创新能力
∑5</td><td>学习过程中解决问题有独创性，设计巧妙，有新意</td><td></td></tr>
</table>

续表

<table>
<tr><th colspan="3">项目</th><th>评价与考核标准</th><th>自评成绩</th></tr>
<tr><td rowspan="4">职业能力与课业学习评价Σ70</td><td rowspan="2"></td><td>解决问题
Σ5</td><td>能够借助各种工具，在老师和同学的帮助下解决工作过程中碰到的疑难问题</td><td></td></tr>
<tr><td>工作任务
Σ25</td><td>1. 了解 C2C、B2C 业务模式的基本概念和发展趋势
2. 掌握 C2C、B2C 业务模式的流程
3. 了解淘宝网、拍拍网、易趣网、当当网、天猫商城、京东商城等平台的区别
4. 能够利用淘宝大学定制学习内容
5. 能够利用 C2C、B2C 平台发布和搜索商品信息
6. 体验网络购物</td><td></td></tr>
<tr><td rowspan="2">实施结果Σ20</td><td colspan="2">1. 在规定的时间内完成学习任务和课业报告Σ10</td><td></td></tr>
<tr><td colspan="2">2. 实训任务和课业报告符合要求Σ10</td><td></td></tr>
<tr><td colspan="2">合计</td><td colspan="2"></td><td></td></tr>
</table>

项目五 企业电子商务实践

项目介绍

B2B 电子商务模式从交易规模来看占据几大交易模式之首，被认为是目前电子商务的主流模式，B2B 电子商务的产生降低了企业经营成本、提高了信息在企业之间传输的效率、提高了企业的竞争力，使得企业间的商务活动变得更加方便、快捷、高效。

本项目主要以认知 B2B 电子商务和了解 EDI 技术为主要切入点，详细介绍了有关 B2B 电子商务和 EDI 技术的知识点，学生可通过具体的学习任务在理论与实践为一体的教学环境中开展研究性学习和交流讨论学习，从而认知 B2B 电子商务，了解 EDI 技术，感受 B2B 电子商务对传统企业的影响及 EDI 技术与电子商务的融合。

学习目标

知识目标

① **掌握B2B电子商务的定义；**

② **了解B2B业务模式的发展趋势；**

③ **掌握B2B业务模式的分类；**

④ **熟悉B2B业务模式的流程；**

⑤ **了解电子商务对传统企业的影响和传统企业实施电子商务的途径；**

⑥ **掌握EDI的定义；**

⑦ **熟悉EDI的工作流程；**

⑧ **了解EDI标准。**

技能目标

① **能够利用网络工具比较具有代表性的B2B平台（如阿里巴巴、慧聪）的功能与服务；**

② **能够利用网络工具判断B2B平台所属的类别；**

③ **能够利用阿里学院定制相应的学习课程；**

④ **学会使用B2B平台内的站内搜索引擎搜索商情。**

引导案例——B2B的中国模式：阿里巴巴

阿里巴巴（Alibaba.com）是全球企业间（B2B）电子商务的著名品牌，是全球国际贸易领域内领先、最活跃的网上交易市场和商人社区，为来自220多个国家和地区的1200多万企业和商人提供网上商务服务，是全球首家拥有百万商人的商务网站。在全球网站浏览量排名中，稳居国际商务及贸易类网站第一，遥遥领先于第二名。良好的定位、稳固的结构、优秀的服务使阿里巴巴成为全球首家拥有超过800万网商的电子商务网站，遍布220个国家和地区，每日向全球各地企业及商家提供810万条商业供求信息，成为全球商人网络推广的首选网站，曾被《远东经济评论》读者评为“最受欢迎的B2B网站”。阿里巴巴两次入选哈佛大学商学MBA案例，在美国学术界掀起研究热潮；连续五次被美国权威财经杂志《福布斯》选为全球最佳B2B站点之一；多次被相关机构评为全球最受欢迎的B2B网站、中国商务类优秀网站、中国百家优秀网站、中国最佳贸易网；被国内外媒体、硅谷和国外风险投资家誉为与Yahoo、Amazon、eBay、AOL比肩的五大互联网商务流派代表之一。

阿里巴巴网站从最纯粹的商业模式出发，网站与大量的风险资本和商业合作伙伴相关联构成网上贸易市场，阿里巴巴网站运营模式举得巨大的成功主要有以下几个原因。

（1）专做信息流。阿里巴巴网站汇聚大量的市场供求信息，综合性高，而且更新快。阿里巴巴在充分调研企业需求的基础上，将企业登录汇聚的信息整合分类，形成网站独具特色的栏目，使企业用户获得有效的信息和服务。

（2）阿里巴巴采用本土化的网站建设方式，针对不同国家采用当地的语言，简易可读，这种便利性和亲和力将各国市场有机地融为一体。阿里巴巴已经建立运作四个相互关联的网站：英文的国际网站面向全球商人提供专业服务；简体中文的中国网站主要为中国市场服务；全球性的繁体中文网站则为中国港台地区、东南亚及遍及全球的华商服务；韩文的韩国网站针对韩文用户服务，日文的日本网站。这些网站相互链接，内容相互交融，为会员提供一个整合一体的国际贸易平台。

（3）在起步阶段，网站放低会员准入门槛，以免费会员制吸引企业登录平台注册用户，从而汇聚商流，活跃市场，会员在浏览信息的同时也带来了源源不断的信息流和创造无限商机。

（4）阿里巴巴通过增值服务为会员提供了优越的市场服务，增值服务一方面加强了这个网上交易市场的服务项目功能，另一方面又使网站能有多种方式实现直接赢利。

（5）品牌资质好，适度的市场运作，比如福布斯评选，提升了阿里巴巴的品牌价值和融资能力。

（6）诚信安全。阿里巴巴拥有几百万的诚信通会员，通过第三方评估认证，定期进行榜单追踪，网上企业诚信指数一目了然；拥有自主品牌的第三方支付工具——支付宝，确保买卖双方资金的安全流动。

（7）快捷方便，即使相隔千里，照样实现点对点的沟通和交易，阿里巴巴除了按各行业发布最新动态信息外还允许会员订阅商情特快。

（8）成本低廉。免费注册，普通会员免费。诚信通会员只需缴纳2 800元年费，就可开展国内贸易，无须其他附加费用；在此基础服务上购买阿里巴巴的增值服务，国外贸易开通阿里巴巴中国供应商，一年费用19 800元，这些费用相对于汇报而言微乎其微。

（9）渠道广阔。为会员提供贸易通和博客工具从而可以主动推销。

思考与讨论：请讨论并分析阿里巴巴网站经营特点。

任务十 B2B 商务实践

学习任务

学习情境

张丽从某高校专业毕业后进入浙江一家专做代工的服装厂工作，近日公司领导希望能够通过某 B2B 电子商务平台来扩大公司的企业客户群，便把这个任务交给了张丽，这让原先学习市场营销的张丽不得不补充关于企业间电子商务的知识，什么是 B2B 电子商务模式？B2B 电子商务遵循何种交易流程？B2B 业务模式如何划分？传统企业如何开展电子商务？一系列的问题等待张丽去解决

任务描述

1. 登录阿里学院搜索 B2B 电子商务模式的定义、发展趋势和类别，并在小组中相互讨论交流

2. 登录国内知名的 B2B 商务平台（阿里巴巴、慧聪、我的钢铁等），了解各个平台所提供的功能和服务，进行比较，将比较结果分小组进行讨论

3. 针对自身的兴趣点和问题通过阿里学院网站制定相应的学习计划，并定期归纳总结。

4. 通过任一 B2B 平台或者模拟软件，以供应商的身份注册会员

任务拓展

将国内知名的 B2B 商务平台（不少于 10 个）按照不同的分类方式将它们分析归类

学习指南

5.1 B2B 商务模式简介

据中国电子商务研究中心发布的《2012 年（上）中国电子商务市场数据监测报告》显示，截至 2012 年 6 月，国内电子商务市场交易额达 3.5 万亿元，其中 B2B 电子商务市场交易规模达 2.95 万亿元。预计到 2015 年，电子商务交易额将突破 18 万亿元。其中 B2B 交易规模超 15 万亿元，占总交易额的 83.3%，远远超过 B2C 的交易额。B2B 电子商务已经成为我国各电子商务模式中份额最大、最具操作性的模式。

5.1.1 B2B 商务模式的概念

B2B（business to business）即企业与企业之间的电子商务，是指企业与企业之间通过互联网进行产品、服务和信息的交换，这种交换可能建立在企业自建的 B2B 平台之上，也有可能在中介平台之上进行。目前，从交易规模角度来分析，可以将 B2B 商务模式看作电子商务的主流模式，

合理实施 B2B 已经成为企业降低成本、提高效率、建立竞争优势的重要途径。

5.1.2 B2B 商务模式发展趋势

未来 B2B 商务模式必将不断创新商业模式，开展差异化竞争，呈现出以下发展趋势。

（1）B2B 与 B2C 将实现融合发展。B2B 与 B2C 两者的融合给 B2B 平台带来了新的价值，它意味着企业通过互联网完成了面向代理渠道和终端消费者的布局。B2B 与 B2C 的深度融合发展要比单一模式更加符合市场的需要。首先，B2B 与 B2C 的融合发展进一步缩小了厂家、商家和消费者之间的距离，不仅可以缩短交易的中间环节，让厂家可以直面消费者，实现产品的直销；同时也降低了产品的质量和服务问题；其次，B2B 与 B2C 的融合在加快了供求信息在厂家、商家和消费者之间传播的速度的同时也提高了供求信息的准确性，有助于企业提高研发、生产、流通和销售整个产业环节的效率和效益，降低了企业的经营成本，也为消费者提供了更好的产品和服务。

（2）B2B 由信息服务和在线交易向供应链整合延伸。由于受到技术创新和应用水平的限制，现阶段我国 B2B 电子商务模式仍然处在一个较低的水平。随着技术水平的不断提高，以及相关配套技术的逐步完善，B2B 电子商务模式将向纵深发展，电子商务企业将不再满足网上商店及门户网站的初级形态，逐步将企业的核心业务流程、客户关系管理、供应商管理都延伸到互联网之上，使得产品和服务更加贴近用户的需求，而互联网也将成为企业实施企业资源计划、客户关系管理和供应链管理的枢纽。企业将通过互联网形成无形的价值链，将供应链上的各上下游利益相关者紧密地联合在一起，寻求更大的利益。

（3）B2B 线下支付向线上转移。近年来，基于网上供应商和零售商的新型供应链已经逐步形成，而这种供应链形成的一个必要条件就是在线支付服务的产生和完善。在这种背景之下，中小企业对于资金的线上支付产生了巨大需求。在过去的 B2B 交易中，主要由银行来承担支付和结算的业务，随着第三方支付平台的介入，势必与银行形成互补的竞争格局，实现线下支付向线上支付的转移。

（4）网络融资将成 B2B 新增长点。随着经济环境的变化，中小企业对 B2B 平台服务需求日渐旺盛，为提高用户黏性，增值服务将在转型阶段的 B2B 电子商务市场展现出巨大的作用。针对中小企业普遍存在的融资难现象，阿里巴巴、金银岛等在线 B2B 电子商务服务商已经开展网络融资服务，并取得了成功，促使银行业也开始加大对在线 B2B 市场的开拓。基于第三方电子商务平台的网络融资服务将成为 B2B 电子商务转型阶段的行业增长点。

（5）多样化发展态势。我国 B2B 电子商务市场将进入竞争更加激烈的时期，多样化发展趋势明显，在已有的综合类平台下，专注于新模式、新行业的 B2B 电子商务企业大量涌现。同时，B2B 电子商务服务商将尽力改变单一赢利模式，在收取会员费的基础上增加交易佣金的收费模式。随着 B2B 电子商务平台服务内容逐步完善和服务质量的不断提升，赢利模式也必然从单一化转向多样化发展。

（6）信用机制将不断完善。信用问题始终是 B2B 线上交易的最大障碍，最主要的原因就在于缺少一套完善、有效的诚信机制。为了推动 B2B 电子商务的健康、快速发展，B2B 电子商务服务商有必要通过各种途径完善信用机制，通过建立企业信用档案和信用评级制度，同时实现企业信用档案在平台、消费者、政府监管部门之间的共享，实现对企业信用的多方监管，完善信用机制。

除了上述趋势外，请同学们思考 B2B 模式还可能出现哪些发展趋势？

5.1.3 B2B 中的实体

B2B 电子商务通过互联网将企业及其供应链上下游有机地联系在一起，开展商务活动，其基本结构如图 5–1 所示。

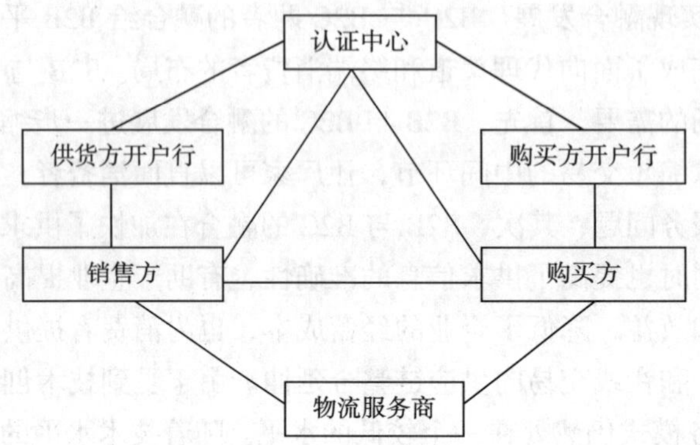

图 5–1 B2B 电子商务模式的基本结构图

① 销售方。销售方利用自建或者中间 B2B 电子商务平台支持在线向企业客户销售产品和服务。

② 购买方。购买方利用自建或者中间 B2B 电子商务平台在线发布产品和服务需求信息。

③ 网上银行。网上银行通过网络开展在线金融服务，为企业提供集团资金管理、企业账务管理、工资发放、在线支付、网络转账等服务，方便了企业之间的交易结算。

④ 认证中心。认证中心可以看作对 B2B 在线交易的监督人和担保人，是承担网上安全电子交易认证服务、签发数字证书、确认用户身份等工作的具有权威性和公正性的第三方服务机构。

⑤ 物流服务商。物流服务商指的是承担将有形货物配送给企业客户的企业或者部门组织，由于有形货物无法从网上直接获得，要想将货物送达给买方，必须依靠物流服务商来完成。

5.2 B2B 基本运作模式

5.2.1 以服务内容为机制划分的 B2B 运作模式

（1）以供求商机信息服务为主的 B2B 模式。

此类 B2B 模式通过构建第三方平台汇聚了大量的供应商和采购商，方便他们通过平台发布供求商机信息。代表性的网站是阿里巴巴、中国化工网等。

（2）以行业资讯服务为主的 B2B 模式。

此类 B2B 模式通过发布行业动态信息，为企业经营决策提供依据，帮助企业正确决策、提升销售。代表性的网站是我的钢铁网、联讯纸业等。

（3）以招商加盟服务为主的 B2B 模式。

此类 B2B 模式主要提供产品代理信息，帮助下游企业寻求分销商和代理商。代表性的网站有中国服装网、医药招商网等。

（4）以项目外包服务为主的 B2B 模式。

此类 B2B 模式通过平台发布项目外包信息为加工企业寻求订单，为品牌企业寻求代工企业。

代表性的网站有软件项目外包网、全球羊毛衫网等。

（5）以在线交易服务为主的 B2B 模式。

此类 B2B 模式通过提供诚信审核、在线签单和在线支付等在线交易服务帮助买卖双方节约交易成本。代表性网站有金银岛网交所、浙江塑料城网上交易市场等。

（6）以技术社区服务为主的 B2B 门户模式。

此类 B2B 模式一般不会独立出现，往往都和以上 5 种模式中的几种结合起来，服务于技术供需市场的两端，满足企业的技术需求服务，比如：招聘服务、在线出版服务等需求。代表性网站包括螺丝网等。

5.2.2 根据交易机制划分的 B2B 的商务模式

根据交易机制的不同，可将 B2B 的商务模式分为以下四类。

（1）产品目录式（product catalogue）。产品目录式电子商务产生价值的根源在于将高度分散市场中的供需双方汇集到一起，提供“一店买全”的服务，节约供需双方收集、处理相关材料的时间，同时提供更多、更全、更新的比较信息。

（2）拍卖式（auction）。拍卖式为买卖双方带来的主要好处在于提供更多的选择机会。值得注意的是，国外拍卖网站的商品不仅限于稀有、特殊商品，更扩展到冗余存货、二手设备等。

（3）交易所式（transaction）。在交易所式 B2B 电子商务网站上交易的产品通常都是大宗商品。由于采取相对标准的合约与严格的交易管理方法，安全、交易量问题都比较容易解决。

（4）社区式（community）。通过提供行业新闻、评论、市场信息、工作机会、在线聊天、公告板以及专家服务等方式，吸引特定行业的买卖双方。

5.2.3 根据交易对象的性质划分的 B2B 的商务模式

根据买方和卖方在交易中所处的地位不同，又可以将 B2B 电子商务划分为以下三种模式。

（1）以卖方为主模式。这是一种最普遍的 B2B 电子商务模式，供给方企业占据主动地位，企业先通过网络平台发布信息，然后等待买方企业洽谈、交易。

（2）以买方为主模式。这种模式类似于现在企业常用的项目招标方式，需求方企业占据主动地位，企业先上网公布需求信息，然后等待卖方企业上网洽谈、交易。

（3）中立模式。中立模式下，由独立于供需双方的第三方通过虚拟的网络平台向供需双方提供在线发布信息、在线洽谈、交易等服务。

5.3 B2B 交易流程

5.3.1 B2B 交易的通用流程

（1）交易前的准备。这一阶段主要是指买卖双方和参加交易各方在签约前的准备活动。买方根据自己要买的商品，准备购货款，制订购货计划，进行货源市场调查和市场分析，了解各个卖方国家的贸易政策，反复修改购货计划和进货计划，确定和审批购货计划，再按计划确定购买商品的种类、数量、规格、价格、购货地点和交易方式等，利用 Internet 和各种电子商务网站寻找自己满意的商品和商家。卖方根据自己所销售的商品，召开商品新闻发布会，制作广告进行宣传，全面进行市场调查和市场分析，制订各种销售策略和销售方式，了解各个买方国家的贸易政策，利用 Internet 和各种电子商务网站发布商品广告，寻找贸易伙伴和交易机会，扩大贸

易范围和商品所占市场的份额。

（2）交易谈判和签订合同。这一阶段主要是指买卖双方对所有交易细节进行谈判，将双方磋商的结果以文件的形式确定下来，即以书面文件形式和电子文件形式签订贸易合同。交易双方利用现代电子通信设备和通信方法，经过认真谈判和磋商后，将双方在交易中的权利、所承担的义务、对所购买商品的种类、数量、价格、交货地点、交货期、交易方式和运输方式、违约和索赔等合同条款，以电子交易合同做出全面详细的规定，并利用 EDI 和数字签名进行签约。

（3）办理交易进行前的手续。这一阶段主要是指买卖双方签订合同后到合同开始履行之前办理各种手续的过程，也是双方贸易前的交易准备过程。交易中要涉及有关各方，即可能要涉及中介方、银行金融机构、信用卡公司、海关系统、商检系统、保险公司、税务系统、运输公司等，买卖双方要利用 EDI 与有关各方进行各种电子票据和电子单证的交换，直到办理完可以将所购商品从卖方按合同规定开始向买方发货的一切手续为止。

（4）交易合同的履行和索赔。这一阶段是从买卖双方办完所有各种手续之后开始，卖方要备货、组货，同时进行报关、保险、取证、信用等，卖方将所购商品交付给运输公司包装、起运、发货，买卖双方可以通过电子商务服务器跟踪发出的货物，银行和金融机构也按照合同，处理双方收付款、进行结算，出具相应的银行单据等，直到买方收到自己所购商品，完成了整个交易过程。索赔是在买卖双方交易过程中出现违约时，需要进行违约处理的工作，受损方要向违约方索赔。

5.3.2 B2B 的具体流程

参加交易的双方通常都根据电子商务标准规定开展电子商务交易活动，电子商务标准规定了电子商务应遵循的基本程序，如图 5-2 所示。

（1）客户方企业向供货方企业提出商品的报价请求，并在请求中说明要购买的商品的基本信息。

（2）供货方企业向客户方企业回应报价请求，向客户方企业说明该商品的报价信息。

（3）客户方企业向供货方企业提出商品定购计划，并在计划中初步确定所购买商品的信息。

（4）供货方企业对客户方企业提出的商品定购计划做出应答，对客户方所要购买的商品信息做进一步说明确认。

（5）客户方企业根据供货方企业的应答提出是否对定购计划进行修改调整，并确定所要购买的商品信息，同时向供货方企业提出商品运输的要求。

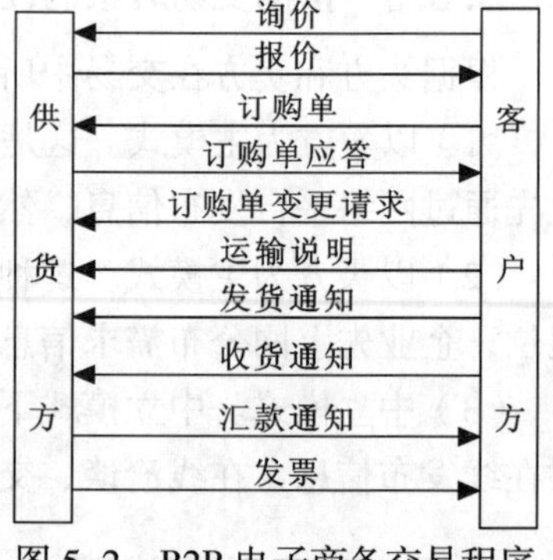

图 5-2　B2B 电子商务交易程序

（6）客户方向供货方提出商品运输说明。

（7）供货方企业积极备货，按照客户方企业提出的运输要求组织发货，同时向客户方企业发出发货通知，并告知发货的详细信息。

（8）客户方企业收到货物后，组织验货，验货合格后向供货方企业发出确认收货通知；如果不合格，则由客户方企业向供货方企业按合同规定提出重新发货或者赔偿的请求。

（9）交易双方进行结算，由客户方企业向供货方企业发出结算信息，并按合同规定通过汇款、电子转账等方式支付相应的款项，供货方企业收到款项后向客户方企业发送确认信息。

（10）供货方企业向客户方企业发送电子发票，完成全部交易。

5.4 传统企业与电子商务

20 世纪 90 年代以后，信息技术迅猛发展，以互联网和电子商务为主要特征的新经济在席卷全球的每一个行业，给传统企业带来很大的冲击，它的兴起颠覆了传统企业的经营模式和管理模式。从市场定位到业务流程，从管理模式到经营理念，电子商务给传统企业带来了机遇与挑战；企业也意识到实施电子商务的重要性，并依据企业自身经济、技术实力，以多种形式开展电子商务。

5.4.1 电子商务对传统企业的机遇

电子商务的迅速展开，引起全球资源的再分配，社会分工的再组织和市场的重新定位，电子商务现在已经成为各行各业的热门话题和市场竞争的焦点。对于传统企业来说，电子商务为其带来了无限的机遇。

（1）电子商务降低企业经营成本。

降低经营成本是电子商务带给传统企业最大的好处。在传统贸易活动中，企业从原材料采购，到生产制造，再到商品销售都耗费大量的人力、物力、财力，而交易各方也需要经过大量的往来电函、传真才能最终达成交易。电子商务改变了传统企业的生产经营方式，从而可以大大降低企业的经营成本。电子商务降低企业成本主要是通过以下三个方面实现。

① 电子商务可以降低企业的采购成本。利用电子商务采购系统，企业可以加强与供应商之间的合作，将原材料采购与产品制造有机结合起来，形成一体化信息传递和处理系统；供应商与企业能够互不碰面就完成整个采购活动，提高了交易效率，节省了交易费用。同时，利用互联网全球性的特点，企业可以在全世界范围内找寻价格最低、质量最优的供应商，最大限度地节省采购费用。

② 电子商务可以降低企业的营销成本。互联网络渠道可以避开传统销售渠道中批发、零售等中间环节，使生产商与消费者直接接触，降低了销售环节中的流通费用和交易费用；同时，企业可以利用互联网资源，通过自建网站或中间平台展示自己的产品，树立企业形象，扩大企业的影响，开展促销活动，节省了传统店铺经营管理的费用，从而大大降低了企业的营销成本。

③ 电子商务可以降低企业的库存成本。运用电子采购系统，可以加快企业与供应商之间的沟通和联系，供应商可以实时查看企业的最新销售情况、订货情况以及企业的库存状况，从而在最准确的时间及时为企业提供生产所需的原材料及零配件，因而企业只需要保有维持基本生产所需的最低的原材料库存量：电子商务的实施使得企业避开了传统的中间环节，企业可以与消费者直接高效地沟通，对市场的需求做出快速反应，从而缩短订货周期，使得企业只需保有维持基本销售所需的最低的商品库存量，使企业的库存成本大大降低。

（2）电子商务可以提高企业的运营效率。

电子商务的应用，可以使得传统生产企业的商务运作效率大幅度提高，这种效率的提高可以表现在内部管理和外部关系两方面。在企业内部，由于使用了企业内部网（Intranet）、管理信息系统（management information system）、企业资源计划系统（enterprise resource plan）等企业内部管理软件，企业内耗减少，效率提高。在企业与业务伙伴的关系上，由于电子商务相关软件的引入企业之间的通信效率明显提高，同一商务活动所花费的时间明显缩短。电子商务的应用带来企业内外业务效率的提高，必然能给企业创造更大的效益。

（3）电子商务可以拓展企业的市场空间。

由于受到地域限制，传统企业所面对的市场是有限的，而电子商务的实施，可以使得传统企业变成一个全球性的企业。由于网络的无国界性，网络市场就是一个面向全球的市场，网上的业务可以开展到传统销售和广告促销方式所达不到的市场范围，企业可以通过网络就为全球的消费者提供产品和服务，为企业赢得更多的潜在客户，扩大企业的市场占有率。同时，全世界的消费者，也可以利用网络接触到全世界的企业，这样使得消费者可以在全世界范围内去挑选自己所需的产品，有了更多的选择机会。

（4）电子商务可以改善企业的服务质量。

电子商务对于传统企业改善服务质量起到了重要的支撑作用，主要表现在以下三个方面。

① 网络信息传输高效性的特点使得传统的生产制造企业可以绕过批发商、零售商等中间环节直接与消费者进行有效的沟通，及时了解到消费者的爱好、需求和购物习惯，根据消费者的不同需求，实现定制化的生产，从而最大限度地满足消费者的个性化要求，提高对消费者的服务质量。传统的生产制造模式下，企业根据市场调研情况以及预测来安排生产计划，产品生产出来以后，再到市场去寻找消费者，消费者此时只能被迫地接受企业已经生产出的产品。电子商务使得定制生产成为可能，消费者可以参与到产品的设计和生产中，使得消费者的个性化需求能够最大限度地得到满足，提升消费者对企业产品的满意度。

② 企业通过网络销售产品，使得消费者在整个购物过程中占据了主导性的地位。消费者通过网络购物，可以完全避开销售人员的干扰，完全根据自己的意愿做出购买决定，提升了消费者购买过程中的愉悦感。

③ 由于互联网具有超越时间约束进行信息交换的特点，因此使得网络营销也具有同样的特性。企业能有更多的时间开展营销活动，可以每天 24 小时不间断地为消费者提供服务，使得消费者的购物时间不再受到任何限制，为消费者购物提供了更多的方便。

（5）电子商务可以优化企业的组织结构。

传统企业的组织结构是垂直型的管理模式，部门众多、管理功能重叠，从决策层到基层一线中间还有很多个环节，使得信息不能有效地进行沟通和传递。电子商务可以使得传统企业的组织结构得到优化，企业内部信息管理系统的运用，使得企业的高层管理人员可以通过网络，远程地与下级各部门进行沟通，从而使得企业的中层管理层变得多余。企业将从层次型的“金字塔”结构转向基于信息的扁平结构，为企业组织结构多元化发展创造了条件。

5.4.2 电子商务给传统企业带来的挑战

电子商务在给传统企业带来机遇的同时，也对传统企业提出了强有力的挑战，主要表现在以下四个方面。

（1）电子商务为企业带来了更加激烈的竞争。

电子商务降低了中小企业和新型企业进入市场的初始成本，企业可以用比经营传统门店少得多的资金，通过自建网站或中间平台就可以在网上开展业务。这样会有更多的企业，甚至个人都可以参与到整个营销市场中来，加剧了市场竞争。另一方面，由于网络的广泛性，消费者可以在更大范围内做选择，这样使得一个企业的竞争对手不再只是本国或者本地区的企业，还包括了更多的国外企业。因此，电子商务会使得企业参与到一个更激烈的市场竞争中去。

（2）电子商务对企业信息化程度提出了更高的要求。

传统企业开展电子商务除了要求完善的公共信息基础设施外，还离不开企业内部的信息化建设，企业信息化的建设对于企业一次性的投入的资金要求较高。然而，目前我国传统企业信息化基础普遍落后，严重地阻碍了我国传统企业电子商务的应用与发展。

（3）电子商务使得企业对复合型人才的需求激增。

企业电子商务的实施，需要既懂得计算机网络知识，又懂得商务活动技巧、营销技巧的复合型人才，这对传统企业的人才引进提出了更高的要求。目前，电子商务人才的匮乏已经成为阻碍传统企业开展电子商务的一个重要原因。

（4）电子商务使得企业将会面临更加繁杂的法律法规。

由于网络的无国界性，网络就使得开展电子商务的企业变成了一个国际性企业，企业需要比传统环境下的某地经营时遵守更多的法律法规。企业通过网络向其他国家和地区进行销售时，除了需要遵循本国的法律法规以外，还需要遵循其主要目标市场国，甚至更多国家的法律法规。

5.4.3 传统企业开展电子商务的形式

（1）自建电子商务平台。实力较强的传统企业在开展电子商务时，倾向于选择自主开发创建电子商务平台，并通过自建电子商务平台开展商情发布、展示企业品牌形象、线上交易等活动。利用此类电子商务平台提升企业形象、宣传企业品牌往往能够取得较好的效果，平台与企业内部管理信息系统的融合也相对简单；但是自主创建电子商务平台对企业的技术和资金要求较高，平台的开发和后期的维护成本较高。

（2）借助中间电子商务平台。中小企业由于受到资金和技术的限制，往往无力承担自建电子商务平台的开发和维护成本。因此，借助中间电子商务平台已经成为传统中小企业开展电子商务活动的首选。企业通过注册成为平台的会员，缴纳一定的费用便可以获得相应的电子商务服务。

（3）混合型。目前，在许多中间电子商务平台上汇聚了大量的中小企业和消费者，如支持 B2B 的阿里巴巴、支持 B2C 的天猫商城，这些平台借助自身的专业化、人性化等优势聚集了大量的企业和消费者，其品牌影响力、平台点击率和转化率都超过了许多企业自建的电子商务平台。因此，许多大型企业在自主创建电子商务平台的同时也借助中间电子商务平台来扩大商业机会，如全球知名 PC 制造商戴尔公司在拥有自建的企业在线交易平台的同时，也在天猫商城等中间平台上开设旗舰店，来扩大销售机会。

（4）外包型。开展电子商务需要技术和市场营销的双重支持，而中小企业受到经验少、专业人才缺乏和成本高的限制，难以独立开发电子商务，转而以合同的方式委托专业电子商务服务商为企业提供部分或全部的电子商务网站建设、网站运营推广、网上贸易和网上销售、网络销售渠道建设等一系列外包服务，企业自身只负责提供产品。电子商务外包服务可以帮助企业有效降低成本，获得更专业的服务，提高工作效率，满足企业对拓展电子商务战略的需求。

任务实施

1. 了解 B2B 业务模式的基本情况

步骤一　打开浏览器，在地址栏中输入搜索引擎地址：http://www.baidu.com/。

步骤二　在搜索引擎中输入关键词进行搜索，关键词如“B2B 电子商务”、“B2B 平台类型”等。

步骤三　单击搜索结果中的页面链接进入阅读页面。

步骤四　同学分组讨论交流并选代表发言。

步骤五　教师归纳总结。

2．了解国内知名 B2B 平台的功能与服务并讨论

步骤一　登录阿里巴巴网站了解平台的基本功能和服务。

打开浏览器，在地址栏中输入搜索引擎地址：http://china.alibaba.com/。

步骤二　登录慧聪网了解平台的基本功能和服务。

打开浏览器，在地址栏中输入搜索引擎地址：http://www.hc360.com/。

步骤三　登录我的钢铁网了解平台的基本功能和服务。

打开浏览器，在地址栏中输入搜索引擎地址：http://www.mysteel.com/。

步骤四　比较各平台的功能与服务。

步骤五　各小组针对知名 B2B 平台的功能与服务展开讨论。

步骤六　教师归纳总结。

3．利用阿里学院网站定制自学课程

步骤一　登录阿里学院网站。

打开浏览器，在地址栏中输入搜索引擎地址：http://www.alibado.com/。

步骤二　搜索所需学习内容。

在站内搜索引擎中输入学习内容所包含的关键字，如“B2B 推广”等。

步骤三　选择相应的教学内容，开展学习。

步骤四　定期针对学习情况进行总结。

图 5–3　阿里学院首页

4. 通过任一 B2B 平台或者模拟软件，以供应商的身份注册会员（以人力资源和社会保障部电子商务师考证平台为例）

步骤一　申请企业银行账户。

登录网上银行，单击企业网上银行注册，按照要求填写必要信息，单击“确定”按钮，完成企业银行账户申请。

步骤二　下载银行数字证书。

完成注册后，单击“企业银行证书下载”，输入证书编号及密码，单击“确定”按钮，将证书下载到本地计算机并安装。

步骤三　注册供应商会员。

将页面跳转至前台，单击“会员注册”按钮，填写会员注册信息，单击“确定”按钮，完成供应商会员注册。

步骤四　下载企业会员证书。

利用系统分配的账号和密码下载企业会员证书至本地计算机，并安装证书，完成供应商会员注册。

素质拓展

1. 垂直 B2B 模式

垂直 B2B 可以分为两个方向，即上游和下游。生产商或商业零售商可以与上游的供应商之间形成供货关系，如 Dell 电脑公司与上游的芯片和主板制造商就是通过这种方式进行合作。生产商与下游的经销商可以形成销货关系，如 Cisco 与其分销商之间进行的交易。简单地说这种模式下的 B2B 网站类似于在线商店，这一类网站其实就是企业网站，就是企业直接在网上开设的虚拟商店，通过这样的网站可以大力宣传自己的产品，用更快捷、全面的手段让更多的客户了解自己的产品，促进交易。

2. 水平 B2B 模式

面向中间交易市场的 B2B。这种交易模式是水平 B2B，它是将各个行业中相近的交易过程集中到一个场所，为企业的采购方和供应方提供了一个交易的机会，像阿里巴巴、慧聪网、中国制造网、环球资源网等。这一类网站其实自己既不是拥有产品的企业，也不是经营商品的商家，它只提供一个平台，在网上将销售商和采购商汇集一起，采购商可以在其网上查到销售商的有关信息和销售商品的有关信息。

3. 行业龙头企业自建 B2B 模式

行业龙头企业自建 B2B 模式是大型行业龙头企业基于自身的信息化建设程度，搭建以自身产品供应链为核心的行业化电子商务平台。行业龙头企业通过自身的电子商务平台，串联起行业整条产业链，供应链上下游企业通过该平台实现资信、沟通、交易，但此类电子商务平台往往过于封闭，缺少产业链的深度整合。

4. 关联 B2B 模式

关联行业 B2B 模式是相关行业为了提升目前电子商务交易平台信息的广泛程度和准确性，整合水平 B2B 模式和垂直 B2B 模式而建立起来的建立跨行业电子商务平台。

动手：1. 找出行业龙头自建 B2B 和关联 B2B 的应用案例。

2. 比较垂直 B2B、水平 B2B、行业龙头 B2B 和关联 B2B 四种 B2B 模式的功能、区别和联系。

任务十一 | EDI 商务实践

学习任务

学习情境

通过前段时间的学习，张丽对 B2B 电子商务模式有了一定的了解，同时张丽发现许多大企业在使用 EDI 技术进行企业之间重要文件的传输，也有同事告诉张丽在互联网没有出现以前，企业之间依赖 EDI 技术进行文件传输，它是实现 B2B 电子商务的重要手段，这让张丽对 EDI 产生了浓厚的兴趣，什么是 EDI？EDI 与电子商务之间存在何种关系？EDI 系统是由什么组成的，它又是如何工作的？带着这些困惑，张丽开始了新的学习

任务描述

1. 使用网络搜索工具了解 EDI 技术的概念、EDI 系统的组成和工作流程，并在学习小组中相互讨论交流

2. 通过专业 EDI 网络学习平台，了解 EDI 技术的相关前沿知识，并在学习小组中相互讨论交流

任务拓展

针对 EDI 技术的使用现状开展实地调研，并撰写调研报告

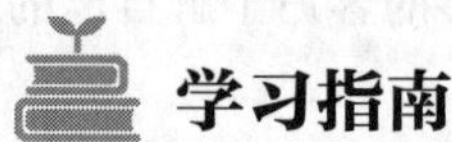

学习指南

5.5 EDI 简介

EDI 是一种利用计算机进行商务处理的方式，它主要是将贸易、运输、保险、银行和海关等行业的信息，用一种国际公认的标准格式，形成结构化的事务处理的报文数据格式，通过计算机通信网络，使各有关部门、公司与企业之间进行数据交换与处理，并完成以贸易为中心的全部业务过程。EDI 包括买卖双方数据交换、企业内部数据交换等。EDI 的发展已经至少经历了 20 多年，其发展和演变的过程已经充分显示了商业领域对其重视的程度。

5.5.1 EDI 基本概念

（1）EDI 的定义。

EDI 是英文 electronic data interchange 的缩写，它是将企业与企业之间的商业信息往来，以标准化、规范化的文件格式，无须人工介入，无须纸张文件，采用电子化的方式，通过网络系统在计算机应用系统与计算机应用系统之间，直接地进行信息业务交换与处理，是一种先进的通信手段和技术。

国际标准化组织将 EDI 描述成“将贸易或行政事务处理按照一个共认的标准变成结构化的事务处理或信息数据格式，从计算机到计算机的电子传输”。由于使用 EDI 可以减少甚至消除贸易过程中的纸面文件，因此 EDI 又被人们通俗地称为“无纸贸易”。

联合国 EDIFACT 培训指南认为，“EDI 指的是在最少的人工干预下，在贸易伙伴的计算机应用系统之间的标准格式数据的交换”。

从上述 EDI 定义不难看出，EDI 包含了三个方面的内容，即计算机应用、通信网络和数据标准化。其中计算机应用是 EDI 的条件，通信环境是 EDI 应用的基础，标准化是 EDI 的特征，这三方面相互衔接、相互依存，构成了 EDI 的基础框架。

小思考

EDI 的本质是技术还是商务模式？

（2）EDI 的发展历史。

① 产业标准阶段（1970—1980 年）。

此阶段开始于 20 世纪 70 年代，美国几家运输行业的公司联合起来，成立了运输数据协调委员会（TDCC）。该委员会的目的是开发一种传输运输业文件的共同语言或标准，1975 年公布了它的第一个标准。继 TDCC 之后，其他行业也陆续开发了它们自己行业的 EDI 标准。

② 国家标准阶段（1980—1985 年）。

产业标准应用成熟后，企业界发现维持日常交易运作的对象，并不局限于单一产业的对象，国家性标准由此诞生。1979 年，美国开始开发、建立跨行业且具一般性的 EDI 国家标准；与此同时，欧洲方面官方机构及贸易组织也提倡共同的 EDI 标准，并获联合国的授权，由联合国欧洲经济理事会第四工作组负责发展及制定 EDI 的标准格式，并在 20 世纪 80 年代早期提出了 TDI 标准。

③ 国际通用标准阶段（1985 年至今）。

在欧美两大区域的 EDI 标准制定、试行几年后，联合国欧洲经济理事会负责国际贸易程序简化的工作小组承担了国际性 EDI 标准制定的任务，并于 1986 年正式以 UN/EDIFACT 作为国际通用的标准。

（3）EDI 的特点。

① 降低了纸张的消费。利用 EDI 技术，交易双方在交易过程中生成的文件大多以电子化的形式生成、传递和储存，很大程度上降低了企业对纸张的消费需求。

② 减少了许多重复劳动，提高了工作效率。EDI 能对单据数据实现自动处理，减少了人工人为干预和重复输入，大大提高了数据处理的效率并降低了出错率。

③ EDI 使贸易双方能够以更迅速有效的方式进行贸易，人人简化了订货或存货的过程，使双方能及时地充分利用各自的人力和物力资源。

④ 通过 EDI 可以改善贸易双方的关系，厂商可以准确地估计日后商品的寻求量，货运代理商可以简化大量的出口文书工作，商户可以提高存货的效率，大大提高他们的竞争能力。

（4）EDI 的分类。

根据功能划分，可将 EDI 分为四类。

① 订货信息系统。订货信息系统是最基本的 EDI 系统。它又可称为贸易数据互换系统（trade data interchange，简称 TDI），它以电子数据文件来传输订单、发货票和各类通知。

② 电子金融汇兑系统。电子金融汇兑系统（electronic fund transfer，简称 EFT），即在银行和其他组织之间实行电子费用汇兑。

③ 交互式应答系统。交互式应答系统（interactive query response）可应用在旅行社或航空公司作为机票预定系统。这种 EDI 在应用时要询问到达某一目的地的航班，要求显示航班的时间、票价或其他信息，然后根据旅客的要求确定所要的航班，打印机票。

④ 图形资料自动传输系统。图形资料自动传输系统最常见的是计算机辅助设计（computer aided design，简称 CAD）图形的自动传输。比如，设计公司完成一个厂房的平面布置图，将其平面布置图传输给厂房的建设者，请其提出修改意见。一旦该设计被认可，系统将自动输出订单，发出购买建筑材料的报告，在收到这些建筑材料后，自动开出收据。

5.5.2 EDI 的硬件系统

EDI 所需的硬件设备大致有计算机、调制解调器、通信线路和通信网络。

① 计算机。目前所使用的计算机，无论是 PC、工作站、小型机、主机等，均可利用。

② 调制解调器和路由器。由于使用 EDI 来进行电子数据交换，需通过通信网络，因此，调制解调器和路由器是必备硬件设备。调制解调器的功能与传输速度应根据实际需求而决定。

③ 通信线路。EDI 一般最常用的是电话线路，如果传输时效及资料传输量上有较高要求，可以考虑租用专线。

④ 通信网络。20 世纪 90 年代之前的大多数 EDI 都不通过互联网，而是通过租用电信部门的通信线路在专用网络实现，这类专用的网络被称为 VAN（value addle network，增值网）。增值网络类似于邮局，为发送者与接收者维护邮箱，并提供存储转送、记忆保管、通信协议转换、格式转换、安全管制等功能。因此通过增值网络传送 EDI 文件，可以大幅度降低相互传送资料的复杂度和困难度，大大提高 EDI 的效率。

5.5.3 EDI 的软件系统

EDI 软件系统具有将用户数据库系统中的信息译成 EDI 的标准格式并进行传输交换的能力。由于每个公司都有其自己所规定的信息格式，因此，当需要发送 EDI 电文时，必须用某些方法从公司的专有数据库中提取信息，并把它翻译成 EDI 的标准格式进行传输，这就需要有 EDI 相关软件的帮助。EDI 软件系统主要包括三种软件，分别是翻译软件、转换软件和通信软件。

① 翻译软件，就是将平面文件翻译成 EDI 技术标准格式，或将接收到的 EDI 技术标准格式翻译成平面文件。

② 转换软件，它可以帮助用户将计算机系统文件转换成翻译软件能够理解的平面文件，或是将从翻译软件接收来的平面文件转换成计算机系统中的文件。

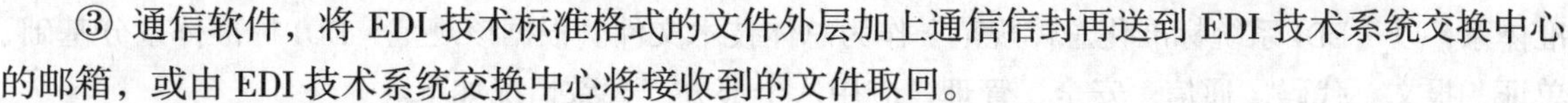

③ 通信软件，将 EDI 技术标准格式的文件外层加上通信信封再送到 EDI 技术系统交换中心的邮箱，或由 EDI 技术系统交换中心将接收到的文件取回。

5.6 EDI 的标准

EDI 是目前为止最为成熟和使用范围最广泛的电子商务应用系统，其根本特征在于标准的国际化，而标准化是实现 EDI 的关键环节。早期的 EDI 标准只是由贸易双方自行约定，随着使用范围的扩大，出现了行业标准和国家标准，最后形成了统一的国际标准。随着 EDI 各项国际标准的推出，EDI 的应用领域并不只限于国际贸易领域，而且在行政管理、医疗、建筑、环境保护等各个领域得到了广泛应用。可见，EDI 的各项标准是使 EDI 技术得以广泛应用的重要支撑，EDI 的标准化工作是在 EDI 发展进程中不可缺少的一项基础性工作。

5.6.1 EDI 标准的发展简史

1968 年，美国运输数据协调委员会（TDCC）首先在铁路系统使用 EDI，并提出用于运输业的报文和通信结构方面的标准。

1980 年，美国国家标准化协会成立了 X.12 鉴定标准委员会（ASCX.12），下设 10 个分委员会，负责开发和制订美国 EDI 通用标准。

1985 年，ANSI 提出 X.12 系列标准，推广应用于北美地区。

1986 年，WP4 正式提出《用于行政管理、商业和运输的电子数据互换》文件，即 EDIFACT 标准。

在 EDIFACT 被 ISO 接受为国际标准之后，国际 EDI 标准就逐渐向 EDIFACT 靠拢。ANSI X.12 和 EDIFACT 两家已一致同意全力发展 EDIFACT，使之成为全世界范围内能接受的 EDI 标准。EDIFACT 成为统一的 EDI 国际标准已是大势所趋。

5.6.2 EDI 标准的作用

EDI 标准是整个 EDI 技术的核心和关键，EDI 标准化程度直接关系到 EDI 系统的收益，EDI 之所以能够在较短的时间内被广泛接受和使用，除了计算机的普及和网络的迅速发展等因素外，最重要的一点就是 EDI 标准的及时制定，以及 EDI 标准的结构化具有较高的科学性、较大的通用性和兼容性。因此 EDI 标准在促进系统间互联、互通和互操作，确保信息资源的有效开发和共享，确保信息系统的畅通和安全过程中发挥了不可替代的作用。

① EDI 标准保证了计算机网络自动传送和计算机自动处理文件及数据得以实现。

② EDI 标准也保证了网络传输全程实现审计跟踪，这样大大提高了商业文件传送的透明度和可靠性。

③ 标准化的 EDI 格式转换保证了不同国家、不同地区、不同企业的各种商业文件（如单证、回执、载货清单、验收通知、出口许可证、原产地证等）得以无障碍电子化交换，促进了国际贸易的发展。

5.6.3 EDI 标准的组成

EDI 标准体系是在 EDI 应用领域范围内的、具有内在联系的标准组成的科学有机整体，它由若干个分体系构成，各分体系之间又存在着相互制约、相互作用、相互依赖和相互补充的内在联系。我国根据国际标准体系和我国 EDI 应用的实际以及未来一段时期的发展情况，制订了 EDI 标

准体系，以《EDI系统标准化总体规范》作为总体技术文件。根据该规范，EDI标准体系分基础、单证、报文、代码、通信、安全、管理、应用八个部分，大致情况如下。

（1）EDI基础标准体系。

EDI基础标准体系主要由UN/EDIFACT的基础标准和开放式EDI基础标准两部分组成，是EDI的核心标准体系。其中，EDIFACT有7项基础标准，包括EDI术语、EDIFACT应用级语法规则、语法规则实施指南、报文设计指南和规则、贸易数据元目录、复合数据元目录、段目录、代码表，我国采用了这7项标准；开放式EDI基础标准是实现开放式EDI最重要、最基本的条件，包括业务、法律、通信、安全标准及信息技术方面的通用标准等，ISO/IEC JTC1 SC30推出《开放式EDI概念模型》和《开放式EDI参考模型》，规定了用于协调和制定现有的和未来的开放式EDI标准的总体框架，成为未来开放式EDI标准化工作的指南。随之推出的一大批功能服务标准和业务操作标准等将成为指导各个领域EDI应用的国际标准。

（2）EDI单证标准体系。

EDI报文标准源于相关业务，而业务的过程则以单证体现。单证标准化的主要目标是统一单证中的数据元和纸面格式，内容相当广泛，其标准体系包括管理、贸易、运输、海关、银行、保险、税务、邮政等方面的单证标准。

（3）EDI报文标准体系。

EDI报文标准是每一个具体应用数据的结构化体现，所有的数据都以报文的形式传输出去或接收进来。EDI报文标准主要体现于联合国标准报文（United Nations standard message，简称UNSM）。到1999年2月止，UN/EDIFACT D.99A版已包括247个报文，其中有178个联合国标准报文、50个草案报文及19个作废报文，涉及海关、银行、保险、运输、法律、税务、统计、旅游、零售、医疗、制造业等诸多领域。

（4）EDI代码标准体系。

在EDI传输的数据中，除了公司名称、地址、人名和一些自由文本内容外，几乎大多数数据都以代码形式发出，为使交换各方便于理解收到信息的内容，便以代码形式把传输数据固定下来。代码标准是EDI实现过程中不可缺少的一个组成部分。EDI代码标准体系包括管理、贸易、运输、海关、银行、保险、检验等方面的代码标准。

（5）EDI通信标准体系。

计算机网络通信是EDI得以实现的必备条件，EDI通信标准则是顺利传输以EDI方式发送或接收的数据的基本保证。EDI通信标准体系包括ITU的X.25、X.200/ISO 7498、X.400系列和ISO 10021、X.500系列等。其中X.400系列/ISO 10021标准是一套关于电子邮政的国际标准。

（6）EDI安全标准体系。

由于经EDI传输的数据会涉及商业秘密、金额、订货数量等内容，为防止数据的篡改、遗失，必须通过一系列安全保密的规范给以保证。EDI安全标准体系包括EDI安全规范、电子签名规范、电文认证规范、密钥管理规范、X.435安全服务、X.509鉴别框架体系等。

（7）EDI管理标准体系。

EDI管理标准体系主要涉及EDI标准维护的有关评审指南和规则，包括标准技术评审导则、标准报文与目录文件编制规则、目录维护规则、报文维护规则、技术评审单格式、目录及代码编制原则、EDIFACT标准版本号与发布号编制原则等。

（8）EDI 应用标准体系。

EDI 应用标准体系主要指在应用过程中用到的字符集标准及其他相关标准，包括：信息交换用七位编码字符集及其扩充方法；信息交换用汉字编码字符集；通用多八位编码字符集；信息交换用汉字编码字符集辅 2 集、4 集等。

EDI 标准体系的框架结构并非一成不变，它将随着 EDI 技术的发展和 EDI 国际标准的不断完善而将不断地进行更新和充实。

5.7 EDI 的实现过程

5.7.1 EDI 的系统结构

在 EDI 中，EDI 参与者所交换的信息客体称为邮包。在交换过程中，如果接收者从发送者所得到的全部信息包括在所交换的邮包中，则认为语义完整，并称该邮包为完整语义单元（CSU）。CSU 的生产者和接收者统称为 EDI 的终端用户。在 EDI 工作过程中，终端用户通过 EDI 报文实现信息的交互，整个过程是由 EDI 系统完成的。EDI 系统结构如图 5-4 所示。

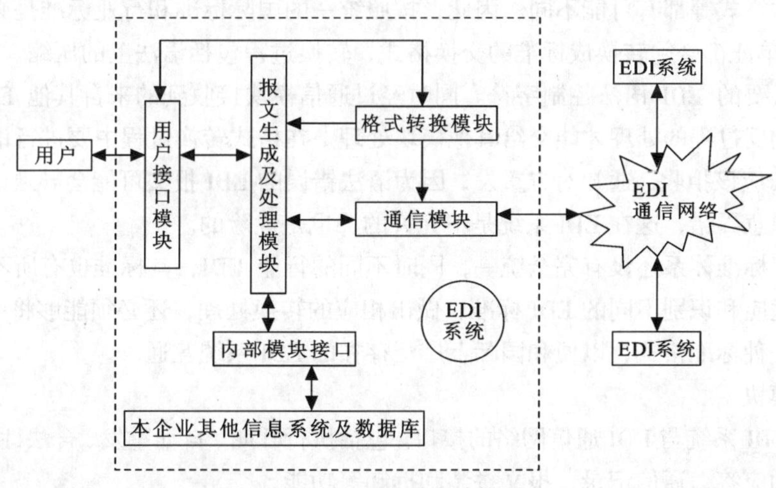

图 5-4　EDI 系统结构图

（1）用户接口模块。

EDI 系统能自动处理各种报文，但是和用户界面友好的人机接口仍是必不可少的。由于使用 EDI 系统的大都是非计算机专业的业务管理人员，不可能要求他们了解更多的计算机甚至网络的技术。这样，从用户的观点来看，操作起来越简单、越直观越好。

用户接口包括用户界面和查询统计。用户界面是 EDI 系统的外包装，它的设计是否美观、使用是否方便，直接关系到 EDI 系统产品的外在形象。查询统计模块可帮助管理人员了解本单位的情况，打印或显示各种统计报表，了解市场变化情况，及时调整经营方针策略等。

（2）内部接口模块。

使用 EDI 系统的用户，在某种程度上都有自己的计算机应用，也就是我们前面所说的企业内部 MIS。内部接口模块是 EDI 系统和本单位内部其他信息系统及数据库的接口。一个单位的信息系统应用程度越高，内部接口模块也就越复杂。一份来自外部的 EDI 报文经过 EDI 系统处理之后，大部分相关内容都需要经内部接口模块送往其他信息系统，或查询其他信息系统，才能给对方 EDI

报文以确定的答复。例如，一份到货通知到达后，EDI 系统可以通过内部接口模块修改财务、库存等 MIS 系统的记录，使新数据立刻在这些系统中得到反映。

（3）报文生成及处理模块。

该模块利用用户数据生成并处理 EDI 报文，主要包含两个方面的功能：第一是接受来自用户接口模块和内部接口模块的命令和信息按照 EDI 标准生成订单、发票、合同以及其他各种 EDI 报文和单证，经格式转换模块处理之后，由通信模块经 EDI 网络转发给其他 EDI 用户。在生成 EDI 单证的过程中，要把用户常见的单证格式转换成有序的、标准的格式化数据，以便格式转换模块能够处理。模块的另一个作用也是更复杂的工作，就是自动处理由其他 EDI 系统发来的 EDI 报文。按照不同的 EDI 的报文类型，应用不同的过程进行处理，例如订单处理、发票处理等。在处理过程中要与本单位其他信息系统相互作用。一方面从信息系统中取出必要的信息回复给发来单证的 EDI 系统，同时将单证中的有关信息送给本单位的其他信息系统。

（4）格式转换模块。

由于 EDI 要在不同国家和地区、不同行业内开展，EDI 通信双方应用的信息系统、通信手段、操作系统、文件格式等都有可能不同。因此，按照统一的国际标准和行业标准是必不可少的。所以，所有 EDI 单证都必须转换成标准的交换格式，转换过程包括语法上的压缩、嵌套、代码的替换，再加上必要的 EDI 语法控制字符。同时经过通信模块接收到的来自其他 EDI 系统的 EDI 报文也要经过相反过程的处理才能交给其他模块处理。在格式转换过程中要进行语法检查，对于语法出错的 EDI 应该拒收，通知对方重发，因为语法错误的 EDI 报文可能会导致语义出错，从而把商业文件的原意弄错，这在 EDI 系统是不允许的，也是危险的。

目前，EDI 标准体系还没有完全统一，同时不同的行业 EDI，其标准也有所不同。格式转换模块必须能够适应和识别不同的 EDI 标准，做出相应的转换处理，还必须能够将一种标准的 EDI 报文转换成另一种标准格式，以便和国际上广泛存在的 EDI 系统互通。

（5）通信模块。

该模块是 EDI 系统与 EDI 通信网络的接口。包括执行呼叫、自动重发、合法性和完整性检查、出错报警、自动应答、通信记录、报文拼装和拆卸等功能。

除以上这些基本模块外，EDI 系统还必须具备一些基本功能。

① 命名和寻址功能。EDI 的终端用户在共享的名字当中必须是唯一可标识的。命名和寻址功能包括通信和鉴别两个方面：在通信方面，EDI 是利用地址而不是名字进行通信的。因而要提供按名字寻址的方法，这种方法应建立在开放系统目录服务 ISO9594（对应 ITU-T X.500）基础上。在鉴别方面，有若干不同级别的鉴别，即通信实体鉴别、发送者与接收者之间的相互鉴别等。

② 安全功能。EDI 的安全功能应包含在上述所有模块中。它包括以下一些内容。

- 终端用户以及所有 EDI 参与方之间的相互验证；
- 数据完整性；
- EDI 参与方之间的电子（数字）签名；
- 否定 EDI 操作活动的可能性；
- 密钥管理。

③ 语义数据管理功能。完整语义单元（CSU）是由多个信息单元（IU）组成的。其 CSU 和 IU 的管理服务功能包括以下一些内容。

- IU 应该是可标识和区分的。
- IU 必须支持可靠的全局参考。
- 应能够存取指明 IU 属性的内容，如语法、结构语义、字符集和编码等。
- 应能够跟踪和对 IU 定位。
- 对终端用户提供方便和始终如一的访问方式。

5.7.2 EDI 的通信流程

在 EDI 方式下，报文是结构化的数据，它是按照标准进行格式化的。由于 EDI 用户的应用系统采用的可能是不尽相同的数据库中的数据格式，在报文传递到网络之后，必须将其翻译成标准的 EDI 文件格式。在实际应用中，EDI 系统将无格式的数据文件添加到 EDI 报文的相应字段中来完成翻译过程，这种无格式的数据文件称为平面文件。用户应用系统的数据文件并非是平面文件，而是格式不同的数据文件，因此需要将用户的格式数据文件转换成平面文件。如图 5–5 所示，简单的 EDI 实现过程分为以下几个步骤。

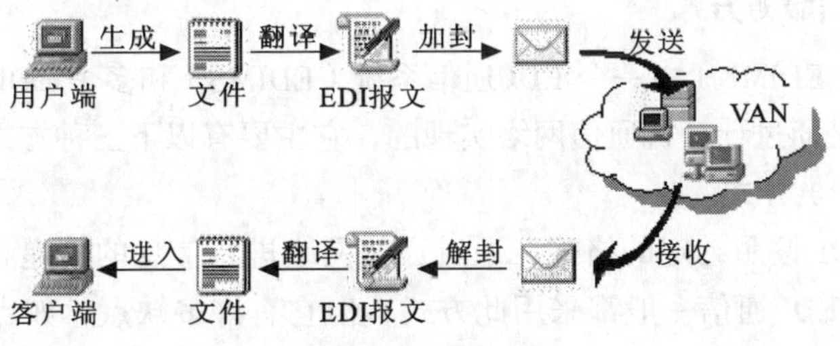

图 5–5 EDI 流程图

（1）映射（mapping）。

EDI 平面文件（flat file）是通过应用系统将用户的应用文件或数据库中的数据，映射成的一种标准的中间文件。这一过程称为映射。平面文件是用户通过应用系统直接编辑、修改和操作的单证和票据文件，它可直接阅读、显示和打印输出。

（2）翻译（translation）。

翻译的功能是将平面文件通过翻译软件（translation software）生成 EDI 标准格式文件。EDI 标准格式文件就是所谓的 EDI 电子单证，或称电子票据。它是 EDI 用户之间进行贸易和业务往来的依据。EDI 标准格式文件是一种只有计算机才能阅读的 ASCII 文件。它是按照 EDI 数据交换标准（即 EDI 标准）的要求，将单证文件（平面文件）中的目录项，加上特定的分割符、控制符和其他信息，生成的一种包括控制符、代码和单证信息在内的 ASCII 码文件。

（3）通信。

通信由计算机通信软件完成。用户通过通信网络接入 EDI 信箱系统，将 EDI 电子单证投递到对方的信箱中。EDI 信箱系统则自动完成投递和转接，并按照 X.400（或 X.435）通信协议的要求，为电子单证加上信封、信头、信尾、投送地址、安全要求及其他辅助信息。

（4）EDI 文件的接收和处理。

接收和处理过程是发送过程的逆过程。首先需要接收用户通过通信网络接入 EDI 信箱系统，打开自己的信箱，将来函接收到自己的计算机中，经格式校验、翻译、映射还原成应用文件，最后对应用文件进行编辑、处理和回复。

5.7.3 EDI平台的数据接入方式

EDI平台的数据接入主要有以下几种方式。

（1）具有单一计算机应用系统的用户接入方式。

拥有单一计算机应用系统的企业规模一般不大，这类用户可以利用电话交换网，通过调制解调器直接接入EDI中心。

（2）具有多个计算机应用系统的用户接入方式。

对于规模较大的企业，多个应用系统都需要与EDI中心进行数据交换。为了减小企业的通信费用和方便网络管理，一般是采用联网方式将各个应用系统首先接入负责与EDI中心交换信息的服务器中，再由该服务器接入EDI交换平台。

（3）普通用户接入方式。

该类用户通常没有自己的计算机系统，当必须使用EDI与其贸易伙伴进行业务数据传递时，他们通常采用通过Internet或电话网以拨号的方式接入EDI网络交换平台。

5.7.4 EDI通信服务方式

EDI的通信环境（EDIME）由一个EDI通信系统（EDIMS）和多个EDI用户（EDIMG）组成。EDI的开发、应用就是通过计算机通信网络实现的，它主要有以下三种方式。

（1）点对点（PTP）方式。

点对点方式即EDI按照约定的格式，通过通信网络进行信息的传递和终端处理，完成相互的业务交往。早期的EDI通信一般都采用此方式，但它有许多缺点，如当EDI用户的贸易伙伴数量较大时，这种方式会耗费很多的时间，需要许多重复发送。同时这种通信方式是同步的，不适用于跨国家、跨行业之间的应用。近年来，随着技术进步，这种点对点的方式在某些领域中仍旧有用，但会有所改进。新方法采用的是远程非集中化控制的对等结构，利用基于终端开放型网络系统的远程信息业务终端，用特定的应用程序将数据转换成EDI报文，实现国际间的EDI报文互通。

（2）增值网（VAN）方式。

它是那些增值数据业务（VADS）公司，利用已有的计算机与通信网络设备，除完成一般的通信任务外，增加EDI的服务功能。VADS公司提供给EDI用户的服务主要是租用信箱及协议转换，后者对用户是透明的。信箱的引入实现了EDI通信的异步性，提高了效率，降低了通信费用。另外，EDI报文在VADS公司的系统（即VAN中）中传递也是异步的，即存储转发的。VAN方式尽管有许多优点，但因为各增值网的EDI服务功能不尽相同，VAN系统并不能互通，从而限制了跨地区、跨行业的全球性应用。同时，此方法还有一个非常严重的缺陷，即VAN只实现了计算机网络的下层，相当于OSI参考模型的下三层。而EDI通信往往发生在各种计算机的应用进程之间，这就决定了EDI应用进程与VAN的联系相当松散、效率较低。

（3）MHS方式。

信息处理系统MHS是ISO和ITU-T联合提出的有关国际间电子邮件服务系统的功能模型。它是建立OSI开放系统的网络平台上，适应多样化的信息类型，并通过网络连接，具有快速、准确、安全、可靠等特点。它是以存储转发为基础的、非实时的电子通信系统，非常适合作为EDI的传输系统。MHS为EDI创造一个完善的应用软件平台，减少了EDI设计开发上的技术难度和工作量。ITU–T X.435/F.435 规定了 EDI 信息处理系统和通信服务，把 EDI 和 MHS 作为 OSI 应用层的正式业务。EDI 与 MHS 互联，可将 EDI 报文直接放入 MHS 的电子信箱中，利用 MHS 的地址功能和文电传输服务功能，实现 EDI 报文的完善传送。

5.8 EDI 与电子商务

5.8.1 EDI 与电子商务的比较

（1）概念范畴不同。EDI 是一种通信技术、方法或手段，而电子商务则是指一种业务活动；从这一点出发，可以将 EDI 视为实施电子商务的手段之一。

（2）发展历程不同。EDI 注重数据结构的标准化，目的是实现业务过程处理的自动化，减少手工劳动、降低成本、提高效率，适用于减轻交易循环中的重复工作；电子商务注重的是经济活动的电子化和网络化，目的是解除传统经济活动中时间、空间对人们的限制，减少商务出行和大量的文件，促进经济活动的开展，适用于所有的业务活动。

（3）应用领域不同。EDI 多发生在企业之间；而电子商务则涉及更广泛的领域，不仅存在于企业之间，也存在企业与消费者、消费者与消费者之间。

5.8.2 EDI 与电子商务的融合

（1）EDI 是电子商务的基础。

EDI 其实是电子商务的先驱者和早期形式，它开始于 20 世纪 70 年代，当时一些大的公司开始组建专有网络，以便在商业伙伴和供应商之间分享关于销售、供应、资金传送和订单处理等信息。这种方式称为电子数据交换（EDI），传送标准化的数据，优化了企业之间的采购过程，几乎消除了纸面作业和人工干预。例如，利用 EDI 一个零售商可以立即让仓库知道一份订单，同时仓库可以立即通知供应商有关库存的变化。EDI 在降低费用和提高效率方面非常有效。EDI 是基于增值网的、成熟的、适合商家到商家的电子商务方式和技术。EDI 是真正唯一独立服务于电子商务，且依附于电子商务的技术。可以说 EDI 过去是，现在仍是电子商务的基础。没有 EDI，电子商务将是空中楼阁。

（2）EDI 与电子商务的结合是当代电子商务的重要方式。

传统的面向国际和国内贸易的大企业间的电子商务通常是以 EDI 方式进行的，这类贸易活动所具有的共同的特征一个是相对稳定的贸易关系、较大的贸易量和使用较标准的贸易单证，另一个则是由较完善的计算机系统进行的。网上购物方式，由于其成本低、便于操作等优势，使中小企业的电子商务的应用成为可能。因此，可将电子商务的应用分为 EDI 和非 EDI 两种方式。EDI 电子商务是当代电子商务的重要方式和组成部分，是企业对企业电子商务的基础。

任务实施

1. 掌握 EDI 技术的定义、EDI 系统的组成和工作流程

步骤一　打开浏览器，在地址栏中输入搜索引擎地址：http://www.baidu.com。

步骤二　在搜索引擎中输入关键词进行搜索，关键词如“EDI 的定义”、“EDI 的工作流程”等。

步骤三　单击搜索结果中的页面链接进入阅读页面。

步骤四　同学分组讨论交流并选代表发言。

步骤五　教师归纳总结。

2．利用专业平台学习 EDI 相关知识

步骤一　打开浏览器，在地址栏中输入地址：http://www.b2beai.com/。

图 5-6　EDI 专业学习平台

步骤二　在站内搜索引擎中输入关键词搜索自己感兴趣的知识。

步骤三　单击搜索结果中的页面链接进入阅读页面。

步骤四　同学分组讨论交流并选代表发言。

步骤五　教师归纳总结。

素质拓展

随着 Internet 的发展，它已经进入千家万户，Internet 已经成为电子商务首选的电子工具。因此，EDI 的应用前景取决于它和 Internet 的结合。Internet 和 EDI 的结合主要有以下方式。

1．Internet Mail 方式

Internet Mail 是通过 ISP 代替 VAN 把 EDI 带入到 Internet 的方式，它是 EDI 和 Internet 最早的结合方式。用 ISP 代替了传统 EDI 依赖的 VAN，解决了信道的廉价问题。但是，简单电子邮件协议的存在许多不足。首先，E-mail 在 Internet 上以明文的形式进行传送，没有经过加密保护，容易造成文件信息的泄露；其次，E-mail 很容易伪造，并且发送者可以否认自己是 E-mail 的作者；再次，STMP 不能保证你正确交付了 E-mail，无法了解文件在传输的过程中是否丢失；最后，简单的 STMP 无法确保信息的完整性，文件在传递的过程中很有可能被篡改。

2. 标准准翻译（IC）

标准翻译着重于解决翻译的问题。由于 EDI 标准对于许多应用来说过于复杂，许多标准化组织都在针对一些特定的应用制订一些简单的标准。这种标准不同于以前的行业标准和国家标准，它是一种特殊的跨行业的国际标准，是针对特定的应用而设计的，而且，相对来说比较简单。应用程序厂商可以在他们的产品中实现这些标准。例如，OBI（open buying on the Internet）就是针对大量的、低价格的交易定义的一组简洁的报文标准。实际上，OBI 在 EDI 报文中综合了电子目录，在 Internet 上为企业间的商品购买提供了一个完整的解决方案。

3. Web/EDI 方式

Web/EDI 是为了方便中小企业参与网络交易，减少他们实现 EDI 的费用，使他们能够只通过浏览器就能够进行 EDI 交换。Web-EDI 方式被认为是目前基于 Internet 的 EDI 中最好的方式。标准 IC 方式的 EDI 不能减少那些仅有很少贸易单证的中小企业的费用，Web-EDI 的目标是允许中小企业只需通过浏览器和 Internet 连接去执行 EDI 交换。Web 是 EDI 消息的接口，典型情况下，其中一个参与者一般是较大的公司，针对每个 EDI 信息开发或购买相应的 Web 表单，改造成适合自己的 IC，然后把它们放在 Web 站点上，此时，表单就成为 EDI 系统的接口。另一个参与者一般为较小的公司，登录到 Web 站点上，选择他们所感兴趣的表单，然后填写它，结果提交给 Web 服务器后，通过服务器端程序进行合法性检查，把它变成通常的 EDI 消息，此后消息处理就与传统的 EDI 消息处理一样了。很明显，这种解决方案对中小企业来说是负担得起的，只需一个浏览器和 Internet 连接就可完成，EDI 软件和映射的费用则花在服务器端。Web/EDI 方式对现有企业应用只需做很小改动，就可以方便快速地扩展成为 EDI 系统应用。

各种 Internet EDI 的方式，尤其是 Web/EDI 方式的使用，使传统 EDI 走出了困惑，特别是使中小企业能够接受。但另一方面，目前 HTML 标识语言过于简单也给应用带来了限制。

4. XML/EDI 方式

XML 是 HTML 的变样，称为可扩充标记语言，它的诞生引发了一场 Web 技术革命，也赋予了 EDI 基于 Internet 的新形式。由于 XML 引进了模板的概念，解决了 EDI 从用户数据到 UN/EDIFACT 标准的映射问题，使得 EDI 的复杂程度大大降低。XML/EDI 解决了许多基于 Web 的 EDI 的缺点。

（1）传统的 EDI 需要转换程序，EDI 在加入 XML 后，可以表达文件的完整结构。文档类型定义由 XML 标签（tag）组成，并可以内嵌在原来的文件中以描述文件的结构，当处理 XML/EDI 时，只要看到 XML/EDI 文件本身内嵌的文档类型定义就可以处理它，不必再去做转换程序。

（2）XML 的可扩展性，使企业能解决传统 EDI 标准的不足。当现行标准无法满足需求时，我们可以定义新标准，把新标准的定义写入内嵌在 XML 的文档类型定义，可以根据这份文档类型定义解释这份文件。

（3）可以即时应用、修改，而不像传统 EDI 不能做出即时的应用。

（4）传输不受限制。XML 解释器可以处理统一码，因此像 UTF-8 和 UTF-16 这类档案都可读取处理。

（5）降低成本。XML/EDI的出现进一步降低了EDI的使用费用，使得许多中小企业都可以承担使用EDI的成本。

动手：试比较基于因特网的EDI与传统EDI的区别和优点。

项目小结

B2B是目前电子商务的主流模式，也是最早的电子商务模式，开展B2B模式也是传统企业应对日趋激烈的市场竞争环境、提升企业竞争力的重要途径。在互联网技术尚未出现之前，企业与企业之间多用EDI技术来实现文件的传递，可以看作现代电子商务的前身，目前互联网技术已经在全球普及，但是EDI技术并没有因此消亡，而是与互联网技术实现了融合，以新的形式出现，成为现代电子商务的重要组成部分。

习题与思考

1. 什么是B2B电子商务？
2. B2B电子商务的交易流程主要分为哪些环节？
3. 分析B2B不同业务模式的特点。
4. EDI技术具有哪些特点？
5. EDI的工作流程是如何实现的？

职业能力训练

训练内容：认知企业电子商务。

训练目标：

1. 掌握EDI技术的定义与基本实现过程；
2. 熟悉EDI与现代电子商务之间的关系；
3. 掌握B2B业务模式的概念与交易流程；
4. 了解传统企业开展电子商务的形式；
5. 认知阿里巴巴网站、慧聪网、我的钢铁网等，并做出对比分析；
6. 能够利用阿里学院定制学习内容；
7. 能够利用B2B平台查询商情。

训练路径：

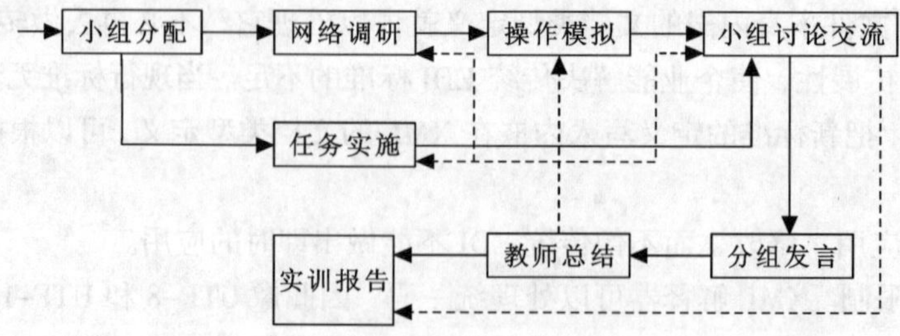

自我评价与课业考核

项目			评价与考核标准	自评成绩
职业道德素质∑30		职业观念∑510	对职业、职业选择、职业工作、职业道德和伦理等问题具有正确的看法	
		职业情感∑5	对职业有愉快的主观体验、稳定的情绪表现、健康的心态、良好的心境，具有强烈的职业认同感、职业荣誉感和职业敬业感	
		职业理想∑5	对将要从事的职业种类、职业方向与事业成就有积极的向往和执着的追求	
		职业态度∑10	对职业选择有充分的认知和积极的倾向与行动	
职业能力与课业学习评价∑70	实施过程∑50	自学能力∑5	能够借助互联网等工具自我学习工作过程中碰到的新知识	
		学习态度∑5	学习过程中纪律性强，无缺课、迟到、早退现象	
		团队协作∑5	学习过程中有团队合作精神、有较强的沟通能力	
		创新能力∑5	学习过程中解决问题有独创性，设计巧妙，有新意	
		解决问题∑5	能够借助各种工具，在老师和同学的帮助下解决工作过程中碰到的疑难问题	
		工作任务∑25	1. 掌握 EDI 技术的定义与基本实现过程 2. 熟悉 EDI 与现代电子商务之间的关系 3. 掌握 B2B 业务模式的概念与交易流程 4. 了解传统企业开展电子商务的形式 5. 认知阿里巴巴网站、慧聪网、我的钢铁网等，并做出对比分析 6. 能够利用阿里学院定制学习内容 7. 能够利用 B2B 平台查询商情	
	实施结果∑20	1. 在规定的时间内完成学习任务和课业报告∑10		
		2. 实训任务和课业报告符合要求∑10		
合计				

项目六 网络营销实务

项目介绍

随着互联网的快速发展，网络媒体作为一种新的信息传播形式，已深入人们的日常生活。网友言论已达到前所未有的活跃程度，网络民情越来越受到各企业的关注。如何利用网络了解民情，了解消费者，以便科学决策，已经越来越成为目前企业决策的关注重点。企业要从网络信息中提取有用的营销信息，就要建立完备的信息决策机制，在收集信息后对收集到的信息素材进行分类，从中提取关键词，按照主题重新组织信息，并生成消费者购买行为分析报告，才能为企业网络营销制定相应的策略提供依据。

本项目主要以"网络营销与传统营销的比较"着手，通过对"网络信息的收集与发布"和"电子商务网站的推广"知识的介绍，从而让学生深入地认识网络营销，学会网络信息的收集与网站推广的方法和技巧。

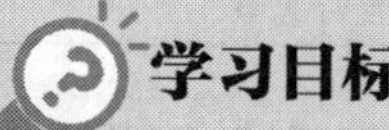

学习目标

知识目标

① **了解网络营销的基本概念与特点；**

② **了解网络营销与传统营销区别；**

③ **理解网络信息资源的特点、网站推广的内涵和特性、搜索引擎推广的营销价值等；**

④ **掌握网络信息获取方法。**

技能目标

① **能按照企业整体营销目标规划好企业的网站推广目标；**

② **能灵活利用不同类型的搜索引擎搜集网络资讯；**

③ **能合理利用搜索引擎查找特定站点；**

④ **能利用第三方B2B平台搜索商务信息；**

⑤ **能利用搜索引擎工具开展网络市场调研。**

 引导案例——白家食品初尝网络销售新渠道的甜头

——案例来源：龙腾网界

“服装、手机甚至钻戒都能放到网上卖，方便面、酱料的生意为什么不上网吆喝呢？”去年夏天，胡远强的老板、四川白家食品公司总裁陈朝晖第一次萌生了“开间白家粉丝的网上商城”念头。这不是一次差旅闲聊下的“无心之谈”。

陈朝晖果断拿出200万元专款，钦点公司公关部主任胡远强这位能干的手下为白家食品开拓一个网络销售通道，还定下2009年的网购销售额要达到1 000万元的目标。

胡远强拿到这笔钱，顿时傻了眼，“200万元可以新建一条食品生产线，看来是铁了心要搞网络销售了。”胡远强心里想着，既兴奋又紧张，一方面方便食品、特色产品的目标消费群与网络消费者个性化消费需求的特点不谋而合，特色食品的网购市场前景好；但另一方面，去年全国食品全行业的网络垂直总销售额也不过3 000万元，一个企业就要做1 000万元的数额，可想而知压力有多大。

“开辟网购渠道是大势所趋。白家若先行一步，说不定能占到先机。”

……

而网络销售可观的纯利率也成为胡远强开拓新渠道的一大动力。胡远强算了笔账：相同一件产品，通过实体渠道销售，进场费、经销商提成、促销费等营销成本占毛利率10%，最大纯利率为20%；而网络营销成本比上述传统渠道要低5%～10%，在单价比实体店零售价便宜5%以上的情况下，平均纯利率可达20%，最大纯利率达到30%。

“网络销售渠道肯定有前途，但也不能盲目乐观。”

……

今年（2009年）5月初，白家食城网站正式开张。半个多月以来，网站日均浏览量在3 000～4 000人之间，下单率超过40%，网购白家食品的网民年龄跨度从20岁到40岁，其中60%以上为上海、浙江、珠三角、福建等沿海地区居民，他们买得最多的就是各种川味特色调料，单张客单价平均达到150元左右，远高于50元的超市平均单张客单价。

……

对于白家食城的市场前景，胡远强说：“无可限量。”据估算，200万元的投入，实现5倍的投资回报并不困难。并且到2010年，网络渠道产生的销售额将呈基数增长，达到5 000万元，占总销售额比例的两到三成，成为消费者购买白家品牌产品的重要补充。

届时，白家食城内的商品不仅有白家旗下所有食品，还将代理川渝地区其他品牌、厂家的地方特色食品，成为“吃在四川”的一张新名片。

尽管初尝网络销售新渠道的甜头，但胡远强很冷静，他告诉记者，网络购物、电视购物等新销售渠道想替代传统渠道的可能性不大，“网购仅仅是传统消费方式的补充，短期内难做到喧宾夺主。”

思考与讨论：电子商务能否替代传统商务？网络营销能否替代传统营销？为什么？

任务十二 网络营销与传统营销的比较分析

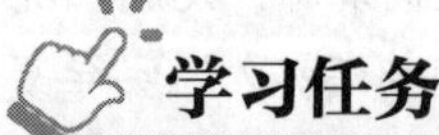

学习任务

学习情境

刚大学毕业的小郑被分配到一个传统企业去上班，随着网络的发展和竞争的激烈，传统企业的产品越来越受到挑战，营销渠道越来越窄，为了改变这一现状，有一天总经理将小郑找去，要求小郑将传统企业搬到网上，开展网络营销。小郑没有接触过网络营销，他不了解什么是网络营销、网络营销与传统营销的区别是什么、网络营销能为企业带来什么变化，于是小郑开始找人咨询这些问题

任务描述

1. 借助网络和教材相关内容，以小组为单位讨论网络营销的概念，分析传统营销和网络营销各自的特点和区别，讨论网络营销可以为传统企业带来哪些改变

2. 以学习小组为单位，利用搜索引擎，搜索网络营销常用的工具，并进行交流体验

任务拓展

阅读相关书籍，了解网络营销中消费者购物行为和消费者心理状态的特点

学习指南

6.1 网络营销的概念

6.1.1 网络营销产生的原因

网络营销的产生是科技发展、消费者价值观变革的商业竞争等综合因素所促成的，网络营销的产生是有其技术基础、观念基础和现实基础的。

1. 网络营销产生的技术基础

现代电子技术和通信技术的应用与发展是网络营销产生的技术基础。现在正走进计算机发展的第四个阶段：网络时代。

在网络时代，早期的 Internet 主要用于军事，随着 WWW 技术的应用，推动了 Internet 的商业化进程，20 世纪 90 年代以来更呈现指数性发展的趋势，每年都有几百万个新的站点加入。互联网的这种商业化进程直接推动了网络营销的产生。

2. 网络营销产生的观念基础

消费者价值观的变革是网络营销产生的观念基础。满足消费者需求，无论在何时何地，都是一个企业的经营核心。随着 Internet 的用途由学术研究向商业应用的逐步转变，世界各地企业纷纷上网为消费者提供各种类型的信息服务，并把抢占这一科技制高点视为获取未来竞争优势的重要途径。

当今企业正面临前所未有的激烈竞争，市场正由卖方市场向买方市场演变，消费者将面对更为纷繁复杂的商品和品牌选择，这一变化使当代消费者心理与以往相比呈现出一种新的特点和趋势。网络营销的产生则适应了消费者新的价值观，人们开普遍地接受网络营销了。

3．网络营销产生的现实基础

网络营销产生的现实基础是市场竞争的激烈。随着市场竞争的日益激烈化，为了在竞争中占优势，各个企业不断地推出各种营销手段来吸引顾客，但市场竞争已不再仅仅依靠浅层次的营销手段就能取胜，而需要经营者寻找变革，以尽可能降低成本，缩短运作周期，增加企业赢利。

开展网络营销，可以节约大量昂贵的店面租金，可以减少库存商品资金占用，可以方便采集客户信息，使经营规模不受场地限制，这些都可以使企业经营成本和费用降低。运作周期缩短，从根本上增强企业的竞争优势，增加赢利。

综上所述，网络营销的产生与发展是科技进步、人们消费观念变化和商业竞争的日益激烈等综合因素所促成的。

（1）现代通信技术和网络技术的应用与发展是网络营销产生的技术基础。

（2）网络时代消费者需求观念的改变为网络营销的产生奠定了市场基础。

（3）日益激烈的商业竞争是网络营销产生的现实基础。

总之，网络营销的产生有其深厚的环境与现实基础，是多种因素综合作用的结果。

6.1.2 网络营销的定义

1．网络营销的核心思想

网络营销的核心思想就是“营造良好的网上经营环境”。所谓网上经营环境，是指企业内部和外部与开展网上经营活动相关的环境，包括企业网站本身、顾客、网络服务商、合作伙伴、供应商、销售商、相关行业的网络环境等，网络营销的开展就是与这些环境建立关系的过程，这些关系处理好了，网络营销也就卓有成效了。

从网络营销发展的实际情况来看，对于现阶段网络营销的核心思想，可以进一步简单解释为：通过合理利用互联网资源（如网络营销工具和方法等），实现网络营销信息的有效传递，为营造有利于企业发展的经营环境奠定基础。

直到现在，对于网络营销的认识，一些学者或网络营销从业人员的研究和理解也不尽相同，往往侧重某些不同的方面：有些人偏重网站本身的技术实现手段；有些人注重网站的推广技巧；也有些人将网络营销等同于电子商务；甚至还有为数不少的企业管理人员将建设一个网站作为网络营销的目标。

由于网络营销的内涵和手段都在不断发展演变中，关于网络营销的核心思想也只能适用于一定的时期，随着时间的推移，网络营销的思想也将进一步发生演变。

2．网络营销定义

网络营销（online marketing 或 cyber marketing）全称是网络直复营销，属于直复营销的一种形式，是企业营销实践与现代信息通信技术、计算机网络技术相结合的产物，是指企业以电子信息技术为基础，以计算机网络为媒介和手段而进行的各种营销活动（包括网络调研、网络新产品开发、网络促销、网络分销、网络服务等）的总称。

网络营销根据其实现的方式有广义和狭义之分，广义的网络营销指企业利用一切计算机网络，包括 Intranet（企业内部网）、EDI（行业系统专线网）及 Internet 进行的营销活动。也就是说，通过 Internet 营销替代了传统的报刊、邮件、电话、电视等中介媒体，利用 Internet 对产品的售前、售中、售后各环节进行跟踪服务，自始至终贯穿在企业经营全过程，寻找新客户、服务老客户，最大限度地满足客户需求，以达到开拓市场、增加赢利为目标的经营过程。它是直接市场营销的最新形式，贯穿于企业开展网上经营的整个过程，包括信息发布、信息收集，到开展网上交易为主的电子商务阶段，网络营销一直都是一项重要内容。

而狭义的网络营销专指互联网营销。互联网是全球最大的计算机网络系统。

要注意的是：网络营销的内涵和手段都在不断发展演变中，上述关于网络营销的定义和理解也只能适用于一定的时期，随着时间的推移，这种定义可能显得不够全面，或者不能够反映新时期的实际状况。因此，不要把网络营销理解为僵化的概念，也不要将本书中所介绍的网络营销方法作为固定的模式去照搬，需要在具体实践中根据本企业当时的状况灵活运用。

6.1.3 网络营销的特点

1. 网络营销一般特点

网络营销具有以下几个特点。

（1）虚拟性。网络营销以 Internet 为背景，本身依附于虚拟空间，业务的全过程在一种“虚拟”的网络环境中进行，网络营销是在没有实物和现场环境的气氛下进行的一种商业活动。

（2）全天候性。网络营销的虚拟性突破了传统工业化社会时空界限以及企业经营活动范围的束缚，以全天候的形式为消费者提供服务。

（3）高信息性。网络营销要向接受者输出更加丰富的信息，使产品更加真实可信、更具亲和力，必须向消费者提供高质量、多数量的商务信息。

（4）国际性。网络营销是全球化的营销，网络延伸到哪里，商务信息就会被传递到哪里，突破了地域的界限，不分人种、肤色、种族和习俗。

（5）互动性。网络营销与消费者之间的沟通表现为信息交流的互动性、产品交易的互动性及客户服务的互动性。

（6）技术性。网络营销的信息传递及服务都是通过强大的技术性支持来完成的，这些技术包括网络技术、计算机技术、通信技术、多媒体技术等。网络营销的成熟与否在很大程度上取决于其技术使用的范围和先进程度。

（7）针对性。网络营销的信息传递是针对用户的主动查询来进行的“一对一”式的信息传递，对其他上网者没有信息干扰。同时，它还针对服务对象的个性化要求来提供帮助。

（8）参与性。网络的互动性可以使顾客参与产品的设计、生产与宣传推广，参与服务和咨询以及对问题展开讨论等。

（9）低成本性。网络营销无店面租金成本，且能实现产品直销，能帮助企业减轻库存压力，实现零库存目标从而降低营销成本。

2. 网络营销理论特点

网络营销理论具有以下特点。

（1）电子时空观。建立在网络社会可变性、没有物理距离之上的时空观，即电子时空观，它反映我们生活和工作基础的信息需求。这种时空观会使得我们在网络时代的工作和生活与传统时代截然不同，甚至出现冲突。但是我们必须学会去了解和适应它。

（2）全新的信息传播模式。在网络信息化的情况下，信息的传播和大众化传媒的工作模式都会有较大的变化。而商业信息的传播更是首当其冲。这些变化将主要表现在以下几个方面：

① 双向的信息传播模式；

② 推动互动的信息供需模式；

③ 多媒体信息传播模式。

（3）对市场性质的重新理解。在网络化时代，通过网络营销这种手段，产品的生产者会更多地直接面对消费者，原先的那种层层批转的中间商业机构的作用将逐渐淡化，这将引起市场性质的变化，这些变化主要表现在以下几个方面：

① 生产厂商和消费者的直接网上交易；

② 市场多样化、个性化和时事化；

③ 市场细分的彻底化；

④ 商品流通和交易方式的改变。

（4）消费者直接参与生产和商业流通循环。传统的商业流通循环是由生产者、商业机构和消费者三者组成的。其中商业机构在中间起着非常重要的作用。对生产者来说，所谓市场导向是通过商业机构的订货趋势来反映的。对消费者来说，所谓选择和挑选商品也是在商业机构所提供的商品范畴内有限地进行。生产者不能直接了解市场需求，消费者也不可能直接向生产者表达对产品的需求，因此，从理论上来讲，这种流通模式无论如何分析，总会存在一定的盲目性。而在未来的网络环境下，这种情况将会改变。

在网络营销中，生产者和消费者在网络的支持下直接构成商品流通循环，其结果是商业的部分作用逐步淡化，消费者参与企业营销的过程，市场的不确定因素减少，生产者更容易掌握市场对产品的实际需求。

3．网络营销行为特点

网络营销行为具有以下特点。

（1）无形化。Internet 作为传播媒介已是不争的事实，其跨时空、覆盖全球、以多媒体形式双向传送信息和信息实时更新等特点，是其他媒体所无法比拟的。信息时代给传统市场营销带来了发展的契机，其无形化的特点尤其突出，主要表现在以下几方面：

① 书写电子化、传递数据化；

② 经营规模不受场地限制；

③ 支付手段高度电子化。

（2）标准化。网络营销行为的标准性包括以下内容：

① 商品信息标准化；

② 商品交易标准化；

③ 市场建设的标准化；

④ 市场监督的标准化。

（3）低成本。网络营销给交易者双方所带来的经济利益上的好处是显而易见的，主要表现在以下几方面：

① 没有店面租金成本；

② 没有商品库存压力；

③ 行销成本很低；

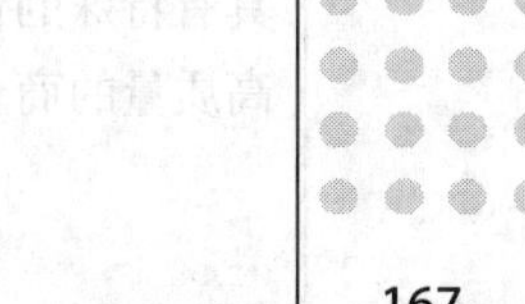

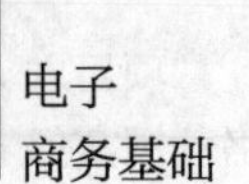

④ 结算成本很低。

6.1.4 网络营销的职能

网络营销的职能包括以下 8 个方面的内容，即网络品牌、网站推广、信息发布、销售促进、销售渠道、顾客服务、顾客关系和网上调研。网络营销策略的制订和各种网络营销手段的实施都是以发挥这些职能为目的的。

1. 网络品牌

网络品牌是网络营销的重要任务之一，即如何在互联网上建立并推广自己企业的品牌。知名企业的网下品牌可以在网上得以延伸，一般企业则可以通过互联网加快树立企业的品牌形象，并提升企业的知名度。网络品牌建设是以企业电子商务网站建设为基础，通过一系列的推广措施，达到顾客和公众对企业的认知和认可。在一定程度上说，网络品牌的价值甚至高于通过网络获得的直接收益。

随着技术的进步和互联网的发展，不仅给品牌带来了新的生机和活力，而且推动和促进了品牌的拓展和扩散。实践证明，互联网不仅拥有品牌、承认品牌，而且对于重塑品牌形象，提升品牌的核心竞争力，打造品牌资产，具有其他媒体不可替代的效果和作用。

2. 网站推广

网站推广是网络营销最基本的职能之一，所谓网站推广指的是企业在网上利用网络各种服务和功能，向新老顾客推广本企业的网址，以便让更多的人来访问该企业的网站，了解企业的各种信息，达到网络营销的目的。在几年前，甚至认为网络营销就是网站推广。相对于其他功能来说，网站推广显得更为迫切和重要，网站所有功能的发挥都要以一定的访问量为基础，所以，网站推广是网络营销的核心工作。

3. 信息发布

信息发布是网络营销的主要方法之一。网站是一种信息载体，通过网站可以发布各种信息资源，同时，信息发布也是网络营销的基本职能，所以也可以这样理解，无论哪种网络营销方式，结果都是将一定的信息传递给目标人群，包括新老顾客、媒体、合作伙伴、竞争者等。

网络营销可以将信息发布到全球任何一个地方，既可以实现信息的广覆盖，又可以形成地毯式的信息发布链；既可以创造信息的轰动效应，又可以发布隐含信息。信息的扩散范围、停留时间、表现形式、延伸效果、公关能力、穿透能力等都是最佳的。特别要提出的是，在网络营销中，网上信息发布以后，可以能动地进行跟踪，获得回复，可以进行回复后的再交流和再沟通。因此，信息发布的效果明显。

4. 销售促进

销售促进是网络营销的基本目的之一，大部分网络营销方法都与直接或间接促进销售有关，但促进销售并不限于促进网上销售，事实上，网络营销在很多情况下对于促进网下销售十分有价值。

销售促进是作为一种能刺激客户的实际需要相关联的，并激发客户使用某种产品和服务的兴趣的非价格竞争的促销手段推出的，这在商业银行实行利率竞争和费用竞争有限度的条件下，是具有特殊的作用和意义的，一方面，可促进商业银行的交易机会，另一方面，可使客户接受全面、高质量的商业银行的服务，从而与商业银行建立长期的信用关系。

5．销售渠道

销售渠道是网络营销的一个重要的场所之一。一个具备网上交易功能的企业网站本身就是一个网上交易场所，网上销售是企业销售渠道在网上的延伸，网上销售渠道建设也不限于网站本身，还包括建立在综合电子商务平台上的网上商店，以及与其他电子商务网站不同形式的合作等。

网络具有极强的进击力和穿透力，传统经济时代的经济壁垒、地区封锁、人为屏障、交通阻隔、资金限制、语言障碍、信息封闭等，都不能阻挡网络营销信息的传播和扩散。新技术的诱惑力、新产品的展示力、图文并茂和声像俱显的昭示力、网上路演的亲和力、地毯式发布和爆炸式增长的覆盖力，将整合为一种综合的信息进击能力，快速地打通封闭的坚冰，疏通种种渠道，打开进击的路线，实现和完成市场的开拓使命，这是任何其他手段都无法比拟的。

6．顾客服务

顾客服务是网络营销效果的重要的手段之一。网络营销不是提供一般的服务功能，而是提供一种特色服务功能，服务的内涵和外延都得到了扩展和延伸。互联网提供了更加方便的在线顾客服务手段，顾客不仅可以获得形式最简单的 FAQ（常见问题解答）、邮件列表、网络论坛（也称 BBS，电子公告牌）、聊天室等各种即时信息服务，还可以获取在线收听、收视、交款等选择性服务；无假日的紧急需要服务和信息跟踪、信息订制，直到智能化的信息转移、手机接听服务以及网上选购、送货到家的上门服务等。这种服务以服务之后的跟踪延伸不仅极大地提高了顾客的满意度，使以顾客为中心的原则得以实现，而且客户成了商家的一种重要的战略资源。

7．顾客关系

顾客关系是网络营销能否取得成效的必要条件之一，通过网站的交互、顾客信息反馈表、用户调查表、对顾客的承诺以及顾客的参与等方式，在为顾客服务的同时，也增进了顾客的情感关系。

在传统的经济模式下，由于认识不足或自身条件的局限，企业在管理客户资源方面存在着较为严重的缺陷。针对这种情况，在网络营销中，通过客户关系管理，将客户资源管理、销售管理、市场管理、服务管理、决策管理等融为一体，将原本疏于管理、各自为战的计划、销售、市场、售前和售后服务与业务统筹协调起来，既可跟踪订单，帮助企业有序地监控订单的执行过程，规范销售行为，了解新老客户的需求，提高客户资源的整体价值，又可以避免销售隔阂，帮助企业调整营销策略，收集、整理、分析客户反馈信息，全面提升企业的核心竞争能力，客户关系管理还具有强大的统计分析功能，可以为我们提供"决策建议书"，以避免决策失误而造成的损失，为企业带来可观的经济效益。

8．网上调研

网上调研是网络营销的主要职能之一。通过在线调查表或者电子邮件等方式，可以完成网上市场调研，相对传统市场调研，网上调研具有高效率、低成本的特点。

利用互联网进行市场调查是一种非常有效的方式，许多网站都设置在线调查表，用以收集用户反馈信息，在线调查常用于产品调查、消费者行为调查、顾客意见调查、品牌形象调查等方面，是获得第一手调研资料的有效工具。但是，在线调查也存在种种局限，尤其在企业网站访问量比较小、客户资料还不够丰富的情况下，获得的有效问卷数量较少，调查结果有时会出现较大的误差。尽可能提高在线调查结果的质量，是开展网上市场调研过程中每个环节都要考虑的问题。

综上所述，开展网络营销的意义就在于充分发挥各种职能，让网上经营的整体效益最大化，因此，仅仅由于某些方面效果欠佳就否认网络营销的作用是不合适的。网络营销的职能是通过各种网络营销方法来实现的，网络营销的各个职能之间并非相互独立的，同一个职能可能需要多种网络营销方法的共同作用，而同一种网络营销方法也可能适用于多个网络营销职能。

6.1.5 网络营销的常用方法

网络营销职能的实现需要通过一种或多种网络营销的方法，常用的网络营销方法有以下几种。

1. 搜索引擎注册与排名

这是最经典也是最常用的网络营销方法之一。搜索引擎排名是指搜索引擎派出一个能够在网上发现新网页并抓取文件的程序，这个程序通常被称为蜘蛛（spider）或者机器人（robot）。搜索引擎蜘蛛从数据库中已知的网页开始出发，就像正常用户的浏览器一样访问这些网页并抓取文件。对搜索词进行处理后，搜索引擎排序程序开始工作，从索引数据库中找出所有包含搜索词的网页，并根据排名算法计算出哪些网页应该排在前面，然后按一定的格式返回“搜索”页面。因此，在主要的搜索引擎上注册并获得最理想的排名，是网站设计过程中就要考虑的问题之一，网站正式发布后尽快提交到主要的搜索引擎，是网络营销的基本任务。

2. 病毒性营销

病毒性营销并非真的以传播病毒的方式开展营销，而是通过用户的口碑宣传网络，信息像病毒一样传播和扩散，利用快速复制的方式传向数以千计、数以百万计的受众。病毒性营销的经典范例是 Hotmail.com。现在几乎所有的免费电子邮件提供商都采取类似的推广方法。

3. 社区营销

随着 Web 2.0 的兴盛，社区已不不单纯指论坛，同时还包含了贴吧、群组、SNS 集群（如开心网、人人网、淘江湖、腾讯朋友）等。社区营销的关键在于找准目标客户聚集地，与目标客户和谐相处，打成一片，然后再施加影响。

4. 博客与微博营销

比较知名的博客如新浪博客，网易博客、搜狐博客、博客中国、博客大巴等，比较知名的微博有新浪微博、腾讯微博、搜狐微博等。做博客与微博营销除了可以将信息传递给访客和粉丝，还可以提高搜索引擎对企业信息的收录数量。

5. 视频营销

视频营销又称“播客营销”，像 56 网、优酷、酷 6 网、土豆网、新浪视频等视频网站支持用户自主上传视频，如果企业或产品的视频很有吸引力，视频营销是个不错的选择。

6. 网络广告营销

关于网络广告的投放，可以有以下几个位置进行尝试：行业网站，门户网站，地方网站，广告联盟；至于广告的形式，可根据企业具体情况实施，文字、图片、Flash、视频、专题等。

7. 许可 E-mail 营销

基于用户许可的 E-mail 营销比传统的推广方式或未经许可的 E-mail 营销具有明显的优势，比如可以减少广告对用户的滋扰、增加潜在客户定位的准确度、增强与客户的关系、提高品牌忠诚度等。开展 E-mail 营销的前提是拥有潜在用户的 E-mail 地址，这些地址可以是企业从用户、潜在用户资料中自行收集整理，也可以利用第三方的潜在用户资源。

8. 邮件列表

邮件列表实际上也是一种 E-mail 营销形式，邮件列表也是基于用户许可的原则，用户自愿加入、自由退出，不同的是，E-mail 营销直接向用户发送促销信息，而邮件列表是通过为用户提供有价值的信息，在邮件内容中加入适量促销信息，从而实现营销的目的。邮件列表的主要价值表现在四个方面：作为公司产品或服务的促销工具、方便和用户交流、获得赞助或者出售广告空间、收费信息服务。邮件列表的表现形式很多，常见的有新闻邮件、各种电子刊物、新产品通知、优惠促销信息、重要事件提醒服务等。

9. 交换链接

交换链接或称互惠链接，是具有一定互补优势的网站之间的简单合作形式，即分别在自己的网站上放置对方网站的 Logo 或网站名称并设置对方网站的超级链接，使得用户可以从合作网站中发现自己的网站，达到互相推广的目。交换链接的作用主要表现在几个方面：获得访问量、增加用户浏览时的印象、在搜索引擎排名中增加优势、通过合作网站的推荐增加访问者的可信度等。更重要的是，交换链接的意义已经超出了是否可以增加访问量，比直接效果更重要的在于业内的认知和认可。

10. 个性化营销

个性化营销的主要内容包括：用户定制自己感兴趣的信息内容、选择自己喜欢的网页设计形式、根据自己的需要设置信息的接收方式和接收时间等。个性化服务在改善顾客关系、培养顾客忠诚以及增加网上销售方面具有明显的效果，据研究，为了获得某些个性化服务，在个人信息可以得到保护的情况下，用户才愿意提供有限的个人信息，这正是开展个性化营销的前提保证。

6.2 传统营销的概念

6.2.1 传统营销的理论框架

传统营销的理论框架结构如图 6-1 所示。

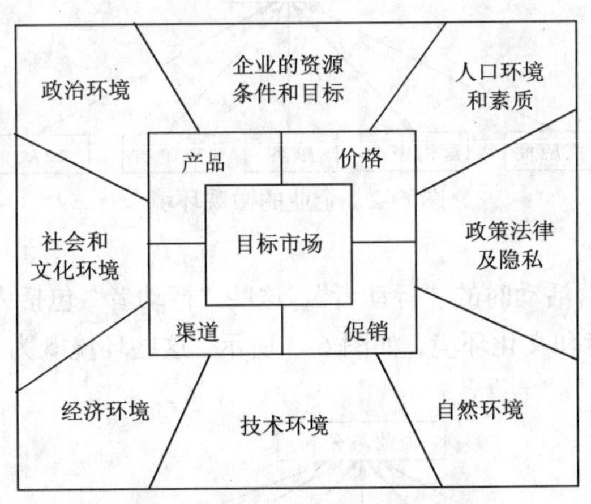

图 6-1　传统营销的理论框架

从图 6-1 可以看出，最里面的一层是“目标市场”，企业的各种工作都将围绕它进行，并以它为中心。在“目标市场”的外层是：产品（product）、价格（price）、渠道（place）、促销（promotion），即所谓的 4P。它们是企业市场营销的战略。最外层是影响企业市场营销的因素，它们是政治环境、企业的资源条件和目标、人口环境和素质、政策法律及隐私、自然环境、技术环境、经济环境、社会和文化环境等，是市场营销的大环境。

6.2.2 传统营销的战略

1. 企业市场营销战略的特征

市场营销战略即指企业为适应环境、市场变化而站在战略的高度，以长远的观点，从全局出发来研究市场营销问题，策划新的整体市场营销活动。其主要特征如下。

（1）市场营销的第一目的是创造顾客，获取和维持顾客。

（2）要从长远的观点来考虑如何有效地战胜竞争，使其立于不败之地。

（3）注重市场调研，收集并分析大量的信息，只有这样才能在环境和市场的变化有很大不确定性的情况下做出正确的决策。

（4）积极推行革新，其程度与效果成正比。

（5）在变化中进行决策，要求其决策者要有很强的能力，要有像企业家一样的洞察力、识别力和决断力。

2. 企业市场营销战略的条件和环境

（1）战略条件。

企业市场营销战略的经营理念、方针、企业战略、市场营销目标等是企业市场营销战略的前提条件，是必须适应或服从的。在市场营销战略的制定过程中首先要确定的就是市场营销目标。确定目标时必须考虑与整体战略的联系，使目标与企业的目标以及企业理念中所明确的、对市场和顾客的姿态相适应。

（2）微观环境。

微观环境是指企业经营活动时的"行动者"，这些"行动者"包括供应商、营销中介、顾客、竞争者、公众，如图 6–2 所示。

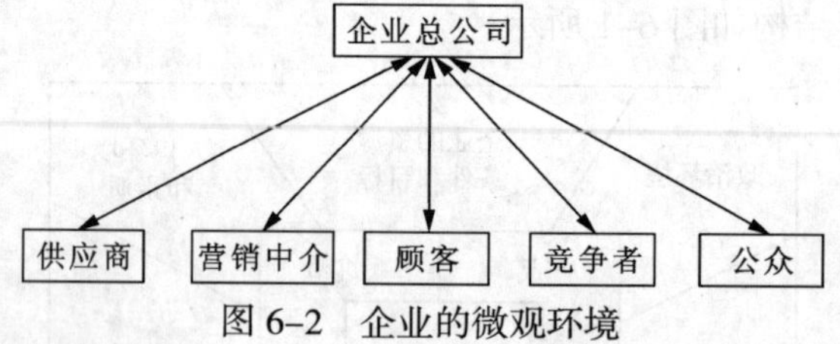

图 6–2 企业的微观环境

（3）宏观环境。

宏观环境是指企业经营活动时的"行动者"，这些"行动者"包括人口环境、经济环境、自然环境、技术环境、政治环境和文化环境，如图 6–3 所示。这些环境既为企业的生存发展创造机会，同时也构成威胁。

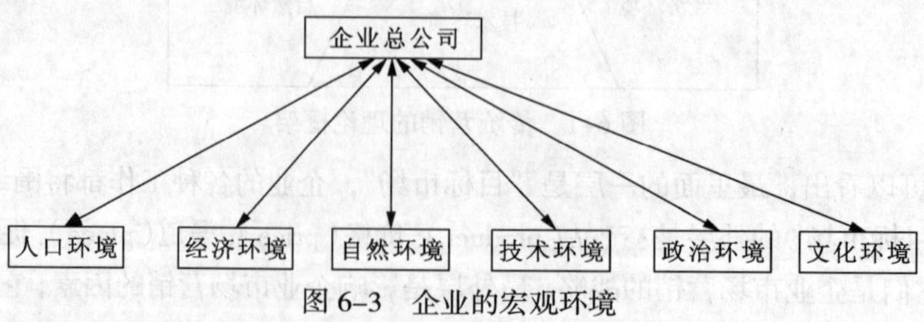

图 6–3 企业的宏观环境

（4）产业环境。

产业环境是指企业经营活动时的大环境，包括产业特征、产业吸引力、产业中的战略集团、产业演变等，如图 6-4 所示。

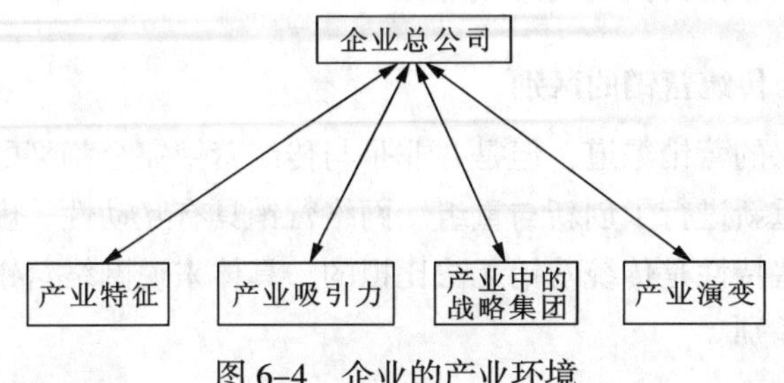

图 6-4　企业的产业环境

3. 企业的市场营销战略

市场的特性包括以下几个方面：一是互选性，即企业可选择进入的市场，市场（顾客）也可选择企业（产品）；二是流动性，即市场会随经济、社会、文化等的发展而发生变化，包括量和质的变化；三是竞争性，即市场是企业竞争的场所，众多的企业在市场上展开着激烈的竞争；四是导向性，即市场是企业营销活动的出发点，也是归着点，担负着起点和终点的双重作用；五是非固定性，即市场可通过企业的作用去扩大、改变甚至创造。

市场的状况包括以下几个方面：第一是市场规模。市场由人口、购买欲望和购买能力三大要素构成。第二是市场是同质还是异质。现在我国消费者的需求呈现出两种倾向：一是丰富化和多样化；二是两极分化越来越明显、突出。第三是绝大部分产品供大于求，形成买方市场。

企业的市场营销战略是以“目标市场”为中心的，围绕着“目标市场”周围的是“市场营销组合”，即市场营销战术。在市场营销观念指导下，企业市场营销管理工作（包括企业所做产品决策、定价决策、分销决策和促销决策等）都必须以目标市场为中心，通过调查研究，了解和满足目标市场的需要，更好地为目标市场服务。

4. 企业的市场营销战略计划

企业制订市场营销战略计划或称为市场营销战略决策必须全面考虑到企业的资源条件和企业的目标、外部环境（企业“不可控制的变数”），要善于使企业“可控制的变数”与外部“不可控制的变数”迅速相适应，这是企业经营管理能否成功、企业能否生存和发展的关键。

5. 企业的市场营销战略目标

随着科学技术的迅速进步和发展，必然会日益增多地涌现出新科研成果、新技术和新产品。企业今后不能只是被动地适应顾客需求，而必须积极主动地创造或改变目标顾客的需求，只有这样，才能实现潜在交换，扩大销售。于是，企业的市场营销战略目标形成了以下几个主要特点。

（1）形成了“以需定产”的经营思想。

（2）对市场由静态研究转为动态研究，强调供求之间的信息传递与沟通。

（3）由研究销售职能扩大到研究企业各部门之间的整体协调活动。

（4）形成了以产品（product）、价格（price）、渠道（place）和促销（promotion）等为核心的营销组合或营销策略。

（5）市场调研、市场分析与细分、目标市场选择与市场定位、产品策略、价格策略、促销策略、分销策略等具体的营销活动组成了严密而庞大的营销体系。

6.3 网络营销与传统营销的比较分析

6.3.1 网络营销与传统营销的区别

网络营销是一种新兴的营销渠道，但是并非是与传统营销完全割裂的，它是将传统的营销渠道经由信息技术发展，重新进行了创新与重组。网络营销具有互动性、虚拟性、私人性、全球性和永恒性 5 个特性，这些特性是传统营销无法比拟的，具体来说网络营销与传统营销在以下几个方面还存在比较明显的差别。

1. 销理念的转变

网络营销已经从传统的大规模目标市场向集中型、个性化营销理念转变。而在在传统的营销中，其目标市场的选择都是针对某一特定消费群，很难把每一个消费者都作为目标市场。在互联网发达的今天，企业可以通过网络收集大量信息以了解消费者的不同需求，从而使企业的产品更能满足顾客的个性化需求。亚马逊（中国）、当当网、淘宝网这些年获得的成功很大一部分原因在于其提供给消费者的个性化服务。

2. 营销渠道的变化

网络营销的渠道建立过程十分方便、快捷，建立后很容易对其进行改变，且企业对营销渠道很容易进行控制。而传统营销的营销渠道建立过程比较缓慢，建立后不易改变，企业对其也难以控制。而且网络营销渠道与传统营销渠道相比，中间商的重要性大大降低了，这样生产商可以实现与最终用户的直接联系、沟通。

3. 产品策略的不同

产品是传统营销组合中最重要的因素，任何企业的市场营销活动总是首先从确定向目标市场提供什么产品开始的，然后才会涉及定价、促销、分销等方面的内容。作为新型媒体，Internet 可以在全球范围内进行市场调研，通过 Internet 厂商可以迅速获得关于产品概念和广告效果测试的反馈信息，也可以测试客户的不同认同水平，从而更加容易地对消费者行为方式和偏好进行跟踪。在网络营销里，对不同的消费者可以提供不同的商品。因此，传统营销关注物理意义上的产品，网络营销更注重消费者个体的需求。

4. 沟通方式的改变

传统的营销在沟通方式上只能做到信息输送的单向性。信息传送后，企业难以及时得到消费者的反馈信息。另一方面，在传统的媒体上，尤其是在电视上做广告，消费者处于被动地位，只能根据广告等在媒体中出现的频率、广告的创意等来决定购买意向，很难进一步得到有关产品功能、性能等的指标。而基于互联网的网络营销使传统的单向信息沟通模式转变为交互式营销信息沟通模式，信息的沟通是双向性的，网络营销直接针对消费者。通过互联网，企业可以为用户提供丰富、翔实的产品信息。同时，用户也可以通过网络向企业反馈信息。

5. 营销策略的改变

由于网络营销具有双向互动性，真正实现了全程营销，即必须由产品的设计阶段就开始充分考虑消费者的需求与意愿。在互联网上，即使是小型企业也可以通过电子布告栏、在线讨论广场和电子邮件等方式，以极低的成本在营销的全过程对消费者进行即时的信息搜集。消费者则有机会对从产品设计到定价以及服务的一系列问题发表意见。这种双向交互式沟通方式提高了消费者的参与性和积极性，更重要的是它能使企业的决策有的放矢，从根本上提高消费者的满意度。

6.3.2 网络营销对传统企业经营的影响

网络营销可以扩大企业的视野，重新界定市场的范围，拉近消费者的距离，取代人力沟通与单向媒体的促销方式，改变市场的竞争形态。因此这项所谓20世纪90年代超级科技与管理工具已逐渐给传统的企业经营方式带来冲击与影响。其主要影响如下。

1. 对企业经营风貌的改变

传统营销依赖层层严密的渠道，并以大量人力与宣传投入争夺市场的做法，在网络时代将成为无负荷的奢侈。在未来，人员营销、市场调查、广告促销、经销代理等传统营销手法将与网络营销相结合，并充分运用网上的各项资源，形成以最低成本投入获得最大市场量的新型营销模式。未来的营销方式将依赖网络作为顾客联系与产品促销的渠道，因此，企业网址也会成为企业对外的重要联络代号。总之，在网络营销成为主流的时代，传统营销的组织与运作方式势必要进行大幅度的转型调整，这也是营销部门主管未来面临的一大变革挑战。

2. 企业组织的重整

Internet相继带动企业内部网（Intranet）的蓬勃发展，形成内外部沟通与管理均需要依赖网络作为主要的渠道与信息源。带来的影响包括：业务人员与直销人员的减少、组织层级的减少、经销代理与分店门市数量的减少、渠道的缩短、虚拟经销商、虚拟门市、虚拟部门等企业内外部虚拟组织的盛行。这些影响与变化都将促使企业对于组织再造工程的需要变得更加迫切。

尤其企业内部网的兴起，会改变企业内部作业方式以及员工学习成长的方式，个人工作者的独立性与专业性将进一步提升。因此个人工作室、在家上班、弹性上班、委托外包、分享业务资源等在未来都将会形成企业组织重整的必要性。

3. 跨国经营的必要性

经济全球化是当今世界经济发展的最重要趋势，现代化大生产本身的客观规律必然要求实现全球化分工。在这一经济规律的趋动下，各国企业和产品纷纷走出国门，在世界范围内寻求发展机会。特别是实力雄厚的跨国公司早已把全球市场置于自己的营销范围内，以一种全球营销观念来指导公司的营销活动。例如，可口可乐公司在世界几十个国家布有生产据点，在100多个国家拥有市场，成为一个总部设在美国的全球公司。

因此，企业将不得不进入跨国经营的时代。网络时代的企业不但要熟悉跨国市场顾客的特性、争取信任与满足他们的需求，还要安排跨国生产、运输与售后服务等，安排这些跨国业务都是经由Internet来联系与执行的。

任务实施

1. 掌握网络营销的概念、特点及与传统营销的区别

步骤一　打开浏览器，在地址栏中输入搜索引擎地址：http://www.baidu.com。

步骤二　在搜索引擎中输入关键词进行搜索，关键词如“网络营销的概念”、“网络营销的特点”、“网络营销与传统营销的区别”等。

步骤三　单击搜索结果中的页面链接进入阅读页面。

步骤四　分组讨论、交流，谈谈网络营销能够为传统企业的营销工作带来哪些新的转变和促进，为任务引入中小郑的工厂提一些可实施的营销策略。

步骤五　将小组的建议撰写成建议书并进行分享。

2. 了解网络营销常用的工具，体验使用网络营销常用的工具

步骤一　打开浏览器，在地址栏中输入搜索引擎地址：http://www.baidu.com。

步骤二　在搜索引擎中输入关键词“网络营销常用工具”进行搜索，从搜索获得的工具中选择 3~4 个进行体验。

步骤三　以小组为单位体验这些工具的特点，并对它们的特点和使用范围进行归纳。

常用工具	特　点	适用范围

步骤四　分组选代表发言。

步骤五　教师归纳总结。

素质拓展

网络营销客户群体细分

网络营销的前提是利用网络，特别是利用 Internet 为主要手段进行的并为达到一定营销目标而进行的营销活动。那么，对于网络营销的对象，首先是上网人群，他们有着各自的需求与爱好。如果通过网络营销满足了人们的需求，就会赢得越来越多的客户。将网络营销视为与人们建立关系的途径，他们越接近你，你们的关系就越加巩固。将这些客户由外至内可划分为全球人类、社区网民、网站新客、产品或服务的客户以及常客 5 个类别。

（1）全球人类。这类客户指的是不论什么国家、什么民族、什么地域的人，只要是在网上冲浪的网民，都可成为企业的客户。他们普遍的心态是：我要找的东西究竟在哪里？对于他们你要尽可能将其注意力吸引到你企业的网站中来。

（2）社区网民。这类客户指的是已经成为某社区的网民。他们的普遍心态是：我希望能学到一些东西，并且找到一位言之有物的社区网友，可以经常交谈、取经，同时也很希望能找到一些与他有关的产品信息。对于他们，你要成为有帮助的信息源泉，从而吸引来访者，而不是一味地做强势宣传。

（3）网站新客。这类客户指的是偶尔进入了你的网站的网民。他们的普遍心态是：这里有一些非常有价值的信息，我可以收集一些商品及价格，但凭一纸订单，我能相信他吗？对于他们，就需要提供有价值的、容易寻找的信息，使其建立书签，并留下 e-mail 地址，让你的网站给他留下尽量深的印象。

（4）产品或服务的客户。这类客户指的是第一次填写订货单或联系单，即将成为你产品或服

务的客户。他们的普遍心态是：我的订单能否兑现，最快多久能交货呢？我的信用卡会安全吗？这会不会是个皮包公司？对于他们，要设法使他们消除顾虑，使他们对你的产品或服务产生一种安全感，并建立一种简洁、有效、使人信任的机制。

（5）常客。这类客户指的是经常光顾你的网站，并对产品或服务比较满意的客户，他们的普遍心态是：啊，好极了，我订的货今天到了，而且没用多长时间，下次买东西，我可知道去哪里了。对于常客，你要和他们建立一种友好的联系，提供增值服务，提供信息，争取使其成为你一生的客户，并由此而带来一些新客户。

任务十三 网络信息的收集与发布

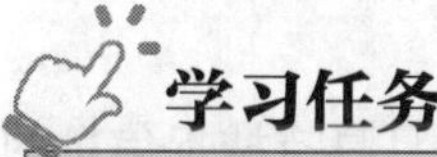

学习任务

学习情境

小郑所在的公司主要经营茶叶，经过之前一段时间的改革，网络营销已经初现成果，公司经营有好转迹象。现在公司老总为了及时地掌握茶叶市场新动向，要小郑在网上收集有关茶叶方面的信息，并撰写有关茶叶方面的简讯。小郑初步了解，要完成这个工作要掌握几个方面内容：了解商业行业环境、掌握茶叶市场的最新动态、学会简讯的撰写

任务描述

以小组为单位，帮小郑完成他的这项工作，可以从以下几个方面入手。

1. 搜索行业站点——建立行业网络资源库
2. 搜索企业站点——建立竞争对手资源库
3. 搜索目标客户——建立潜在客户信息资源库
4. 商业信息搜索与行业简讯的撰写

任务拓展

以小组为单位，学习搜索引擎优化和竞价排名相关知识，探讨它们在网络营销中的作用

学习指南

6.4 网络信息收集

6.4.1 网络信息获取的方法

1. 网上浏览

网上浏览是获取信息的最简单的方法。通过网上浏览可以熟悉网站的特点、内容和风格，对于了解各网站的栏目设置情况、人气情况是有益的。但是从网络经济学的角度来讲，这种漫无边际的浏览会在时间上和经济上造成浪费。

2. 收藏和保存页面信息

对于在浏览中发现和获得的重要信息，可以把它收集并保存起来。收集和保存页面信息的方

法很多，下面介绍几种常用的方法。

（1）使用“另存为”加以保存。

找到要保存的Web页面信息，单击“文件”菜单，选择“另存为”选项，在“另存为”对话框中指定保存的位置和名称，然后单击“保存”按钮，IE便开始下载指定的内容。

（2）用电子邮件直接发送Web页面。

找到要发送的Web页面信息，单击“文件”菜单，将鼠标指针指向“发送”，然后单击“电子邮件页面”或者“电子邮件链接”，输入Web页面的目标地址后，单击工具栏上的“发送”。

（3）采用粘贴保存法。

首先用键盘上的PrintScreen键复制网页，然后在Word文档中进行粘贴，并保存。

3．定向浏览

定向浏览是网上浏览的深层次发展的形式，它不仅具有明确的目的性，而且具有捕捉信息的敏感性。通常有以下6个目的：

（1）寻找商气旺的目标发布网站；

（2）获取网上商品的上网情况和定价信息；

（3）寻找手中货物的现实商机；

（4）分析产品的网上流向；

（5）判断该网站的商业价值；

（6）为待进行的商务谈判做准备。

4．订制信息

订制信息是一种主动获取所需信息的方法。许多商业网站提供了这种订制信息的服务，只要登录这些网站，在该网站的订制信息的登记栏内留下电子邮件地址，就完成了订制信息的操作。例如，利用邮件列表订制信息是网站的一种个性化服务。

5．搜索引擎

搜索引擎能够在互联网的信息中找到大量的客户所需要的目标信息，它备受人们的喜爱。而利用搜索引擎获取信息是网络营销中的一种最基本、最直接、最快捷的方法。

6．利用IE提供的搜索功能在网上搜索

一般情况下，浏览器都具有搜索功能，可以使用精确匹配的方法进行搜索。单击工具栏上的“搜索”按钮，在文档窗口左侧出现默认的Google搜索引擎窗口输入需要搜索的内容，可以实现具体的搜索。

6.4.2 搜索引擎分类与工作原理

我们上网获取信息，肯定是离不开搜索引擎。有句话这样说，内事问百度，外事找谷歌。没错，这句话道出两个搜索引擎不同的特点。百度是世界上最大的中文搜索引擎，而谷歌却是世界上最大的搜索引擎。那么到底什么是搜索引擎呢？

1．什么是搜索引擎

搜索引擎是为网络用户提供信息查询服务的计算机系统，也可以说是一类提供信息“检索”服务的网站，它根据一定的策略、运用特定的方法搜集互联网上的信息，并对信息进行组织和处理，将处理后的信息通过计算机网络显示给用户。它包括信息搜集、信息整理和用户查询三部分。

2. 搜索引擎分类

搜索引擎模式就是搜索引擎服务商凭借提供个性化、智能化的信息查询服务，吸引大量企业用户和消费者登录网站，以此为优势，通过竞价排名或固定排名等服务，吸引搜索引擎推广客户成为其付费客户，进行网站、产品、服务推广的互联网应用模式。

（1）全文搜索引擎。

全文搜索引擎是名副其实的搜索引擎，国外具代表性的有 Google、Fast/AllTheWeb、AltaVista、Inktomi、Teoma、WiseNut 等，国内著名的有百度。他们都是从网站提取信息建立网页数据库。

从搜索结果来源的角度，全文搜索引擎又可细分为两种，一种是拥有自己的检索程序（Indexer），俗称“蜘蛛”（Spider）程序或“机器人”（Robot）程序，并自建网页数据库，搜索结果直接从自身的数据库中调用，如 Google、百度；另一种则是租用其他引擎的数据库，并按自定的格式排列搜索结果，如 Lycos 引擎。

按搜索引擎的自动信息搜集功能分类，一种是定期搜索，即每隔一段时间，搜索引擎主动派出“蜘蛛”程序，对一定 IP 地址范围内的互联网站进行检索，一旦发现新的网站，它会自动提取网站的信息和网址加入自己的数据库；另一种是提交网站搜索，即网站拥有者主动向搜索引擎提交网址，它在一定时间内定向向你的网站派出“蜘蛛”程序，扫描你的网站并将有关信息存入数据库，以备用户查询。

（2）目录式搜索引擎。

目录索引完全依赖手工操作。用户提交网站后，目录编辑人员会亲自浏览你的网站，然后根据一套自定的评判标准甚至编辑人员的主观印象，决定是否接纳你的网站。

搜索引擎收录网站时，只要网站本身没有违反有关的规则，一般都能登录成功。而目录索引对网站的要求则高得多，有时即使登录多次也不一定成功。尤其像 Yahoo!这样的超级索引，登录更是困难。

此外，在登录搜索引擎时，我们一般不用考虑网站的分类问题，而登录目录索引时则必须将网站放在一个最合适的目录（Directory）。

目录索引，顾名思义就是将网站分门别类地存放在相应的目录中，因此用户在查询信息时，可选择关键词搜索，也可按分类目录逐层查找。如以关键词搜索，返回的结果跟搜索引擎一样，也是根据信息关联程度排列网站，只不过其中人为因素要多一些。如果按分层目录查找，某一目录中网站的排名则是由标题字母的先后顺序决定。

（3）元搜索引擎。

元搜索引擎也叫集搜索引擎，是指在统一的用户查询界面与信息反馈的形式下，共享多个搜索引擎的资源库为用户提供信息服务的系统。著名的元搜索引擎有 Infospace（http://www.infospace.com）、Dogpile（http://www.dogpile.com）、Vivisimo （http://www.vivisimo.com）等，中文元搜索引擎中搜星搜索（http://www.soseen.com）具代一定的表性。

6.4.3 几种常用搜索引擎介绍

1. Google 搜索引擎

Google 公司于 1998 年 9 月 7 日以私有股份公司的形式创立，公司总部位于加利福尼亚山景城。Google 网站于 1999 年下半年启动。Google 成立的第一步始于 1996 年 Google 创始人 Larry Page 和 Sergey Brin 在斯坦福大学的学生宿舍内共同开发了全新的在线搜索引擎，然后迅速传播给全球的信息搜索者。Google 目前被公认为全球规模最大的英文搜索引擎，它提供了简单易用的免费服务，用户可以在瞬间得到相关的搜索结果。

Google 是全世界最受欢迎的搜索引擎，使用一种自创的称为 PageRank™（网页级别）技术来索引网页，索引是由程序“Googlebot”执行的，它会定期地请求访问已知的网页新拷贝（页面更新愈快，Googlebot 访问得也愈多），再通过在这些已知网页上的链接来发现新页面，并加入到数据库。

2. 百度搜索引擎

百度是全球最大的中文搜索引擎，2000 年 1 月由李彦宏、徐勇两人创立于北京中关村，致力于向人们提供“简单，可依赖”的信息获取方式。“百度”二字源于中国宋朝词人辛弃疾的《青玉案·元夕》词句“众里寻他千百度”，象征着百度对中文信息检索技术的执著追求。

如今的百度，已成为中国最受欢迎、影响力最大的中文网站。百度拥有数以千计的研发工程师，这是中国乃至全球最为优秀的技术团队，这支队伍掌握着世界上最为先进的搜索引擎技术，使百度成为中国掌握世界尖端科学核心技术的中国高科技企业。

3. 奇搜商务搜索

奇搜网于 2007 年由深圳时代赢客网络有限公司创建，其运营总部位于深圳，研发基地设于北京，在中国所有一级城市均设有营销中心。

奇搜网属于全文索引搜索引擎，也是垂直搜索引擎。奇搜 2007 年推出的 Beta 版在找产品与服务的便捷性与准确性方面受到用户的青睐，访问量极速上升，证明垂直搜索将成为互联网最大的应用之一。

2007 年底，奇搜得到来自国际与国内的知名风险投资机构联合投资，正式开始市场运营。

奇搜将需要采购商品的国内消费群体或海外的买家群体作为客户目标，主要商务模式有：采购搜索（针对 B2B 业务的搜索）、购物搜索（针对 B2C 业务的搜索）、资讯搜索、找服务、商问、空间等。其核心产品是“壹广告”。

任务实施

1. 撰写“茶叶市场动态”专题简讯

步骤一 选择搜索引擎。利用 Google 以外的其他搜索引擎，例如，百度、雅虎、新浪等，搜索最近一个月之内的茶叶方面资讯。

步骤二 整理搜索到的资料进行。

步骤三 以“茶叶市场新动态”为标题，撰写一篇 1000 字左右的简讯。

2. 网络信息采集

步骤一 利用 3 个以上的搜索引擎查找茶叶行业或专业网站，进行站点访问调研后，根据站点的权威性、内容丰富程度、网站功能强弱、信息更新频率等要素，选择 10 个网站（包括企业所在地区网站 3 个），将这些网站数据填入表 6–1 的茶叶行业网站信息资源库。

表 6-1　　　　　　　　　　茶叶行业网站信息资源库

序号	网站名/网址	网站简介	主要渠道/功能	最近更新时间	网站评价
1					
2					
3					
4					
5					
6					
7					
8					
9					
10					

步骤二　利用搜索引擎的站点搜索、行业网站链接等方式搜集茶叶企业站点，将选出主要竞争对手的站点 10 个（包括企业所在地区站点 3 个）进行调研分析，并将调查结果填入表 6–2 的竞争对手信息资源库中。

表 6-2　　　　　　　　　　竞争对手信息资源库

序号	网站名/网址	企业概况	经营范围	规模特色优势	主要品种	价格信息
1						
2						
3						
4						
5						
6						
7						
8						
9						
10						

步骤三　利用第三方 B2B 平台搜索、行业网站链接等方式，搜集绿茶的目标客户——茶叶贸易公司、茶叶饮料加工企业、大型超市、宾馆酒店，每种类别 2～3 家，并将这些潜在客户的详细资料记录到表 6–3 的国内茶叶消费客户信息资源库中。

表 6-3　　　　　　　　　　国内茶叶消费客户信息资源库

序号	网站名/网址/联系方式	企业概况	经营范围	规模特色优势	主要需求品种	有效时间
1						
2						

续表

序号	网站名/网址/联系方式	企业概况	经营范围	规模特色优势	主要需求品种	有效时间
3						
4						
5						
6						
7						
8						
9						
10						

步骤四　总结分析采集到的信息对网络营销的支撑作用。

素质拓展

搜索引擎优化

1. 什么是搜索引擎优化

搜索引擎优化（search engine optimization，简称 SEO）是一种利用搜索引擎的搜索规则来提高目的网站在有关搜索引擎内的排名的方式。

2. 搜索引擎优化的优势

搜索引擎优化的优势表现在以下几点。

（1）能让更多的用户更快地找到他想找的东西。

（2）可以让网站相关关键词排名靠前，满足用户搜索需求，达到宣传自己产品的效果。

（3）能让有需求的人尽快找到你。

（4）能提供搜索结果的自然排名，增加可信度。

（5）能让你的网站排名自然靠前，增加网站浏览量，促进网站宣传和业务发展。

（6）增加优秀网站的曝光率，提升网页开发的技术，为企业拓宽销售渠道。

（7）更加方便不懂网络或者知之甚少的人寻找到需要的网络知识。

3. 搜索引擎优化的缺陷

搜索引擎优化的缺陷具体表现在以下几点。

（1）搜索引擎优化的效果存在着很多不确定的因素。因为搜索引擎的排名结果由搜索引擎自身来控制，如果没有绝对的把握使自己获得很好的排名，则只能尽可能地利用搜索引擎优化技术把自身的网站打造成优秀的网站，去迎合搜索引擎的“品味”。所以，排名结果不会被人为绝对的控制。

（2）搜索引擎优化的效果出现得比较慢。网站通过搜索引擎优化调整合理后，不会立刻就获得很好的排名，还必须做大量的工作，才能逐步提高网站在搜索引擎中的评分，促使排名逐步提高。一般一个新网站在搜索引擎中的排名提升到前三页，最少需要一个月以上的时间，热门的关键词、竞争激励的关键词会更久。

（3）要付出较多的时间和精力。要通过搜索引擎优化提高一个网站在各个搜索引擎中的排名，还需要做大量的工作，耗费大量的时间。不过，通过自身的努力获得好的排名之后，效果还是非常超值的。

4．搜索引擎优化的推广操作

搜索引擎优化的推广很多，主要包括对域名和主机的优化、对关键词的优化、对链接策略的优化、对网页设计的优化等。这里主要介绍其中的两种优化手段：对域名的优化和对关键词的优化。

（1）对域名的优化。

对域名的优化包括对域名的选择和命名两项内容。

① 对域名的选择。域名的选择应该从企业形象方面考虑：企业网站用.com 后缀，因为.com 这个后缀在大众的潜意识里已经根深蒂固，.com 就代表了正规军。但实际操作中很有可能你所注册的.com 域名已经被人注册，一些企业会退而求其次选择前缀不变而将后缀替换成.net 或者是.cn 以及.com.cn 域名，但这样做实际上是有副作用的，因为大众对你公司域名的细节观察度往往不如你对自己域名那么敏感，所以常发生一个后果就是用户第二次来访或在向他人转述你的网站的时候，跑到.com 那个站去了。

域名选择的重要一点是尽量选择包括关键词的域名。其次看看之前是否有注册过这个域名。如果之前有高质量的站点和它做反向链接，那你就受益了。

② 多域名选择的情况。有关域名的另一个比较常见的问题就是，一些企业只有一个网站，但是却有好几个域名，大部分做法就是把这几个域名一股脑地全部指向了这个唯一的网站，这么做的原意其实是希望不浪费每个域名所带来的客户机会，但实际上是错误的做法。搜索引擎发展到现在，其实已经非常智能了，搜索引擎每天在干的事之一，就是甄别网页数据库里大量的相同内容，因此多个域名指向同样内容的网站，会导致搜索引擎将这个网站下的各个页面按照一定的规则分配给不同的域名，从而导致你真正希望的主域名下的页面并不能完整地被收录，使得对其进行的 SEO 操作不能达到可预见的效果。正确的做法是：确立一个主域名，其他域名仅作为保护性地注册收纳，而不挂接到网站。

③ 域名命名的一般规则。由于 Internet 上的各级域名是分别由不同机构管理的，所以，各个机构管理域名的方式和域名命名的规则也有所不同。但域名的命名也有一些共同的规则，主要有以下几点。

- 域名中只能包含以下字符：26 个英文字母、0～9 这十个数字、“-”（连字符）。
- 域名中字符的组合规则：在域名中，不区分英文字母的大小写、并且对于一个域名的长度是有一定限制的。

（2）对关键词的优化。

创建一个良好的网站意味着需要有正确的内容、正确设计和正确的营销。确定合适的关键字是网站过程的一个重要步骤。

在关键字分类中，可以分为：① 热门关键词：主要是搜索量比较高的词汇，比如“网站优化”；② 一般关键词：搜索量一般的词汇，比如“北京网站优化”；③ 冷门关键词：用户搜索目的性很强，但是搜索量很小的词汇，比如“北京网站优化公司电话”。

对关键词的优化包括以下几方面内容。

① 关键词密度。关键词密度是许多搜索引擎，包括 Google、Yahoo 和 MSN 的搜索算法之一。每个搜索引擎都有一套关于关键词密度的数学公式，合适的关键词密度可使用户获得较高的排名位置。关键词密度就是在一个页面中，关键词占该页面中总的文字的比例，该指标对搜索引擎的优化起到重要作用。一般关键词密度在 1%～7%之间较合适，超过或者低于这一标准就有过高或过低之嫌。

② 网页关键词布局的位置。网页布局关键词最好的地方：顶部、底部、左上，集中出现。分布关键词应当遵循的原则有以下几点：第一，能够分析出权重的板块；第二，能够分析出相关关键字、内容及其含义；第三，能够合理地参照百度的相关列表；第四，有分类的概念，注意归档好。

③ 关键词的选择。选择关键词一般有以下几点技巧：

- 关键词必须和网站形式相关；
- 要站在用户角度思索；
- 所选择的关键词不能是广泛且没有任何特指的词，要选择详细的关键词；
- 选择关键词要针对区域而不是全国；
- 参考合作对手网站选择关键词；
- 保证关键词密度公道。

④ 各类网站的关键词选择策略。

资讯类网站：这类网站追求的是流量大，想通过搜索引擎带来较大的流量，首先要考虑的就是热门关键词。资讯类网站可以对热门关键词制作专题内容，然后合理地在搜索引擎中获得较好的排名。

大型网站：大型网站如果刻意地追求某一个关键词在短时间内获得较好的排名，而费时费力，那是不划算的。因为单一个关键词，就算它的搜索量再大，带来的流量也是有限的。而大型网站的信息量是非常多的，包含的关键词比较多，因此，必须考虑整体提高网页众多关键词的排名。

电子商务网站、中小企业网站：这类网站追求的是通过网站带来订单，带来客户。选择关键词要坚持站在客户的角度思考，通过科学的方法选择出最准确的关键词。

5. 优化网站内容

搜索引擎的排名算法是极其复杂而又被高度保护的机密，没有任何搜索引擎会公开发布一个排名算法有多少要去权重，有搜索引擎研究中说有 100 个因素，但是并非每个要素都是同等重要，下面将对重要的排名要素予以介绍。

我们把影响排名的要素归为两类：第一类是页面要素，即页面内容本身要素，同时搜索排名更多还会依赖页面与输入请求无关的组成部分，如到网页上链接的力度，网页上访客的数量等；第二类是搜索请求要素，即搜索者输入特定请求会有很大权重，搜索请求中的词出现次数，它们在网页上被发现的位置（标题、摘要、文章中、路径等），这些都将在决定排名结果中使用。

优化网站的具体内容如下。

① 代码优化：尽量缩减代码，对 CSS 和 JS 文件采用调用方式，尽量避免使用 TABLE。

② 图片优化：对图片 alt 属性添加说明，说明中包含关键词。

③ 内文优化：文章标题包含关键词，文中自然地出现关键词，结尾处出现关键词。

④ 链接优化：合理利用内链接，争取和排名好的相关网站进行友情链接。

⑤ 导航优化：清晰的导航让搜索引擎认识网站结构，从而收录更多的页面。

⑥ 空间优化：选择性能稳定且未被搜索引擎惩罚的网站空间。

⑦ 域名优化：选择与网站内容或关键词相关性较高的域名。

⑧ 静态优化：使用重要的网站转为静态页面，因为搜索引擎更容易收录静态页面。

⑨ 标准优化：代码符合 W3C 标准，在 IE、360、Firefox 等主流的浏览器显示时不变形、不出现乱码。

⑩ 其他优化：包括网站标题优化、关键词优化、URL 优化、description（页面描述）优化等。

任务十四　电子商务网站的推广

学习任务

学习情境

小朱刚进入一家电子商务企业，该企业的电子商务网站利用电子邮件和 BBS 的推广形式，效果不好。总经理让小朱尝试其他的方法进行推广，请问如果你是小王，你会使用哪些推广的方法？为什么

任务描述

以学习小组为单位，帮助小朱完成所在电子商务企业网站推广方案的策划，并在全班开展评选，选出一份最合适这家电子商务企业的推广方案

任务拓展

每个学习小组选择第三方电子商务平台推广和病毒性营销作为一个选题方向进行扩展学校，之后进行全班的交流共享

学习指南

6.5　电子商务网站推广

电子商务网站推广就是利用互联网进行宣传推广活动。被推广对象可以是企业、产品、政府以及个人等。确切地说，这也是一种互联网营销的一部分，即是通过互联网这类的推广最终达到提高转化率。

6.5.1　电子商务网站推广基本要素

电子商务网站推广基本要素主要包括心理要素和技术要素。

1. 电子商务网站推广的心理要素

电子商务网站推广的心理要素有以下几个方面。

（1）把握推广的心理要素。

对于网站推广，应采取正确的态度。

① 要重视兴趣的引导作用。兴趣是最好的老师，俗话说，爱一行，干一行。既然你选择了这

个行业，就要对它产生足够的兴趣，没有的话，也要从不同方面慢慢培养。网站推广一般来说很枯燥，持续的兴趣帮助我们始终对其保持好感，并积极去创造条件把状态保持下去。

② 要戒骄戒躁。网站推广很多时候都会遇到各种棘手的问题，这时千万不要急躁，必须保持一颗平常心，耐心地分析产生的原因，提出一些解决方法，并去验证，看有没有结果。

③ 要注重日常学习。网络复杂多变，具有信息量丰富、传播速度较快的特点，这就要求我们要时刻保持学习的习惯，与时俱进地更新固有的知识，提高应对突发事件的能力和水平。

（2）开拓思维，创新推广方式。

很多人在做网站推广时，首先想到的就是发帖、找链接等，并一味地每天坚持这些方法不变，时间一长，就会觉得毫无结果，十分无聊。那么我们可以扪心自问一句：你在推广中有没有指定计划，对推广有何目标等等。因为，只有了解了这些，才能确定你的推广是否足够成熟。首先，我们要明确网站推广不同方式的优先顺序，并写个工作计划内容，对不同方式利用时间做个估计和比较，确定每天完成多少工作内容。思维方式的转变是十分重要的。有时候面对一些问题，只要我们换个角度考虑，便可迎刃而解。一个好的思维方式的产生，离不开丰富的阅历、积极的学历积累、日常的经验总结等，其形成不是一朝一夕的事情，说白了，还是要保持不断地努力学习。

（3）保持住发展推广的动力。

人们常说：一鼓作气，再而衰，三而竭。这句话说明了持续的动力对成功的决定作用。坚持就是胜利，持续的坚持会使水滴石穿。网站推广没有终点，一个帖子、一句留言都是它的必要组成部分，点滴的积累虽是寻常，但却保有成功的因子。

2．电子商务网站推广的技术要素

电子商务网站推广的技术要素有以下几个方面。

（1）产业定位。

产业定位是指某一区域根据自身具有的综合优势和独特优势、所处的经济发展阶段以及各产业的运行特点，合理地进行产业发展规划和布局，确定主导产业、支柱产业以及基础产业。主导产业是指在某一经济发展阶段中，对产业结构和经济发展起着较强的带动作用以及广泛、直接或间接影响的产业部门，它能迅速有效地利用先进技术和科技成果满足不断增长的市场需求，具有持续的高增长率和良好大发展潜力，处于生产联系链条中的关键环节，是区域经济发展的核心力量。

（2）受众群体。

受众群体专指广告等服务面向的对象，如某服装业的消费群体集中在 45 ~ 60 岁之间，即这企业的受众群体是年龄在 45 ~ 60 岁的人群。

当我们确定了发展目标，就需要分析自己产品服务的受众群体是什么，如果这一步分析得够好够仔细那么下面的工作就显得轻而易举了。

（3）产品服务。

好的产品和服务才能得到大家的青睐，在这里要好好问问自己，你的产品够不够好？你的服务够不够周到？你的网站内容够不够充实？是不是提供的是用户正好需要的产品、服务或者信息呢？

（4）推广方法。

互联网到处充斥着网站推广的方法，网站推广的方法有很多种，在这么多种的方法里，要找到合适自己的方法。最常见的方法有搜索推广、论坛推广、SNS推广、贴吧推广、QQ群推广、软文推广、目前流行的微博推广等。每一个企业要根据自己企业的情况，适当地选择合适自己企业的推广方法。

（5）售后服务。

售后服务就是在商品出售以后所提供的各种服务活动，包括产品介绍、送货、安装、调试、维修、技术培训、上门服务等。

在市场激烈竞争的今天，随着消费者维权意识的提高和消费观念的变化，消费者在选购产品时，不仅注意到产品实体本身，在同类产品的质量和性能相似的情况下，更加重视产品的售后服务。因此，企业在提供价廉物美的产品的同时，向消费者提供完善的售后服务，已成为现代企业市场竞争的新焦点。

3. 网站推广与网络营销的区别

网站推广与网络营销是不同的概念，网络营销侧重于营销层面，更重视网络营销后能否产生预期的经济效益。而网站推广则侧重于推广，更注重的是通过推广后给企业带来的网站流量、世界排名、访问量、注册量等数据，目的是扩大被推广对象的知名度和影响力。可以说，网络营销中包含网站推广这一步骤，而且网站推广是网络营销的核心工作。

6.5.2 电子商务网站推广方法

电子商务网站推广的方法有很多，下面我们介绍最常见的几种方法。

1. 搜索引擎登录

据资料得知，中小型网站大量的流量大都是来自搜索引擎，有的网站流量百分之八十以上来自搜索。这表明，搜索引擎是目前最重要、效果最明显的网站推广方式，也是最为成熟的一种网络营销方法。

2. 搜索竞价排名

现在企业最常用的应是搜索竞价排名的广告，较常用的是百度竞价(百度目前新推出专业版)和Google的关键词广告即Google AdWords。

所谓百度竞价排名，是一种“被效果付费”的网站推广方式，用少量的投入就可以给企业带来大量潜在客户，有效提升企业销售额和品牌知名度。每天有1亿人次在百度上查找信息，企业在百度注册与产品相关的关键词后，企业就会被查找这些产品的客户所找到。竞价排名按照给企业带来的潜在客户的访问数量计费，企业可以灵活控制网站推广投入，获得最大的回报。

3. 搜索引擎优化

搜索引擎优化（search engine optimization，简称SEO）是一种利用搜索引擎的搜索规则来提高目的网站在有关搜索引擎内的排名的方式。由于不少研究发现，搜索引擎的用户往往只会留意搜索结果最前面的几个条目，所以不少网站都希望通过各种形式来影响搜索引擎的排序。当中尤以各种依靠广告维生的网站为甚。所谓“针对搜索引擎做最佳化的处理”，是指为了要让网站更容易被搜索引擎接受。深刻理解是：通过SEO这样一套基于搜索引擎的营销思路，为网站提供生态式的自我营销解决方案，让网站在行业内占据领先地位，从而获得品牌收益。

4. 友情链接

友情链接也称为网站交换链接、互惠链接、互换链接、联盟链接等，是具有一定资源互补优势的网站之间的简单合作形式，即分别在自己的网站上放置对方网站的LOGO图片或文字的网站名称，并设置对方网站的超链接(点击后，切换或弹出另一个新的页面)，使得用户可以从合作网站中发现自己的网站，达到互相推广的目的，因此常作为一种网站推广基本手段。

5．购买外链

购买外链可以加快新站被搜索引擎收录的速度，也可能提高网站 PR 值和关键字的权重。这也是网站推广的一种重要的手段。图 6–5 所示的是链接平台网站主页，在该主页里有链接出售、购买外链业务，在该主页里企业可以根据自己的情况选择外链的网址，按主页提示进入购买程序。

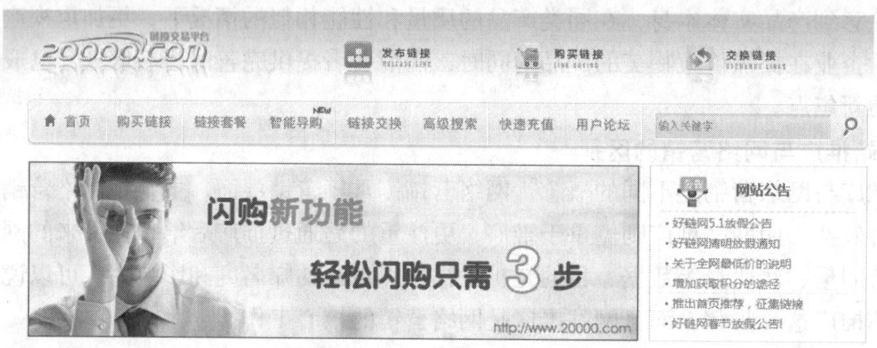

图 6–5 链接平台主页

6．论坛推广

论坛推广就是企业利用论坛这种网络交流的平台，通过文字、图片、视频等方式发布企业的产品和服务的信息，从而让目标客户更加深刻地了解企业的产品和服务，最终达到企业宣传企业的品牌、加深市场认知度的网络营销活动，同时可以培育企业忠诚客户，信息能及时有效双向沟通。图 6–6 所示的是一家专门制作网站推广的专业网站，在该网站里可以选择企业需要的业务进行网站推广，例如，论坛推广。当用户单击“发布任务”按钮后出现的窗口就是办理该业务的工作流程，用户按照流程步骤进行即可完成该任务。

图 6–6 网站推广专业网站主页

7. 博客营销

博客营销是通过博客网站或博客论坛接触博客作者和浏览者，利用博客作者个人的知识、兴趣和生活体验等传播商品信息的营销活动。

博客这种网络日记的内容通常是公开的，自己可以发表自己的网络日记，也可以阅读别人的网络日记，因此博客可以理解为一种个人思想、观点、知识等在互联网上的共享。由此可见，博客具有知识性、自主性、共享性等基本特征，正是博客这种性质决定了博客营销是一种基于思想、体验等表现形式的个人知识资源，它通过网络形式传递信息。博客营销是利用博客这种网络应用形式开展网络营销的工具。公司、企业或者个人利用博客这种网络交互性平台，发布并更新企业、公司或个人的相关概况及信息，密切关注并及时回复平台上客户对于企业或个人的相关疑问以及咨询，同时通过较强的博客平台帮助企业或公司零成本获得搜索引擎的较前排位，以达到宣传目的的营销手段。

8. 微博营销

微博营销是刚刚推出的一个网络营销方式，因为随着微博的火热，既催生了有关的营销方式，就是微博营销。每一个人都可以在新浪、网易等网站注册一个微博，然后就可以跟大家交流，或者发布大家所感兴趣的话题，这样就可以达到营销的目的，这样的方式就是新兴推出的微博营销。微博营销分为个人微博营销和企业微博营销两大类。

9. 电子邮件推广

利用邮件地址列表（客户名录），将信息通过 E-mail 发送到对方邮箱，以期达到宣传推广的目的。电子邮件是目前使用最广泛的互联网应用，它方便快捷，成本低廉，不失为一种有效的联络工具。电子邮件推广类似于传统的直销方式，属于主动信息发布，带有一定的强制性。不过这样的方式现在已经对网站推广没有什么太大的作用了，目前普遍使用的一种电子邮件推广是基于用户许可的 E-mail 推广，有别于传统的直销方式，也不会造成用户的反感。

10. 软文推广

软文是相对于硬性广告而言，由企业的市场策划人员或广告公司的文案人员来负责撰写的“文字广告”。与硬广告相比，软文之所以叫做软文，精妙之处就在于一个“软”字，好似绵里藏针，收而不露，克敌于无形。

软文推广是指以文字的形式对自己所要营销的产品进行推广，来促进产品的销售。对于软文推广的定义有广义的和狭义的两种。

（1）广义的：指企业通过策划在报纸、杂志、DM、网络、手机短信等宣传载体上刊登的可以提升企业品牌形象和知名度，或可以促进企业销售的一些宣传性、阐释性文章，包括特定的新闻报道、深度文章、付费短文广告、案例分析等。大部分报刊、杂志都会提供登一块广告付送一大块软文的地方。有的电视节目会以访谈、座谈方式进行宣传，其中有的也归于软文。目前国内专业做软文推广的机构是“优渡网”，引得其他公司纷纷效仿。

（2）狭义的：指企业花钱在报纸或杂志等宣传载体上刊登的纯文字性的广告。这种定义是早期的一种定义，也就是所谓的付费文字广告。

6.5.3 电子商务网站推广策划

1. 规划网站推广的主要目标

网站推广的指导原则是：客户的需求就是制定目标的最高指导原则。网站推广的主要目标分为整体目标和具体目标。

（1）规划网站推广的整体目标是，通过网站推广提升企业形象，提高品牌效益，通过网站推广吸引更多的消费者并来拉动销售。

（2）规划网站推广的具体目标是，面对众多竞争对手，要使网站更具有吸引力和价值；使目标受众可以再次浏览目标网站，增加网站粘合度；培养消费者的忠诚度，拉近产品与消费者之间的距离，促进销售；搭建完善的专属在线营销系统和企业商城，实现在线销售功能；进行网络传播，提升企业品牌。

2．分析竞争对手

竞争对手是指在某一行业或领域中，拥有与你相同或相似资源（包括人力、资金、产品、环境、渠道、品牌、智力、相貌、体力等资源）的个体（或团体），并且该个体（或团体）的目标与你相同，产生的行为会给你带来一定的利益影响，称为你的竞争对手。任何一个企业都有自己的竞争对手，或一个或两个，甚至多个，所以企业要制定正确的竞争战略和策略，必须深入地了解竞争者，明确谁是自己的竞争对手，他们的经营战略和目标是什么，他们的优势与劣势，反应模式是什么，从而确定自己的经营战略。因此企业必须清楚当前的竞争对手，并了解其网站推广所采用的策略。为此需要选择4个竞争对手来分析其网站结构、风格、品牌、内容、服务等，并分析其所采用的网站推广方式，完成表6-4。

表6-4　电子商务网站推广竞争对手分析

项　目	1	2	3	4
找出/列出谁是竞争对手				
描述竞争对手的状况				
分析竞争对手的状况				
掌握竞争对手的方向				
翻译出竞争对手的战略意图				
引导竞争对手的行为和战略				

3．确定网站推广的目标市场

目标市场是企业营销打算进入并实施营销组合的细分市场，或打算满足具有特定要求的顾客群体。正如企业在进行传统营销是要确定目标客户并选择与客户一致的平面媒体一样，在进行网站推广时，也要确定目标客户是哪些人，他们经常会浏览哪些网络媒体，然后再对门户网站、行业网站进行选择，这些都是进行网站推广时必须关注的内容。企业在进行推广时，必须要做到深刻了解客户的上网习惯，并针对客户的不同习惯采取不同的策略进行推广。

在目标市场中，产品购买是决定产品购买的关键因素，同时，产品购买的影响者会对产品购买者产生相当大的购买影响，下面我们就来分析一下企业主要购买者、购买影响者以及他们的网上行为。

（1）确定产品购买者。

（2）分析产品购买影响者。

（3）分析目标客户在互联网上的行为，明确目标客户的网上行为，为网站推广市场定位提供依据。

（4）明确网站推广的市场定位。

4．选择网站推广方式

网站推广方案的制定是对各种网站推广工具的具体应用。网站推广的主要推广方法无非那么几种，大家都知道，而制作推广计划并非是把一堆推广计划列举出来就完事，而是根据目前可支配的人力、资金来选择切实可行的推广方法。有经验的推广人员在选择推广方法之前一定会对这个行业以及各种推广方法所需的人力和金钱成本做一个大致的了解。

当然，最适合自己的网站推广方法有时是在实践中不断测试才找到的。网站推广方法的确需要尝试，但并不代表不顾及实际情况全部都去用。可以先列出所有可行的网站推广方法，然后综合对比，对效果进行预估，最终选择你认为最合适、最有效的 2～3 种方法进行。

5．制定网站推广计划

网站推广计划不仅是推广的行动指南，同时也是检验推广效果是否达到预期目标的衡量标准，所以，合理的网站推广计划也就成为网站推广策略中必不可少的内容。网络营销计划包含的内容比较多，如网站的功能、内容、商业模式和运营策略等，一份好的网络营销计划书应该在网站正式建设之前就完成，并且为实际操作提供总体指导。网站推广计划通常也是在网站策略阶段就应该完成的，甚至可以在网站建设阶段就开始网站的"推广"工作。

一般来说，网站推广计划至少应包含下列主要内容。

（1）确定网站推广的阶段目标，例如，在发布后 1 年内实现每天独立访问用户数量、与竞争者相比的相对排名、在主要搜索引擎的表现、网站被链接的数量、注册用户数量等。

（2）在网站发布运营的不同阶段所采取的网站推广方法。如果可能，最好详细列出各个阶段的具体网站推广方法，例如，登录搜索引擎的名称、网络广告的主要形式和媒体选择、需要投入的费用等。

（3）网站推广策略的控制和效果评价。例如，阶段推广目标的控制、推广效果评价指标等。对网站推广计划的控制和评价是为了及时发现网络营销过程中的问题，保证网络营销活动的顺利进行。

6．网站推广成本预估与控制

有效的网站推广应该是利用尽可能少的成本获取最大的回报，所以在正式开始推广方案之前，必须对推广成本进行预估，钱花在刀口上，不必要花的或者可以通过其他办法弥补的都需要完善到推广方案中去。对耗资巨大、砸钱式的推广办法应该坚决摒弃。表 6–5 是一些网站推广方法成本的预估。

表 6-5　　网站推广方法成本预估一览表

推 广 方 式	资 金 成 本	人 力 成 本	适合的网站类型	流量效果
博客推广（软文推广）	中（软文费）	低（自己写）	电子商务类	低
论坛推广（百度贴吧等）	低（基本上不花钱）	高（体力活）	娱乐类网站	高
媒介推广（新闻类稿子）	中（编辑费）	中（编写文章）	所有类型	低
IM 群发推广（QQ、MSN）	低（购买软件等）	中（体力活）	娱乐类网站	中
邮件推广	中（购买邮件地址）	中（编辑内容+发送）	电子商务类	低
SEO 推广	中（链接购买）	低（经验技术成本）	所有类型	高
SEM 推广	高（竞价排名）	低（数据分析、关键字等）	电子商务类	高

续表

推 广 方 式	资 金 成 本	人 力 成 本	适合的网站类型	流量效果
流量互换推广	低（要有流量基础）	中（BD 位维护、数据分析等）	娱乐类网站	高
产品合作推广	低（要以产品基础）	中（寻找合作伙伴）	实用产品类	低
AP 插件推广	中（技术基础）	中（找 SNS 网站谈合作）	实用产品类	低
弹窗广告推广	中（资金投入）	低（分析数据）	娱乐类	高
广告投放推广	高（资金投入）	低（分析数据）	电子商务类	高
网站联盟推广	高（资金投入）	低（分析数据）	所有类型	高

7. 完善网站推广方案

一份优秀的网站推广方案应该对自身产品和目标人群都有详尽的分析，需要包含时间控制与成本控制，包含执行计划、效果预期等内容。最后，还需要将方案书进行认真的检查和分析，修改纰漏和添加补充说明，要站在执行者的角度来考虑所有的问题，对有可能出现的问题进行预期并补充解决方案等。

任务实施

1. 掌握网站推广的常用方法和特点

步骤一　打开浏览器，在地址栏中输入搜索引擎地址：http://www.baidu.com/。

步骤二　在搜索引擎中输入关键词进行搜索，关键词如“网站推广常用方法”、“网站推广常用方法的特点”、“网站推广常用方法的适用领域”等。

步骤三　单击搜索结果中的页面链接进入阅读页面。

步骤四　对比各种网站推广方法的特点和适用领域，填写下面的表格。

网站推广方法	特　点	适 用 领 域

步骤五　同学分组讨论交流并选代表发言。

步骤六　教师归纳总结。

2. 撰写网络推广报告

步骤一　打开浏览器，在地址栏中输入搜索引擎地址：http://www.baidu.com/。

步骤二　在搜索引擎中输入关键词进行搜索，关键词如“网络推广策划方案”、“优秀网络推广策划案”等。

步骤三　单击搜索结果中的页面链接进入阅读页面，掌握网站推广方案撰写的基本格式。

步骤四　小组讨论并制定网站推广方案，要求能够符合学习任务中电商企业的发展要求。

步骤五　以小组为单位撰写网站推广方案报告。

1. 规划网站推广的主要目标；
2. 分析竞争对手；
3. 确定网站推广目标市场；
4. 选择网站推广方式；
5. 制定网站推广计划；
6. 网站推广成本预估与控制；
7. 完善网站推广方案。

步骤六　全班交流，教师归纳总结。

素质拓展

病毒性营销

1. 什么是病毒性营销

病毒性营销是一种形象的说法，就是以病毒的深入肌体、繁殖快速、传播广泛和发展迅速为特征来比喻网上一种全新的营销活动。

病毒性营销（viral marketing，也可称为病毒式营销）是一种常用的网络营销方法，常用于进行网站推广、品牌推广等，病毒性营销利用的是用户口碑传播的原理，在互联网上，这种“口碑传播”更为方便，可以像病毒一样迅速蔓延，因此病毒性营销（病毒式营销）成为一种高效的信息传播方式，而且，由于这种传播是用户之间自发进行的，因此几乎是不需要费用的网络营销手段。

病毒性营销不是以传播病毒的方式开展营销，而是充分利用网络信息快速双向传播的特点，以类似于网络病毒快速蔓延的效应而得名。由于其快速而廉价的特性，自 Hotmail.com 率先使用该模式以来，病毒性营销为越来越多的企业网站所采用。当时，Hotmail 为了给自己的免费邮件做推广，在邮件的结尾处附上：“PS.Get your free E-mail at Hotmail”，邮件接收者看到该信息后，可能会去申请自己的免费邮箱，然后使用该邮箱给其他人发邮件，其他人又会重复同样的过程。这样 Hotmail.com 每一个用户不知不觉地都成了 Hotmail 的推广者，使 Hotmail 的产品和服务信息迅速在网络用户中复制和扩散。这种滚雪球般的效果可以在几小时之内，使第一封邮件产生的营销效果传播到成千上万的受众那里。正是由于病毒性营销快速而廉价的传播方式，使 Hotmail 获得了爆炸式的增长。

2. 病毒性营销特点

病毒性营销具有以下优点。

（1）零成本营销。

我们知道任何信息的传播都是要为渠道的使用付费。之所以说病毒性营销是无成本的，主要指它利用了目标消费者的参与热情，其实渠道使用的费用仍然存在的，只不过目标消费者受商家的信息刺激自愿参与到后续的传播过程中，原本应由商家承担的广告成本转嫁到了目标消费者身上，因此对于商家而言，病毒性营销是无成本的。

（2）增加效益。

病毒性营销的效率和效益大大高于传统营销方式。主要表现在两个方面。

① 减少了传统的开支，如代理手续等；

② 可以迅速地建立起企业的客户关系网络，使得收入增加。这样通过一减一增，企业的效益明显得到了提高。

（3）加快速度。

大众媒体发布广告的营销方式是“一点对多点”的辐射状传播，这种方式无法确定广告信息是否真正到达了目标受众。病毒性营销是自发的、扩张性的信息推广，它并非均衡地、同时地、无分别地传给社会上每一个人，而是通过类似于人际传播和群体传播的渠道，产品和品牌信息被消费者传递给那些与他们有着某种联系的个体。

（4）激发购物意识。

病毒性营销可以激发用户的购物潜意识。病毒性营销是对营销理念的重大变革，它是建立在“以允许为基础”上的营销方式。它像病毒一样在不知不觉中侵入用户的肌体，令用户对它产生好感。这样，用户的购物潜意识被激活，就容易产生要购买这种产品的欲望。

（5）操作方便。

病毒性营销的操作比较方便迅速，主要体现在以下几方面。

① 营销执行者可以在几个键之间完成营销。

② 用户可以在系统的引导下购买商品。病毒性营销还告诉用户买什么最好、最划算。它使用户像吸毒一样，产生对这些公司网址的强烈依赖。用户想要什么了，便自然而然地去访问这些公司的网址。而且当决定要购买什么物品时，还可以在网上最大限度地讨价还价。这样，用户不必访问众多的网址，就可以得到他们想要的东西。

3．病毒性营销步骤

病毒性营销的步骤如图 6-7 所示。

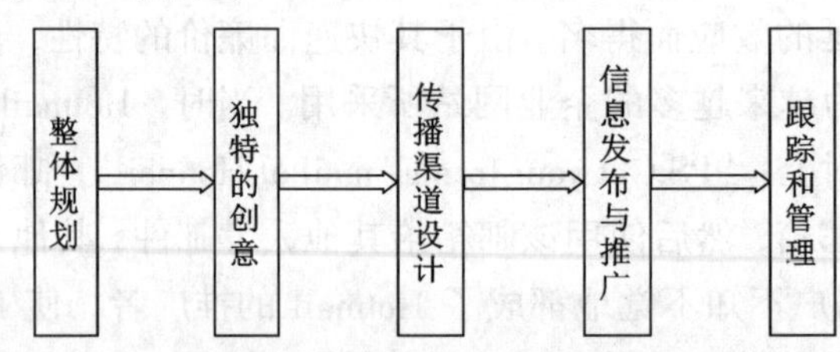

图 6-7　病毒性营销的步骤

（1）整体规划。

首先应该对病毒性营销方案的整体规划，确认病毒性营销方案符合病毒性营销的基本思想，即传播的信息和服务对用户是有价值的，并且这种信息易于被用户自行传播。

（2）独特的创意。

病毒性营销需要独特的创意，并且精心设计病毒性营销方案（无论是提供某项服务，还是提供某种信息）。最有效的病毒性营销往往是独创的。独创性的计划最有价值，跟风型的计划有些也可以获得一定效果，但要做相应的创新才更吸引人。病毒性营销之所以吸引人之处就在于其创新性。在方案设计时，一个特别需要注意的问题是，如何将信息传播与营销目的结合起来？如果仅仅是为用户带来了娱乐价值（例如一些个人兴趣类的创意）或者实用功能、优惠服务而没有达到营销的目的，这样的病毒性营销计划对企业的价值就不大了，反之，如果广告气息太重，可能会引起用户反感而影响信息的传播。

（3）传播渠道设计。

虽然说病毒性营销信息是用户自行传播的，但是这些信息源和信息传递渠道需要进行静心的设计，例如要发布一个节日祝福的Flash，首先要对这个Flash进行精心策划和设计，使其看起来更加吸引人，并且让人们更愿意自愿传播。仅仅做到这一步还是不够的，还需要考虑这种信息的传递渠道，是在某个网站下载（相应地在信息传播方式上主要是让更多的用户传递网址信息）还是用户之间直接传递文件（通过电子邮件、IM等），或者是这两种形式的结合？这就需要对信息源进行相应的配置。

（4）信息发布和推广。

最终的大范围信息传播是从比较小的范围内开始的，如果希望病毒性营销方法可以很快传播，那么对于原始信息的发布也需要经过认真筹划，原始信息应该发布在用户容易发现并且用户乐于传递这些信息的地方，如果必要，还可以在较大的范围内去主动传播这些信息，等到自愿参与传播的用户数量比较大之后才让其自然传播。

（5）跟踪和管理。

对病毒性营销的效果也需要进行跟踪和管理。当病毒性营销方案设计完成并开始实施之后（包括信息传递的形式、信息源、信息渠道、原始信息发布），对于病毒性营销的最终效果实际上自己是无法控制的，但并不是说就不需要进行这种营销效果的跟踪和管理。实际上，对于病毒性营销的效果分析是非常重要的，不仅可以及时掌握营销信息传播所带来的反应（例如对于网站访问量的增长），也可以从中发现这项病毒性营销计划可能存在的问题，以及可能的改进思路，将这些经验积累起来为下一次病毒性营销计划提供参考。

项目小结

本项目需要完成的任务是网络营销与传统营销的比较分析、网络信息的收集与发布、电子商务网站的推广。在此基础上需要掌握以下内容：

（1）网络营销定义和特点；

（2）网络营销核心思想；

（3）网络营销的职能；

（4）网络营销的理论框架与传统营销理论框架区别；

（5）网络营销与传统营销的比较分析；

（6）网络信息获取的方法；

（7）几种常用搜索引擎的使用与技巧；

（8）电子商务网站推广基本要素；

（9）电子商务网站推广方法与技巧。

习题与思考

1. 简述网络营销产生的原因。
2. 简述网络营销的特点。
3. 简述网络营销的核心思想。
4. 简述网络营销的职能。

5. 简述网络营销与传统营销的区别。

6. 简述网络信息收集的几种方法。

7. 简述几种常用的搜索引擎使用方法。

8. 简述电子商务网站推广的几种方法并分析。

职业能力训练

训练内容：网络营销认知与体验。

训练目标：

1. 了解网络营销的运营环境；
2. 掌握网络营销在电子商务企业中的岗位设置与划分；
3. 了解网络营销企业中不同岗位的岗位职责与任职要求；
4. 掌握网络营销信息收集的方法与技巧；
5. 淘宝网、拍拍网、阿里巴巴网站、苏宁易购、京东商城、携程旅行网、慧聪商情网等认知与比较；
6. 掌握电子商务网站推广方法；
7. 学会电子商务网站推广的策划。

训练路径：

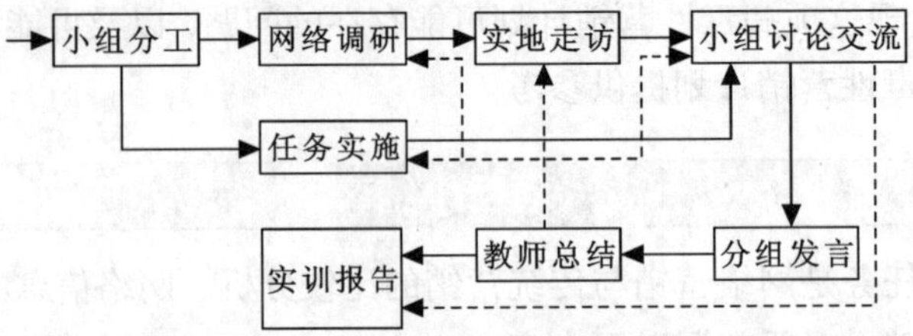

自我评价与课业考核

项目			评价与考核标准	自评成绩
职业道德素质∑40		职业观念∑10	对职业、职业选择、职业工作、职业道德和伦理等问题具有正确的看法	
		职业情感∑10	对职业有愉快的主观体验、稳定的情绪表现、健康的心态、良好的心境，具有强烈的职业认同感、职业荣誉感和职业敬业感	
		职业理想∑10	对将要从事的职业种类、职业方向与事业成就有积极的向往和执着的追求	
		职业态度∑10	对职业选择有充分的认知和积极的倾向与行动	
职业能力与课业学习评价∑60	实施过程∑45	自学能力∑5	能够借助互联网等工具自我学习工作过程中碰到的新知识	
		学习态度∑5	学习过程中纪律性强，无缺课、迟到、早退现象	
		团队协作∑5	学习过程中有团队合作精神、有较强的沟通能力	
		创新能力∑5	学习过程中解决问题有独创性，设计巧妙，有新意	
		解决问题∑5	能够借助各种工具，在老师和同学的帮助下解决工作过程中碰到的疑难问题	

续表

<table>
<tr><th colspan="3">项　　目</th><th>评价与考核标准</th><th>自评成绩</th></tr>
<tr><td rowspan="3">职业能力与课业学习评价∑60</td><td>实施过程∑45</td><td>工作任务∑20</td><td>1. 能够理解网络营销的概念
2. 能够掌握网络营销企业中的岗位设置与划分
3. 能够了解网络营销企业中不同岗位的岗位职责与任职要求
4. 能够借助互联网工具对淘宝网、拍拍网、阿里巴巴网站、苏宁易购、京东商城、携程旅行网、慧聪商情网等电子商务网站进行比较分析
5. 学会电子商务网站推广
6. 学会通过搜索引擎检索商情
7. 学会撰写电子商务网站推广策划书</td><td></td></tr>
<tr><td rowspan="2">实施结果∑15</td><td colspan="2">1. 在规定的时间内完成学习任务和课业报告∑10</td><td></td></tr>
<tr><td colspan="2">2. 实训任务和课业报告符合要求∑5</td><td></td></tr>
<tr><td colspan="2">合计</td><td colspan="2"></td><td></td></tr>
</table>

项目七 电子商务物流

项目介绍

物流是一个十分现代而许多人又不太了解的概念，由于它对商品生产、商品流通和商品消费的影响日益明显而引起了各方面的重视。其实，物流是一个与人类文明、社会经济“同生共长”的综合体，是一个古老而又新颖的产业，是一个复杂而又综合的大体系，是一门传统而又创新的科学，是一个全球性的社会发展问题，物流又是一个项目，是一项管理，是一次过程，是一个进步，是一个结果，也是一个桥梁（虚拟与现实）……

所有的单位都要搬运物料，工厂需要从供应商那里购进原材料以进行生产，并把产品送给客户；零售商需要从批发商那里不断地进货；电视台需要收集新闻，然后再把这些新闻发往世界各地；住在城市和乡填的每个人都能享受到全国的美味；如果从电子商务网站上订购一本书或一张唱片，快递公司会把你要的东西送货上门。无论何时，当你要买、租或借任何物品时，都会有人满足你的要求并服务到家，物流就是一种能实现上述对商品进行位移服务要求的职能，这包括了从供应到客户物流运输和仓储的全过程。

随着中国改革开放不断深入，经济飞速发展，特别是进入 21 世纪后，互联网和电子商务的发展，社会不断进步，物流已俨然成为“新宠”和“热点”受到全民关注。

学习目标

知识目标

① 掌握物流的基本概念与划分；

② 掌握物联网概念，了解物联网常用术语；

③ 掌握物流的效用，包括时间效用、空间效用等；

④ 了解物联网技术在电子商务中的应用。

技能目标

① 能够对电子商务中的物流案例进行分析并能写出分析报告；

② 能利用物流信息系统进行电子商务物流的信息化管理。

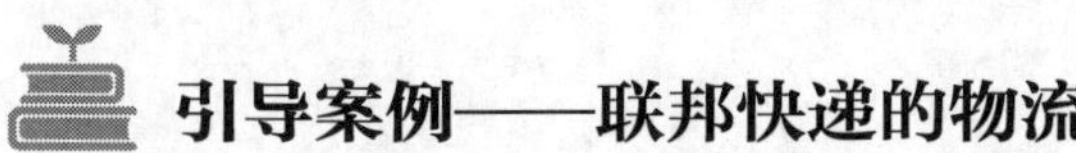

引导案例——联邦快递的物流

——案例来源：百度搜索“联邦快递”

美国联邦快递（www.FedEx.com）公司是全球规模最大的快递公司之一，主要以第三方物流、配送企业的身份参与电子商务。

该公司成立于 1973 年 4 月，总部位于美国田纳西州。1997 年初开始从事电子商务业务，到 1999 年，在全球 211 个国家和地区经营快递业务，它的物流网络覆盖了占全世界 90% 的国家和地区。公司通过信息网络与 100 多万个客户保持联系，并在全球使用统一的 FedEx 物流管理软件。联邦快递建立了大约 1 400 个全球服务中心，全球平均处理货件量每天超过 310 万件，运输量每天大约 9 400 吨，航空货运量每天大约 260 万吨。1999 年 11 月，该公司宣布在中国成立第一家合资快运公司，并且声称在 5 年内将要在中国 100 个城市开设办事处。

与其他公司不同的是，该公司拓展电子商务业务，在物流网络和信息网络以及客户资源上远比一般的电子商务公司具有优势，已经具备了从信息、销售到配送所需的全部资源和经验。1999 年，联邦快递公司决定与一家专门提供 BtoB 和 BtoC 解决方案的 Intershop（www.lntershop.com）通信公司合作，开展电子商务业务。FedEx 公司有效利用覆盖全球 211 个国家的物流网络和公司内部的信息网络（Powership Network），并将信息网络和物流网络完美结合，使全球的消费者均可通过互联网跟踪其包裹的发运状况，为消费者提供完整的电子商务服务。利用现有的物流和信息网络资源，FedEx 公司控制了电子商务最为重要的环节——配送，实现了公司资源的最大利用，完全获得了电子商务方面的成功。据统计，该公司有 3/4 业务来自网上，每月的点击率是 2 百万，每年成本降低 2 千万美元。

美国联邦快递是较早看准中国这个庞大市场的外资公司之一，它于 1984 年进入中国，近 20 年来，联邦快递发展迅速，一年一个台阶，取得了骄人的业绩，创造了诸多世界之最：当初的每周两次变为现在每周有 11 个班机进出中国，是拥有直飞中国航班数目最多的国际快递公司；快递服务城市 1996 年只有 60 个，现在发展到 220 个城市；1999 年，联邦快递与天津大田集团在北京成立合资企业大田–联邦快递有限公司，双方合作顺利，配合密切，进一步推动了我国快递业务的发展。联邦快递亚太转运中心一期工程于 1 月 16 日在广州花都区花东镇奠基动工。亚太转运中心已于在 2008 年 10 月投入运营。联邦快递是第一个在中国设立洲际转运中心的跨国货运巨头，它给我国带来了 1.5 亿美元投资、每年 60 万吨货运量以及白云机场实现腾飞的机会。

FedEx 是快递界首屈一指的全球领导业者。该公司促使客户成功的关键因素之一，就是结合空运、陆运及 IT 网络，为客户提供创新的物流及配送解决方案。FedEx 物流配送中心网络遍布亚洲及全球各主要城市，提供 365 天全天候的物流服务。该公司的物流配送中心具有下列功能：储存或托运产品；减少昂贵的存货；使用准确、最新的信息及管理报告；实时追踪仓储或运输中的货件；缩短循环周期；提高作业灵活度；为客户提供超值服务等。

思考与讨论：请讨论分析 联邦快递为什么会发展如此迅速？靠的是什么？

任务十五 认识物流与电子商务

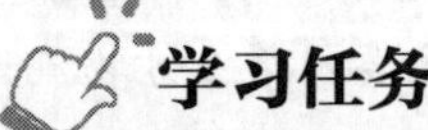

学习任务

学习情境

小郑的弟弟毕业后就职于浙江某个第三方物流企业，该企业为了发展业务，也为了能更好地为顾客服务，准备派出一支小分队着手对第三方物流企业业务流程进行调查和分析，小郑的弟弟是这个小分队的领队，他对电子商务物流、第三方物流都了解得不够多，为此他专门向从事了多年电子商务的哥哥请教

任务描述

1. 利用搜索引擎，了解电子商务物流、第三方物流的概念
2. 根据具体情况，选择有一定代表性的第三方物流企业，了解该企业的物流业务流程
3. 撰写第三方物流企业业务流程调查分析报告

任务拓展

选择任一网络购物平台，购买一件商品，跟踪从支付到发货的全过程，体验电商网站物流配送的过程，并与同学进行交流

学习指南

7.1 物流的概念

物流这一概念源于20世纪30年代的美国军事系统，是从physical distribution（简写为PD）一词演变而来的，原意为“实物分配”，随着社会的发展，人们对物流的认识也在不停地发生变化。

7.1.1 物流定义

物流（logistics）从直观上理解就是物质实体的流动，这种流动实际上就是位移，是位置的移动，是有方向的，它包括地面上、空间上、时间上的位移。

美国物流管理协会（council of logistics management）1992年对物流做了如下的定义。

“物流是为满足消费者需求而进行的对货物、服务及相关信息从起始地到消费地的有效率与效益的流动与存储的计划、实施与控制的过程。”

1998年，该协会在对物流的定义中增加了供应链的思想，进一步得到了完善。2001年对该定义叙述如下。

“物流是供应链运作中，以满足客户要求为目的，以货物、服务及相关信息在原产地和销售地之间实现高效率和低成本正向和反向的流动和储存所进行的计划、执行和控制的过程。”

到了2001年中华人民共和国国家标准GB/T18354-2001物流术语给物流下了如下的定义。

“物品从供应地向接收地的实体流动过程。根据实际需要，将运输、储存、装卸、流通加工、配送、信息处理等基本功能实施有机结合。”

现代物流的观点明确指出了物流是供应链流程的一部分，物流是为供应链服务的，使物流和供应链之间的关系更加清晰化。现代物流还包括了更深刻和更广泛的管理内容，不仅是实物物流和管理，还包括所有相关信息的管理与控制。其范围是从原材料采购开始到生产全过程直至营销活动结束的整个过程的统一与协调管理控制。具体的内容包括：运输、仓储、物料搬运、包装、订单处理、预测、信息处理、采购、生产计划、客户服务、选址、废料处理及逆向回收等相关活动。

7.1.2 物流的划分

物流的划分是一个比较复杂困难的问题，但又是一个必须面对的基本概念。由于物流对象不同，物流目的的不同，物流范围、范畴不同，形成了不同类型的物流。

1. 宏观物流

宏观物流是指社会再生产总体的物流活动，从社会再生产总体角度认识和研究的物流活动。宏观物流还可以从空间范畴来理解，在很大空间范畴的物流活动往往带有宏观性，在很小空间范畴的物流活动则往往带有微观性。宏观物流研究的主要特点是综观性和全局性。宏观物流主要研究内容是，物流总体构成，物流与社会之关系在社会中之地位，物流与经济发展的关系，社会物流系统和国际物流系统的建立和运作等。

2. 微观物流

消费者、生产者企业所从事的实际的、具体的物流活动属于微观物流。 在整个物流活动中，之中的一个局部、一个环节的具体物流活动也属于微观物流。在一个小地域空间发生的具体的物流活动也属于微观物流。

3. 社会物流

社会物流指超越一家一户的以一个社会为范畴面向社会为目的的物流。

4. 企业物流

从企业角度上研究与之有关的物流活动，是具体的、微观的物流活动的典型领域。

5. 国际物流

国际物流是现代物流系统发展很快、规模很大的一个物流领域，国际物流是伴随和支撑国际间经济交往、贸易活动和其他国际交流所发生的物流活动。

6. 国内物流

相对于国际物流而言，一个国家范围内的物流，一个城市的物流，一个经济区域的物流都处于同一法律、规章、制度之下，都受相同文化及社会因素影响，都处于基本相同的科技水平和装备水平之中。

国内物流还可以细分为城市、城际、城域、省城、地区（如长三角地区）等不同服务范围的物流类别，如图 7-1 所示。每类物流系统有不同的发展战略和对策。

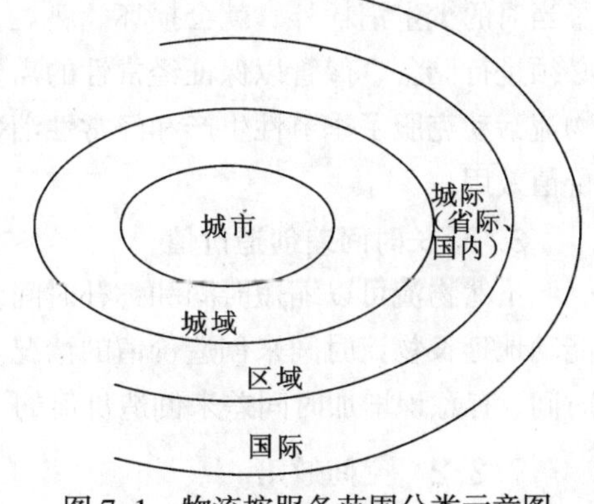

图 7-1 物流按服务范围分类示意图

7. 一般物流

一般物流是指物流活动的共同点和一般性，物流活动的一个重要特点是涉及全社会、各企业，因此，物流系统的建立、物流活动的开展必须有普遍的适用性。

8．特殊物流

专门范围、专门领域、特殊行业，在遵循一般物流规律基础上，带有特殊制约因素、特殊应用领域、特殊管理方式、特殊劳动对象、特殊机械装备特点的物流都属于特殊物流范围。

7.2 物流的效用

物流过程中的物化劳动和活劳动投入增加了产品的效用，具体表现为增加了产品的时间效用、空间效用、品种效用、批量效用、形质效用、信息效用和风险效用等。

7.2.1 时间效用

"物"从供应商到消费者之间有一段时间差，由于改变这一段时间而创造的价值称为"时间效用"。这种时间效用有多种情况，如农产品之类的商品只能间断性生产而不必连续消费，又如一些时令性或集中性消费商品，其生产又是长期连续的，更多的情况是虽然生产和消费都是连续的，但是商品从生产到消费有一定的时间差，这种时间差表现为商品生产与消费的时间矛盾。商品流通过程如储存、保管等投入的劳动恰好可以解决这种矛盾，表现为商品时间效用的增加。物流创造时间效用的形式有以下几种。

1．缩短时间创造效用

缩短物流时间可以获得许多好处，第一可以减少物流在流动中的损失，降低物流消耗；第二可以提高"物"的周转率。

现代物流学所要研究的就是如何采取技术的、管理的、系统的等方法来尽量缩短物流的宏观时间和有针对性地缩短微观物流时间，从而取得高的时间价值。从全社会物流的总体来看，加快物流速度、缩短物流时间，是物流必须遵循的一条经济规律。

2．弥补时间差创造价值

在经济社会中，供应商与消费者普遍地存在着时间性差异。例如，粮食、棉花、水果等农作物的生产有严格的季节性和周期性，这就决定了农作物的集中产出，但是消费者一年365天，天天有所需求，因而供应商和消费者之间出现时间差；又如，凌晨磨制的鲜豆浆在上午出售；前日采摘的菜、果在次日出售等，都说明供给与需求之间存在时间差，可以说这是一种普通的客观存在，正是有了这个时间差，商品才能取得比自身价值高得多的价格，才能获得十分理想的效益。

但是商品本身是不会自动弥合这个时间差的，如果没有有效的方法，集中生产出的农作物除了当时的少量消耗外，就会损坏、腐烂，而在非产出时间，人们就会找不到粮食、水果吃，所以必须进行储备、保管以保证经常性的需要，供人们食用以实现其使用价值。这种使用价值是通过物流活动克服了季节性生产和经常性消费的时间差才得以实现的，这就是物流弥补时间差创造的价值效用。

3．延长时间差创造价值

虽然物流可以缩短时间和弥补时间差来创造效用，但是，在某些具体物流中也存在人为地、能动地延长物流时间来创造价值的情况。例如，配合待机销售的物流便是一种有意识地延长物流时间、有意识增加时间差来创造价值的。当然，一般来讲，这是一种特例，不是普遍的规律现象。

7.2.2 空间效用

"物"从供应商到消费者之间有一段空间（场所）差，由于改变这一段空间（场所）而创造的价值称为“空间效用”。物流创造空间价值是由现代社会产业结构、社会分工所决定的，主要原因是供应商和消费者之间的空间差，商品在不同地理位置有不同的价值，通过物流将商品由低价值区转到高价值区，便可获得价值差，即“空间价值”。物流创造空间效用的形式有以下几种。

（1）从集中生产场所（空间）流入分散需求场所创造价值。

现代化大生产的特点之一，往往是通过集中的、大规模的生产以提高生产效率，降低成本。在一个小范围集中生产的产品可以覆盖大面积的需求地区，有时甚至可覆盖一个国家乃至若干个国家。通过物流将产品从集中生产的低价位区转移到分散于各处的高价位区有时可以获得很高的利益。例如，现代生产中钢铁、水泥、煤碳等原材料生产往往以几百万甚至几千万吨的大量生产密集在一个地区；又如，“西煤东运、北煤南运、西气东输、北粮南调、西棉东送、南矿北运”就是集中在我国西部地区的原材料如棉花、粮食、煤炭等，通过物流流入分散需求地区，以此获得更高的利益，这就是物流空间效用所创造的价值。

（2）从分散生产场所（空间）流入集中需求场所创造价值。

与第一种情况相反的情况在现代社会中也不少见，例如粮食是在一小块一小块地上分散生产出来的，而一个大城市的需求却相对人规模集中。计算机的零配件生产也分布得非常广，但却集中在一起装配。这种分散生产、集中需求也会形成物流空间效用所创造的价值。

（3）从本地生产流入外地需求创造场所（空间）价值。

现代社会中供应与需求的空间差比比皆是，十分普遍，除了大生产所决定之外，有不少是自然条件、地理条件以及社会发展因素决定的，例如农村生产粮食、蔬菜而异地于城市消费，南方生产水果而异地于各地消费，北方生产高粱而异地于各地消费等。现代人每日消费的物品几乎都是相距一定距离甚至十分遥远的地方生产的。这么复杂交错的供给与需求的空间差都是靠物流来弥合的，物流也从中取得了利益。

7.2.3 其他效用

1．品种效用

在现代社会中带给消费者商品的品种是五花八门的，特别是大众品种 80%的人都要购买的品种，不论个人收入、性别、消费习惯、爱好如何，每个人都需要的品种。这些品种效用是通过商品流通过程中的劳动克服商品生产和消费品种方面的不一致。因为无论生产资料还是生活资料消费者需要的是多种多样的商品，而专业化生产使某一生产厂家所提供的商品具有单一性，商品流通则可以集中多家生产商的产品提供给消费者，这方面的劳动投入表现为商品品种效用的增加。

2．批量效用

批量效用是通过商品流通过程中的劳动克服生产和消费批量的不一致。社会化大生产的一种重要方式是生产的专业化和规模化，而很多时候消费的需求量都是很有限的。商品流通中所消耗劳动的一个重要用途就是将生产的大批量分割成最终的小批量需求，在此表现为由整到散的分流过程；反过来的情况也同样存在。即生产尤其是工业化社会中无论生产资料的生产还是生活资料的生产都呈现出一种趋势，即小批量、多品种的生产，这种生产方式与大批量流水生产共同存在。所以可能出现这种情况，即虽然生产批量较小，而需求则是大量集中的。这时商品流通中的劳动就要用于分散和货源加以集中，从而表现为从散到整的集流过程。所有这方面的投入的劳动成果都表现为批量效用。

3．形质效用

加工是生产领域常用的手段，并不是物流的本来职能。但是，现代物流的一个重要特点就是根据自己的优势从事一定的补充性的加工活动，这种加工活动不是创造商品主要实体，形成商品主要功能和使用价值，而是带有完善、补充、增加性质的加工活动，这种活动必然会形成劳动对象的形质效用。

4．信息效用

信息从广义上说，就是能够通过文字、图像、声音、符号、数据等为人类所获知的知识。从一般上说，就是指与客观事物相联系、反映客观事物的运动状态，通过一定的物质载体被发出、传递和感受，对接受对象的思维产生影响并用来指导接受对象的行为的一种描述。从本质上说，信息是反映现实世界的运动、发展和变化状态及规律的信号与消息。那么信息的效用有哪些呢？

信息效用表现为专业商品流通企业要收集大量的信息，如买卖双方的信息、产品说明和使用情况、发展情况、用户的意见、供求信息、技术发展趋势等，并对这些信息进行过滤、筛选、整理、分析、总结规律，发现问题。同时指导自己的工作，也将这些信息传递给供求双方，形成一种知识学习的作用。

5．风险效用

风险效用表现在商品流通过程中存在和隐藏着许多风险，如商品质量风险、商品信贷风险、商品政策风险、商品汇率风险、商品财务风险和商品价格风险等，让商品流通双方谁来承担这些风险责任可能都会是一种讨价还价的“扯皮”过程，会极大地加大交易费用甚至阻碍商品流通的真正完成。由专业商品流通企业来承担这些风险无疑会极大地提高供求双方的信心，同时加快流通和再生产的过程。

7.3 物流管理概述

7.3.1 物流管理基本概念

1．物流管理定义

物流管理（logistics management）是指在社会再生产过程中，根据物质资料实体流动的规律，应用管理的基本原理和科学方法，对物流活动进行计划、组织、指挥、协调、控制和监督，使各项物流活动实现最佳的协调与配合，以降低物流成本，提高物流效率和经济效益。现代物流管理是建立在系统论、信息论和控制论的基础上的。

从定义上可以看出，物流管理具有以下几个方面。

（1）物流管理既要实现最低化的成本管理，又要确保客户对物流服务质量的满意，可见，成本和服务是物流管理的侧重点。

（2）物流管理不仅仅是对单个构成要素的管理，而是一个动态的、全要素、全过程的管理。

（3）物流管理就是要通过有效的计划、组织、协调和控制等手段，合理地组织各种要素的搭配，实现整体最优。

2．物流管理的目标

物流管理的目标有以下几个方面。

（1）现代物流管理以实现客户满意为第一目标，这里的客户不仅指物品的需求方，还包括物流服务的接受方，即物流业务的委托方。客户满意是一个综合指标，具体包括效率、质量、速度、成本、安全等。

（2）现代物流管理以整体最优为目的，这里的整体最优表现为对运输、储存、装卸、库存、配送、信息等基本功能要素实施优化管理，处理好物流各要素之间的“二律背反”关系，在保证物流系统效率与质量的前提下，实现物流成本的最小化。

（3）现代物流管理既重视效率更重视效果，即在确保整体最优的基础上充分重视环保、公害、交通等因素，积极发展符合 21 世纪发展潮流的绿色物流。

3．物流管理的原则

物流管理的基本原则有以下几个方面。

（1）在总体上，坚持物流合理化的原则，就是在兼顾成本与服务的前提下，对物流系统的构成要素进行调整改进，实现物流系统整体优化。

（2）在宏观上，除了完善支撑要素建设外，还需要政府以及有关专业组织的规划和指导。

（3）在微观上，除了实现供应链的整体最优管理目标外，还要实现服务的专业化和增值化。现代物流管理的永恒主题是成本和服务，即在努力削减物流成本的基础上，努力提升物流增值性服务。

（4）在服务上，具体表现为 7R 原则，即适合的质量（right quality）、适合的数量（right quantity）、适合的时间（right time）、适合的地点（right place）、优良的印象（right impression）、适当的价格（right price）和适合的商品（right commodity），即为客户提供上述 7 个方面的恰当服务。

7.3.2　第三方物流

1．第三方物流的含义

第三方物流（the third-party logistics）的概念源自于管理学中的 out-souring。out-souring 意指企业动态地配置自身和其他企业的功能和服务，利用外部的资源为企业内部的生产经营服务。将 out-souring 引入物流管理领域，就产生了第三方物流的概念。

广义的第三方物流是相对于自营物流而言的。凡是由社会化的专业物流企业按照货主的要求，所从事的物流活动都可以包含在第三方物流范围之内，至于第三方物流企业所从事的是哪一个阶段的物流，物流服务的深度和服务水平的高低与货主的要求有密切关系。

狭义的第三方物流是指社会化物流企业所提供的现代化和系统的物流服务活动。

生产经营企业选择第三方物流是为了集中精力搞好主业，而把原来属于自己处理的物流活动以合同方式委托给专业物流服务企业，同时通过信息系统与物流企业保持密切联系，以实现对物流全程管理的控制。

第三方物流既不属于第一方，也不属于第二方，而是通过与第一方或第二方的合作来为客户提供其专业化的物流服务，即以合同为约束、以结盟为基础的、系列化、个性化、信息化的物流代理服务，如图 7-2 所示。最常见的 3PL 服务包括设计物流系统、EDI 能力、报表管理、货物集运、选择承运人、货代人、海关代理、信息管理、仓储、咨询、运费支付、运费谈判等。

第三方物流服务要求物流服务提供者必须为托运人的整个物流链提供服务，供求双方在协作中建立交易关系或长期合同关系。这两种关系间还可以有多种不同的选择，诸如短期合同、部分整合或合资经营。物流服务供求双方的关系既可以只限于一种特定产品（如：将汽车零部件配送

给汽车经销商），也可以包括一组特定的物流活动，甚至还可以有更大的合作范围（如进出库运输、仓储、最终组装、包装、标价及管理）。在电子商务领域中，物流服务提供者还可提供超出一般范围的物流服务，比如产品测试、商品验收、代收货款等。

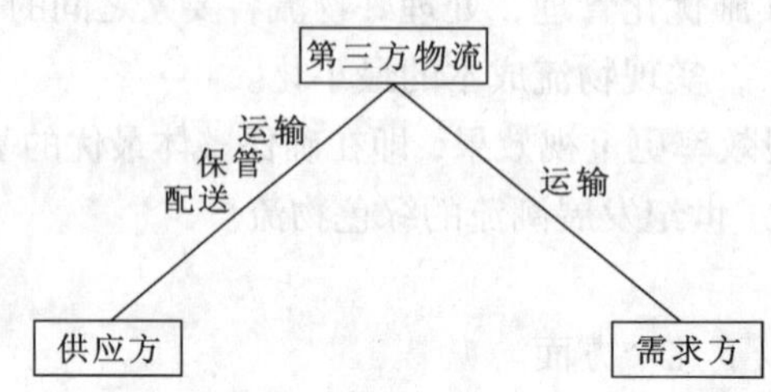

图 7-2　第三方物流与供应方与需求方的关系

2．第三方物流的特点

（1）第三方物流是合同导向的一系列服务。第三方物流有别于传统的外协，传统的外协只限于一项或一系列分散的物流功能，如运输公司提供运输服务、仓储公司提供仓储服务。第三方物流根据合同条款的规定，而不是根据临时需求或要求，提供多功能甚至全方位的物流服务。

（2）第三方物流是个性化的物流服务。第三方物流是独立于厂家、商家系统之外的专有资产的经济实体。第三方物流所提供的是专业的物流服务。从物流设计、物流操作过程、物流技术工具、物流设施到物流管理，必须体现专门化和专业水平。这既是货主企业的需要，也是第三方物流自身发展的基本要求。

（3）第三方物流是建立在现代信息技术基础上的物流服务。信息技术的发展是第三方物流发展的必要条件。信息技术实现了数据的快速、准确传递；提高了仓库管理、装卸运输、采购、订货、配送发运、订单处理的自动化水平，使订货、包装、保管、运输、流通、加工实现一体化。企业可以更方便地使用信息技术与物流企业进行交流和协作，企业间的协调和合作有可能在短时间内迅速完成。同时，物流管理软件的飞速发展，使混杂在其他业务中的物流活动的成本能被精确计算出来，还能有效管理物流渠道中的商流，这就使企业有可能把原来在内部完成的作业，交由独立的物流公司来运作。用于支撑第三方物流的信息技术包括实现信息快速交换的 EDI（electronic data interchange）技术、实现资金快速支付的 EFT（electronic finance transfer）技术、实现信息快速输入的条形码技术和实现网上交易的电子商务技术等。物流服务过程中，信息技术发展实现了信息实时共享，促进了物流管理的科学化，极大地提高了物流效率和物流效益。

（4）拥有第三方物流配送的灵活性。第三方物流配送是用合同方式建立起来的物流服务者与用户的关系，因此使用起来非常灵活。通常，把物流业务外包给第三方物流公司，可以使企业无法避开的固定成本转化为可变成本。公司仅向“第三方”支付服务费用，而不需要自己内部维持物流基础设施来满足这些需求。尤其对于那些业务量呈现季节性变化的公司来讲，外包物流对公司赢利的影响就更为明显。例如对于一家季节性很强的大零售商来说，如果要年复一年地在旺季聘用更多的物流和运输管理员，到淡季再开除他们是很困难、低效的；若和第三方物流结成伙伴关系，零售商就不必担心业务的季节性变化。

（5）拥有第三方物流的系统化管理。与一般的物流运作方式相比，第三方物流整合了多个物流功能，能使货主企业集中精力专注于生产与经营，减少雇佣人员并节省在物流方面的开支。并且，物流企业由于集中为多家专门的客户提供全方位的物流服务，也可凭借自身的优势，最大限度地优化物流路线，选择最合适的运输工具，并围绕客户的需要提供诸如存货管理、生产准备等特殊服务。

3．第三方物流与电子商务的关系

电子商务是信息传播的保证，而物流是执行的保证，没有物流，电子商务只能是一张空头支票。电子商务是利用当代计算机技术、网络通信技术、多媒体技术、Internet、Intranet、Extranet 等技术实现各种商务活动的电子化、信息化、数字化、无纸化和国际化，简单地说就是指借助互联网进行的各项商务活动。电子商务的出现，在最大程度上方便了终端消费者。他们不必再跑到拥挤的商业街，一家一家地挑选自己所需的商品，而只需坐在家里，在互联网上搜索、查看、挑选，就可以完成他们的购物过程。如果他们所购的商品迟迟不能送到，那消费者还会选择网上购物吗?因此缺少了现代化的物流技术，电子商务给消费者带来的购物便捷等于零，消费者必然会转向传统购物方式。

信息流、商流、资金流可通过计算机和网络通信设备实现，但物流，只有诸如电影、软件、歌曲、电子出版物、信息咨询等少数商品和服务可以直接通过网络传输方式进行，而对于多数商品和服务，则需借助一系列机械化、自动化工具传输。物流是电子商务的重要环节，网上下单和支付只是完成了商品所有权的转移，商品实物能否顺利、及时地到达用户手中还要看是否有高度发达的物流。譬如沃尔玛这个世界上最大的在线零售销售商就用第三方为它的电子商务提供物流服务，这家物流公司建造了一个 30 多万平方米的配送中心，专门为沃尔玛的电子商务提供具体的服务，内容包括订单管理、订货处理，以及订货的送货、仓储管理、一般的发运、另外付款的处理、客户的服务、退货的处理等。

因此，电子商务的发展离不开物流的支持，物流必须与电子商务同步。电子商务时代商品买卖的范围空前扩大，买卖方式彻底更新，物流经营活动就成为一项重要的服务性业务。

7.3.3 第四方物流

1．第四方物流的含义

第四方物流（4PL）的概念首先是由安德森咨询公司提出的，它甚至注册了该术语的商标，并定义为“一个调配和管理组织自身的及具有互补性的服务提供商的资源、能力与技术，来提供全面的供应链解决方案的供应链集成商”。从概念上来看，第四方物流是有领导力量的物流提供商，它可以通过对整个供应链的影响力，提供综合的供应链解决方案，也为其顾客带来更大的收益；它不仅控制和管理特定的物流服务，而且对整个物流过程提出解决方案，并通过电子商务将这个过程集成起来。第四方物流正日益成为一种帮助企业实现持续运作成本降低和区别于传统的外包业务的真正的资产转移。它实际上是一种虚拟物流，是依靠业内最优秀的第三方物流供应商、技术供应商、管理咨询顾问和其他增值服务商，整合社会资源，为用户提供独特的和广泛的供应链解决方案。

2．第四方物流的特点

第四方物流集成了管理咨询和第三方物流服务商的能力，通过优秀的第三方物流、技术专家和管理顾问之间的联盟，为客户提供最佳的供应链解决方案。更重要的是，这种使客户价值最大化统一技术方案的设计、实施和运作，只有通过咨询公司、技术公司和物流公司的齐心协力才能够实现。第四方物流的供应链解决方案共有四个层次——执行、实施、变革和再造。

（1）执行。主要是指由第四方物流负责供应链具体职能和流程的正常运作，这一范畴超出了传统第三方物流的运输管理和仓库管理。第四方物流可以承接多个供应链职能和流程的运作职责，具体包括：制造、采购、库存管理、供应链信息技术、需求预测、网络管理、客户服务管理和行政管理等职能。一般的第四方物流只是负责供应链中功能和流程的一些关键部分，当然也存在一些公司外包所有的供应链活动给第四方物流的情况。

（2）实施。第四方物流的实施包括了流程的一体化、系统的集成化和运作的衔接。一个第四方物流服务商可以帮助客户实施新的业务方案，包括业务流程的优化，以及客户公司和服务供应商之间的系统集成。管理成败的关键在于实施，就是避免把一个设计得非常好的策略和流程实施得非常无效，局限了方案的有效性，影响了项目的预期效果。

（3）变革。通过新技术各个供应链职能的加强。变革的主要努力方向集中在改善供应链中某一具体环节的职能，包括销售和运作计划、分销管理、采购策略和客户支持等。在这一层次上，供应链管理技术对方案的成败变得至关重要，先进的技术和战略思想、卓越的流程再造和组织变革管理共同组成第四方物流对供应链活动和流程进行整合与改善的最佳方案。

（4）再造。再造是指供应链过程的协作和供应链过程的再设计，这是第四方物流方案的最高境界。供应链流程的真正改善要通过供应链中企业的通力合作，将各个环节的计划与运作协调一致来实现。再造过程就是基于传统的供应链管理咨询技巧，使得公司的业务策略和供应链策略协调一致；同时，技术在这一过程中起到了催化剂的作用，整合、优化了供应链内部和与之交叉的供应链的运行。

3．第四方物流运作模式

（1）超能力组合（1+1>2）协同运作模型。

第四方物流和第三方物流共同开发市场，第四方物流向第三方物流提供一系列的服务，包括：技术、供应链策略、进入市场的能力和项目管理的专业能力。第四方物流往往会在第三方物流公司内部工作，其思想和策略通过第三方物流这样一个具体实施者来实现，以达到为客户服务的目的。第四方物流和第三方物流一般会采用商业合同的方式或者战略联盟的方式合作。

（2）方案集成商模型。

在这种模式中，第四方物流为客户提供运作和管理整个供应链的解决方案。第四方物流对本身和第三方物流的资源、能力和技术进行综合管理，借助第三方物流为客户提供全面的、集成的供应链方案。第三方物流通过第四方物流的方案为客户提供服务，第四方物流作为一个枢纽，可以集成多个服务供应商的能力和客户的能力。

（3）行业创新者模型。

第四方物流为多个行业的客户开发和提供供应链解决方案，以整合整个供应链的职能为重点，第四方物流将第三方物流加以集成，向上下游的客户提供解决方案。在这里，第四方物流的责任非常重要，因为它是上游第三方物流的集群和下游客户集群的纽带。行业解决方案会给整个行业带来最大的利益。第四方物流会通过卓越的运作策略、技术和供应链运作实施来提高整个行业的效率。

第四方物流无论采取哪一种模式，都突破了单纯发展第三方物流的局限性，能做到真正的低成本、高效率、时时运作，实现最大范围的资源整合。因为第三方物流缺乏跨越整个供应链运作以及真正整合供应链流程所需的战略专业技术。第四方物流可以不受约束地将每一个领域的最佳物流提供商组合起来，为客户提供最佳物流服务，进而形成最优物流方案或供应链管理方案。而第三方物流要么独自，要么通过与自己有密切关系的转包商来为客户提供服务，它不太可能提供技术、仓储与运输服务的最佳结合。

4．第四方物流成功案例

在美国，Ryder Integrated Logistics 和第四方物流的开创者埃森哲公司结为战略联盟，使得 Ryder 拥有了技术和供应链管理方面的特长，而如果没有第四方物流的加盟这些特长要花掉 Ryder 公司自身几十年的工夫才能够积聚起来。

在欧洲，埃森哲公司和菲亚特公司的子公司 New Holland 成立了一个合资企业 New Holland Logistics S.P.A.，专门经营服务零配件物流。该公司由 New Holland 拥有 80%的股份，埃森哲占 20%的股份。New Holland 为合资企业投入了 6 个国家的仓库、775 个雇员，以及资本投资和运作管理能力。埃森哲方面投入了管理人员、信息技术、运作管理和流程再造的专长。零配件管理运作业务涵盖了计划、采购、库存、分销、运输和客户支持。在过去 7 年的总投资回报有 6 700 万美元。大约 2/3 的节省来自运作成本降低，20%来自库存管理，其他 15%来自运费节省。同时，New Holland Logistics 实现了大于 90%的订单完成准确率。

在英国，埃森哲公司和泰晤士水务有限公司的一个子公司——Connect 2020，也进行了第四方物流的合作。泰晤士水务是英国最大的供水公司，营业额超过 20 亿美元。Connect 2020 成立的目的旨在为供水行业提供物流和采购服务。Connect 2020 把它所有的服务外包给 ACTV（一家由埃森哲管理和运作的公司）。ACTV 年营业额在 1 500 万美元，主要业务包括采购、订单管理、库存管理和分销管理。目前的运作成果包括供应链总成本降低 10%、库存水平降低 40%、未完成订单减少 70%。

5．发展第四方物流条件

第四方物流的前景非常诱人，但是要成为第四方物流的门槛也非常高。美国和欧洲的经验表明，要想进入第四方物领域，企业必须在某一个或几个方面已经具备很强的核心能力，并且有能力通过战略合作伙伴关系很容易地进入其他领域。专家列出了一些有可能成为第四方物流企业的前提条件。

（1）有世界水平的供应链策略制定，业务流程再造，技术集成和人力资源管理能力；

（2）在集成供应链技术和外包能力方面处于领先地位的企业；

（3）在业务流程管理和外包的实施方面有一大批富有经验的供应链管理专业人员；

（4）能够同时管理多个不同的供应商，具有良好的关系管理和组织能力；

（5）有对全球化的地域覆盖能力和支持能力；

（6）有对组织变革问题的深刻理解和管理能力。

事实上，第四方物流的出现是市场整合的结果。过去，企业试图通过优化库存与运输、利用地区服务代理商以及第三方服务提供商，来满足客户服务需求的增长。但在今天，客户需要得到包括电子采购、订单处理能力、虚拟库存管理等服务。一些企业经常发现第三方物流提供商缺乏当前所需要的综合技能、集成技术、战略和全球扩展能力。为改变窘境，某些第三方物流提供商正采取步骤，通过与出色的服务提供商联盟，来提高他们的技能。其中最佳形式是和相关的咨询公司、技术提供商结盟。随着联盟与团队关系不断发展壮大，一种新的外包选择开始出现。由它们评估、设计、制定及运作全面的供应链集成方案，这正是第四方物流。所以，第四方物流是我国物流业发展和提升的助力器。

第四方物流不仅控制和管理特定的物流服务，而且对整个物流过程提出策划方案，并通过电子商务将这个过程集成起来。预测表明，作为能对客户的制造、市场及分销数据进行全面、在线连接的一个战略伙伴，它是可以在可预见的将来得到广泛应用。

任务实施

1. 了解电子商务与物流的关系，及第三方物流在电子商务中的应用

步骤一　打开浏览器，在地址栏中输入搜索引擎地址：http://www.baidu.com。

步骤二　在搜索引擎中输入关键词进行搜索。

步骤三　单击搜索结果中的页面链接进入阅读页面。

步骤四　同学分组讨论交流并选代表发言。

步骤五　教师归纳总结。

2. 调研第三方物流电商企业，撰写第三方物流企业业务流程调研报告

步骤一　到第三方物流企业进行参观、调研。

步骤二　分小组撰写第三方物流企业业务流程调研报告，报告内容要求如下。

1. 描述企业概况

（1）企业在所处领域、业务功能和区位等方面的优势

（2）企业定位与发展规划

（3）企业发展现状（主营业务、人员、设备、技术、管理等）

2. 按以下要求绘制主营业务流程图

（1）明确业务流程所涉及部门的主要职责、功能以及责任人

（2）图中用不同颜色标示出业务流程中的物流、信息流、资金流和商流

（3）各环节、各部门所涉及的单证及其流转程序

步骤三　分组汇报各小组的调研报告，并做展示。

步骤四　教师点评、总结。

素质拓展

世界成功物流企业的借鉴

——案例来源：百度搜索

一个成功的物流企业必须具备较大的运营规模，建立有效的地区覆盖，具有强大的指挥和控制中心，兼备高水准的综合技术、财务资源和经营策略。

21 世纪在中国大地上掀起的“电子商务”与“物流”的热潮，正一浪高过一浪，特别是近几年来，不同领域、不同性质、不同规模的企业纷纷争相搞物流。但是否所有这些企业都能尽快成功转型到物流企业，并能获得丰厚收益呢？带着这样的疑问，我们来考察一下世界物流企业前十强中的有关公司简介、业务情况、业务分布等，以期对我们有所启示。

1．UPS

UPS始创于1907年，拥有世界上最大的货运航空机队，每天世界200多个国家和地区的790万客户递送1360万的包裹和文件，为客户提供涉及物流、信息流和资金流等领域最全面的电子商务和供应链解决方案，同时也是全球著名的特种运输服务供应产。现在，UPS踏着科技的阶梯，唱着变革的主旋律，一步一步走向巅峰。

1988年，UPS正式成为一家航空公司。招募到最优秀的人才后，UPS将众多不同文化和流程整合在一起，建成了衔接紧密、配合默契的UPS航空公司。UPS航空公司是美国联邦航空局历史上发展最快的航空公司。今天，UPS航空是美国十大航空公司之一，并以其在世界上最先进的信息系统而闻名。

20世纪80年代，UPS正式加入了国际运输市场，并不断与美国、欧洲、中东、非洲及泛太平洋国家和地区建立了联系。今天，UPS在多达185个国家和地区经营着国际小包裹和文件递送业务，范围跨越大西洋和太平洋。UPS通过国际性服务，为40亿人口提供服务，这个数字是通过电话网络服务人数的两倍。

UPS立足于递送业，也属于客户满意行业，客户的需求将继续成为公司的驱动力。UPS今后5年的目标将是开拓技术，使UPS继续引入新的服务，比如物流服务，为客户提供有关货件的全面信息，并提供培训，使所有雇员清晰地理解UPS服务，理解使这些服务成为可能的技术，并且可以与其客户交流这些信息。

2．德国邮政世界网（Deutsche Post World Net）

德国邮政全球网络（Deutsche Post World Net）是世界上最大的运输和物流集团，包括DHL、德国邮政、邮政银行三大著名品牌，业务涉及邮政、快递、物流和金融服务四大板块。

十几年前，德国邮政还是一个经营管理水平落后、债务累累、机构冗繁的政府所有企业，经过十多年来的改革和发展，如今的德国邮政已成为全世界最具实力的邮政企业之一。

20世纪80年代末，为了适应市场出现的激烈竞争，原德国邮电部对邮电行业进行了改革，将原属邮电部统一管理的电信和邮政从邮电部分离出来实行政企分开，同时将邮政金融业务同邮政分开，成立电信、邮政、邮政银行三大专业公司实行独立经营。1999年德国政府将邮政银行的所有权全部转给德国邮政，2000年11月德国邮政集团的股票成功上市。德国邮政公司股票成功上市，使其成为欧洲物流公司中的龙头老大，同时也成为世界上最大的上市物流企业，法兰克福DAX指数成分股之一。

3．Nippon Express（日通）

日本通运株式会社（日通公司）目前是一家私营公司，在1950年以前，还是一家国有公司。1872年成立的陆运元会社可以说是日通公司的“老祖宗”，当时，邮政部门也已成立，国家规定信件和小件物品由邮政部门经营，其他从事货物运送的个体经营者必须合伙经营。陆运元会社就是在此背景下成立的由多个个体运输经营者组成的专门从事陆路运输的小集团。1875年，陆运元会社改称为内国通运会社，1928年改建为国际通运株式会社，业务范围扩展到了国外。1937年10月1日，日本通运株式会社正式成立，当时它是一家由政府和私人共同出资建立的国有公司。1950年，《日本通运事业法》实施，日本通运公司开始以私人公司的形式走向新的起点。

日通公司是日本典型的、最具代表性的一家物流公司，其物资运送范围之广可以用“无所不运”来形容。从民用物资到军用物资、从原材料（如石油、矿产）到商品、从现钞到黄金珠宝等贵重物品……只要是法律允许运输的物品，就都是日通公司的运输对象。

分布在世界各地的日通公司各物流中心之所以能够紧密衔接、协同作业，所依靠的是其庞大的计算机信息网络系统。这一系统不仅可为公司内部作业提供服务，而且为客户随时查询物资传递动态提供服务。

4．Ryder

Ryder 公司成立于 1933 年，是美国的最大的供应链物流公司之一。目前，公司在美国有 184 个分拨中心，173 000 辆卡车，在全球有 900 多个分公司或办事处，为 14 000 家客户提供物流服务。Ryder 公司股票为道琼斯交通指数成份股和标准普尔指数 500 个样本股之一。2005 年营业收入为 57 亿美元，位列财富 500 强之一。

Ryder 在全球范围内提供尖端的物流、供应链、交通管理和分拨管理等一揽子服务，提供全面的供应链解决方案、领导物流管理服务和电子商务解决方案，满足客户整体供应链需求，服务包括从原材料采购到成品分拨。Ryder 的客户遍及亚洲、北美、拉丁美洲、欧洲。

在汽车工业行业，Ryder 是众多汽车生产商，如丰田、本田、日产、通用汽车、戴姆勒克莱斯勒等及配件生产商（如德尔福、阿威美驰、伟世通等公司）的全球领导物流服务商，并多次获得客户和政府颁发最佳品质、最佳物流公司、最佳供应商奖。

在中国，自 2000 年至 2003 年，Ryder 成为上海通用汽车的领导物流服务商（Ryder 为在中国提供汽车内向物流/领导物流的第一家供应链服务商）；Ryder 目前为北京奔驰克莱斯勒公司和中远物流提供汽车物流咨询服务；在电子/高科技/通信行业，Ryder 是惠普在深圳的物流服务商；目前，Ryder 正在中国积极拓展业务。

任务十六 | 物联网技术在电子商务中的应用

学习任务

学习情境

物联网是继计算机、互联网与移动通信网之后的信息产业新方向，其价值在于让物体也拥有了“智慧”，从而实现人与物、物与物之间的沟通。小淘最近在工作中接触到了物联网，对物联网非常感兴趣，对它在电子商务中能有哪些应用也很好奇，他迫不及待地开始了解关于物联网的相关内容。

1. 目的，了解物联网的概念

2. 电子商务在物联网中的应用

任务描述

1. 利用搜索引擎寻找物联网信息资料，了解物联网的概念

2. 以小组为单位，利用网络和图书查找物联网在电子商务方面的应用并撰写总结报告与心得体会

任务拓展

进一步了解物联网的发展以及物联网技术在电子商务中的应用前景，以小组为单位尝试绘制你们身边的物联网结构图

学习指南

7.4 物联网的概念

7.4.1 什么是物联网

1. 物联网定义

物联网是新一代信息技术的重要组成部分。其英文名称是 Internet of things。由此，顾名思义，"物联网就是物物相连的互联网"。这有两层意思：第一，物联网的核心和基础仍然是互联网，是在互联网基础上的延伸和扩展的网络；第二，其用户端延伸和扩展到了任何物品与物品之间，进行信息交换和通信。因此，物联网的定义是通过射频识别（RFID）、红外感应器、全球定位系统、激光扫描器等信息传感设备，按约定的协议，把任何物品与互联网相连接，进行信息交换和通信，以实现对物品的智能化识别、定位、跟踪、监控和管理的一种网络，如图 7–3 所示。

从图 7–3 中可知，物联网有以下几个层。

（1）应用传感层，该层主要是实现业务应用的技术支撑手段和相关设备,这些设备以终端和传感器件为主要表现形式；

（2）基础网络层，该层主要是业务应用选用的支撑网络；

（3）网络管理层，该层主要是在一个网络内对业务应用在本网络内的支撑管理；

（4）业务应用层，该层是由单个或是多个基础网络组成的一个完整的业务应用流程；

（5）业务管理层，该层是实现整个业务各个流程的综合支撑和管理，当然，这里的核心就是业务应用了。

图 7–3 物联网概念

2. 物联网的特点

物联网具有以下几个特点。

（1）由于目前通信技术的发展，在业务实现方式上可以用多种技术手段，可以有多种类似的产品。

（2）随着现代通信网络的不断普及，特别是移动通信网络的普及和广域覆盖为物联网的应用提供了网络支撑基础，到了 3G 时代，多业务、大容量的移动通信网络又为物联网的业务实现基础，而作为物联网信息网络连接的载体也可以是多样的。

（3）在一个网络内的物联网业务需要进行一定的管理。

（4）网络物联网业务应用有可能需要通过多个基础网络连接，这些基础有可能是有线、无线、移动或是转网，物联网的业务应用网络就是在这些网络组建成新的网络组合，多个网络、终端、传感器组成了业务应用。

（5）物联网的"物"需要满足以下条件才能够被纳入"物联网"的范围。

① 要有数据传输通路。

② 要有一定的存储功能。

③ 要有 CPU。

④ 要有操作系统。

⑤ 要有专门的应用程序。

⑥ 遵循物联网的通信协议。

⑦ 在世界网络中有可被识别的唯一编号。

（6）有了业务应用就需要对这个特定的物联网业务应用进行管理，众多业务应用组合，物联网业务的实现和应用了五个层面，可以说是由下到上的实施支撑，而控制层面是由上到下的。

3．物联网的能力

物联网具有全面感知、可靠传输和智能处理的能力，如图 7–4 所示。

图 7–4　物联网的特征

（1）全面感知，主要是指利用射频识别（RFID）、传感器、二维码等技术，能够随时随地采集物体的动态信息，包括用户位置、周边环境、个体喜好、身体状况、情绪、环境温度、湿度，以及用户业务感受、网络状态等。

（2）可靠传输，主要是指通过各种网络融合、业务融合、终端融合、运营管理融合，将物体的信息实时准确地传递出去。

（3）智能处理，主要是指利用云计算、模糊识别等各种智能计算技术，对海量数据和信息进行分析和处理，对物体进行实时智能化控制，真正达到了人与物的沟通、物与物的沟通。

7.4.2　物联网体系架构

物联网的体系架构如图 7–5 所示。从图 7–5 中可知，该物联网的体系架构是由下层（感知层）、中层（网络层）和上层（应用层）组成。

（1）感知层。

物联网与传统网络的主要区别在于，物联网扩大了传统网络的通信范围，即物联网不仅仅局限于人与人之间的通信，还扩展到人与物、物与物之间的通信，还包括智能嵌入式设备、感知、标识和通信等，实现协同和互动联络。

（2）网络层。

物联网是什么？我们经常会说 RFID，这只是感知，其实感知的技术已经有，虽然说未必成熟，但是开发起来并不很难。但是物联网的价值在什么地方？主要在于网，而不在于物。感知只是第一步，但是感知的信息如果没有一个庞大的网络体系，不能进行管理和整合，那这个网络就没有意义。在网络层中，包括移动、3G 网络、无线网络、有线网络等。物联网是互联网的延伸，在物联网核心层面是基于 TCP/IP，但在接入层面，协议类别五花八门，需要一个统一的协议栈。

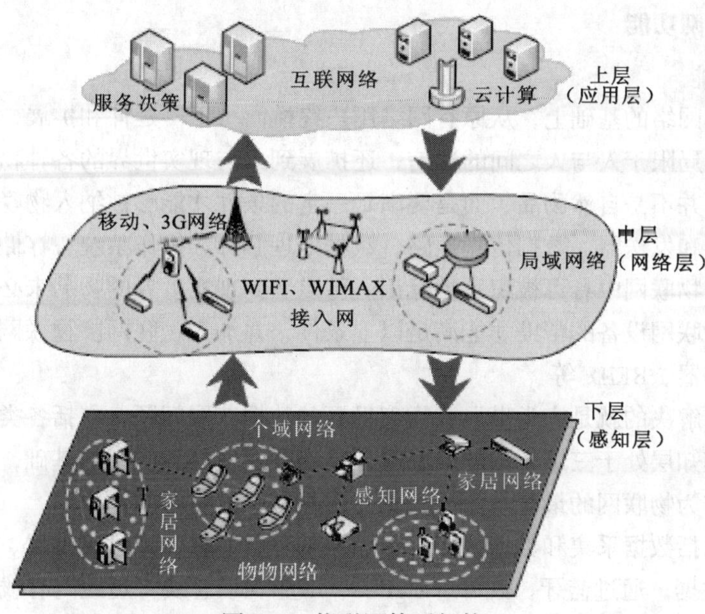

图 7–5　物联网体系架构

（3）应用层。

物联网最终目的是要把感知和传输来的信息更好地利用，甚至有学者认为，物联网本身就是一种应用，可见应用在物联网中的地位。应用层包括物联网的信息存储、物联网的计算决策等。数以亿计的智能设备将导致海量的数据传输和存储，需要重新审视现有的网络体系和存储结构。

通过以上分析，我们可以将图 7–5 的物联网架构更进一步拓宽形成如图 7–6 所示的物联网架构拓宽示意图。

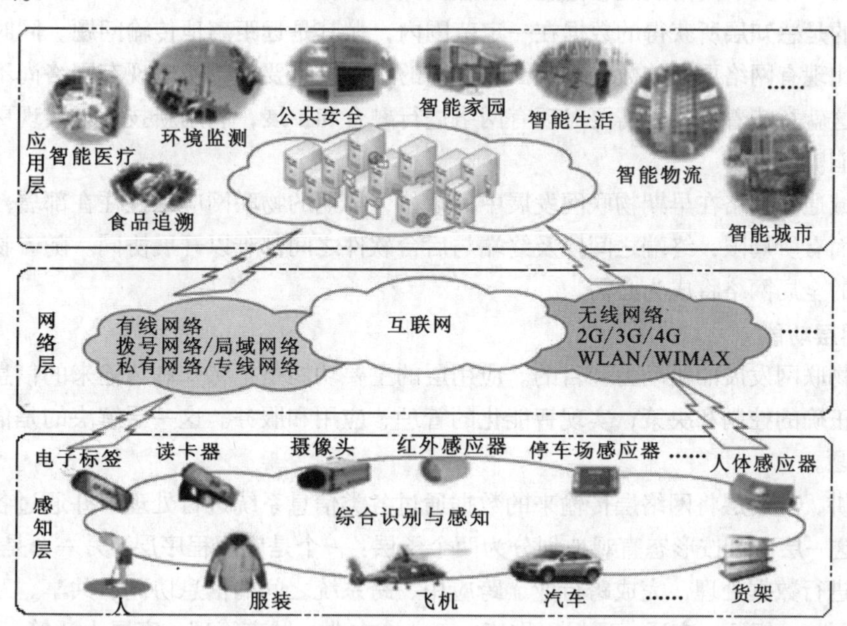

图 7–6　物联网体系架构拓展示意图

7.4.3 物联网功能

1. 感知层功能

物联网在传统网络的基础上，从原有网络用户终端向“下”延伸和扩展，扩大通信的对象范围，即通信不仅仅局限于人与人之间的通信，还扩展到人与现实世界的各种物体之间的通信。

这里的“物”并不是自然物品，而是要满足一定的条件才能够被纳入物联网的范围，例如有相应的信息接收器和发送器、数据传输通路、数据处理芯片、操作系统、存储空间等，遵循物联网的通信协议，在物联网中有可被识别的标识。可以看到现实世界的物品未必能满足这些要求，这就需要特定的物联网设备的帮助才能满足以上条件，并加入物联网。物联网设备具体来说就是嵌入式系统、传感器、RFID 等。

物联网感知层解决的就是人类世界和物理世界的数据获取问题，包括各类物理量、标识、音频、视频数据。感知层处于三层架构的最底层，是物联网发展和应用的基础，具有物联网全面感知的核心能力。作为物联网的最基本一层，感知层具有十分重要的作用。

感知层一般包括数据采集和数据短距离传输两部分，即首先通过传感器、摄像头等设备采集外部物理世界的数据，通过蓝牙、红外、ZigBee、工业现场总线等短距离有线或无线传输技术进行协同工作或者传递数据到网关设备。也可以只有数据的短距离传输这一部分，特别是在仅传递物品的识别码的情况下。在实际上，感知层这两个部分有时很难以明确区分开。

2. 网络层功能

物联网网络层是在现有网络的基础上建立起来的，它与目前主流的移动通信网、国际互联网、企业内部网、各类专网等网络一样，主要承担着数据传输的功能，特别是当三网融合后，有线电视网也能承担数据传输的功能。

在物联网中，要求网络层能够把感知层感知到的数据无障碍、高可靠性、高安全性地进行传送，它解决的是感知层所获得的数据在一定范围内，尤其是远距离地传输问题。同时，物联网网络层将承担比现有网络更大的数据量和面临更高的服务质量要求，所以现有网络尚不能满足物联网的需求，这就意味着物联网需要对现有网络进行融合和扩展，利用新技术以实现更加广泛和高效的互联功能。

由于广域通信网络在早期物联网发展中的缺位，早期的物联网应用往往在部署范围、应用领域等诸多方面有所局限，终端之间以及终端与后台软件之间都难以开展协同。随着物联网发展，建立端到端的全局网络将成为必需。

3. 应用层功能

应用是物联网发展的驱动力和目的。应用层的主要功能是把感知和传输来的信息进行分析和处理，做出正确的控制和决策，实现智能化的管理、应用和服务。这一层解决的是信息处理和人机界面的问题。

具体地讲，应用层将网络层传输来的数据通过各类信息系统进行处理，并通过各种设备与人进行交互。这一层也可按形态直观地划分为两个子层：一个是应用程序层，另一个是终端设备层。应用程序层进行数据处理，完成跨行业、跨应用、跨系统之间的信息协同、共享、互通的功能，包括电力、医疗、银行、交通、环保、物流、工业、农业、城市管理、家居生活等，可用于政府、企业、社会组织、家庭、个人等，这正是物联网作为深度信息化网络的重要体现。而终端设备层主要是提供人机界面，物联网虽然是“物物相连的网”，但最终是要以人为本的，最终还是需要人的操作与控制，不过这里的人机界面已远远超出现在人与计算机交互的概念，而是泛指与应用程序相连的各种设备与人的反馈。

物联网的应用可分为监控型（物流监控、污染监控）、查询型（智能检索、远程抄表）、控制型（智能交通、智能家居、路灯控制）、扫描型（手机钱包、高速公路不停车收费）等。

目前，软件开发、智能控制技术发展迅速，应用层技术将会为用户提供丰富多彩的物联网应用。同时，各种行业和家庭应用的开发将会推动物联网的普及，也给整个物联网产业链带来利润。

7.4.4 物联网几种常用技术

物联网的研究主要包含以下几个重要的技术领域：IP 及 IPv6 技术、射频识别技术、局域无线技术、传感器技术等。

1. IP 及 IPv6 技术

（1）概述。

物联网技术是基于互联网的延伸和拓展，IP 技术仍然是物联网技术的基石，物联网通信相关的主要协议也是基于 IP 的。目前的 IPv4 技术最大问题是网络地址资源相对有限，而 IPv6 所拥有的地址容量达到 2^128（符号^表示升幂，下同）个。这不但解决了网络地址资源数量有限的问题，同时也为物联网概念中的海量物品终端联入互联网提供了可能。据估计，IPv6 实际可分配的地址，整个地球每平方米面积上可分配 1 000 多个，这完全可以满足物联网中海量物品进行互联定位的需求。

因此，作为下一代网络协议，IPv6 凭借着丰富的地址资源、支持动态路由机制、大大改善的服务质量（QoS）等优势，能够满足物联网对通信网络在地址、网络自组织以及扩展性等诸多方面的要求，为物联网的发展奠定了基础。IPv6 可以使电子商务所辖的任何一个系统、设备、终端、物品等都具备一个全球唯一编码 IP 地址，作为系统的基础，使得所有的物品的数据都可进行对接，便于实施智能化控制。

（2）特点。

与 IPv4 相比，IPv6 具有以下几个特点。

① IPv6 具有更大的地址空间。IPv4 中规定 IP 地址长度为 32，即有 2^32–1 个地址；而 IPv6 中 IP 地址的长度为 128，即有 2^128–1 个地址。

② IPv6 使用更小的路由表。IPv6 的地址分配一开始就遵循聚类（aggregation）的原则，这使得路由器能在路由表中用一条记录（entry）表示一片子网，大大减小了路由器中路由表的长度，提高了路由器转发数据包的速度。

③ IPv6 增加了增强的组播（multicast）支持以及对流的支持（flow control），这使得网络上的多媒体应用有了长足发展的机会，为服务质量（QoS）控制提供了良好的网络平台。

④ IPv6 加入了对自动配置（auto configuration）的支持。这是对 DHCP 协议的改进和扩展，使得网络（尤其是局域网）的管理更加方便和快捷。

⑤ IPv6 具有更高的安全性。在使用 IPv6 网络中用户可以对网络层的数据进行加密并对 IP 报文进行校验，极大地增强了网络的安全性。

2. 射频识别技术

（1）系统结构。

射频识别技术（radio frequency identifi cation, RFID），又称为电子标签（e–tag），是面世于 20

世纪60年代末，兴起于90年代的一项自动识别技术，它利用射频方式进行非接触双向通信以达到识别的目的。RFID 系统主要由两部分组成：阅读器（reader）和 RFID 标签（tag），它们之间通过射频方式进行双向通信。每个标签都有唯一的电子编码，将其附着在每一个物体上以标识不同物体，有的标签还可以存放有关物体的简单信息。阅读器将向标签发射读取信号，并接收标签发回的信息，然后对信息进行初步处理并传回后台系统，如图7–7所示。

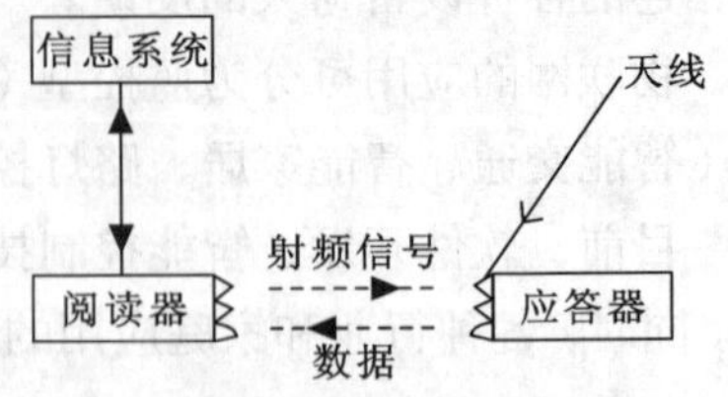

图7–7　射频识别技术系统结构图

（2）工作原理。

RFID 的工作原理是，读写器发送出特定频率的无线电波能量给电子标签，电子标签接收到这个无线电波后，如果是无源标签，则凭借感应电流所获得的能量将芯片中储存的信息发送给读写器，如果是有源标签，则主动将芯片信息以某一特定频率的信号发送给读写器。读写器接收到反馈信号后送至信息系统进行处理。

3．无线局域网技术

（1）概述。无线局域网（wireless local area network，WLAN）是相当便利的数据传输系统，它利用射频（radio frequency，RF）的技术，取代旧式碍手碍脚的双绞铜线（coaxial）所构成的局域网，使得无线局域网能利用简单的存取架构让用户透过它，达到“信息随身化、便利走天下”的理想境界。

（2）结构。无线局域网拓扑结构是基于 IEEE802.11 标准的无线局域网允许在局域网络环境中使用未授权的 2.4 或 5.8GHz 射频波段进行无线连接。它们应用广泛，从家庭到企业再到 Internet 接入热点。

（3）家庭无线局域网。在家庭无线局域网中最通用和最便宜的例子是使用一台设备作为防火墙，再借助路由器、交换机和无线接入点。无线路由器可以提供广泛的功能，例如，保护家庭网络远离外界的入侵；允许共享一个 ISP（Internet 服务提供商）的单一 IP 地址；可为多台计算机提供有线以太网服务，但是也可以和另一个以太网交换机或集线器进行扩展；为多个无线计算机作一个无线接入点。通常基本模块提供 2.4 GHz802.11b/g 操作的 Wi–Fi，而更高端模块将提供双波段 Wi–Fi 或高速 MIMO 性能。双波段接入点提供 2.4 GHz802.11b/g 和 5.8 GHz802.11a 性能，而 MIMO 接入点在 2.4 GHz 范围中可使用多个射频以提高性能。

4．传感器技术

（1）概述。传感器是指能感受规定的被测量，并按照一定的规律转换成可用输出信号的器件或装置。它可以利用物理效应、化学效应、生物效应，把被测的物理量、化学量、生物量等非电量转换成电量。

（2）分类。传感器的检测对象非常多，主要有数量、长度、面积、立体、位置、含量、线性变位、旋转变位、畸变、压力、转矩、流量、流速、加速度、振动、成分配比、水分、离子浓度、混浊度、粒状体、比重／密度、伤痕、湿度、热量、温度、火灾、烟、有害气体和气味等29 种。

按检测功能可分为检测温度、压力、湿度、流量、流速、磁场、光通道等，其中最常用的是温度传感器，其次是压力、流量传感器等。

（3）应用。一般意义上来讲，RFID 主要用来处理静态的物理信息，而传感器则会处理动态的物理信息，并将信息转换为适合网络传输的数据格式。如使用噪音探头监测噪声污染、通过温度传感器感知仓库或运输载体的温度等。

传感器在电子商务系统领域的应用比较广泛，包括：

① 通过红外、门磁、监控保障电子商务系统的办公、仓储的安全；

② 在物流过程中实时监控车辆等运行轨迹、位置；

③ 实时监控仓储设备、运输载体的温度湿度等环境信息，确保系统状态正常。

例如，在电子商务中生产、存储并运输一些特殊的商品时可能需要冷链物流、危险品物流等特殊物流，此时对仓库、运输工具/容器的温度等会产生特殊要求。这时就可以应用传感器技术，将传感器采集的信息与仓库、运输设备、运输容器等的 RFID 信息整合，比如可以在厢式冷藏货车内安装温度传感器，将温度信息通过远程无线网络技术（如 3G 等）发送到企业电子商务系统监控中心，便于智能化控制。

7.4.5 物联网技术在电子商务中的应用

物联网各种相关技术在电子商务中的整体应用主要体现在以下几个方面。

1．商品管理方面

在商品管理方面可建立商品追踪系统，通过编码技术或 IP 技术对产品进行唯一标识，一方面可以使企业随时监控商品状态，有效管理商品质量。同时还可以使用户有效地辨别商品，更加清楚了解商品的真实情况，从而能让客户更加信任，能增加用户对消费的信心和积极性。

2．库存管理方面

在库存方面能够实现数据的同步。它运用传感器、RFID 等技术对库存商品信息进行实时感知与传输，同时形成自动化库存，并自动实现与销售平台商品数据的同步。这样可以大大降低管理成本，增加营销效率，减少用户订单的确认时间，改善消费体验。

3．物流配送方面

（1）在线商店售出一件商品，系统将立刻定位相关商品的库存以及位置，通知离用户最近的仓库进行商品出库，仓库在传感器的工作帮助下，一致维持相对安全的仓储环境，商品状态良好，具备出库条件。

（2）RFID 技术指出需要出库商品在仓库中的位置，通过无线局域网技术传递至后台并通知持无线扫描终端的仓库管理人员。仓库管理人员按所示位置找到商品、打包、送到待运车辆，不需要手工扫描，RFID 系统就了解商品出库信息。

（3）运输途中，采用传感器技术监控商品的状态以防损坏，GPS 技术可以将车辆的实时位置通过远距离无线技术传递至电子商务物流系统，如果用户需要了解商品在途状态，系统可将商品的位置、状态信息提交给用户，甚至可以通过视频技术看到货物运输车辆的现场状态。

（4）配送过程中，配送人员一般配置支持 3G、EDGE 的手持终端，完成商品交付、POS 现场结算等全部交付流程，相关系统可以根据配送人员的配送情况，给出路线建议，并做出统计。

4．现代物流管理方面

物联网在现代物流管理中的应用见图 7-8 所示。

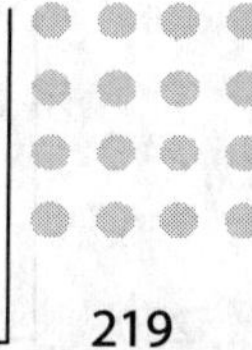

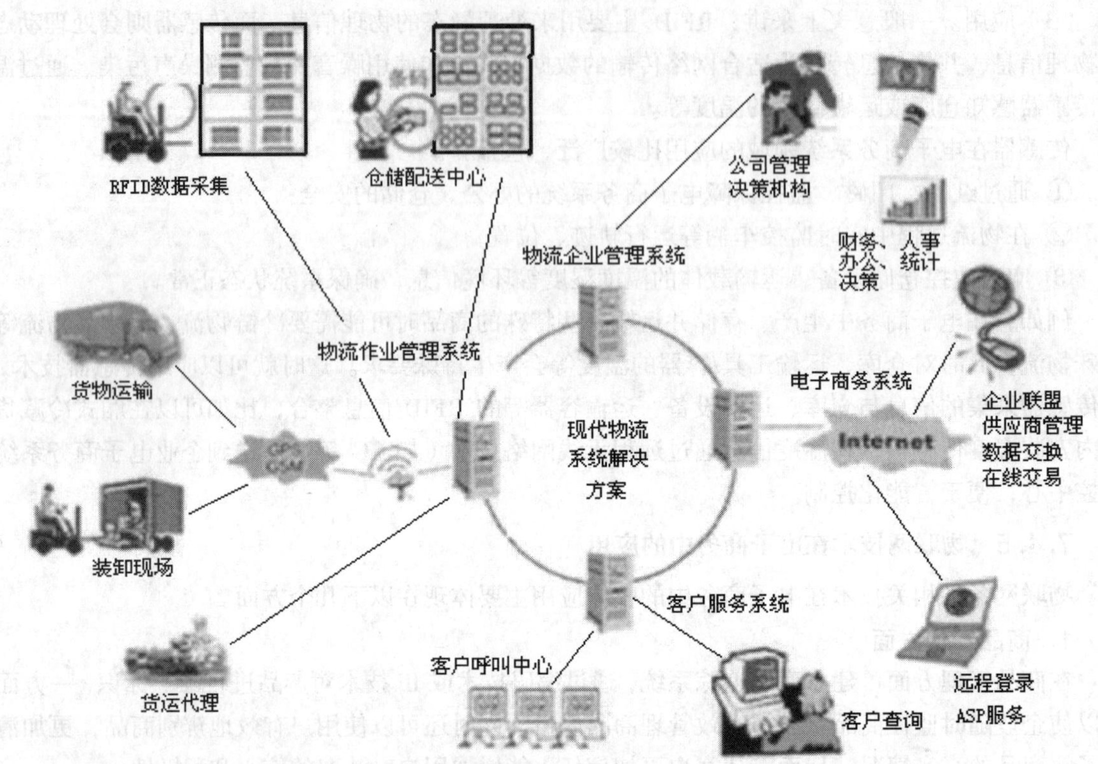

图 7–8　现代物流管理系统结构

从图 7–6 中可知，该 RFID 的现代物流管理系统架构给出了基于 RFID 的现代物流管理系统的架构。表现了物流运行过程中，物流信息管理系统由跨企业的单据流动处理系统、仓库作业系统、配送执行系统三部分来完成的一个分布式的协同商业应用过程。

基于 RFID 的物流信息系统解决了物流货物数据的自动采集问题。该系统采用 RFID（射频识别技术），在货物或托盘上粘贴 RFID 标签，让安装在仓储和配送等第三方物流环节的 RFID 阅读器能自动读出标签上已预录的相应货物的相关数据。RFID 是一种新的安全、高效、及时的数据采集方式，RFID 与 EPC（产品电子代码）标准相结合，能够自动识别目标对象并获取相关数据，便于通过互联网实现物流跟踪和实时监控，同时中间件在负载平衡、连接管理和调度方面起了很大的作用，使企业级应用的性能得到大幅提升，满足物流关键业务的需求。就商家和客户方面而言，整个物流过程完全是透明的。在基于 RFID 的物流信息系统中，商家和客户都能随时查询商品是否已经送出以及目前在运输路径的哪个环节等。

5．移动电子商务方面

RFID 技术可以为每一件货品提供单独的识别身份，然后通过无线数据传输让计算机网络随时掌握各式各样货品的详细信息。同时，物联网的出现也对移动电子商务的发展提供了良好的技术支持平台，在此基础上，这种全新的商务模式的优势才能得到充分的体现。

RFID 手机就是已置入能够接受 RFID 信号的芯片的手机，拥有这种手机的用户可以从周围的物体接收信息。正是基于 RFID 技术的不断成熟，以及 RFID 技术在手机中应用的巨大的市场前景，世界各大知名的手机生产厂商都在致力于 RFID 技术的开发。

移动电子商务在未来巨大的市场前景和手机支付的迅速发展为 RFID 手机的发展提供了广阔的市场空间。RFID 技术以及物联网的发展为手机支付解决了技术上的难题，二者的良好结合必然会促进移动电子商务迅速地取代传统的电子商务。

任务实施

利用搜索引擎搜集物联网相关的信息，选择物联网在电子商务中应用的典型案例进行分析。

步骤一　打开浏览器，在地址栏中输入搜索引擎地址：http://www.baidu.com。

步骤二　在搜索引擎中输入关键词进行搜索，搜集相关资料。

步骤三　选定典型的电子商务应用案例，小组讨论并对案例进行分析。

步骤四　撰写案例分析报告并附上心得体会。

步骤五　分小组在全班汇报、分享。

步骤六　教师总结。

素质拓展

物联网时代的 4C 营销理论

——案例来源：百度搜索

传统的市场营销策略是由迈卡锡教授提出的 4P 组合，即产品（product）、价格（price）、渠道（place）和促进（promotion）。这种理论的出发点是企业的利润，而没有将顾客的需求放到与企业的利润同等重要的地位上来。

1990 年，美国学者罗伯特·劳特朋（Robert Lauterborn）教授提出了与传统营销的 4P 相对应的 4Cs 营销理论。4C（customer、cost、convenience、communication）营销理论以消费者需求为导向，重新设定了市场营销组合的四个基本要素：瞄准消费者的需求和期望（customer）。在当前物联网发展时期，4C 营销依旧是其理论依据。

1．以消费者为导向，强调个人化的营销方式

物联网时代的营销最大的特点在于以消费者为主导。消费者将拥有比过去更大的选择自由，他们可根据自己的个性特点和需求在全球范围内寻找满足品，不受地域限制。通过进入感兴趣的企业网址或虚拟商店，消费者可获取产品的更多的相关信息，使购物更显个性。

这种个性消费的发展将促使企业重新考虑其营销战略以消费者的个性需求作为提供产品及服务的出发点。但是，要真正实现个性营销还必须解决庞大的促销费用问题。物联网时代的营销的出现则为这一难题提供了可行的解决途径。企业的各种销售信息在网络上将以数字化的形式存在，可以以极低的成本发送并能随时根据需要进行修改，庞大的促销费用因而得以节省。企业也可以根据消费者反馈的信息和要求通过自动服务系统提供特别服务。

2．具有极强的互动性是实现全程营销的理想工具

传统的传统的营销管理强调 4P（产品、价格、渠道和促销）组合，现代营销管理则追求 4C(顾客、成本、方便和沟通)，然而无论哪一种观念都必须基于这样一个前提：企业必须实行全程营销，即必须由产品的设计阶段开始就充分考虑消费者的需求和意愿。

遗憾的是，在实际操作中这一点往往难以做到。原因在于消费者与企业之间缺乏合适的沟通渠道或沟通成本太高。消费者一般只能针对现有产品提出建议或批评，对尚处于概念阶段的产品难以涉足。此外，大多数的中小企业也缺乏足够的资本用于了解消费者的各种潜在需求，他们只能凭自身能力或参照市场领导者的策略进行产品开发。

而在物联网环境下，这一状况将有所改观。即使是中小企业也可以通过电子布告栏、线上讨论广场和电子邮件等方式，以极低成本在营销的全过程中对消费者进行即时的信息搜索，消费者则有机会对产品从设计到定价（对采用理解价值定价法的企业尤为重要）和服务等一系列问题发表意见。这种双向互动的沟通方式提高了消费者的参与性与积极性，更重要的是它能使企业的决策有的放矢，从根本上提高消费者满意度。

3. 满足消费者对购物方便性的需求，提高消费者的购物效率

现代化的生活节奏已使消费者在商店购物的时间越来越短。在传统的购物方式中，从商品买卖过程来看，一般需要经过看样品选择商品来确定所需购买的商品并付款结算、包装商品、取货（或送货）等一系列过程。这个买卖过程大多数是在售货地点完成的，短则几分钟，长则数个小时，再加上为购买商品去购物场所的路途时间、购买后的返途时间及在购买地的逗留时间，无疑是大大延长了商品的买卖过程，使消费者为购买商品而在时间和精力上做出很大的付出。同时，拥挤的交通和日益扩大的店面更延长了消费者购物所耗费的时间和精力。然而，在现代社会，随着生活节奏的加快，使得人们越来越珍惜闲暇时间，越来越希望在闲暇时间内从事一些有益于身心的活动，并充分地享受生活。在这种情况下，人们用于外出购物的时间越来越少。

物联网时代的营销给我们描绘了一个诱人的场景，使购物的过程不再是一种沉重的负担，甚至有时还是一种休闲、一种娱乐。虚拟购物，足不出户，在虚拟商城体验真实购物的乐趣！

将自己的身高、三围立体扫描并生成虚拟的我，进入网络虚拟购物街，与真实商场一模一样的！T 恤、鞋子、牛仔裤？我要买 T 恤，红色、绿色、白色？我喜欢白色，试穿，嗯，不错，还很合身，Success！足不出户，在虚拟商城体验真实购物的乐趣！

真实购物者、真实的商场、虚拟商城，虚拟购物者都是云节点！

商家将物理的购物商场虚拟成三维模型，并转换成数据信息传送到网络云节点，用户通过网络中的云节点访问该虚拟商场，还可以将自己的形象虚拟进入该乐园，并通过语音设备（语音识别技术）控制自己的虚拟形象和商场中的虚拟售货员，进行（如商店的售货员）交流互动，实现试衣、订购、支付等功能。

总之，物联网时代的营销能简化购物环节，节省消费者的时间和精力，将购买过程中的麻烦减少到最小。

4. 物联网时代的营销能满足价格重视型消费者的需求

物联网时代的营销能为企业节省巨额的促销和流通费用，使产品成本和价格的降低成为可能。而消费者则可在全球范围内寻找最优惠的价格，甚至可饶过中间商直接向生产者订货，因而能以更低的价格实现购买 。

消费者迫切需要用新的快速方便的购物方式和服务，以最大限度地满足自身需求。消费者价值观的这种变革，呼唤着物联网时代的营销的产生，而物联网时代的营销也在一定程度上满足了消费者的这种需求。通过物联网购物，消费者便可“闭门家中坐，货从网上来”。

项目小结

本项目需要完成的任务是电子商务物流案例分析和物联网技术在电子商务中的应用案例分析，在此基础上需要掌握以下内容：

（1）电子商务物流的概念和特点；
（2）电子商务物流的划分；
（3）电子商务物流的效用；
（4）电子商务物流管理的概念和内容；
（5）物联网的概念；
（6）物联网的体系结构；
（7）物联网的几种常用技术；
（8）物联网在电子商务中的应用。

习题与思考

1. 简述物流的定义。
2. 简述物流的划分。
3. 简述物流的效用。
4. 简述物流管理的概念。
5. 简述物联网的概念。
6. 简述物联网的体系结构。
7. 简述物联网的几种常用技术。
8. 简述物联网在电子商务中的应用。

职业能力训练

训练内容：物联网与电子商务。

训练目标：

1. 了解物联网的运营环境；
2. 了解物联网中常用的几种技术；
3. 了解物联网在电子商务方面的应用；
4. 理解物联网的发展前景。

训练路径：

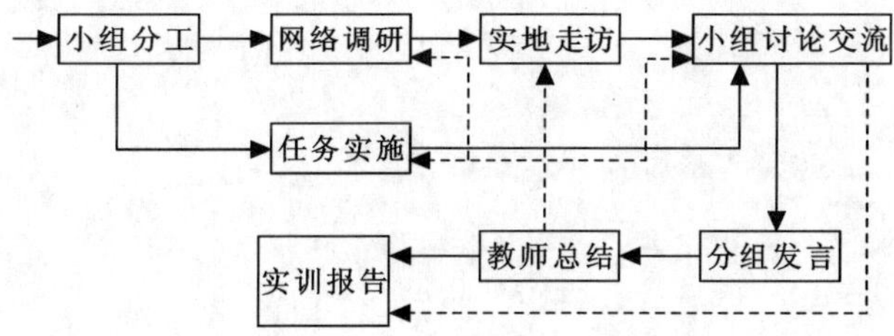

自我评价与课业考核

<table>
<tr><th colspan="3">项目</th><th>评价与考核标准</th><th>自评成绩</th></tr>
<tr><td colspan="2" rowspan="4">职业道德素质Σ40</td><td>职业观念Σ10</td><td>对职业、职业选择、职业工作、职业道德和伦理等问题具有正确的看法</td><td></td></tr>
<tr><td>职业情感Σ10</td><td>对职业有愉快的主观体验、稳定的情绪表现、健康的心态、良好的心境，具有强烈的职业认同感、职业荣誉感和职业敬业感</td><td></td></tr>
<tr><td>职业理想Σ10</td><td>对将要从事的职业种类、职业方向与事业成就有积极的向往和执着的追求</td><td></td></tr>
<tr><td>职业态度Σ10</td><td>对职业选择有充分的认知和积极的倾向与行动</td><td></td></tr>
<tr><td rowspan="8">职业能力与课业学习评价Σ60</td><td rowspan="6">实施过程Σ45</td><td>自学能力Σ5</td><td>能够借助互联网等工具自我学习工作过程中碰到的新知识</td><td></td></tr>
<tr><td>学习态度Σ5</td><td>学习过程中纪律性强，无缺课、迟到、早退现象</td><td></td></tr>
<tr><td>团队协作Σ5</td><td>学习过程中有团队合作精神、有较强的沟通能力</td><td></td></tr>
<tr><td>创新能力Σ5</td><td>学习过程中解决问题有独创性，设计巧妙，有新意</td><td></td></tr>
<tr><td>解决问题Σ5</td><td>能够借助各种工具，在老师和同学的帮助下解决工作过程中碰到的疑难问题</td><td></td></tr>
<tr><td>工作任务Σ20</td><td>1. 能够掌握电子商务物流的概念
2. 能够掌握电子商务物流的效用
3. 能够了解物流管理的概念
4. 了解物联网的概念
5. 能够理解物联网中常用的几种技术
6. 能够理解物联网在电子商务方面的应用</td><td></td></tr>
<tr><td rowspan="2">实施结果Σ15</td><td colspan="2">1. 在规定的时间内完成学习任务和课业报告Σ10</td><td></td></tr>
<tr><td colspan="2">2. 实训任务和课业报告符合要求Σ5</td><td></td></tr>
<tr><td colspan="2">合计</td><td colspan="2"></td><td></td></tr>
</table>

项目八 移动商务

项目介绍

移动商务是互联网、通信网、IT 技术和手持终端技术融合发展的必然产物，是一种全新的数字商务模式，是电子商务朝着大众化、便捷化发展的一种延伸和扩展，是一种整合电子商务、沟通传统商务的创新营销应用潮流，是网络经济新的利润增长点。

中国不仅已经成为世界移动商务最大的市场，而且拥有移动商务最广泛的客户资源、最适宜的文化环境、最旺盛的商业机会、最庞大的增值空间。因此，本项目旨在使学生学习、认识、理解和把握移动商务的基本理论，对今后实战移动商务和加快移动商务的深入发展都具有重要的意义和作用。

学习目标

知识目标

1. **掌握移动商务的概念；**
2. **了解移动商务的特点和分类；**
3. **掌握移动商务的基本技术；**
4. **了解移动商务的商业模式和应用；**
5. **了解移动商务发展现状与趋势。**

技能目标

1. **能独立完成简单的移动商务操作流程；**
2. **能设计简单的移动商务方案；**
3. **能对移动商务案例进行分析并写出分析报告。**

引导案例——可口可乐公司“数据空港”移动商务应用案例

——案例来源：百度文库

可口可乐是世界家喻户晓的饮料品牌之一，自 1979 年返回中国市场至今，已在中国投资达20亿美元，目前中国已是可口可乐全球第三大市场，年销售额愈百亿。截至2009年10月，可口可乐在中国已建有39家瓶装厂，连续5年在中国的业务以两位数速度增长。

竞争格局变化推动管理模式改变

尽管取得如此辉煌的业绩，但是可口可乐公司的心情已经与20年前刚刚返回中国市场时大不相同，那时中国饮料市场尚未开发，外国饮料公司基本上感受不到中国饮料企业的压力，可口可乐可以说是一家独大，十几年前中国出现的几家“可乐”型饮料，最后都无声无息的消失了。近年来，随着中国民族饮料品牌的蓬勃发展，以可口可乐为代表的外国饮料企业逐渐感受到中国饮料企业强烈的竞争威胁。

作为快速消费品行业典型代表的饮料企业，因其行业特点，在销售数据和库存管理方面往往会出现以下问题：销售数据可能滞后或失真，影响营销决策；资金挤占和坏账损失，导致财务危机；库存数据不易准确及时，导致库存成本增加、流转效率低下；跨区域窜货，打乱企业整体市场布局。

面对竞争日趋激烈的中国饮料市场，行业老大可口可乐公司也意识到这些普遍性的问题对公司赢利状况产生的不良影响，开始思考改变管理模式、优化管理流程来提高管理效率和控制成本的重要意义。

在借鉴了多家有代表意义的快速消费品企业的数据管理经验后，可口可乐公司的管理人员将目光聚焦到了高效并且普及率高的短信服务业务上——应用移动通信技术服务来进行销售数据和库存管理，成为可口可乐公司的新目标。此时，选择一家最合适的合作伙伴迫在眉睫。

强强联手打造信息管理平台

经过广泛的市场调查和产品试用评比后，亿美软通走进了可口可乐公司的视线。

北京亿美软通科技有限公司是中国领先的移动商务服务商，提供具备国际技术水准的移动商务平台及运营服务，合作伙伴遍及各个行业，与 Google、腾讯、IBM、Cisco、Nokia、联想、招商银行等众多国内外知名企事业单位都曾有过良好合作经验。截至2010年4月，亿美软通在全国已拥有35多万家合作伙伴和客户；产品覆盖全国200个城市的30余个行业，是目前中国移动商务服务领域客户数量最多、市场占有量最大、产品线最齐全的移动商务服务商。

针对可口可乐公司的业务需求，亿美软通为其提供了亿美“数据空港”移动商务方案，该方案是针对可口可乐公司的终端销售和库存管理需求，结合 GPRS 技术开发的销售终端数据采集系统，通过活力短信，可口可乐公司将及时获得下属各分公司、连锁店、代理商的实时销售、库存情况，帮助企业提高流程运转效率，如图 8-1 所示。

亿美软通“数据空港”移动商务方案优势体现

（1）不受地域、运营商、IT 环境限制，拥有不同制式及多种传输方式。

（2）操作快捷方便，多种应用模式，满足企业不同需求。

（3）兼容性好，实现与外部数据接口无缝对接，融合各种移动商务应用。

（4）管理逻辑灵活，支持多终端对多表单。

（5）安全性强，系统稳定，支持多用户吞吐，保证数据安全。

（6）运作模式成熟,为企业量身定制移动信息化应用服务。

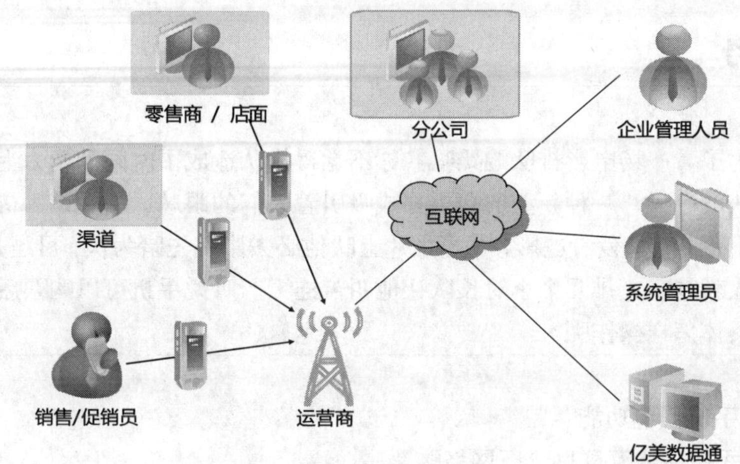

图 8–1 亿美“数据空港”方案

功能实现

1. 销售和库存管理

（1）销售人员编辑固定格式的短信，将当日销售金额、售出商品明细等信息上行发送至总部。

（2）通过上行发送规定格式短信，销售人员向总部物流中心汇报库存物品的入库、出库、盘点情况并提报补货请求。

2. 工作通知

总部发送下行短信下达商品价格调整通知、促销信息和发薪通知等。

3. 信息发布

实现总部重大事件的信息发布提醒和企业各层级人员之间的信息沟通。

4. 短信自动归档管理

对上下行短信进行归档，并保存到历史数据表，供数据统计部门进行汇总处理。

5. 人文关怀

在重大节日、员工生日时，总部行政部门发送短信，送上节日祝福和生日祝贺，为员工送上关怀，增强员工凝聚力。

应用亿美软通“数据空港”移动商务方案，可口可乐公司的各级管理者通过手机掌握各销售网点、销售地区的各时段的销售、库存情况，做出及时准确的销售分析，实现 24 小时的信息数据有效传达，真正做到对市场的快速响应，提高企业的管理水平和竞争实力，全面实现移动办公。

不断提高销售额、降低流转成本和提高运营效率是快速消费品企业的利润来源，亿美软通移动销售管理解决方案利用无线移动技术提供了企业管理层和终端销售人员间的信息管理平台，提高了销售执行力，加强了沟通，规范了终端销售人员的工作流程，帮助企业将管理延伸到每一个营业网点，真正实现了移动化办公。

任务十七 | 移动商务实践

学习任务

学习情境

你还在为了看一场电影排队购票吗？你不觉得排队造成了时间和精力上的浪费吗？在生活节奏加快的今天，一种新型的购票方式吸引着人们的眼球，它就是手机购票。小王是一个忙碌的上班族，又爱看电影，每当大片上映他必去影院先睹为快，可越是好看的片子，排队买票的人就越多，排几个小时长队让他叫苦连天。听说手机可以购票后，小王决定立刻尝试，可具体怎样操作呢

任务描述

1. 开通手机钱包功能
2. 利用手机接入互联网进行网络购票
3. 去电影院验票，观看电影

任务拓展

业余时间通过网络了解我们身边的移动商务应用有哪些，分组讨论，看看这些应用给我们的生活带来了什么样的影响，并预测以后移动商务的发展趋势

学习指南

8.1 移动商务简介

移动电子商务就是利用手机、PDA 及掌上电脑等无线终端进行的 B2B、B2C 或 C2C 的电子商务。它将 Internet、移动通信技术、短距离通信技术及其他技术完善地结合，使人们可以在任何时间、任何地点进行各种商贸活动，实现随时随地的线上线下购物与交易、在线电子支付以及各种交易活动、商务活动、金融活动和相关的综合服务活动等。它具有移动性、便捷性、定位性、可识别性、个性化等特点。现在的电子商务以 PC 为主要界面，是“有线”的电子商务；而移动电子商务则是可以装在口袋里的终端与我们谋面，无论何时、何地都可以开始。有人预言，移动商务将决定 21 世纪新企业的风貌，也将改变生活与传统商业的风貌。

移动商务主要应用可分为两个方面：一是面向个人的移动商务应用，主要提供娱乐和资讯业务，包括移动即时通信移动搜索、移动支付、移动音乐等；二是面向企业的移动商务应用，主要是将企业作为移动商务的用户时使用的服务，如移动广告、移动营销、移动 MIS 等。

8.1.1 移动商务的基本概念

移动商务是指在网络信息技术和移动通信技术的支撑下，在手机等移动通信终端之间，或移动终端与 PC 等网络信息终端之间，通过移动商务解决方案，在移动状态下进行的便捷、大众化、具有快速管理能力和整合增值能力的商务实现活动。

移动商务从本质上归属于电子商务的类别，是由创新技术推动下产生和形成的一种创新、便

捷、大众化的能够使移动商务主体在移动中进行、适应市场发展与变化而出现的新商务模式。移动商务将随着网络信息技术和移动通信技术的不断普及和发展成为未来我国电子商务增长的新领域和创富运动的新行业。

从技术角度来看，移动商务是技术的创新。移动商务以网络信息技术和创新的现代通信技术为依托，把手机、传呼机、个人数字助理（PDA）和笔记本电脑等移动通信终端与 Internet 和移动通信网有机地结合起来，有以下优点。

（1）突破了互联网的使用局限和性能局限。

（2）适应了移动商务主体要不停地在移动的状态下活动，并在这种活动的过程中，寻找商机、发现商机、抓住商机，并创造新商机的活动特征。

（3）消除了时间和地域的限制，为电子商务主体和移动商务活动提供了便捷、及时、直接、高效、大众化的商务交往方式，使随时随地的信息传输和商业交易成为可能。

（4）开拓了电子商务的崭新领域，在更大、更广的范围内提升了商务主体的参与范围和参与深度。

（5）节省了人力资源的成本和交易费用，不失时机地为商务价值实现提供了机遇和可能。

随着 3G 时代的来临，宽带传输、手持终端、移动视频等新技术产生的能量会进一步扩展，创新的表现形式会更丰富，技术探索会进一步发展。这一切会为移动商务主体提供更快、更好的服务，奠定了坚实的基础，提供了最大的可能。

但是，移动商务的真正价值实现不在于技术，而在于服务。任何新技术不被市场接受，不为大众掌握，只是一头睡狮。因此，服务是打开应用之门的阶梯，是点燃新技术价值的引材，是释放创新能量的起爆点，是开发信息技术创新价值、解放信息化生产力的助推火箭。只有在应用服务的实践中，才能真正认识和把握移动商务的创新能量和价值，才能真正找到开启移动商务财富之门的金钥匙，才能真正理解和把握移动商务创新的特征和本质。

从商务角度看，移动商务是一种商务模式的创新。移动商务是与商务活动参与主体最贴近的，最便于大众参与的电子商务模式，其商务活动中以应用移动通信技术、使用移动终端为重要特性。由于用户与移动终端具有紧密的对应关系，不仅可以使移动商务运营和参与主体在第一时间以第一反应速度及时就商务信息做出反应，可以使用户更多地脱离设备状态和网络环境对商务活动的束缚，最大限度地在自由的商务空间进行沟通和交流、坚定购买意愿、增加购买动因、适时地进行商务决策。这就极大地提高了商务交往的速度和效率，降低了商务交易的成本，提升了社会交易效益。

移动商务也是一种管理模式的创新。世界著名的战略管理专家杰拉尔德·罗斯和迈克尔·凯在《反转金字塔》中写道："机会与剧变总是迈着同样的步伐一起走近我们。每当我们身边的一切都开始蠢蠢欲动的时候，大的机遇也往往微笑着潜藏在其中。"移动技术和移动商务惊涛拍岸般的发展，已经把这种机遇推送到我们面前，迫使我们在商业架构、商业运营、商务管理、商务交易的广泛层面进行变革，以便适应移动商务发展所带来的新的"商业气候"。

在移动商务中，很多人只看到信息传递速度的加快以及图文、视频传输清晰度的提升，给消费者更多方便的商业体验，为企业用户提供了应用于内部办公、外部服务、信息发布及定向宣传多种应用功能。

这样的眼界太过狭隘。实际上，移动商务不仅改变了信息获取的速度和方式，更改变了商务对接、合同签订、货款的交割、库存的管理、流动性车辆的调度、移动目标的追踪和查询方式等固有运作和流转的方式，给传统的企业管理、营销管理、商务管理带来了巨大的变革，形成了新的“商业气候”，满足了新的商业需求。

著名管理学家杨吉在《商业气候》一书中明确指出：“‘商业气候’的意义以及能在最快速度内做出相对应的‘跨越性变革’，成功对它而言只是时间上的问题而已”。这段话非常生动地说明我国企业面对移动信息技术创新带来的新的商业气候，适时地做出“跨越性变革”的重要性。我国企业应该在移动商务发展的进程中，适应这种变革，推动这种变革。

移动商务在人类历史上第一次使现代网络信息技术和现代通信技术最大范围地走出高深，为大众所掌握。成为广大群众在商海寻宝、促商和进行多种便捷性管理的强大武器。这必将释放出巨大的价值能量。

8.1.2　移动商务的特点

根据移动商务的性质，可以看出移动商务具有以下特点。

（1）无处不在。由于移动电话天生的设计特性，便于人们携带，可随时与人们相伴。这将使得用户更有效地利用空余时间间隙来从事商业活动。如用户可在旅行途中利用可上网的移动设备来从事商业交互活动，如商务洽谈、下订单等。

（2）以定位为中心。不仅移动电话可到任一处，GPS 也可以识别电话的所在地，从而为用户提供相应的个性化服务。知道 Internet 用户的地理位置，给移动商务带来有线电子商务无可比拟的优势。利用这项技术，移动商务提供商将能够更好地与一特定地理位置上的用户进行信息的交互。

（3）便利性。人们在接入电子商务活动时，不再受时间及地理位置的限制。然而，移动商务的接入方式更具便利性，使人们免受日常繁琐事务的困扰。例如，消费者在排队或陷于交通阻塞时，可以进行网上娱乐或通过移动商务来处理一些日常事务。消费者的舒适体验将带来生活质量的提高。移动服务的便利性使顾客更忠诚。因此，移动商务中的通信设施是传送便利的关键应用。

（4）定制化。由于移动电话具有比 PC 更高的贯穿力，因此移动商务的生产者可以更好地发挥主动性，为不同顾客提供定制化的服务。例如，跟传统媒介类似的，开展具有个性化的短信息服务活动，要依赖于包含大量活跃客户和潜在客户信息的数据库。数据库通常包含了客户的个人信息，如喜爱的体育活动、喜欢听的歌曲、生日信息、社会地位、收入状况、前期购买行为等。利用无线服务提供商提供的人口统计信息和基于移动用户当前位置的信息，商家可以通过具有个性化的短信息服务活动进行更有针对性的广告宣传，从而满足客户的需求。

（5）可识别性。与 PC 的匿名接入不同的是，移动电话利用内置的 ID 来支持安全交易。移动设备通常由单独的个体使用，这使得商家基于个体的目标营销更易实现。通过 GPS 技术，服务提供商可以十分准确地识别用户。随着时间和地理位置的变更而进行语言、视频的变换，移动提供了为不同的细分市场发送个性化信息的机会。移动电话的使用让电子商务的开展摆脱了地理位置的限制，使商家对客户的服务无处不在。在预先定位的基础上，广告商可以选择用户感兴趣的或能满足用户当前需要的信息，确保消费者所接受的就是他所想要的。通过对广告的成功定位，广告商可以获得较高的广告阅读率。同时，商家可以通过基于地理位置的服务产生或巩固虚拟社区，以满足客户进行社交、与人沟通的需求。

8.1.3 移动商务的分类

（1）按照商务实现的技术不同进行分类，可分为移动通信网络（GSM/CDMA）的移动商务、无线网络（WLAN）的移动商务、其他技术（如超短距通信、卫星通信、集群通信等）的移动商务。

（2）按照商务服务的内涵不同进行分类，可分为内容提供型移动商务（包括下载和定制服务两种类型）、信息消费型移动商务、企业管理型移动商务（如“移动商宝”就具有进、销、存、网上支付等多种管理职能）、资源整合型移动商务、快速决策型移动商务、公益宣传型移动商务、定位跟踪型移动商务、信息转移型移动商务、集成管理型移动商务、扫描收费型移动商务（如二维码电影票等）。

（3）按照确认方式不同进行分类，可分为密码确认型移动商务、短信回复确认型移动商务。

（4）按照用户需求的不同进行分类，可分为搜索查询型移动商务、需求对接型移动商务、按需定制型移动商务、预约接受型移动商务（如移动看病挂号系统）。

（5）按照移动商务的难易程度进行分类，可分为浅层应用移动商务、深层应用移动商务、移动转移对接型移动商务等。

8.2 移动商务基本技术

互联网技术、移动通信技术和其他技术的完美结合创造了移动商务。移动商务可高效地与用户接触，允许他们即时访问关键的商业信息和进行各种形式的通信。移动商务运用到的基本技术有以下一些。

（1）无线通信技术。

无线通信技术是通过无线通信终端进行的数据交换，是在无线通信终端连接服务平台之后进行的互动式行为。按照传输距离可分为三类，如表 8-1 所示。

表 8-1　无线通信技术分类

长距离无线通信技术	卫星通信系统（海事卫星系统、卫星定位系统等）
中距离无线通信技术	无线通信网络（GSM、GPRS、CDMA、3G、4G、PHS、PAS 等）
短距离无线通信技术	无线局域网（WLAN,别名 WIFI）、蓝牙、无线射频识别技术、近距离非接触技术、二维条码技术、红外通信、无绳电话等

（2）无线通信协议。

WAP 协议：在数字移动电话、互联网或其他个人数字助理机、计算机应用乃至未来的信息家电之间进行通信的全球开放标准。

IP 协议：IPv4 是网际协议（IP）的第 4 版，地址位数为 32 位，随着科技的发展 IP 地址出现了紧缺的情况。地址不足，严重地制约了我国及其他国家互联网的应用和发展，我国物联网、移动互联网、云计算、三网融合等产业的发展都需要海量的 IP 地址作为支撑。随着 IP 地址需求的不断增加，IPv6 应运而生。单从数字上来说，IPv6 所拥有的地址容量是 IPv4 的约 8×1 028 倍，达到 2 128 个（算上全零的）。保守估算，整个地球每平方米面积上可分配 1 000 多个地址。在 IPv6 的设计过程中除了一劳永逸地解决地址短缺问题以外，还考虑了在 IPv4 中解决不好的其他问题。

IPv6 的主要优势体现在以下几方面：扩大地址空间、提高网络的整体吞吐量、改善服务质量(QoS)、安全性有更好的保证、支持即插即用和移动性、更好实现多播功能。

（3）移动中间件技术。

移动中间件技术是伴随着网络技术、通信技术、嵌入式操作系统和中间件技术的发展和融合而出现的新兴技术，是当前移动数据业务、未来 3G 业务以及广大智能终端增值业务的关键共性技术。中间件是一种独立的系统软件或服务程序，分布式应用软件借助这种软件在不同的技术之间共享资源，中间件位于客户机服务器的操作系统之上，管理计算资源和网络通信。移动中间件使计算机、笔记本电脑、手机、掌上电脑、电话、家电、汽车等在内的广大终端具有了越来越强的智能处理能力，在彻底改变传统以计算机为主的计算体系的基础上，全面提升终端价值，创造更多的终端增值应用。移动中间件技术重点研究的内容包括接入管理、多协议接入网关、认证服务、连接管理、同步/异步数据传递服务、安全管理、内容服务管理等。

（4）无线通信终端接入设备。

无线通信终端接入设备主要分为长距离移动通信终端接入设备、中距离移动通信终端接入设备和短距离移动通信终端接入设备，如表 8-2 和图 8-2 所示。

表 8-2　　无线通信终端接入设备

长距离移动通信终端接入设备	卫星电话、GPS 终端产品等
中距离移动通信终端接入设备	手机、PDA、笔记本电脑等
短距离移动通信终端接入设备	蓝牙终端接入设备、红外终端接入设备、二维条码终端接入设备、NFC 设备、无线射频识别设备等

卫星电话

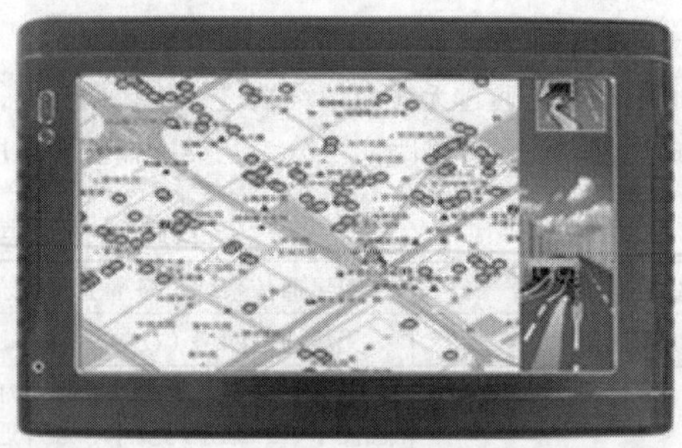

移动 GPS 终端

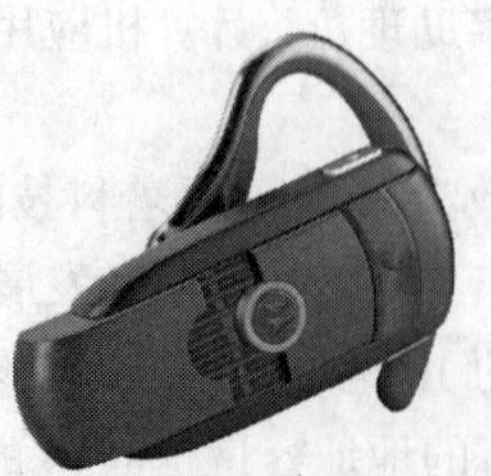

蓝牙耳机

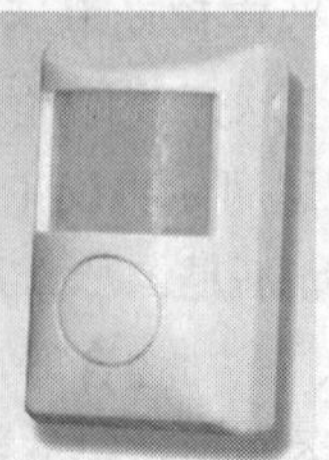

红外报警器

图 8-2　无线通信终端接入设备

8.3 移动商务的商业模式

8.3.1 商业模式的内涵及分类

著名管理学大师彼得·德鲁克说："当今企业之间的竞争不是产品之间的竞争，而是商业模式之间的竞争"。虽然有关商业模式的定义很多、构成要素也没有达成共识，吕延杰通过综述分析，认为商业模式的研究可以分为三类：赢利模式论、价值创造论和体系论。Morris 对国外商业模式理论研究进行总结，认为商业模式的定义可分为经济类、运营类、战略类和整体类四种类型，但是，从根本上讲，商业模式反映的是企业价值创造的逻辑。Scott M. Shafer 通过对现有商业模式研究文献的考察，应用聚类分析方法将学者们所提出的各种商业模式的构成要素进行归类整理，发现主要集中在战略选择、价值网络、价值创造和价值获取四个方面，由此定义商业模式为：从价值网络中创造和获取价值而进行的战略选择以及核心逻辑的体现，与 Morris 通过文献综述认为的商业模式的本质内涵是一致的。因此，本书认为商业模式的本质是反映价值创造、传递和实现的逻辑。

分类是商业模式研究的一个热点问点，但同时分类也是商业模式研究的一个难点问题，目前没有哪个学者真正建立起一个全面、清晰、实用，并且令人信服的商业模式分类体系。彭强指出现有商业模式分类的研究存在的问题主要有：一是理论性不强，都是从某个角度出发，提出各自的商业模式分类方法，是对现实中存在的模式的一种归类分析，而没有从商业模式的本质价值创造、传递和实现的逻辑出发，应用系统的价值分析工具，构建商业模式的构成要素，进而实现商业模式的分类；二是大多数文献中关于商业模式的描述是非结构性的，这使得很难准确识别和区分具体的商业模式，也难以提供一个框架使得各种商业模式之间可以互相比较；三是大多数的商业模式分类根据某种特别标准来进行，然而这种分类标准却没有涉及由各自学者提出的商业模式构成要素或定义，这使得商业模式的定义与组成要素和商业模式分类脱节。

借鉴现有商业模式及其分类研究的成果并针对其中存在的不足，本书拟从价值链角度分析移动商务的商业模式，其理由如下：商业模式的核心是价值创造，而价值链相关理论的研究目的就是找出价值创造环节，为企业赢得竞争优势，两者的本质和核心是统一的，价值链可以展现出具体的价值创造环节，不同的商业模式可以用不同的价值链进行描述，对不同商业模式的价值链进行比较，可清晰地反映出不同商业模式间的本质区别。因而，价值链理论为商业模式研究提供了有效的分析框架和理论模型。

8.3.2 移动商务价值链

移动商务价值链在本文更多的是指移动商务的产业价值链，即直接或者间接地通过移动平台进行产品或服务的创造、提供、传递和维持，以及从中获得利润的过程中形成的价值链关系。换句话说，就是移动商务实现过程中的价值传递结构。移动商务价值链与移动技术的发展有密切的联系，随着技术的变革不断发展变化，移动技术的更新换代催生了新的服务类型，引入更多的参与者，并促进了原有参与者的组合和分化，从而改变了移动商务的价值传递结构。本文针对当前 3G 技术商用的现实背景，分析 3G 环境下的移动商务价值链结构，并在此基础上分析移动商务的商用模式。

3G 的出现，使得通过移动网络可以为移动用户提供基于多媒体的各种服务。3G 环境与前 3G

环境下的移动商务的最大区别不在于提供服务的技术的改变，而在于基于 3G 环境下的移动商务可以为移动用户提供速度较高、内容丰富多彩的移动数据增值业务，使得 2G 环境下依赖于移动网络运营商的内容和服务提供商独立出来并发展成为移动商务价值链的主体，为移动用户创造主要的价值。3G 环境下的移动商务价值链也相应地发展成由三条既相互联系又相互独立的产业价值链构成的移动商务产业价值网络。

8.3.3 基于价值链的移动商务商业模式划分

3G 环境下的移动商务价值链是由应用服务层价值链、网络承载层价值链和终端支持层价值链三条既相互联系又相互独立的产业价值链所构成的移动商务产业价值网络。在这个价值网络上的不同价值创造环节的位置和形态组合有且只有四种。

第一种，企业经营业务覆盖了移动商务价值网络某层次价值链的某个价值创造环节(聚焦型)，并在此环节依据其所拥有的资源和具备的能力建立核心竞争优势，维护其创造的价值尽量不被侵占，从而获取更多的利润。如新浪、搜狐专注于应用服务层的服务提供环节、集成整合移动商务服务内容，为用户提供服务。

第二种，企业经营业务覆盖了移动商务价值网络某个层次价值链的多个价值创造环节，由于拥有这条价值链上的互补性战略资源，从而相对于这条价值链上的聚焦型移动商务企业，可以更快、更好地提供所需要的信息、服务和产品，从而获得竞争优势维护其创造的价值并实现利润。如人民日报社，本来是聚焦于移动商务价值网络应用服务层的内容提供环节，提供新闻信息，现在通过推出人民日报手机版而进入服务提供环节，使其经营的业务覆盖了应用服务层的内容提供环节和服务提供环节。

第三种，企业经营业务范围覆盖了移动商务价值网络多个层次价值链的多个价值创造环节(协调型)。与一体化型移动商务商业模式不同的是，协调型移动商务商业模式所覆盖的价值创造环节不是移动商务价值网络中某一条产业价值链上的多个环节，而是移动商务价值网络中多条产业价值上能实现资源、能力优势互补的多个价值创造环节，并以此建立起竞争优势维护其所创造的价值获得利润。如爱立信、西门子、华为、中兴在 3G 环境下既覆盖了网络承载层的网络运营支持环节，又进入了终端支持层的终端制造还击；又如空中网、3G 门户既覆盖了应用服务层的服务提供环节，又为手机终端提供手机应用程序，从而进入了终端支持层的终端制造支持环节。

第四种，企业经营业务覆盖了移动商务价值网络中起主导作用的核心价值创造环节(核心型)。由于价值网络中其他环节创造的价值都需要通过这个环节才能实现将价值提供给移动客户，因此定位于此环节的企业相对于价值网络中的其他环节具有极大的竞争优势，在整个产业发展中将起到核心主导的作用。实例如日本 NTT DoComo 的 FOMA、中国移动的移动梦网、美国高通公司的 BREW 平台、英国虚拟移动网络运营商 Virgin 百货等采用了核心型移动电子商务商业模式。

移动商务的应用大致可分为如下几类。

（1）银行业务。移动电子商务使用户能随时随地在网上安全地进行个人财务管理，进一步完善 Internet 银行体系。用户可以使用其移动终端核查其账户、支付账单、进行转账以及接收付款通知等。

（2）交易。移动电子商务具有即时性，因此非常适用于股票等交易应用。移动设备可用于接收实时财务新闻和信息，也可确认订单并安全地在线管理股票交易。

（3）订票。通过 Internet 预订机票、车票或入场券已经发展成为一项主要业务，其规模还在继续扩大。Internet 有助于方便核查票证的有无，并进行购票和确认。移动电子商务使用户能在票价优惠或航班取消时立即得到通知，也可支付票费或在旅行途中临时更改航班或车次。借助移动设备，用户可以浏览电影剪辑、阅读评论，然后订购邻近电影院的电影票。

（4）购物。借助移动电子商务，用户能够通过其移动通信设备进行网上购物。即兴购物会是一大增长点，如订购鲜花、礼物、食品或快餐等。传统购物也可通过移动电子商务得到改进。例如，用户可以使用"无线电子钱包"等具有安全支付功能的移动设备，在商店里或自动售货机上进行购物。

（5）娱乐。移动电子商务将带来一系列娱乐服务。用户不仅可以从他们的移动设备上收听音乐，还可以订购、下载或支付特定的曲目，并且可以在网上与朋友们玩交互式游戏。

（6）无线医疗（wireless medical）。医疗产业的显著特点是每一秒对病人都非常关键，在这一行业十分适合于移动电子商务的开展。在紧急情况下，救护车可以作为进行治疗的场所，而借助无线技术，救护车可以在移动的情况下同医疗中心和病人家属建立快速、动态、实时的数据交换，这对每一秒都很宝贵的紧急情况来说至关重要。在无线医疗的商业模式中，病人、医生、保险公司都可以获益，也会愿意为这项服务付费。这种服务是在时间紧迫的情形下，向专业医疗人员提供关键的医疗信息。由于医疗市场的空间非常巨大，并且提供这种服务的公司为社会创造了价值，同时，这项服务又非常容易扩展到全国乃至世界，我们相信在这整个流程中存在着巨大的商机。

（7）移动应用服务提供商（MASP）。一些行业需要经常派遣工程师或工人到现场作业。在这些行业中，移动 MASP 将会有巨大的应用空间。MASP 结合定位服务技术、短信息服务、WAP 技术，以及 Call Center 技术，为用户提供及时的服务，提高用户的工作效率。

8.4 移动商务的现状与发展趋势

移动商务是对传统电子商务的有益补充和扩展。相对于传统的电子商务而言，移动商务使任何人在任何时间、任何地点都可以得到整个网络的信息和服务。在移动商务应用后，人们可以通过手机了解交通工具的班次，查阅影院的放映内容和售票情况，并根据手机屏幕上显示的影院座位图来选择座位。股民也可以随时随地通过手机了解股市行情，进行股票交易。外出旅游的人可以通过发短信的方式预订手机服务内容，有关信息被自动输入专用监控系统后，用户就能在预定日期内收到指定地点的天气预报。移动商务的优势首先在于它的无所不在。通过移动通信设备，企业所提供的内容可在任何时间、任何地点到达顾客手中，移动商务能创造更高效、更准确的信息互动。其次是它的便利性。移动通信设备便于携带，为移动商务开拓了更大自由度的商务环境；可以随时随地从事公司活动，通过移动通信设备进行交易或取得资讯。第三是移动商务的个性化。移动商务的应用能够达到个性化，呈现所需的资信或提供所需的服务给特定的使用者。

随着移动通信技术和计算机的发展，移动电子商务的发展已经经历了三代。第一代移动商务系统是以短信为基础的访问技术，这种技术存在着许多严重的缺陷，其中最严重的问题是实时性较差，查询请求不会立即得到回答。此外，由于短信信息长度的限制也使得一些查询无法得到一个完整的答案。这些令用户无法忍受的严重问题也导致了一些早期使用基于短信的移动商务系统的部门纷纷要求升级和改造现有的系统。

第二代移动商务系统采用基于 WAP 技术的方式，手机主要通过浏览器的方式来访问 WAP 网页，以实现信息的查询，部分地解决了第一代移动访问技术的问题。第二代的移动访问技术的缺陷主要表现在 WAP 网页访问的交互能力极差，因此极大地限制了移动电子商务系统的灵活性和方便性。此外，由于 WAP 使用的加密认证的 WTLS 协议建立的安全通道必须在 WAP 网关上终止，形成安全隐患，所以 WAP 网页访问的安全问题对于安全性要求极为严格的政务系统来说也是一个严重的问题。这些问题也使得第二代技术难以满足用户的要求。

新一代的移动商务系统采用了基于 SOA 架构的 Web service、智能移动终端和移动 VPN 技术相结合的第三代移动访问和处理技术，使得系统的安全性和交互能力有了极大的提高。第三代移动商务系统同时融合了 3G 移动技术、智能移动终端、VPN、数据库同步、身份认证及 Web service 等多种移动通信、信息处理和计算机网络的最新的前沿技术，以专网和无线通信技术为依托，为电子商务人员提供了一种安全、快速的现代化移动商务办公机制。

目前欧洲掌握着移动商务和移动互联网的最新技术。欧洲移动商务企业在将服务推向市场时，在技术研发和标准制定上花费了巨大的精力。跨入 21 世纪，芬兰由于手机普及率高，移动通信和电子商务相结合的研发与应用领先，成为世界移动电子商务的开拓者。日本注重移动商务的业务种类及服务内容开发，业务种类可以概括在娱乐、生活信息、交易信息以及数据库等几个方面。其中娱乐内容是日本移动商务业务中的最主要业务形式，占据整体业务内容的一半以上，其次，信息类占 20%，交易占 15%，数据库占 10%。日本市场分析人士认为，移动通信业今后必须增加手机的各种附加功能，通过开发和推广手机上网获取信息、购物和结算等多种衍生服务来创收，将手机发展成综合性的移动终端。在美国手机用户可以直接让自己的账户为使用其手机的网络连接进行的商务活动付账，而不必使用信用卡或者银行账户，为商家提供了新的 RFID 付费解决方案，从而使商家给消费者提供更智能、更安全的服务。

据中国互联网络信息中心(CNNIC)统计，截至 2013 年 6 月，我的手机用户数量已超 10 亿，手机网民规模达到了 4.64 亿，较 2012 年底增加约 4 379 万人，网民中使用手机上网人群占比提升至 78.5%。可见手机网民规模增长迅速，手机上网已经日渐普及，他们随时随地可以打电话、发短信和上网，让互联网望尘莫及。新一代信息应用平台正在从电脑互联网向手机移动网络迁移，电脑上网的用户规模和使用的便利性都不如移动通信。面对 10 亿的手机用户，以及正在悄然兴起的 RFID 应用，移动电子商务的服务对象才是真正的量大面广，并跟群众生活密切相关。以 3G 商用为契机，政府、移动运营商、企业和消费者正在汇聚巨大的推动力量。

移动电子商务在我们未来的生存将会扮演举足轻重的角色。使人们可以在任何时间、任何地点举行种种商贸运动，实现随时随地的线上线下购物与生意业务、在线电子支付以及种种生意业务、商务运动。移动电子商务作为一种新型的电子商务方法，只管现在移动电子商务的开展还存在瓶颈，但是相比与传统的电子商务方法，移动电子商务具有方便、安全、迅速、灵活等诸多优势，得到了各国器重，生长和遍及速度很快，预计以后移动商务发展形势一片大好。

（1）企业应用将成为移动电子商务领域的热点。

做互联网行业的都深有体会，面向 B 用户（企业用户）的服务和应用是可以快速赚钱的业务，但一般来说成长性不会特别大，不会呈几何级数；而面向 C 用户（个人用户）的服务和应用则正好相反，虽然不能很快赚到钱，但只要业务对路，再加上很好地运作，则很有可能做成一个大生意，甚至是伟大的生意。

同理，移动电子商务的快速发展必须是基于企业应用的成熟。企业应用的稳定性强、消费力大，这些特点个人用户无法与之比拟。而移动电子商务的业务范畴中，有许多业务类型可以让企业用户在收入和提高工作效率上得到很大帮助。企业应用的快速发展将会成为推动移动电子商务的最主要力量之一。

（2）获取信息将成为移动电子商务的主要应用。

在移动电子商务中，虽然主要目的是交易，但是实际上在业务使用过程当中，信息的获取对于带动交易的发生或是间接引起交易是有非常大的作用的，比如，用户可以利用手机，通过信息、邮件、标签读取等方式，获取股票行情、天气、旅行路线、电影、航班、音乐、游戏等各种内容业务的信息，而在这些信息的引导下，有助于诱导客户进行电子商务的业务交易活动。因此，获取信息将成为各大移动电子商务服务商初期考虑的重点。

（3）安全问题仍将是移动电子商务中的机会。

由于移动电子商务依赖于安全性较差的无线通信网络，因此安全性是移动电子商务中需要重点考虑的因素。和基于 PC 终端的电子商务相比，移动电子商务终端运算能力和存储容量更加不足，如何保证电子交易过程的安全，有关安全性的标准制定和相应法律呼之欲出。同时，相关的供应商和服务商也就大行其道。

（4）移动终端的机会。

终端与移动电子商务中信息获取、交易等问题都密切相关。终端不仅要带动移动电子商务上的新风尚，还对价值链上的各方合作是否顺利，对业务开展有着至关重要的影响。

随着终端技术的发展，终端的功能越来越多，而且考虑人性化设计的方面也越来越全面，比如显示屏比过去有了很大的进步，而一些网上交易涉及商品图片信息显示的，可以实现更加接近传统互联网上的界面显示。又如智能终端的逐渐普及或成为主流终端，如此一来，手机更升级成为小型 PC，虽然两者不会完全一致，也不会被替代，但是手机可以实现的功能越来越多，对于一些移动电子商务业务的进行，也更加便利而又不失随身携带的特点。以后终端产品融合趋势会愈加明显，你很难清楚界定手上这个机器是手机还是电子书还是 MP4，在你手上它就是一个有应用价值的终端，就看消费者的需求方向。

（5）移动电子商务将与无线广告捆绑前进。

移动电子商务与无线广告，二者是相辅相成的，任何一方的发展，都离不开另外一方的发展。二者的完美结合，就是无线营销的康庄大道。

任务实施

1．开通手机钱包功能（这里以中国移动为例）

步骤一　首先携带有效证件去移动营业大厅开通手机钱包功能，中国移动将会把你的手机卡换成一张 2.4G 的 RFID-SIM 卡。该卡具有近距离、非接触射频通信的功能。

步骤二　将卡放入手机进行校准后即可绑定银行卡充值使用。（通常一个手机钱包最多可以绑定 10 张银行卡）

2．进入相关网站购买电影票

步骤一　用手机登录 WAP 网站或登录指定票务网站。

步骤二　按界面提示操作选择时间、场次、排号、座位号等。

步骤三　确认无误后，支付。

步骤四　收到二维码电影票。

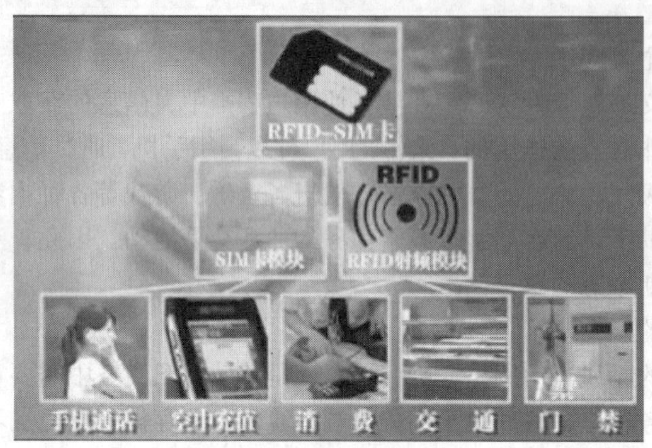

图 8-3　RFID-SIM 卡的基本功能

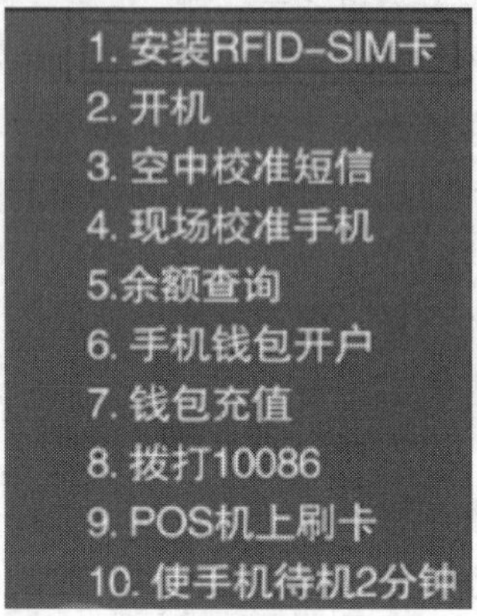

1. 安装RFID-SIM卡
2. 开机
3. 空中校准短信
4. 现场校准手机
5.余额查询
6. 手机钱包开户
7. 钱包充值
8. 拨打10086
9. POS机上刷卡
10. 使手机待机2分钟

图 8-4　安装手机钱包的步骤

3．持手机到影院识读机上验票入场

入场时只需将存储在手机里的电子票在特制终端识读机上扫描一下，便可识别出票面，完成传统意义上的验票，轻松入场观看。如需纸质电影票则可在识读机上打印出纸质票根。

图 8-5　二维码电影票

图 8-6　识别二维码电影票

图 8-7　打印票根

素质拓展

全国商科院校技能大赛移动商务专业竞赛

为高度重视并积极推进移动电子商务的应用与发展，推广普及以移动商务为代表的现代流通技术的应用，我国商业联合会每年都会举办一次“全国商科院校技能大赛移动商务专业竞赛”。

面向的对象是学习电子商务、市场营销、连锁经营管理及相关专业（包括但不限于工商管理、国际贸易、物流管理、信息管理等专业）的商科院校在校学生。学生先以个人为单位参加移动商务知识赛，比赛合格后组成3～5人团队参加移动商务创意策划赛、移动商务网站设计赛或移动管理信息系统设计赛。该竞赛旨在提高商科院校学生的就业能力，是学生考核和展示自己的良好平台。

动手：自行组队按照中国商业联合会“全国商科院校技能大赛移动商务专业竞赛”的要求撰写参赛文案。

项目小结

本项目通过案例引入移动商务的概念，并对其基本知识进行介绍和分析，让同学们对移动商务有了深入的了解。在了解的基础之上完成项目开始时给出的工作任务，锻炼了学生自我学习和解决问题的能力，同时在完成工作任务的过程中巩固了知识，让学生在做中学、在做中思，有良好的教学效果。

习题与思考

1. 移动商务与电子商务之间是何关系？
2. 试分析我国移动商务的现状与发展趋势。
3. 列举我们生活中常见的移动电子商务技术、运用场合和发挥的作用。
4. 目前移动商务发展的制约力量是什么？

职业能力训练

训练内容：认识并应用移动商务。

训练目标：

1. 认识什么是移动商务和移动支付；
2. 了解移动商务在身边的应用；
3. 用移动工具完成一次淘宝购物；
4. 交流购物心得，总结与以前的淘宝购物相比有何不同体验。

训练路径：

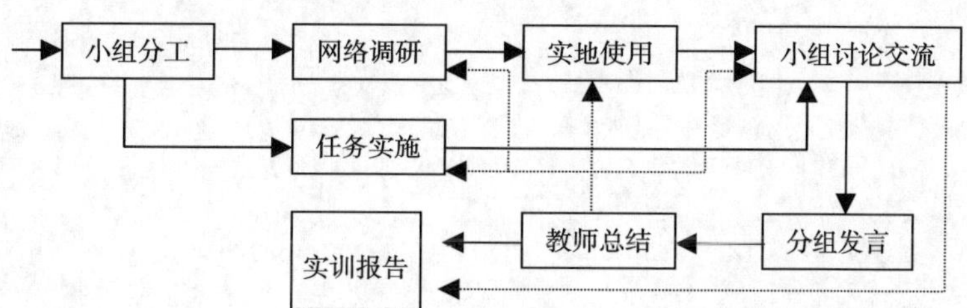

自我评价与课业考核

项　目			评价与考核标准	自评成绩
移动商务基本知识Σ40	内涵及定义Σ10		对移动商务有一定了解，能说出移动商务与电子商务之间的关系	
	特点及分类Σ5		能总结出移动商务的特点，并能根据不同的分类方式对移动商务进行分类	
	基本技术Σ10		对移动商务运用到的技术有一定了解，能列举一二	
	商业模式及应用Σ10		了解移动商务商业模式的定义和划分，能说出身边移动商务的实例	
	现状及发展趋势Σ5		通过小组讨论总结出移动商务发展现状及趋势	
职业能力与课业学习评价Σ60	实施过程Σ45	自学能力Σ5	能够借助互联网等工具自我学习工作过程中碰到的新知识	
		学习态度Σ5	学习过程中纪律性强，无缺课、迟到、早退现象	
		团队协作Σ5	学习过程中有团队合作精神、有较强的沟通能力	
		创新能力Σ5	学习过程中解决问题有独创性，设计巧妙，有新意	
		解决问题Σ5	能够借助各种工具，在老师和同学的帮助下解决工作过程中碰到的疑难问题	
		工作任务Σ20	1. 能够理解移动商务的基本概念 2. 能够掌握移动商务的基本应用 3. 能够了解使用移动工具完成一次简单的移动商务活动	
	实施结果Σ15	1. 在规定的时间内完成学习任务和课业报告Σ10		
		2. 实训任务和课业报告符合要求Σ5		
合计				

项目九 网上创业实践

项目介绍

网上创业是当代社会发展趋势，适用人群非常广泛，如大学生、职场人员、赋闲在家的宅男宅女们。对于在校的大学生，他们满怀热情，具有一定的理论基础和创新精神，渴望实现理想并证明自己的价值。本项目从网上创业的视角，通过上网行为分析及电子商务赢利模式的分析两个方面，最后结合实际着重阐述了借助淘宝平台网上开店的行业选择、商品选择、网上店铺的经营管理等。通过本项目的实施，希望学生掌握网上创业的基本技能，分析、把握创业机会的能力，并促使其把创业意识转变为网上创业的实践。

学习目标

知识目标

① **了解网络消费者的类型和特征；**

② **了解我国消费者网络购物现状与趋势；**

③ **了解电子商务赢利模式；**

④ **熟悉网上开店的步骤；**

⑤ **掌握网店日常运营管理的工作流程。**

技能目标

① **能根据网民情况分析，对网络市场客户进行细分；**

② **能够评估自己创业能力；**

③ **会登录淘宝网成功注册淘宝卖家；**

④ **能够借助各类网店工具进行网店日常运营及推广。**

引导案例——2012年互联网创业者生存与发展报告

——案例来源：节选自艾瑞网

由康盛公司（Comsenz）与艾瑞咨询机构（iResearch）联合主办，牛华网与站长之家协办的第八届中国网络社区调查近日发布报告，报告重点关注2012年互联网创业者生存与发展状况。该报告对参与调查的5000个创业者样本进行分析，剖析创业者创业动机、赢利状况、公司运营风险、融资状况。

创业者属性调查：部分90后接过80后创业接力棒 80后仍是主力

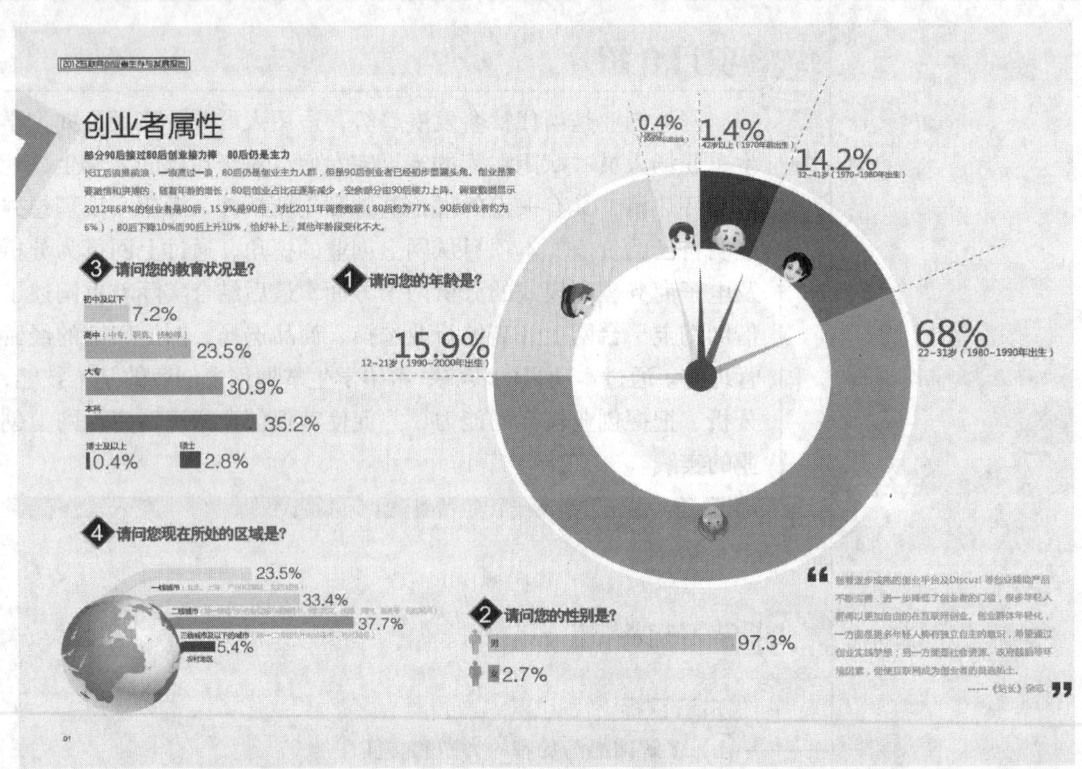

图9–1 创业者属性调查

长江后浪推前浪，虽然当前80后仍是创业主力人群，但90后创业者已经开始显露头角。调查数据显示，2012年68%的创业者是80后，16%是90后，对比2011年调查数据（80后约为77%，90后创业者约为6%）发现，80后创业者数量下降10%，90后数量上升10%。

创业动机调查：多数人对行业了解甚少 仅凭兴趣创业

明知山有虎，偏向虎山行，不知山有虎，更向虎山行。问到为什么创业时，很多创业者表示仅是出于兴趣爱好，对于能否赚钱考虑较少。本次调查数据显示：72%创业者是因为“兴趣爱好”而创业，超过57%的创业者对自己创业的行业表示“完全不了解”或“略微了解”。在创业行业上，总计62%的创业者选择了垂直细分行业，其中互动娱乐、生活、IT三个领域成为最热门的互联网创业领域。

赢利情况调查：近半创业者年度收入不足1 000元

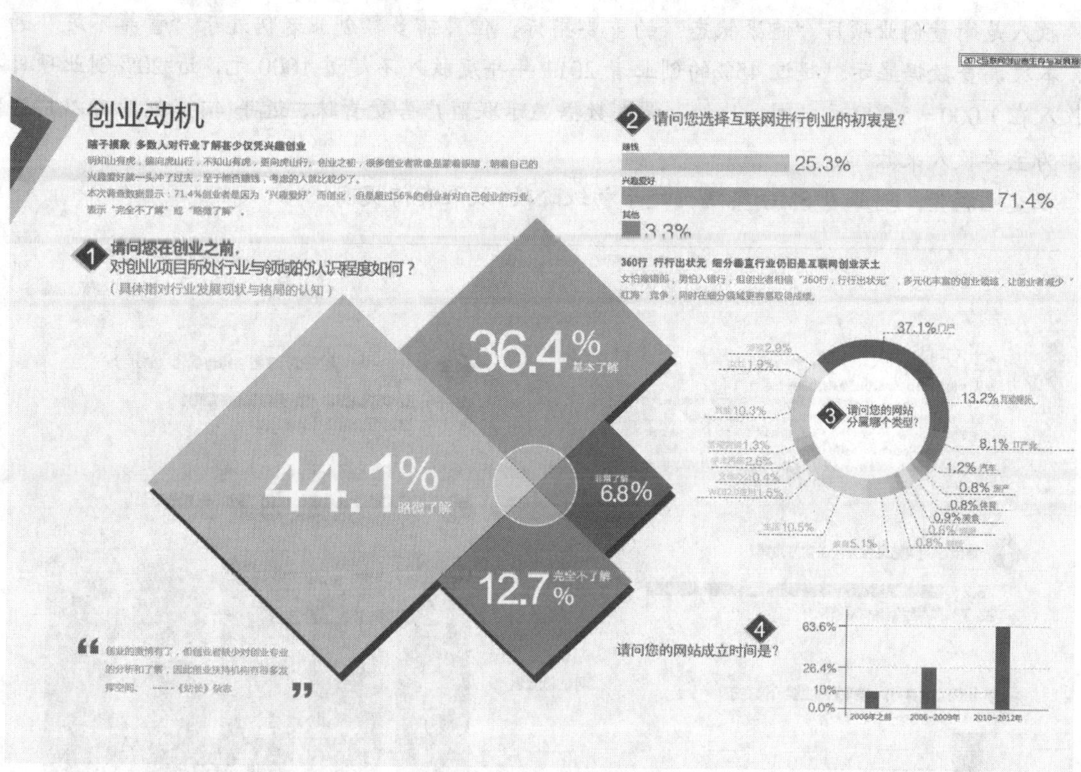

图 9-2 创业动机调查

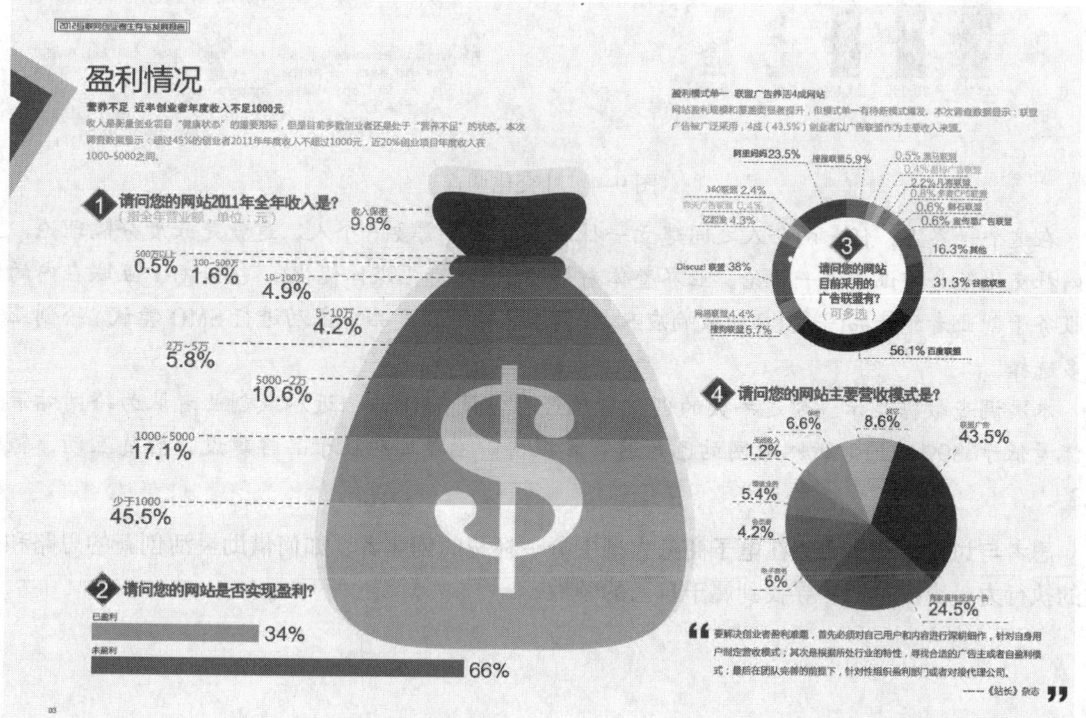

图 9-3 盈利情况调查

收入是衡量创业项目“健康状态”的重要指标，但目前多数创业者仍处于“营养不足”的状态。本次调查数据显示：超过45%的创业者2011年年度收入不超过1000元，近20%创业项目年度收入在1 000～5 000元之间。此外，调查数据显示联盟广告受青睐，近半(44%)创业者以广告联盟作为主要收入来源。

社交化调查：创业者SMO实践仍处于初级阶段 效果有待提高

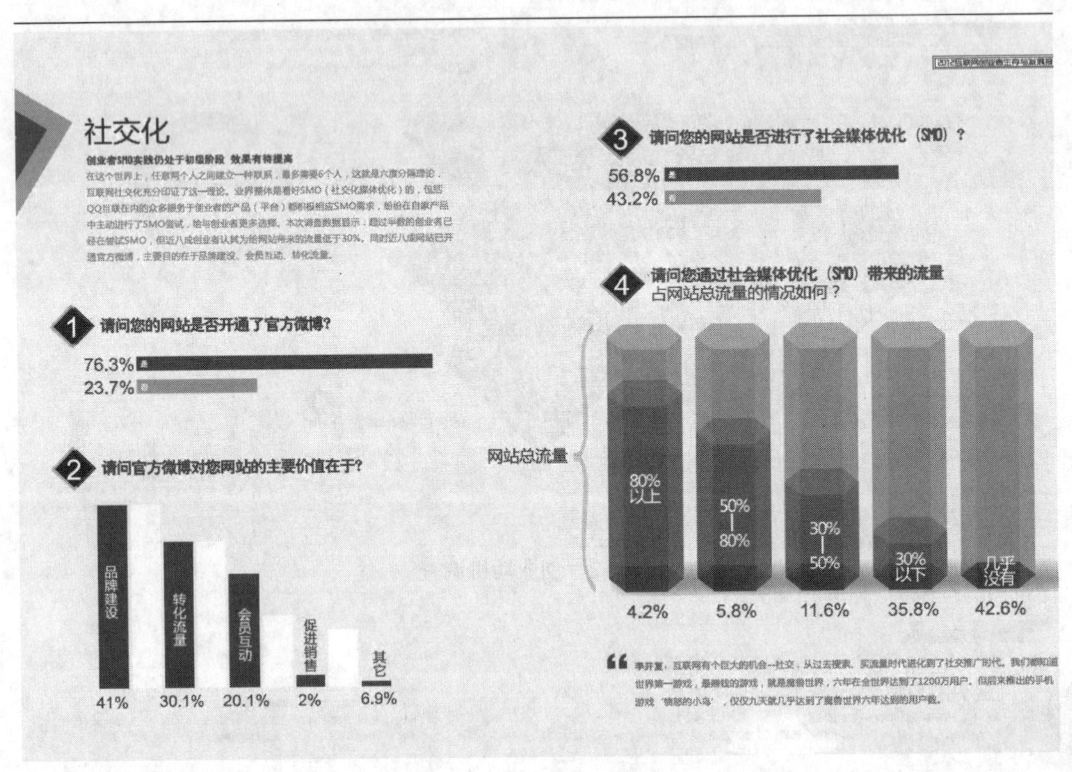

图9–4　社交化调查

在这个世界上，任意两个人之间建立一种联系，最多需要6个人，这就是六度分隔理论，互联网社交化充分印证了这一理论。业界整体看好SMO(社交化媒体优化)，包括QQ互联在内的众多服务于创业者的产品(平台)都积极响应SMO需求，纷纷在产品中主动进行SMO尝试，给创业者更多选择。

本次调查数据显示：超过半数的创业者已经在尝试SMO，但近八成创业者认为给网站带来的流量低于30%。同时近八成网站已开通官方微博，主要目的在于品牌建设、会员互动、转化流量。

思考与讨论：对于希望在电子商务大潮中分一杯羹的创业者，如何借助灵活创新的思路和高效的执行力，突出重围，寻找到属于自己的领地。

任务十八 上网行为分析

学习任务

学习情境

在中国互联网的发展进程中，不断增长的新网民成为促进中国互联网快速发展的动力，为中国互联网不断注入新的生命力。从行业发展的角度来看，关注和深入研究新网民，及时、准确地把握中国互联网的发展动态和趋势，对促进互联网行业产业链优化和商业模式升级意义重大。大学生网民已经成为一个庞大的群体，小淘作为其中一员，也经常通过上网查资料、与亲朋好友聊天发邮件、听网络音乐看视频等各种方式畅游在网络中。作为电子商务专业的学生，小淘想了解别人都在网络上做什么、互联网的消费者的上网习惯、网络市场有什么不一样，以及如何根据消费者特征制定不同的网络营销方案

任务描述

1. 通过网络下载第32次《中国互联网络发展状况统计报告》，阅读后在学习小组中互相讨论交流

2. 以小组为单位设计大学生网民现状调查问卷，了解大学生的网络应用能力、网络消费情况、网络素养等

任务拓展

通过线上线下相结合的方式发放大学生网民现状调查问卷表，并对回收问卷表进行整理分析，得出大学生网民现状调查报告。

通过对网民情况分析，对网络市场客户进行细分，为网上开店做好准备

学习指南

创业前首先必须对销售对象有明确的把握。广义上讲，互联网上的全部用户都是消费者，他们都有可能有现实的或潜在的消费需求。我们需要对市场和客户进行细分，对消费者的行为特征进行研究，然后针对性采用网络促销手段，这样才能收到预期效果。

9.1 网民的特征与结构

截至2013年6月底，我国网民数量达到5.91亿，半年共计新增网民2 656万人。互联网普及率为44.1%。较2012年底提升了2.0个百分点。

图 9–5　中国网民规模和互联网普及率

9.1.1　网民的结构

网民结构可以从性别结构、年龄结构、学历结构、职业结构、收入结构、城乡结构六点进行分析。截至 2013 年 6 月底，中国网民中男性占比为 55.6%，比女性高出 11.6 个百分点，与 2012 年基本保持一致，中国网民性别比例保持稳定。随着中国网民增长空间逐步向中年和老年人群转移，中国网民中 30 岁以上各年龄段人群占比均有不同程度的提升，总占比为 46.0%，相比 2012 年年底提升了 2.1 个百分点，说明我国互联网的普及逐渐从青年向中老年扩散，中老年群体是中国网民增长的主要来源，其他年龄段人群占比则相对稳定或略有下降。网民向低学历人群扩散的趋势在 2013 年上半年继续保持，小学及以下、初中学历人群占比均有上升，其中初中学历人群升幅较为明显，显示出互联网在该人群中渗透速度较快。大专及以上学历人群中网民占比基本饱和，上升空间有限。网民职业中，学生占比为 26.8%，远远高于其他群体。比较历年数据，与网民年龄结构变化相对应，学生群体占比基本呈现出连年下降的趋势。全国网民中农村人口占比为 27.9%，规模达到 1.65 亿，相比 2012 年略有提升，增加约 908 万人。最近半年，农村网民规模的增长速度为 5.8%，并略高于城镇。

9.1.2　网络消费者的群体特征

网络用户是网络营销的主要个体消费者，也是推动网络营销发展的主要动力，它的现状决定了今后网络营销的发展趋势和道路。消费者行为以及购买行为永远是营销者关注的一个热点问题，对于网络营销者也是如此。网络用户是网络营销的主要个体消费者，也是推动网络营销发展的主要动力，它的现状决定了今后网络营销的发展趋势和道路。我们要搞好网络市场营销工作，就必须对网络消费者的群体特征进行分析以便采取相应的对策。网络消费者群体主要具备以下四个方面的特征。

（1）注重自我。由于目前网络用户多以年轻、高学历用户为主，他们拥有不同于他人的思想和喜好，有自己独立的见解和想法，对自己的判断能力也比较自负。所以他们的具体要求越来越独特，而且变化多端，个性化越来越明显。因此，从事网络营销的企业应想办法满足其独特的需求，尊重用户的意见和建议，而不是用大众化的标准来寻找大批的消费者。

（2）头脑冷静，擅长理性分析。由于网络用户是以大城市、高学历的年轻人为主，不会轻易受舆论左右，对各种产品宣传有较强的分析判断能力，因此从事网络营销的企业应该加强信息的组织和管理，加强企业自身文化的建设，以诚信待人。

（3）喜好新鲜事物，有强烈的求知欲。这些网络用户爱好广泛，无论是对新闻、股票市场还是网上娱乐都具有浓厚的兴趣，对未知的领域报以永不疲倦的好奇心。

（4）好胜，但缺乏耐心。因为这些用户以年轻人为主，因而比较缺乏耐心，当他们搜索信息时，经常比较注重搜索所花费的时间，如果联接、传输的速度比较慢的话，他们一般会马上离开这个站点。

9.1.3 网络消费者的需求特征

由于互联网商务的出现，消费观念、消费方式和消费者的地位正在发生着重要的变化，互联网商用的发展促进了消费者主权地位的提高；网络营销系统巨大的信息处理能力为消费者挑选商品提供了前所未有的选择空间，使消费者的购买行为更加理性化。网络消费需求主要有以下三个方面的特点：消费者消费个性回归、消费者需求的差异性、消费的主动性增强。

9.1.4 网络消费者的购买动机

（1）求实动机。这是消费者最普遍和基本的购买动机。在购买商品时，他们主要追求商品的实惠、使用方便、偏重于购买低价及中等偏低的商品，而较少追求商品的外形美观，不易受社会潮流和各种广告的影响。

（2）求全动机。这是消费者普遍的购买动机。要求商品在使用过程与使用以后，保证生命安全或身体健康，如食品、药物、交通工具及电气用具等均要求安全可靠，有利身体健康。

（3）求廉动机。这是一般顾客的普遍动机，具有这种动机的顾客，在购买商品时，特别重视商品的价格，要求物美价廉。这些顾客多半属于经济收入较低或是有勤俭节约的习惯。

（4）求新动机。这是以追求商品的时尚和新颖为特点的购买动机。具有这种动机的顾客特别重视商品的款式新颖、格调清新和社会流行的式样。他们对商品的实用程度及价格高低不大注重。这类顾客多半是经济条件较好的青年男女。

（5）求美动机。这是以重视商品的欣赏价值和艺术为主要特点的购买动机。这些顾客在购买商品时，重视商品的造型、色彩和艺术美，重视对人体的美化作用。

（6）求名动机。这是以追求名牌产品、特点产品的购买动机。这些顾客在购买商品时，很注意商品的商标、牌号、产地、名声和购买地点。

（7）求奇动机。这是以重视商品的与众不同之处为主要特征的购买动机。这种购买者对商品奇特的样式、别具一格的造型等特别感兴趣，也容易受刺激性强的促销措施的诱惑，触发冲动性购买。

9.2 网络消费者类型与特征

9.2.1 网络消费者的类型

（1）按网络消费者的购物动机分类。

在由美国 Flexo-Hiner 公司发布的报告“电子商务发展状况”中，他们将网络消费者分为以下 7 种类型。

① 网络参与型（16%）：这类消费者认为网络社区是最好的购物和讨论购物的场所。

② 隐私规避型（14%）：这类消费者欣赏网络购物不需要在大庭广众之下购买那些比较隐私的商品。

③ 价格折扣型（15%）：这类消费者非常在意商品价格，网络购物主要是寻找价格低廉的商品。

④ 购物厌恶者（14%）：这类消费者对过去网络购物经历不满意。

⑤ 商品浏览型（12%）：这类消费者只在网络查看商品，而在网下购买。

⑥ 贪图方便型（14%）：这类消费者认为网络购物最大的好处是可以不出家门。

⑦ 自动监控型（15%）：这类购物者比较欣赏网络购物可以自动监控整个购物流程。

（2）按照网络消费者购买决策时间的长短分类通常可以分为 3 种类型。

① 冲动型消费者。在购买时一般是决策时间过程短，购买迅速，往往是根据当时的感觉。

② 耐心型消费者。一般是经过细心比较之后才会做出购买决定。这一类消费者会在多个网站浏览对比之后才购买商品，决策时间较长。

③ 审慎型消费者。购买之前会进行详细的调查分析，充分了解情况后才会购买。往往是购买价值较高的产品和服务的消费者。

（3）按照网络消费者的购物心态分类。

市场营销者经过深入研究，将网络消费者的购物心态分为两种，一种是“实用主义”的，即购物带有很强的目的性，“要完成任务”；另一种是“享乐主义”的，进行购物是因为“好玩，我喜欢”。这两种心态对设计网络商店的布局会有所帮助。“实用主义”通常被描述成是与任务相关联的、理性的行为，表明是在深思熟虑之后的有效的购买。显然购买本身不是实用主义行为的关键动机。

9.2.2 网络消费者行为分析

消费者购买行为的不同表现受诸多因素的影响，既有内在需求和欲望的驱使，也有外部环境的刺激。要透彻地把握消费者购买行为，有效地展开市场活动，必须详细分析影响消费者购买行为的有关因素。

9.2.3 影响网络消费者购买的主要因素

（1）产品的特性。

首先，由于网上市场不同于传统市场，网上消费者有着区别于传统市场的消费需求特征，因此并不是所有的产品都适合在网上销售和开展网上营销活动的。根据网上消费者的特征，网上销售的产品一般要考虑产品的新颖性，即产品是新产品或者是时尚类产品，比较能吸引人的注意。追求商品的时尚和新颖是许多消费者，特别是青年消费者重要的购买动机。其次，考虑产品的购买参与程度，一些产品要求消费者参与程度比较高，消费者一般需要现场购物体验，而且需要很多人提供参考意见，对于这些产品不太适合网上销售。对于消费者需要购买体验的产品，可以采用网络营销推广功能，辅助传统营销活动进行，或者将网络营销与传统营销进行整合。可以通过网上来宣传和展示产品，消费者在充分了解产品的性能后，可以到相关商场再进行选购。

（2）产品的价格。

从消费者的角度说，价格不是决定消费者购买的唯一因素，但却是消费者购买商品时肯定要考虑的因素，而且是一个非常重要的因素。对一般商品来讲，价格与需求量之间经常表现为反比关系，同样的商品，价格越低，销售量越大。网上购物之所以具有生命力，重要的原因之一是网上销售的商品价格普遍低廉。此外，消费者对于互联网有一个免费的价格心理预期，那就是即使网上商品是要花钱的，那价格也应该比传统渠道的价格要低。这一方面，是因为互联网的起步和发展都依托了免费策略，因此互联网的免费策略深入人心，而且免费策略也得到了成功的商业运作。另一方面，互联网作为新兴市场它可以减少传统营销中中间费用和一些额外的信息费用，可以大大削减产品的成本和销售费用，这也是互联网商业应用的巨大增长潜力所在。

（3）购物的便捷性。

购物便捷性是消费者选择购物的首要考虑因素之一。一般而言，消费者选择网上购物时考虑的是便捷性，一是时间上的便捷性，可以不受时间的限制并节省时间；另一方面，是可以足不出户，在很大范围内选择商品。

（4）安全可靠性。

网络购买另外一个必须考虑的是网上购买的安全性和可靠性问题。由于在网上消费，消费者一般需要先付款后送货，这时过去购物的一手交钱一手交货的现场购买方式发生了变化，网上购物中的时空发生了分离，消费者有失去控制的离心感。因此，为减低网上购物的这种失落感，在网上购物各个环节必须加强安全措施和控制措施，保护消费者购物过程的信息传输安全和个人隐私保护，以及树立消费者对网站的信心。

9.2.4　网络消费者的购买决策过程

网络消费的购买过程可分为以下五个阶段。

（1）确认需要。网络购买过程的起点是诱发需求，当消费者认为已有的商品不能满足需求时，才会产生购买新产品的欲望。在传统的购物过程中，消费者的需求是在内外因素的刺激下产生的，而对于网络营销来说，诱发需求的动因只能局限于视觉和听觉。因而，网络营销对消费者的吸引是有一定难度的。作为企业或中介商，一定要注意了解与自己产品有关的实际需要和潜在需要，掌握这些需求在不同时间内的迫切程度以及刺激诱发的因素，以便设计相应的促销手段去吸引更多的消费者浏览网页，诱导他们的需求欲望。

（2）收集信息。当需求被唤起后，每一个消费者都希望自己的需求能得到满足，所以，收集信息、了解行情成为消费者购买的第二个环节。

（3）比较选择。消费者需求的满足是有条件的，这个条件就是实际支付能力。消费者为了使消费需求与自己的购买能力相匹配，就要对各种渠道汇集而来的信息进行比较、分析、研究，根据产品的功能、可靠性、性能、模式、价格和售后服务，从中选择一种自认为“足够好”或“满意”的产品。

（4）购买决策。网络消费者在完成对商品的比较选择之后，便进入到购买决策阶段。与传统的购买方式相比，网络购买者在购买决策时主要有以下三个方面的特点：首先，网络购买者理智动机所占比重较大，而感情动机的比重较小。其次，网络购物受外界影响小。第三，网上购物的决策行为与传统购买决策相比速度要快。

（5）购后评价。消费者购买商品后，往往通过使用商品来对自己的购买选择进行检查和反省，以判断这种购买决策的准确性。购后评价往往能够决定消费者以后的购买动向，"满意的顾客就是我的最好的广告"。

9.2.5　影响网络消费者购买决策的几个主要因素

最终的消费者决策是由个人做出的，因此个人的心理和行为特征对消费决策有着重大的影响。Philipkotler 提出了从个人角度影响消费者决策的四层面，即文化、社会、个人和心理层面。网络购物的决策也受这四个层面的影响。

（1）文化对消费者网络购买决策的影响。

大量的研究表明，亚文化对消费者决策的影响要远远大于主流文化。亚文化不仅包括与主流文化共通的价值观念，还包括自己独特的价值观念。每个人都是在特定的文化氛围中成长起来的，所在的国家、地区、家庭等的文化都会影响一个人的价值观、观念和行为方式。例如，一个年龄亚文化群是由年龄相近且生活经历相似的人组成的。以"80 后"为例，他们追求个性、时尚，都能熟练使用计算机、充分地利用网络，同时学历较高，大多数在积累了网络购物经验后最终都能够理性消费。淘宝网十分重视在这种文化背景下的交易双方的沟通问题，例如使用淘宝旺旺软件以及使用个性化的旺旺表情等。

（2）社会因素对消费者网络购买决策的影响。

社会因素包括消费者所属群体、家庭以及社会角色和社会地位。调查显示：我国网民对互联网信任度较低。只有三分之一的（35.1%）的网民表示对互联网信任。在这样的社会环境影响下，很多人会对网络购物忘而却步。

（3）个人特点对消费者网络购买决策的影响。

个人特点包括年龄和所处的生命周期、职业、城市化、生活方式、个性和自我概念等。对于使用 C2C 购物的消费者，从年龄和生命周期看，大多数是处于 25 岁以下的年轻一族，大多是拥有着良好教育和收入的白领一族或者对计算机网络操作比较熟悉的大学生、研究生。网络购物的人群大都集中在城市，在生活方式(VALS)的区分上，自我导向型和行动导向型生活方式的消费者是网络购物的主要力量。而每个人独特的个性也影响着他的购买行为。个性一般以性格的方式表现出来，善于沟通、乐于交际的人更愿意通过 C2C 的方式进行购物，在 C2C 网站社区中与网友分享自己的购物经历。

（4）心理因素对消费者网络购买决策的影响。

消费者的购买选择进一步受四个主要的心理因素的影响：动机、感知、学习及信念和态度。需要决定动机，对真实商品使用价值的需求直接导致购买动机，C2C 网站提供了多样化使用价值的商品。还有基于社交的需求被尊重的需要等都能够导致网上购买的动机。学习是指由经验而引起的个人行为上的改变。一个人的学习是通过驱动力、刺激、暗示、反应和强化的交互影响而产生的，C2C 网站应该能够做到使用促成暗示或提供正面强化，使消费者对陈列的商品形成强大的驱动力。同时，消费者通过实践和学习获得信念和态度，信念和态度都会影响购买决策。

9.3　我国消费者网络购物现状与趋势

首先，服装、日用百货网购热度依然高，服务型商品成重要组成部分。用户网上购买最多的商品类型是服装鞋帽，占总用户的 68.1%；第二位的是日用百货，用户购买的比例达到 39.3%。第三位的是充值卡、游戏卡等虚拟卡，占用户的 38.6%。购买电脑、通信数码产品及配件的用户也有 37.4%。值得注意的是，在网上购买餐饮美食服务的用户已经占到网购用户的 16.7%，购买电影、演出票的用户也有 13.1%。服务型商品销售已经持续成为网上零售市场的重要组成成分。

其次，用户消费深度明显增加，手机网购用户具规模。截至 2012 年 6 月底，网络购物用户规模达到 2.1 亿，网民使用率提升至 39.0%，较 2011 年底用户增长 8.2%。从 2011 年开始，网络购物的用户增长逐渐平稳，未来网购市场规模的发展，将不仅依托于用户规模的增长，还需要依靠消费深度不断提升来驱动。网上银行和网上支付用户规模在 2012 年上半年的增速分别达到 14.8%和 12.3%，截至 2012 年 6 月底两者用户规模分别为 1.91 亿和 1.87 亿。手机在线支付发展速度突出，截至 2012 年上半年使用该服务的用户规模为 4 440 万人，较 2011 年底增长约 1 400 万人。线上线下支付方式同步增长，用户消费趋向多平台。数据显示，网民使用购物网站的单一度在持续降低，虽然更多购物网站都推崇一站式服务，但随着用户的选择更加理性，其消费行为将更加分化。

任务实施

1．查阅第 30 次《中国互联网络发展状况统计报告》

步骤一　打开浏览器，在地址栏中输入搜索引擎地址：http://www.baidu.com。

步骤二　在搜索引擎中输入关键词进行搜索。

步骤三　单击搜索结果中的页面链接进入阅读页面。

步骤四　同学分组讨论交流并选代表发言。

步骤五　教师归纳总结。

2．以小组为单位设计大学生网民现状调查问卷

步骤一　了解本项调研的目的和内容，认真讨论调研的目的、主题和理论假设。登录 http://www.iresearch.cn/了解问卷调查思路。

步骤二　在搜索引擎中输入关键词进行搜索，搜集相关资料。

步骤三　小组讨论制定确定调查方法。

步骤四　确定问答题的内容。

步骤五　线上线下分发问卷调查表。

步骤六　回收问卷，统计资料，汇总问卷调查报告。

步骤七　小组 PPT 展示问卷报告结果，教师归纳总结。

素质拓展

网民上网出入口趋向离散　微博超越 SNS 成重要收尾网站

纷繁复杂的网络世界中，入口和出口因其特殊位置而广受关注。根据 iResearch 艾瑞咨询推出的网民连续用户行为研究系统 iUserTracker 深度挖掘数据显示，网民上网的出入口选择日趋离散，门户网站、搜索引擎、导航网站等作为入口的角色正在被削弱，而微博已经超越 SNS 类网站成为重要的收尾网站。

对比 2010 及 2011 年中国网民单日上网起点可以发现，门户网站、搜索引擎、导航网站及淘宝网仍是最主要入口，但这些网站作为起点的相对使用率普遍有所下降，显示网民的上网入口趋向离散。以腾讯网为例，2011 年该网站保持领先优势继续成为最普及的上网入口，覆盖人数也随着网民规模的扩大而呈现上升，但其作为起点的相对使用率却下降了近 15 个百分点。

上网出口方面，2010 年与 2011 年的对比数据同样表现出选择更加分散的趋势。值得注意的是，2010 年大受欢迎的 SNS 类网站作为终点网站在 2011 年热度减退，使用此类终点的人数及相对使用率均出现大幅下滑。与此同时，微博在 2011 年超越各大 SNS 成为覆盖人数最多的十个终点网站之一，相对使用率达到 14.6%。在用户每天下线之前，微博一方面取代门户网站提供了接受新闻资讯的最后机会，另一方面也代替 SNS 网站推送了好友最新动态，其作为收尾网站的重要意义得到凸显。

根据 2012 年 Q1 研究数据，网民的上网出入口更显零散和多元。纵观近三年来的变化，艾瑞咨询分析认为：依托于网民既有行为习惯、软件客户端引导以及浏览器默认页设置，大型门户和导航网站目前仍是最为集中的上网入口，但角色不断被弱化；随着新型服务、新兴网站层出不穷，网民的长尾需求获得了极大满足，其个性化在线生活方式也将得到进一步张扬，因而未来的出入口将更为分散；同时，必须看到移动互联网给网民生活带来的影响，移动端与 PC 端的接力即将甚至已经在重新定义网络世界的“入口”和“出口”。

动手：1. 找出四家不同中国网民常用上网“出口”和“入口”。

2. 通过网民既有行为习惯，分析上网出入口零散化和多元化特征。

任务十九　电子商务赢利模式分析

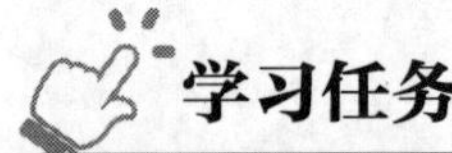

学习任务

学习情境

通过前段时间的学习，小淘知道电子商务作为新兴网络经济的一项具体应用，其本质是利用现代信息技术进行商务活动，技术是手段，核心是商务模式，因此只有实际产生利润才符合商业原则，才有存在的价值和发展的基础。但小淘在有些媒体上看到电子商务赢利难的消息，电子商务能挣钱吗？电子商务靠什么挣钱？我怎么通过电子商务创业？这些问题困扰着小淘

任务描述

1. 登录淘宝网卖家中心，选择“营销入口”，了解淘宝网针对卖家的各种收费活动报名规则及收费标准

2. 登录淘宝网服务中心，通过联系客服，了解淘宝网业务收费情况及淘宝网具体赢利方式

任务拓展

登录中国制造、天猫、58 同城、腾讯拍拍、驴妈妈等不同电子商务平台，了解他们赢利模式的异同

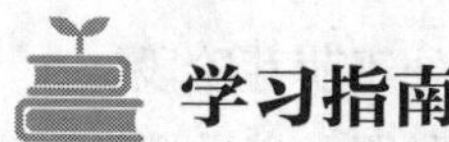

学习指南

9.4 电子商务赢利模式概述

电子商务发展已经进入了黄金时期，随着互联网产业的规模日益扩大，中小企业纷纷加入电子商务的行列，搜索引擎市场的潜力逐渐被市场认可。像网络游戏、博客网、红娘网、虚拟连锁店等新的商业模式正在不断涌现，像阿里巴巴、盛大网络、中香科技、百度等互联网创造的一个个财富神话令人瞠目，随着《电子签名法》、《电子支付指引》等的法律、法规的制定与生效，针对电子商务市场环境与电子交易安全的法律环境越来越完善。随着信息技术的发展，电子商务的内涵和外延也在不断地充实和扩展，并不断被赋予新的含义，开拓出更广阔的应用空间。

（1）会员费。

企业通过第三电子商务平台参与电子商务交易，必须注册为 B2B 网站的会员，每年要交纳一定的会员费，才能享受网站提供的各种服务，目前会员费已成为我国 B2B 网站最主要的收入来源。比如阿里巴巴网站收取中国供应商、诚信通两种会员费，中国供应商会员费分为每年 4 万和 6 万两种，诚信通的会员费每年 2 300 元；中国化工网每个会员第一年的费用为 12 000 元，以后每年综合服务费用为 6 000 元；五金商中国的金视通会员费 1 580/年，百万网的百万通 600/年。

（2）广告费。

网络广告是门户网站的主要赢利来源，同时也是 B2B 电子商务网站的主要收入来源。阿里巴巴网站的广告根据其在首页位置及广告类型来收费。中国化工网有弹出广告、漂浮广告、Banner 广告、文字广告等多种表现形式可供用户选择。

（3）竞价排名。

企业为了促进产品的销售，都希望在 B2B 网站的信息搜索中将自己的排名靠前，而网站在确保信息准确的基础上，根据会员交费的不同对排名顺序作相应的调整。阿里巴巴的竞价排名是诚信通会员专享的搜索排名服务，当买家在阿里巴巴搜索供应信息时，竞价企业的信息将排在搜索结果的前三位，被买家第一时间找到。中国化工网的化工搜索是建立在全球最大的化工网站上的化工专业搜索平台，对全球近 20 万个化工及化工相关网站进行搜索，搜录的网页总数达 5 000 万，同时采用搜索竞价排名方式，确定企业排名顺序。

（4）增值服务。

B2B 网站通常除了为企业提供贸易供求信息以外，还会提供一些独特的增值服务，包括企业认证、独立域名、提供行业数据分析报告、搜索引擎优化等。像现货认证就是针对电子这个行业提供的一个特殊的增值服务，因为通常电子采购商比较重视库存这一块。另外针对电子型号做的谷歌排名推广服务，就是搜索引擎优化的一种。

（5）线下服务。

主要包括展会、期刊、研讨会等。通过展会，供应商和采购商面对面地交流，一般的中小企业还是比较青睐这个方式。期刊主要是关于行业资讯等信息，期刊里也可以植入广告。ECVV 组织的各种展会和采购会也已取得不错的效果。

（6）商务合作。

商务合作包括广告联盟、政府、行业协会合作、传统媒体的合作等。广告联盟通常是网络广告联盟，亚马逊通过这个方式已经取得了不错的成效，但在我国，联盟营销还处于萌芽阶段，大部分网站对于联盟营销还比较陌生。国内做得比较成熟的几家广告联盟有百度联盟、谷歌联盟、淘宝联盟等。

（7）按询盘付费。

区别于传统的会员包年付费模式，按询盘付费模式是指从事国际贸易的企业不是按照时间来付费，而是按照海外推广带来的实际效果，也就是海外买家实际的有效询盘来付费。其中询盘是否有效，主动权在消费者手中，由消费者自行判断，来决定是否消费。尽管 B2B 市场发展势头良好，但 B2B 市场还是存在发育不成熟的一面。这种不成熟表现在 B2B 交易的许多先天性交易优势，比如在线价格协商和在线协作等还没有充分发挥出来。因此传统的按年收费模式，越来越受到以 ECVV 为代表的按询盘付费平台的冲击。“按询盘付费”有 4 大特点：零首付、零风险；主动权、消费权；免费推广、针对广；及时付费、便利大。广大企业不用冒着“投入几万元、十几万，一年都收不回成本”的风险，零投入就可享受免费全球推广，成功获得有效询盘后，辨认询盘的真实性和有效性后，只需在线支付单条询盘价格，就可以获得与海外买家直接谈判成单的机会，主动权完全掌握在供应商手里。

9.5 C2C 业务及其赢利模式分析

目前采用 C2C 模式的主要有 eBay 易趣、淘宝、拍拍等公司。C2C 电子商务模式是一种个人对个人的网上交易行为，目前 C2C 电子商务企业采用的运作模式是通过为买卖双方搭建拍卖平台，按比例收取交易费用，或者提供平台方便个人在上面开店铺，以会员制的方式收费。虽然我国网民已经突破了 1 亿，市场规模巨大，但由于受一些条件的制约，我国的 C2C 电子商务仍然处于融资烧钱聚集用户阶段，并未形成成熟的赢利模式。零售电子商务的三个基本要素是信息流、物流与资金流，C2C 已经基本解决，目前真正的难点在于交易信用与风险控制。互联网突破了地域的局限，把全球变成一个巨大的“地摊”，而互联网的虚拟性决定了 C2C 的交易风险更加难以控制。这时，交易集市的提供者必须处于主导地位，必须建立起一套合理的交易机制，一套有利于交易在线达成的机制。eBay 在美国能够发展得如此快，除了 PayPal 这套支付工具外，与美国社会完善的信用体系是分不开的。在美国的 C2C 交易中，PayPal 既扮演着收单商家，又扮演了银行的角色，这种双重角色使得 PayPal 聚拢了买方与卖方的大量资金，掌握着买卖双方的交易与信用状况。我国电子商务网站推出的“支付宝”、“安付通”等支付工具以及赔付制度在很大程度上改善了这种购买信任危机，但 C2C 市场要想彻底突破这些制约仍需要较长时间的培育过程。

9.6 B2C 业务及其赢利模式分析

B2C 模式是我国最早产生的电子商务模式，以 8848 网上商城正式运营为标志。B2C 即企业通过互联网为消费者提供一个新型的购物环境——网上商店，消费者通过网络在网上购物、在网上支付。由于这种模式节省了客户和企业的时间和空间，大大提高了交易效率，特别对于工作忙碌的上班族，这种模式可以为其节省宝贵的时间。目前 B2C 电子商务的付款方式是货到付款与网上支付相结合，而大多数企业的配送选择物流外包方式以节约运营成本。而 C2C 这种模式的产生以 1998 年易趣成立为标志，目前采用 C2C 模式的主要有 eBay 易趣、淘宝、拍拍等公司。

9.7 B2B 商务及其赢利模式分析

相对于 B2C、C2C 来说，B2B 应该是我国目前赢利状况最好的电子商务商业模式。B2B 模式主要是通过互联网平台聚合众多的企业商家，形成买卖的大信息海洋，买家与卖家在平台上选择交易对象，通过在线电子支付完成交易。企业间的电子商务是电子商务三种模式中最值得关注和探讨的，因为它最具有发展的潜力。

在电子商务中还有其他的商务模式及其赢利模式，如论坛、社交网、社区网、团购网等，请你利用互联网工具做出分析。

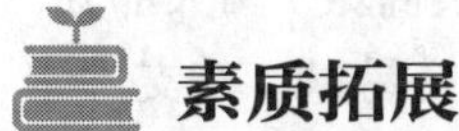

任务实施

1. 登录淘宝网卖家中心，选择“营销入口”，了解淘宝网针对卖家的各种收费活动报名规则及收费标准。

2. 登录淘宝网服务中心，通过联系客服，了解淘宝网业务收费情况及淘宝网具体赢利方式。

步骤一　打开浏览器，在地址栏中输入搜索引擎地址：http://www.taobao.com。

步骤二　选择“我是卖家”，进入淘宝网卖家中心。

步骤三　单击搜索结果中的页面链接进入阅读页面。

步骤四　同学分组讨论交流并选代表发言。

步骤五　教师归纳总结。

素质拓展

目前，以现货交易为主的农产品网络交易平台上海五鑫农产品交易网上线，与目前多家农产品电子商务网站一样，五鑫农产品交易网也想要在尚未真正开发的农产品电子商务领域获得先机。截至目前，真正能够做成功的农产品电子商务平台并不多。业内人士表示，多家农产品电子商务公司“前仆后继”背后，凸显产业发展困境重重。其赢利模式也有待探究，未来公司将通过收取物流配送费用营利，这又将考验该公司物流配送以及资源整合能力。

动手：关注农产品电子商务交易平台运营及赢利状况。

任务二十 网上开店

学习任务

学习情境

小淘反复思考后，决定通过经营网上店铺来实现自己的愿望，他希望利用业务时间销售家乡特产，一方面减轻家庭负担，另一方把所学知识应用到实践之中并锻炼自己的创业能力。利用课余时间就可以自己当老板，也可为将来就业积累工作经验。于是开始着手准备。网上琳琅满目的网店，经营着各种各样的产品，小淘首先遇到的难题是选择什么平台创业、经营什么产品比较适合、怎么开设自己的网店、怎么运营店铺

任务描述

1. 登录淘宝网，注册淘宝卖家，开通网店

2. 上传商品，装修店铺，试运营网店

任务拓展

登录天猫，了解 B2C 交易模式，了解天猫商家入驻条件及商家日常管理流程

学习指南

9.8 网上创业的选择

网上创业是当代社会发展趋势，适用人群非常广泛，对于在校的大学生，他们满怀热情，具有一定的理论基础和创新精神，渴望实现理想并证明自己的价值，但是对于竞争激烈的社会，大学生创业也有资金匮乏、社会资源有限、创业技能欠缺等问题，而网上创业很好地弥补了这些劣势。

9.8.1 网上创业平台的基本知识

很多人都会选择 C2C 平台进行产品销售。随着网上购物的兴起，C2C 网上交易平台也冒出了不少，淘宝网、拍拍网、易趣网等，各自都出自“名门正派”，都是很有实力平台。

淘宝：亚太最大网络零售商圈，致力打造全球领先网络零售商圈，由阿里巴巴集团在 2003 年 5 月 10 日投资创立。在 2012 年 11 月之前，淘宝网业务跨越 C2C、B2C（淘宝商城）两大部分，2012 年 11 月淘宝商城正式更名为天猫商城。目前，其占有最高的市场份额和交易量，其支付体系为支付宝。

拍拍：腾讯旗下电子商务交易平台，借助于 QQ 超过 7.21 亿活跃用户的优势资源进行推广，有一定的用户数量积淀，其支付平台为财付通。

易趣：全球最大的电子商务公司 eBay 和国内领先的门户网站、无线互联网公司 TOM 在线于 2006 年 12 月携手组建一家合资公司。其支付平台为安付通。

9.8.2 网上创业平台的选择方法

目前，C2C 市场中淘宝网仍然一家独大，占据了 83.5%市场份额，腾讯公司下属的拍拍网次之，占有 11.5%市场份额，其次是 eBay 易趣，此外，淘宝网开店凭借其免费、安全、交易快捷方便等优势成为网上创业的首选平台。

9.9 网络零售平台规则

淘宝规则的目的是：为促进开放、透明、分享、责任的新商业文明，保障淘宝网用户合法权益，维护淘宝网正常经营秩序，根据《大淘宝宣言》及《淘宝网服务协议》，制定本规则。淘宝开店必须通过淘宝开店考试，这个是 2010 年底淘宝网对新卖家启用的新规则。考试的主要内容是《淘宝规则》，考试分数必须达到 60 分才能通过，其中的基础题部分必须准确率 100%。考试通过后

阅读诚信经营承诺书，然后根据提示填写店铺名称、店铺类目及店铺介绍，勾选同意“商品发布规则”及“消保协议”，然后确认提交。如果一切正常这个时候你就拥有了一个属于你自己的淘宝网店铺了！

9.10 网店运营日常管理

已经拥有了自己的网店，常规的管理工作是少不了的，细节也很重要。接下来便是网店运营的日常管理。

9.10.1 商品知识

据市场情况和个人情况，选择要经营的商品。打开淘宝主页可以看到淘宝店铺分为虚拟、服装、配饰、美容、数码、家居、母婴等类，如图 9–6 所示。

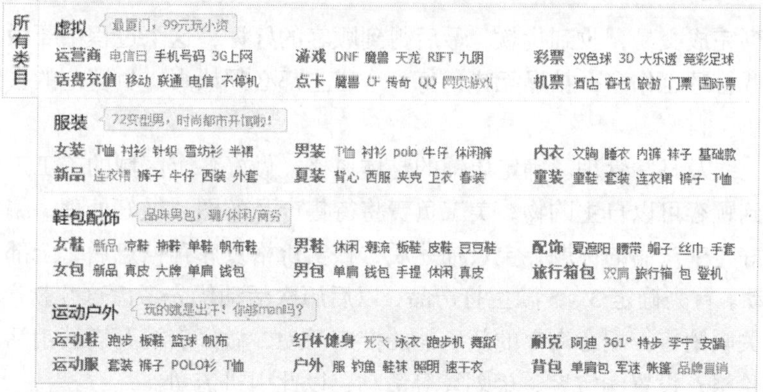

所有类目
虚拟
运营商 电信日 手机号码 3G上网　游戏 DNF 魔兽 天龙 RIFT 九阴　彩票 双色球 3D 大乐透 竞彩足球
话费充值 移动 联通 电信 不停机　点卡 魔兽 CF 传奇 QQ 网页游戏　机票 酒店 客栈 旅游 门票 国际票
服装
女装 T恤 衬衫 针织 雪纺衫 半裙　男装 T恤 衬衫 polo 牛仔 休闲裤　内衣 文胸 睡衣 内裤 袜子 基础款
新品 连衣裙 裤子 牛仔 西装 外套　夏装 背心 西服 夹克 卫衣 春装　童装 童鞋 套装 连衣裙 裤子 T恤
鞋包配饰
女鞋 新品 凉鞋 拖鞋 单鞋 帆布鞋　男鞋 休闲 潮流 板鞋 皮鞋 豆豆鞋　配饰 夏遮阳 腰带 帽子 丝巾 手套
女包 新品 真皮 大牌 单肩 钱包　男包 单肩 钱包 手提 休闲 真皮　旅行箱包 双肩 旅行箱 包 登机
运动户外
运动鞋 跑步 板鞋 篮球 帆布　纤体健身 死飞 泳衣 跑步机 舞蹈　耐克 阿迪 361° 特步 李宁 安踏
运动服 套装 裤子 POLO衫 T恤　户外 服 钓鱼 鞋袜 照明 速干衣　背包 单肩包 军迷 帐篷 品牌直销

图 9–6　淘宝网分类

做什么事情都有风险，淘宝网店进货也是一样。好的货源就是“财源”，不好的货源就是“祸源”。进货风险主要有信誉风险、质量风险、价格风险、物流风险、售后风险、库存风险等。首先要确定目标顾客群并明确商品，同时认清了各种进货风险后，这时可以从以下几个渠道去寻找货源如：自身货源、实体货源、批发市场、贸易公司、加工工厂、批发网站、代发货源等

9.10.2 网店装修

刚申请的店铺就像一件毛坯房需要装修，淘宝为了帮助低心级卖家更好地成长，针对 1 钻（不含 1 钻）以下卖家免费开通旺铺扶植版功能。首先选择店铺风格：店铺风格主要通过店铺的背景颜色和元素基调表现，决定了店铺给人的直观印象，所以选择一个合适的店铺风格很重要。选择店铺风格步骤如下：进入“我的淘宝”页面并登录，单击网页左侧“管理我的店铺链接”，进入“店铺管理平台”，单击“店铺装修”链接，可见“风格设置”、“店铺公告”、“掌柜推荐”、“店铺类目”、“友情链接”等

店标是一个网店的象征。一个优秀的店标能起到传达店铺的经营理念、突出店铺的经营风格、彰显店铺文化品位的作用。店标显示在店铺的左上角。店标也可以用自己的真实照片，这样让人感到真实、亲切和可信赖。同时网上店标和一般标志不同，它可以做成动画效果的，一方面引人瞩目，另一方面也可以增大单位面积上的信息承载量，可利用 Photoshop、Fireworks 等软件辅助设计店标。

店铺公告在店铺总醒目的位置，是介绍店铺服务特色、店主联系方式、优惠信息的地方。宝贝分类位于店铺左侧，可以用图片形式表示产品分类，可以让人看上去很有特色，漂亮的分类标签也能给你的店铺增色不少！在“店铺管理平台”页面左侧单击“宝贝分类管理”链接，单击“添加新分类”按钮，输入分类名称，单击“添加图片”按钮，在页面下拉列表中出现的填写图片地址的文本框。一般来说，商品大类以图片类目的形式出现，较为吸引人。单击“添加子分类”，出现填写子分类名称的文本框，这样大类下面出现若干小分类。最后单击页面底部的“保存”按钮，即可生成商品类目。单击页面右上角的“宝贝归类”按钮，进入相关页面，在“选择分类”栏的下拉选项中选择“未分类宝贝”选项，未分类的商品会罗列在此。选中待分类商品图片前的复选框，下拉列表中选择“批量移动”，选择分类名称，单击“确定”按钮，弹出移动宝贝提示框，单击“确定”按钮。

9.10.3 日常管理

从商品上架到完成交易，收到货款，最后得到顾客的好评，这个过程中要做很多重复而单调的工作，不管这些管理工作多么枯燥无味，每一个店主都必须认真、负责地的去做。日常管理工作主要如下。

（1）店铺的上线及日常管理。确定店铺的整体风格，做好各个区域的美工工作；细化买家须知内容，尽量做到顾客可以自主购物；美工负责将待售产品的图片做好处理，编辑配置好相关的文案说明；编辑好各个产品的标题，宝贝描述后，核实价格及库存信息后，全部上架。

（2）营销活动。首先确定 3 ~ 5 款主打产品，以后历次活动优先考虑这几款产品的报名，以此吸引客户，做好关联销售；配合淘宝的新店铺的推广活动，做好庆祝开店营销活动，全场折扣，设置后 VIP 折扣价格；设置淘宝客、聚划算等活动，以此引进流量。

（3）售后问题。委任有经验的、沟通能力强的客服担任售后工作。同时细化各种售后问题，作为应对方案，比如安抚客户的不满情绪；不同情况对客户的损失如何补偿；快递丢件如何索赔，如何追件；其他相关售后问题的。

（4）配送及仓库管理。仓库管理人员及时核对库存信息，和编辑保持沟通，避免店铺出售状态的产品实际无货情况的出现，缺货产品及时下架；发货周期为一天一次，除有活动订单较多的情况外，订单一般要在 24 小时内发出，最迟不超过 48 小时，如果遇到缺货或其他问题不能及时发货的，及时通知客服，联系客户沟通，做好换货或退款事宜，极力避免缺货没有及时和客户沟通导致客户严重不满的情况的出现。

9.10.4 网店推广

1. 店内宣传

（1）巧用店铺留言。

店铺留言位于店铺页面的底部，它除了用于买家与卖家进行交流外，还有发布信息、补充店铺介绍的作用。优惠信息、店主联系方式、购买宝贝的注意事项都可以写在宝贝留言里。

单击店铺页面右上角的“管理店铺全部留言”链接，进入“留言管理”页面，在这个页面中可以对店铺留言进行管理，如发布留言、回复买家的留言、删除留言等。单击“发表留言”链接可以发表留言、单击“回复”链接可以回复留言、单击“删除”链接可以删除留言。店铺留言通过买家和卖家的一问一答，无形中会起到宣传店铺的作用。留言越多，表示店铺越受关注。但也有些对店铺不利的留言，这类留言应及时删除，比如一些恶意同行的恶作剧等。

（2）交换你的友情链接。

淘宝网上的卖家可以组成互帮互助的联盟，要尽量争取和其他卖家，当然特别是一些交易量比较大、信誉度比较高的卖家交换友情链接。通过交换店铺链接，形成一个互助网络，增进彼此的影响力。在其他卖家的店铺首页，买家只要单击友情链接，就可以直接访问相应的店铺。添加友情链接的方法很简单，单击“店铺管理”页面中的“友情链接”链接，然后在“淘宝会员名”栏中输入对方的会员名，单击“确定”按钮即可。

（3）精心布置你的个人空间。

个人空间也是一块难得的宣传阵地，卖家可以从多个角度为自己的店铺做宣传，比如介绍自己开办网店的历程、宝贝的相关背景知识及产品选购和搭配常识等，设置个人空间的方法如下所述。

进入“我的淘宝”页面，单击“论坛资料”链接，打开“修改资料”页面，下拉页面至“个人空间介绍”部分，填写个人空间信息。

2．淘宝网站内推广与营销

在淘宝社区中宣传店铺。淘宝社区汇集了很多的淘友，他们以发帖、跟帖的方式进行沟通交流，发表自己的见解，寻找潜在的顾客。要宣传店铺，还可以借助淘宝社区的力量，多逛社区、多发帖，努力使自己成为社区名人。当卖家在社区里的知名度高了，其他淘友也就会喜欢读你的帖子，并且会关注你的店铺，随着店铺知名度的提高，交易量也会有所提高。当然与此同时也要积极参加淘宝网活动和“组织”。

3．淘宝网外推广和营销

可以适当使用一些外部推广方式来增加店铺的曝光度，例如：利用自身的人脉关系推广，也可以吸引陌生的淘客来帮我们推广，还可以通过博文拉高人气或者到论坛拓展出更多的推广资源。以上做法目的只有一个，就是把潜在客户吸引到店铺中来，并努力把人流量转化成销售量。

9.11 网店工具的应用

在网店的经营过程要辅助很多工具，这些辅助的工具确切地说是一些方便我们工作的软件，比如支付宝一类的支付工具；淘宝助理等辅助工具；网店小秘书、网店管家等管理工具；阿里旺旺、QQ、MSN 等及时交流工具、计数器这种统计工具的安装以及数据分析也对店铺的管理起着重要作用。

1．支付宝

支付宝（Alipay）最初作为淘宝网公司为了解决网络交易安全所设的一个功能，该功能为首先使用的“第三方担保交易模式”，由买家将货款打到支付宝账户，由支付宝向卖家通知发货，买家收到商品确认后指令支付宝将货款放于卖家，至此完成一笔网络交易。

2．阿里旺旺

阿里旺旺是淘宝网和阿里巴巴为商人度身定做的免费网上商务沟通软件，它能帮用户轻松找客户，发布、管理商业信息；及时把握商机，随时洽谈做生意。其主要功能有随时联系客户、海量商机搜索、一次性批量发布、重发信息，分类管理信息、语音、视频、超大容量文件传输、文本聊天、多方商务洽谈等。

3．淘宝助理

淘宝助理是一款免费客户端工具软件，它可以使用户不登录淘宝网就能直接编辑宝贝信息，快捷批量上传宝贝。它也是上传和管理宝贝的一个店铺管理工具。淘宝助理支持本地图片上传宝贝时自动将本地图片上传图片空间，支持视频、Flash 炫出你的宝贝，批量编辑宝贝对宝贝描述、类目、属性全新改版，交易管理，批量编辑批量编辑物流公司和运单号，CSV 导入导出让你可以更加自由地批量编辑出售中的宝贝。

任务实施

1. 带上自己的身份证（年满 18 周岁），去银行柜台办理一张银行卡，并开通网银。

2. 注册淘宝号：进入淘宝网的首页，单击左上角“免费注册”。新页面打开后输入你想要的用户名，输入两遍密码（密码尽量复杂点），输入图片中的验证码，单击“同意协议并注册”。

3. 支付宝实名认证+身份证认证。

友情提示：身份证认证需要上传个人的手持照片+上半身照片，如果在线上传身份证复印件，图片文件大小要控制在 2MB 以内；如果是 IC 身份证，还需要提供背面图片。

一日之后，重新打开“我的淘宝”，在认证区域点击相应的链接打开“支付宝认证”页面，在“银行账户核实”区域单击“确认汇款金额”，然后输入支付宝向你的银行账号注入的资金数目，单击“确定”按钮即可。

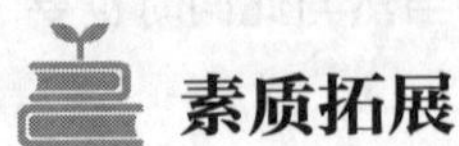

素质拓展

天猫商城

天猫原名淘宝商城，是一个综合性购物网站，是淘宝网全新打造的 B2C（Business to Consumer，商业零售）。其整合数千家品牌商、生产商，为商家和消费者之间提供一站式解决方案。提供 100% 品质保证的商品，7 天无理由退货的售后服务，以及购物积分返现等优质服务。2012 年 1 月 11 日上午淘宝商城正式宣布更名为“天猫”。2012 年 3 月 29 日天猫发布全新 Logo 形象。2012 年 11 月 11 日，天猫举行双十一促销，13 小时卖 191 亿，创世界记录。

天猫卖家需具备以下条件之一：

（1）授权商，获得国际或者国内知名品牌厂商的授权；

（2）拥有自己注册商标的生产型厂商；

（3）专业品类专卖店。

同具还需具备以下三个条件：

（1）拥有企业营业执照商家（不包括个体户营业执照）；

（2）拥有注册商标或者品牌，或者拥有正规的品牌授权书（店铺类型：专营店除外）；

（3）签署入驻淘宝新平台服务合约。

淘宝商城与 C 店的区别如下。

（1）在淘宝商城开店的店主，每卖一件东西都必须向淘宝支付佣金，非商城店铺就不需要，所以淘宝网是力推商城卖家的产品的。

（2）天猫就是原淘宝网专卖街，申请入住淘宝商城的会员需要满足相应的条件才可以申请加入。成功入住淘宝商城的商家，有机会在淘宝商城页面获得推荐位，从而增加店铺的浏览量，而且淘宝商城作为淘宝上一个新的频道，将会被大力宣传的。淘宝商城的宣传重点是诚信和商品质量品质，可以让更多想买而不敢买的买家放心购买。

企业加入了天猫，并不代表一帆风顺，企业必须努力经营稳健经营。天猫在年底前，对卖家店铺本年度的整体运营情况进行评估，决定在下一年度是否续签。不达标的卖家将被请退出商城。主要问题如下：违规、业绩不好、卖家转化率低、退款率高、服务不达标等。

项目小结

本项目通过“上网行为分析”、“ 电子商务盈利模式分析”和“网上开店”任务的实施，让同学们了解了我国消费者网络购物现状与趋势及电子商务盈利模式，并能够根据网民情况分析对网络市场客户进行细分，能够正确评估自己的创业能力，并通过网上创业的基本技能的训练，把握创业机会，将创业意识转变为网上创业的实践。

习题与思考

1. 结合实际分析我国消费者网络购物现状与趋势。
2. 编写网上创业的商业计划书。
3. 简述网上开店的基本流程（以淘宝平台为例）。

职业能力训练

英国的科林·巴罗在《小型企业》一书中提出小企业人的6个特点① 全身心投入，努力工作；② 接受不确定性；③ 身体健康；④ 自我约束；⑤ 独创性和敢冒风险性；⑥ 计划与组织能力。

美国的唐·多曼在《事业革命》一书中提出了创业者的5种人格特征：① 愿意冒风险鎵；② 能分辨出好的商业点子；③ 决心和信心；④ 壮士断腕的勇气；⑤ 愿意为成功延长工作时间。美国的第姆·伯恩在《小企业创业蓝图》一书中提出了对企业家的四点要求：① 信心；② 专门知识；③ 积极主动的态度；④ 恒心。

步骤一　阅读以上材料，并对照自身。

步骤二　分析自己是否具有创业素质。

步骤三　制作个人创业素质分析PPT，并在班级演示。

步骤四　教师指导评价。

自我评价与课业考核

项　目		评价与考核标准	自评成绩
职业道德素质Σ30	职业观念Σ10	对职业、职业选择、职业工作、职业道德和伦理等问题具有正确的看法	
	创业意识Σ15	具备商机意识、转化意识、战略意识、风险意识、勤奋/敬业意识	
	创业品质Σ5	从事创业实践活动的未来奋斗目标较为稳定、持续的向往和追求的心理品质	

续表

项目			评价与考核标准	自评成绩
职业能力与课业学习评价Σ70	实施过程Σ50	自学能力Σ5	能够借助互联网等工具自我学习工作过程中碰到的新知识	
		学习态度Σ5	学习过程中纪律性强，无缺课、迟到、早退现象	
		团队协作Σ5	学习过程中有团队合作精神、有较强的沟通能力	
		创新能力Σ5	学习过程中解决问题有独创性，设计巧妙，有新意	
职业能力与课业学习评价Σ70	实施过程Σ50	解决问题Σ5	能够借助各种工具，在老师和同学的帮助下解决工作过程中碰到的疑难问题	
		工作任务Σ25	1. 能根据网民情况分析，对网络市场客户进行细分 2. 能够分析不同电子商务平台赢利模式的异同 3. 能够评估自己创业能力 4. 会登录淘宝网成功注册淘宝卖家 5. 能够借助各类网店工具进行网店日常运营及推广，掌握网店日常运营管理的工作流程	
	实施结果Σ20	1. 在规定的时间内完成学习任务和课业报告Σ10		
		2. 实训任务和课业报告符合要求Σ10		
合计				

参考文献

[1] 蔡元萍．网上支付与结算[M]．大连：东北财经大学出版社，2006.

[2] 蒋汉生，刘红燕．电子商务概论（第2版）[M]．北京：中国财经经济出版社，2009.

[3] 梁兴琦．电子商务概论与实务[M]．南京：南京大学出版社，2010.

[4] 杨雪雁．电子商务概论[M]．北京：北京大学出版社，2010.

[5] 李爱平.我国网上银行存在的问题及建议[J].合作经济与科技，2010，（392）：56～57.

[6] 刘洪波.论网上银行和第三方支付平台的竞合关系[J].商业时代，2009，（34）：97～99.

[7] 陈志雄．浅议国际贸易中电子合同的订立[J]．学术论丛，2009，（18）：71～72.

[8] 孙卫．我国的移动支付问题浅析[J]．特区经济，2008，（11）：296～297.

[9] 杜庆春，周向勇.网上银行优势功能及其发展趋势[J].金融与经济，2001，（4）：4～7.

[10] 李泽禹．中国网络第三方支付平台对比[J]．中国集体经济，2010，（2）：60～61.

[11] 赵艳莉，禹工，邢彩霞．电子商务应用基础与实训[M]．合肥：安徽科学技术出版社，2011.

[12] 卢国志．新编电子商务概论[M]．北京：北京大学出版社，2005.

[13] 吴文昭．电子商务概论[M]．兰州：兰州大学出版社，2005.

[14] 戴建中．电子商务概论[M]．北京：清华大学出版社，2012.

[15] 宋文官．电子商务概论(第2版)[M]．北京：清华大学出版社，2007.

[16] 宋园林，晁瑞昌.浅析中国B2C电子商务的三种模式[J].商场现代化，2012，（675）：49～50.

[17] 杨木，张润彤，杨海楼．C2C电子商务交易流程优缺点分析及改进[J]．商业时代，2009，（4）：76～78.

[18] 吴鸽．B2C模式与C2C模式趋向融合的实证分析[J]．南京工业大学学报，2009，（3）：84～87.

[19] 张炜．B2C～传统零售业未来的选择[J]．时代经贸，2008，（121）：152～155.

[20] 邓琪.从淘宝、易趣和拍拍网看中国C2C市场的发展[J].甘肃农业，2006，（238）：176.

[21] 鲁瑛．ebay易趣与淘宝网的C2C电子商务发展概况分析[J]．佛山科学技术学院学报，2007，25（1）：51～54.

[22] 刘璇，张向前．“淘宝网”盈利模式分析[J]．经济问题探索，2012，（1）：148～154.

[23] 陈军.B2C模式下如何提高市场效率[J].科技情报开发与经济，2007，17（5）：135～137.

[24] 孙百鸣．电子商务概论[M]．北京：中国农业出版社，2005.

[25] 吴应良．电子商务概论（第二版）[M]．广州：华南理工大学出版社，2006.

[26] 李琪，张秦，严建援．电子商务概论[M]．北京：人民邮电出版社，2002.

[27] 李再跃，王宪云，甘珺琴．电子商务概论[M]．北京：北京工业大学出版社，2003.

[28] 李红等．电子商务技术[M]．北京：人民邮电出版社，2001.

[29] 廖成林，刘中伟．我国传统企业走电子商务之路的策略探讨[J]．商业研究，2003，6（266）：175～177.

[30] 陈昌．B2B电子商务模式的探讨[J]．企业技术开发，2007，26（4）：89～91.
[31] 贾伟．EDI与电子商务[J]．山西财经大学学报，2001，23（1）：104～105.
[32] 司林胜．电子商务与传统企业的整合研究[J]．中国流通经济，2002，（5）：44～47.
[33] 邵康．论传统企业与电子商务[J]．合肥工业大学学报，2002，25（6）：1222～1225.
[33] 单威，张钢．数据交换技术在B2B电子商务中的应用和发展[J]．微处理机，2003，（5）：1～4.
[34] 范生万，郭良．电子商务网络技术[M]．合肥：中国科学技术大学出版社，2012.
[35] 陈孟建． 网络营销与策划(第2版)[M]．北京：人民邮电出版社，2012.
[36] 王汝林．移动商务理论与实务[M]．北京：清华大学出版社，2007.
[37] 浙江淘宝网络有限公司．C2C电子商务创业教程（第二版）．北京：清华大学出版社，2010.
[38] 史达．网上创业实务．大连：东北财经大学出版社，2011.
[39] 龚娟．计算机网络基础(第2版)．北京：人民邮电出版社，2013.
[40] 刘永红．计算机网络——原理、技术及应用．北京：清华大学出版社，2012.
[41] 祝锡永．数据库：原理、技术与应用．北京：机械工业出版社，2011.
[42] 吴英．Internet基础教程（第2版）．北京：电子工业出版社，2012.
[43] 黄洪杰．Internet 应用（第4版）上机指导与练习．北京：电子工业出版社，2012.
[44] 中国互联网络信息中心网站（http://www.cnnic.cn）.
[45] 中国电子商务研究中心网站（http://www.100ec.cn/）.